Basiswissen Berufsorientierung

Band 1

Zwischen Qualifikationswandel und Marktenge

Konzepte und Strategien
einer zeitgemäßen Berufsorientierung

Herausgegeben von

Eberhard Jung

Schneider Verlag Hohengehren GmbH

Die Reihe Basiswissen Berufsbildung wird herausgegeben von Eberhard Jung/ Karlsruhe.

Herausgeber: Prof. Dr. Eberhard Jung
Institut für Sozialwissenschaften – Abteilung Ökonomie
Pädagogische Hochschule Karlsruhe

Layout: Aline Oesterle

Diese Publikation wurde durch das Bundesministerium für Arbeit und Soziales und dem Europäischen Sozialfonds gefördert

Die Pädagogische Hochschule Karlsruhe ist Träger der „TRANSFERSTELLE Arbeits- und Berufsfindungskompetenz", einem Teilprojekt des Entwicklungspartnerschaft „EQUAL – START – Netzwerks: Neue Formen des Berufsstarts in der Region Südpfalz und Karlsruhe". Die Gemeinschaftsinitiative EQUAL ist ein arbeitsmarktpolitisches Programm der Europäischen Kommision und wird mit Mitteln aus dem Europäischen Sozialfonds gefördert.

Bibliografische Information der Deutschen Nationalbibliothek

Die Deutsche Nationalbibliothek verzeichnet diese Publikation in der Deutschen Nationalbibliografie; detaillierte bibliografische Daten sind im Internet über ›http://dnb.d-nb.de‹ abrufbar.

ISBN: 978-3-8340-0378-2

© Schneider Verlag Hohengehren, 2008.
Printed in Germany – Druck: digital-print-group, Erlangen

Inhalt

Editorial

Zwischen Qualifikationswandel und Marktenge - Konzepte und Strategien einer zeitgemäßen Berufsorientierung lautet der Titel dieses Sammelbandes, der im Wesentlichen eine Dokumentation der zentralen Beiträge und Diskussionsforen der gleich benannten Fachtagung an der Pädagogischen Hochschule in Karlsruhe (vom 10.10.2007) enthält. Diese stand unter einer doppelten Zielsetzung: Einerseits sollten aktuelle Herausforderungen an die Berufsorientierung in ihrer vollen Breite zeitgemäß thematisiert und diskutiert werden, andererseits wurde das Ziel verfolgt, die an Übergangsprozessen beteiligten Akteure zielgerichtet und synergetisch zusammenwirken zu lassen, sie besser zu vernetzen.

Zielsetzung und Inhalte hatten sich in den Diskussionen mit Studierenden im Rahmen der Lehrveranstaltungsreihe *Die Hinführung zur Berufs- und Arbeitswelt als pädagogische Aufgabe I - IV* als vertiefenswürdig und erforderlich herausgebildet, mit der intendiert wurde:

- die Berufsorientierung als zeitgemäßen Bestandteil der Allgemeinbildung zu begründen und Studierende für die Besonderheiten arbeits- und berufsbezogener Übergänge zu sensibilisieren;
- Studierende der Lehramtsstudiengänge Haupt- und Realschule, als zukünftige Fach- und Klassenlehrer, für zeitgemäße Formen schulischer Berufsorientierung und zur Vermittlung von Arbeits- und Berufsfindungskompetenz zu befähigen.

Darüber hinaus fanden diese Schwerpunkte auch im Rahmen der Diskurse in der Entwicklungspartnerschaft START eine große Beachtung, wo sie um Aspekte der Schulsozialarbeit und der außerschulischen Berufsorientierung vertieft und ergänzt wurden. Somit vereinte die Lehrveranstaltungsreihe, das Bestreben die Thematik entsprechend der Prüfungsordnungen zeitgemäß zu vermitteln, mit dem darüber hinausgehenden Projektziel, Erkenntnisse aus der Entwicklungspartnerschaft in die Lehrerbildung zurückfließen zu lassen. Die Lehrveranstaltungen wurden für Studierende der Wissenschaftsdisziplin Ökonomie der Pädagogischen Hochschule Karlsruhe konzipiert, waren aber auch für andere vorberufliche arbeits- und berufsbezogene Disziplinen offen: für Studierende der Fachgebiete Technik und Haushalt/Textil, für Diplomstudierende der Schulpädagogik sowie für Studierende der Sek. II Lehrämter der Universität Karlsruhe.

Wie die Inhaltsübersicht des Bandes belegt, gelang es gut, die gesamte Breite des Innovationsfeldes Berufsorientierung zeitgemäß abzubilden, zu bündeln und zu diskutieren. Dazu konnten namhafte Autoren aus Theorie und Praxis gewonnen werden, wobei jeder Autor „sein Thema" in hervorgehobener Weise vertrat. Jedes der Themen war/ist „von sich heraus" bedeutsam, die thematische und strategische Vernetzung der Beiträge eine Besonderheit. Hier liegen die zeitgemäßen Konzepte und Strategien des Innovationsfeldes

Berufsorientierung, die es auszubauen, zu entwickeln und zu vernetzen gilt. Als Basiswerk und Handlungsanleitung für Lehrer, Studierende, Berufsberater, Sozialarbeiter, Ausbilder in Theorie und Praxis gedacht, bündelt der Tagungsband die wesentlichen Erkenntnisse, in die auch ein Theorie-Praxis-Diskurs mit erfahrenen Akteuren aus der Praxis einbezogen wurde. Zu hoffen ist, dass er als Nachschlagewerk zur Realisierung zeitgemäßer Konzepte und Strategien der Beruforientierung anregt.

Wer sich vornimmt,

- die breite Thematik arbeits- und berufsbezogener Übergänge im Allgemeinen und aktueller Herausforderungen am Übergang vom Bildungs- ins Beschäftigungssystem im Speziellen zeitgemäß und in möglichst vielen Facetten zu thematisieren und diskutieren,
- dabei den Blick für die Jugendlichen schärfen will, die unserer besonderen pädagogischen Fürsorge und Förderung bedürfen und für die derzeit ein „Normalübergang" nahezu aussichtslos geworden zu sein scheint und
- darüber hinaus nicht nur Theoretiker und Praktiker, sondern möglichst alle mit arbeits- und berufsbezogenen Übergängen befassten Akteure besser vernetzen
- und überdies noch die Ergebnisse zeitnahe publizieren will,

der „schultert eine große Last".

Große Lasten in kurzer Zeit gut zu schultern erfordert ein Team verlässlicher Mitstreiter. In diesem Sinne gilt mein Dank den Mitarbeitern der TRANSFERSTELLE „Arbeits- und Berufsfindungskompetenz" an der Pädagogischen Hochschule Karlsruhe: Frau Dipl. Päd. Aline Oesterle und Herrn Dipl. Päd. Matthias Bürgstein sowie den hoch engagierten und immer zuverlässigen Tutoren Susanne Schmalenberg, Sarah Hartmann und Pino Troisi. Mein weiterer Dank gilt der Entwicklungspartnerschaft START, dem nationalen Koordinator Herrn Peter Seibel vom CJD Maximiliansau sowie den nationalen und internationalen Förderern, die Tagung und Tagungsband ermöglichten.

Abschließend noch drei Hinweise:

a) Die dargebotenen Inhalte stellen die Meinungen der Autoren dar.
b) Wenn von Schülern, Lehrern bzw. von Teilnehmern geschrieben wird, sind damit die geschlechtsneutralen Funktionsbegriffe gemeint.
c) Zur Vermeidung von Mehrfachnennungen wird ein gemeinsames Literaturverzeichnis *Zeitgemäße Publikationen zum Innovationsfeld Berufsorientierung* verwendet

Eberhard Jung
Karlsruhe, im Dezember 2007

Eberhard Jung

Berufsorientierung als Inhalt und Strategie der Übergangs-bewältigung - Einführung in das Thema

1 Berufsorientierung im Wandel

Wie aus vielen Beiträgen dieses Sammelbandes deutlich wird, besitzt die Bezeichnung Berufsorientierung eine mehrfache Bedeutung, wobei der Übergang vom Bildungs- ins Beschäftigungssystem (die „erste Schwelle") einen besonderen Fokus bildet. Berufsorientierung beschreibt einen lebens-langen *„Prozess der Annäherung und Abstimmung zwischen Interessen, Wünschen, Wissen und Können"* (Famulla 2007: 231) von Individuen im Rahmen arbeitsmarktspezifischer Möglichkeiten, wie des quantitativen und qualitativen Qualifikationsbedarfs sowie weiterer Anforderungen der Ar-beits- und Berufswelt (vgl. dazu Famulla/Butz 2005). Aus einer kompetenz-theoretischen Betrachtung heraus definiert Berufsorientierung das Wissen und Können des Erkenntnisbereichs (der Domäne) arbeits- und berufsbezo-gener Übergänge, was angesichts entsprechender lebensweltlicher Heraus-forderungen zielgerichtet zu aktivieren und zu realisieren ist. Dieses Wissen und Können kann unter der Bezeichnung Arbeits- und Berufsfindungskom-petenz gebündelt werden (vgl. Jung 2000; 2003a; 2008: 137ff.).

Im pädagogischen Bestreben der Kompetenzentwicklung dominieren (eben-falls) die für die Bewältigung der „ersten Schwelle" erworbenen Kompeten-zen, die die wesentliche Grundlage für das Überwinden aller weiteren le-bensbiographischen arbeits- und berufsbezogenen Übergänge bilden. Somit bündelt die Bezeichnung Berufsorientierung als Inhalt und Strategie des Erwerbs von Ausbildungs-, Berufs- und Arbeitsfähigkeit, das fachliche, me-thodische und strategische Wissen und Können sowie die motivationalen Bereitschaften zur positiven Bewältigung von Arbeits- und Berufsfindungs-prozessen. Diese zielen auf die Eingliederung in das System der Erwerbs-wirtschaft und auf eine damit direkt verbundene gesellschaftliche Teilhabe. Diese Definition verdeutlicht auch die Begrenztheit der noch immer weit verbreiteten Bezeichnung Berufswahl, wobei einleuchtet, dass es sich für viele Jugendliche nicht um einen echten Wahlvorgang handelt und auch Übergänge in nicht beruflich verfasste Tätigkeiten möglich und immer mehr zu akzeptieren sind (vgl. dazu Schober 1997: 105; Beinke 1999: 61; Jung 2000: 93).

Über diese subjektbezogene Begründung von Berufsorientierung hinaus gibt es noch einen objektbezogenen (curricular-strategischen) Deutungsstrang. Dieser umfasst das pädagogisch-didaktische Bestreben allgemein bildender Schulen, ihr Lehrangebot an arbeits- und berufsbezogenen Anforderungen zu orientieren, um Jugendliche *„für einen unmittelbaren oder einen späteren Übergang in die berufliche Erstausbildung vorzubereiten"*, ohne dabei Inhalte der Berufsausbildung vorwegzunehmen. Dieses Anliegen wurde vor mehr als dreißig Jahren von Dibbern/Kaiser/Kell (1974) begründet, die eine *„dreifach strategische Ausrichtung"* der Berufsorientierung als *„Inbegriff einer umfassenden didaktischen Gesamtaufgabe"* konzeptionell entfalteten, die noch heute als beispielhaft anzusehen ist (Jung 2003b: 47f.). Berufsorientierung ist:

1. ein *„organisierendes didaktisches Prinzip"* im Rahmen der Konstituierung des Lehrangebotes,
2. ein *„Unterrichtsprinzip"* innerhalb des Unterrichts aller Fächer und
3. wesentlicher Inhalt eines *„selbständigen Sekundarstufenfaches"* (Arbeitslehre) bzw. dem entsprechenden Fächerverbund (Dibbern/Kaiser/Kell 1974: 133ff.).

Erinnern wir uns weiter: Die Konstituierung von Berufsorientierung als Teil schulischer Allgemeinbildung war ein Ergebnis des durch die Empfehlungen des „Deutschen Ausschusses für Erziehung und Bildungswesen" (1965) eingeleiteten Reformenprozesses (vgl. dazu Dedering 1994: 4ff.). Den Anspruch konkretisierend, definierte die KMK (1969: 78ff.) die *„allgemeine Orientierung über die Wirtschafts- und Arbeitswelt"* und die *„Hinführung zur Berufswahl"* als Zielsetzung der Arbeitslehre bzw. des Lernfeldes Arbeit-Wirtschaft-Technik. Darüber hinaus deklarierte sie im Jahre 1987 die Arbeitslehre/das Lernfeld als Beitrag einer zeitgemäßen Allgemeinbildung aller Schulen der Sekundarstufe I. Im gleichen Zeitraum vollzog sich ein Wandel in der didaktischen Leitkategorie. Während der „Deutsche Ausschuss" noch den Beruf als didaktisches Zentrum der Arbeitslehre definiert hatte, bildete nunmehr die Arbeit als Grundphänomen menschlicher Daseinsbewältigung mit ihren technischen, ökonomischen, sozialen und ökologischen Aspekten die unwidersprochene Leitkategorie des Lernfeldes (vgl. Jung 1998: 3).

Mit der Einführung einer Berufsorientierung für das allgemein bildende Schulwesen reagierten damalige Bildungsexperten und Bildungspolitiker auf aktuelle Veränderungen in der Arbeits- und Lebenswelt, die eine schulorganisatorische und curriculare Modernisierung bewirkten. Obwohl die damaligen „Herausforderungen des Wandels" nach heutigen Maßstäben als eher bescheiden und überschaubar einzuschätzen sind, wirkte die Furcht vor einer technologischen Unterlegenheit des Westens im Wettlauf der Systeme (Kalter Krieg, Sputnikschock) verstärkend, was angesichts einer registrierten *„Bildungskatastrophe"* (Picht 1965) die *„Mobilisierung aller Begabungsreserven"* als gesamtgesellschaftliche und bildungspolitische Gegenstrategie provozierte. Dieser Gesamtzusammenhang war es, der letztlich auch die Einführung des Schulfachs Arbeitslehre bzw. des Fächerverbundes Arbeit-Wirtschaft-Technik zur Folge hatte (vgl. Jung 1998: 1).

Im direkten Gegensatz dazu riefen die in den letzten beiden Jahrzehnten vollzogenen, die Erwerbsarbeit veränderten Herausforderungen (Höherqualifizierung, Informatisierung, Entkoppelung der Erwerbsarbeit von Normalarbeitsverhältnis, Entstandardisierung von Berufsbiographien, neue Erwerbsformen, Globalisierung; vgl. dazu Schober 2001) eher geringe Reaktionen des Bildungssystems hervor. Im Gegenteil: Seit der ersten PISA-Studie und den durch die Klieme-Expertise (vgl. BMBF 2003) angeregten Bewältigungsstrategien konzentrieren sich die schulischen Bemühungen weitgehend auf die Benchmark-Disziplinen: Deutsch, Mathematik, Englisch sowie Naturwissenschaften. In existenzieller Angst, in Zeiten zurück gehender Schülerzahlen und sich entwickelnder schulischer Konkurrenzverhältnisse, nur begrenzt wettbewerbsfähig zu sein, dominieren Anstrengungen, die auf ein erfolgreiches Abschneiden im Rahmen vergleichender Schulevaluationen zielen. In diesem Prozess wirkt das Bestreben, Bildungsinstitutionen eine größere Autonomie in Finanz-, Personal- und curricularen Angelegenheiten zuzugestehen, beschleunigend. Die genannten Disziplinen stehen im Vordergrund schulischer Bildungsbemühungen, was über den angeforderten schulischen Lehrkräftebedarf in die erste Phase der Lehrerbildung zurückwirkt und von dort aus das Stellengefüge der Hochschulen, Berufungen und Ausstattungen einschlägiger Professuren beeinflusst.

Festzustellen bleibt, dass es nicht per se zum gewünschten Erfolg führt, wenn die Hinführung zur Berufs- und Arbeitswelt und die pädagogische Begleitung des Übergangs ins Beschäftigungssystem als definiertes Ziel schulischen Handelns in den Schulgesetzen aller Bundesländer eindeutig definiert sind, der Anspruch jedoch auf der schulischen Ebene (in der Gemengelage unterschiedlichster Anforderungen) nur halbherzig realisiert werden kann. So finden die zum Teil vorbildlichen Leistungen hoch engagierter Lehrkräfte zu wenig Anerkennung von den eher in neuhumanistischer Tradition stehenden Kollegien. Auch reichen die Bemühungen des bundesweit agierenden Arbeitskreises Schule-Wirtschaft nicht aus, um in der gesamten Breite unterstützend zu helfen und Notwendiges aufzubauen. Angesichts der Komplexität des Lernfeldes ist die Lehrerbildung auf allen drei Ebenen (Hochschule, Seminare, Fort- und Weiterbildung) zu stärken. Hier sind die Befähigungen zu vermitteln und die Lehrkräfte zu qualifizieren, den umschriebenen Herausforderungen gerecht zu werden. Alleine die Schulprogramm- und Schulentwicklungsaktivitäten wirken dem dargestellten Trend entgegen, die oftmals der Berufsorientierung und der pädagogischen Begleitung des Übergangs in das Beschäftigungssystem einen hohen Stellenwert zuweisen. Damit offenbart sich ein Bestreben, Jugendlichen und ihren Familien aktive Hilfen beim geordneten Übergang ins Ausbildungssystem zuteil werden zu lassen, dieses als umfassende schulische Gesamtaufgabe schulischen Wirkens programmatisch abzusichern und so dem Schulgesetz auf der schulischen Ebene „Leben einzuhauchen".

Darüber hinaus ergeben sich in der Gründungsepoche von Ganztagsschulen neue Möglichkeiten einer pädagogischen Gestaltung des Übergangs von Bildungs- und Beschäftigungssystem, die die bisherigen zeitlichen und konzeptionellen Begrenztheiten überwindbar werden lassen (vgl. dazu Beitrag von Groß/Gruhn/Röttele/Wiegand und Jung/Rottmann/Schlemmer in diesem Band). Dabei ist der Kompetenzerwerb auf verschiedene Weise (Schulfächer, Fächerverbünde, Projekte, Arbeitsgemeinschaften, Workshops) möglich, wobei sich das ganztagsschultypische Ergänzungsangebot weitgehend außerhalb benoteter Lernprozesse bewegt und Lernenden echte Hilfen zuteil werden lassen kann. Jedoch: Für die Regel- und Ganztagesschulen ist es wichtig, zeitgemäße Konzepte der Berufsorientierung zu entwickeln, diese ins Schulprogramm und die Schulentwicklung zu implantieren und in Lehr-Lernprozessen zeitgemäß und methodenvielfältig zu arrangieren.

Berufsorientierung als Aufgabe allgemein bildender Schule zeitgemäß zu konzipieren und zu realisieren heißt:

- Lernenden nachhaltige und realistische Kenntnisse und Einblicke in beruflich verfasste Erwerbsarbeit zu vermitteln und deren Ausbildungs-, Arbeits- und Berufsfähigkeit als individuelles Ziel und gesellschaftliches Erfordernis anzuerkennen;
- ihnen individuelle Neigungs- und Eignungserfahrungen zu ermöglichen, um so Neigungs- und Eignungsvermutungen überprüfbar zu machen;
- ein zeitgemäßes Bewerbungstraining zu integrieren, das neben dem Verfassen von Bewerbungen, das Üben und Bestehen von Eignungstests, Assessment Centern und Vorstellungsgesprächen umfasst;
- intensive Kontakte mit weiteren am Berufsfindungsprozess beteiligten Akteuren (Betriebe, Bundesagentur, Kammern, Maßnahmeträgern, weiterführende Schulen) aufzubauen sowie zielgerichtet und synergetisch zu vernetzen;
- neue Akteure (Übergangscoach, Ausbildungslotse) einzubeziehen, deren betreuendes und qualifizierendes Wirken zur entscheidenden Verbesserung im Berufsfindungsprozess beiträgt.

2 Qualifikationswandel, Marktenge und die Krise des Übergangssystems

Wie der Titel des Bandes zum Ausdruck bringt, werden die aktuellen Herausforderungen an die Berufsfindung unter den Begriffen Qualifikationswandel und Marktenge gebündelt. Dabei versteht sich die Bezeichnung Qualifikationswandel als Sammelbegriff für die bereits erwähnten ökonomisch-technischen Veränderungen (vgl. Schober 2001), die in den letzten zwei Jahrzehnten geänderte Arbeitsvollzüge hervorriefen und über die Ausbildungsinhalte auf die Eingangsprofile zurückwirken. In deren Folge stehen Betriebe vor permanenten Herausforderungen, weshalb sie sich gezwungen fühlen, mehr denn je ökonomisch rational zu handeln - selbst in den Bereichen, die traditionell auch als soziale Verpflichtung gegenüber der jüngeren Generation bzw. der Gesellschaft galten. Natürlich muss wirtschaftlicher Erfolg im Rahmen bestehender Verhältnisse immer wieder neu erarbeitet werden. Wer angesichts globaler Konkurrenzverhältnisse teurer ist als andere, der muss auch besser sein. Er muss innovative Produkte in bester Qualität liefern wozu auch hohe Arbeitnehmerqualifikationen erforderlich sind. Diese waren (und sind) ein bedeutender Standortvorteil der Bundesrepublik Deutschland. Erst durch ihre Bereitstellung sind die Unternehmen in der Lage, über ein hohes Qualifikationsniveau und hoch entwickelte Mensch-Maschinen-Systeme die erforderliche hohe Arbeitsproduktivität zu erzielen. Diese umschreibt das wesentliche Merkmal im Bemühen hohe Kosten zu kompensieren und in „schwerer Zeit" wirtschaftlich erfolgreich zu sein. Jedoch: Wenn hoch qualifizierte Mitarbeitertätigkeit erforderlich und Arbeit knapp ist, wird jede Mitarbeitereinstellung zu einer „Bestenauswahl", auch die von Auszubildenden.

Als „Eintrittskarte" in die Berufsausbildung wird seitens der Betriebe „ein solides Fundament" gefordert, wozu sichere Grundkenntnisse in den schulischen Basisqualifikationen (Deutsch, Mathematik und Naturwissenschaften), ein positives Sozialverhalten und gewisse persönliche Grundhaltungen und Einstellungen gehören. Der Flyer der Industrie- und Handelskammern „Was erwartet die Wirtschaft von den Schulabgängern?" (bb_001) gibt Auskunft über wichtige fachliche, soziale und persönliche Kompetenzen, die für einen „gelingenden Einstieg" in das Berufsleben unerlässlich sein sollen. Noch exakter definiert der Kriterienkatalog zur Ausbildungsreife des Nationalen Pakts für Ausbildung und Fachkräftenachwuchs (2006) die Anforderungen. Die implizierte Botschaft lautet: Arbeit ist kompliziert, teuer sowie knapp und die Konkurrenz ist hart. Zur Bewältigung der Herausforderung benötigen wir hohe Arbeitnehmerqualitäten und deshalb gute Auszubildende. Je höher dabei die Eingangsqualifikation ist - so die Annahme - desto erfolgreicher und auch kostengünstiger erreichen wir unsere Ziele.

Leider gibt es viele Jugendliche, die am Ende ihrer allgemein bildenden Schulzeit diesen Ansprüchen nicht (noch nicht) gerecht werden. So gaben (Bezugsjahr 2005) 52.000 von ca. 340.000 Ausbildungsbetriebe (16 % West.-; 11 % Ostdeutschland) an, ihre Ausbildungsplätze nicht besetzen zu können. Über drei Viertel versicherten, „keine bzw. nicht genügend geeigne-

te Bewerber" gefunden zu haben (Schober 2006b: 3). Bei den registrierten Defiziten rangiert die *„mangelnde Leistungsbereitschaft"* (mit 52 %) hinter dem Ausdrucksvermögen (65 %) und den mathematischen Befähigungen (55 %) auf Rang drei der Negativskala (ebd.: 6). Jedoch wird beim Klagen über die mangelnde Ausbildungsfähigkeit *„der heutigen Jungend"* zu oft übersehen, dass Jugendliche heute bessere Leistungen in der Beherrschung von Schlüsselqualifikationen und IT-Kenntnissen vorweisen. Gerade den weniger (schul-) leistungsfähigen Schüler/innen drohen ein direkter Übergang vom Bildungssystem ins Sozialsystem bzw. die Absolvierung unterschiedlicher Warteschleifen. So verwundert es wenig, wenn das Durchschnittsalter von Auszubildenden im Zeitraum zwischen 1970 und 2004 von 16,6 auf 19,3 Jahre angestiegen ist (vgl. BMBF 2004: 77).

Der volkswirtschaftliche Schaden der beschriebenen Situation ist derzeit noch nicht abzuschätzen. Die Klagen über einen Facharbeitermangel und einem daraus resultierenden Ingenieurmangel sind unüberhörbar. Aktuell titelt die Wirtschaftswoche (2007 Heft 47: 40), dass der Personalmangel das Wachstum bremse und belegt die Aussage anhand empirischer Daten. Selbst Rufe nach Erleichterungen im Import ausländischer Facharbeiter waren bereits vernehmbar, begleitet von der Drohung ganze Produktionseinheiten ins Ausland zu verlagern. Gleichzeitig verharren ca. drei Viertel aller Betriebe in ausbildungsbezogener Abstinenz, so dass der Berufsbildungsbericht 2005 (Bezugsjahr 2003) eine Ausbildungsbetriebsquote von 29,9 % für die alten Bundesländer und von 25,0 % für die neuen Bundesländer belegt (BMBF 2005: 131f.).

Ebenfalls bedürfen viele Jugendliche besonderer Hilfen zum Erreichen eines Ausbildungsplatzes. Diese zielen, gemäß § 13 des Sozialgesetzbuches (SGB VIII), auf den *„Ausgleich sozialer Benachteiligungen"* und/oder die *„Überwindung individueller Beeinträchtigungen"*. Dieser Personenkreis ist leider nicht gering in einem Land,

- in dem Kinderarmut zu einem erheblichen Teil durch die Benachteiligungen zu erklären ist, die deren Eltern bei ihrer Sozialisation in das Arbeitsleben erfahren haben. Es ist kein Geheimnis, dass die übergansspezifischen Benachteiligungen der Übergangskohorten der 1970er Jahre an die nächste Generation weiter gegeben wurden. Wie sonst erklärt sich, dass in unserem Land derzeit Kinder in erhöhtem Maß von Armut betroffen sind und in dieser Altersgruppe die Armutsquote am größten ist und am schnellsten wächst (vgl. Rademacher 2007: 91).
- in dem die PISA-Ergebnisse eine enge Kopplung zwischen sozialer Herkunft und schulischer Kompetenzentwicklung belegen. Die Aussage, dass unser oft diskutierter demokratischer Grundwert Chan-

cengleichheit (im internationalen Vergleich) in Deutschland am wenigsten demokratisch sei, schmerzt sehr. Sie muss aber seit PISA als empirisch gesichert angesehen werden (ebd.).

- in dem der Uno-Bildungsbericht wiederholt „für Wirbel" sorgte, weil der Menschenrechtsexperte Vernor Muñoz Deutschland eine Benachteiligung armer Kinder, von Lernenden aus Migrantenfamilien und Kindern mit Behinderungen vorhält (vgl. Spiegel Online 21.03.2007).

Jedoch bedarf es keiner wissenschaftlichen Spezialkenntnis um zu verstehen, dass kein oder ein unadäquater Übergang ins Beschäftigungssystem im direkten Zusammenhang steht mit:

- Arbeitslosigkeit, Bildungsarmut und späteren prekären Arbeits- und Lebensverhältnissen,
- Armut, sozialen Verwerfungen und einer daraus resultierenden Kinderarmut,
- reduzierter Lebensqualität und eingegrenzter gesellschaftlicher Teilhaberschaft sowie
- hohen gesellschaftlichen Folgekosten.

Die andere große Herausforderung bildet die Marktenge. Diese beschreibt die Angebots - Nachfrage - Divergenzen der letzten Jahre. Im Jahr 2005 traf die höchste Bewerberzahl auf das niedrigste Ausbildungsplatzangebot seit der deutschen Wiedervereinigung (vgl. Die Welt 26.06.2006: 2). Erst durch intensive Bemühungen der verantwortlichen Akteure konnte der Negativtrend im Zeichen der sich verbesserten Konjunktur des Jahres 2006 gebrochen werden, so dass die Jahresbilanz 2006 einen Anstieg von ca. 26.000 abgeschlossenen Ausbildungsverträgen verzeichnet (auf 576.000). Die Zahlen des Jahres 2007 sind frisch veröffentlicht, der bescheidene Positivtrend (+9,3 Industrie; +8,3 Handwerk) setzt sich erfreulicher Weise fort. Aber: Die *„Krise des Übergangssystems"* kann keinesfalls als überwunden angesehen werden (dpa 08.10.2007).

Als „Krise des Übergangssystems" muss bezeichnet werden, wenn entgegen der erfolgreichen deutschen Tradition

- weite Bereiche einer Jahrgangskohorte nicht (wie gewünscht) in die Berufsausbildung übergehen, sondern gegen ihren Willen weiterführende Schulen oder Warteschleifen absolvieren;
- ein mangelndes Angebot zu Marktbenachteiligungen führt, in dem die zu wenigen Ausbildungsplätze an die vermeintlich Besten vergeben werden und die das Angebot übersteigenden Nachfrager als berufsunreif, ungeeignet und nicht vermittelbar bezeichnet werden;

- die durch Berufsausbildung zu sichernde intergenerative Reproduktion des gesellschaftlichen Arbeitsvermögens für nichtakademische Berufe (quantitativ) nicht mehr zu gewährleisten ist;
- die quantitativen Erscheinungen in der intergenerativen Reproduktion des Arbeitsvermögens langfristig zu Wohlstandsverlusten führen;
- angestrebt wird, die Markterfordernisse (Facharbeiter- und Ingenieurmangel) über Blue Card -Anwerbung zu befriedigen und gleichzeitig (zu) viele Jugendliche einer Jahrgangskohorte weiterhin vom Bildungssystem direkt ins Sozialsystem übergehen zu lassen.

Stattdessen ist ein Übergangssystem erforderlich, in dem

- jeder Schulabsolvent - Konjunktur unabhängig - eine seinen Qualifikationen entsprechende berufliche Erstausbildung oder eine hinführende anschlussfähige Qualifikation erhält;
- nicht die konjunkturelle Lage „das Maß aller Dinge" darstellt, sondern die Anzahl der Ausbildung suchenden Jugendlichen, die es durch Ausbildung und Arbeit in die Gesellschaft zu integrieren gilt, und die wir auch alle zur nachhaltigen Sicherung unseres Wohlstandes benötigen;
- betriebliches Engagement für Ausbildung gesellschaftlich belohnt wird;
- der Ausgleich mangelnder schulischer Basiskenntnisse, die Überwindung individueller Beeinträchtigungen und sozialer Benachteiligungen nicht nur auf berufsvorbereitende Maßnahmen begrenzt bleibt, sondern auch in der allgemein bildenden Schule und in der Berufsausbildung (entsprechend der mit Erfolg praktizierten ausbildungsbegleiteten Hilfen) zu gewährleisten sind;
- es nicht Aufgabe der Betriebe ist, schulische Defizite zu kompensieren, anderseits dürfen jedoch an der „ersten Schwelle" keine überzogenen Forderungen erhoben werden; auch dürfen der auf die Jugend bezogene gesellschaftliche Wandel sowie die aktuellen Ausprägungen der Jugendkultur nicht übergangsbehindernd wirken;
- der Grundgesetzanspruch der Berufswahlfreiheit (Art.12 GG) durch einen Angebotsüberhang quantitativ zu sichern ist und als Manifestation von Sozialverträglichkeit, Menschenwürde und gesellschaftlicher Selbsterhaltung zu einen „Rechtsanspruch auf Berufsausbildung" weiter entwickelt wird.

Zum Erreichen dieser Zielsetzungen ist es erforderlich, die Akzeptanz für die betriebliche und gesellschaftliche Bedeutung von Ausbildung zu stärken und die beteiligten Akteure: Jugendliche, Elternhäuser, Schulen, Betriebe, Maßnahmeträger, Kammern, Bundesagentur usw. zielgerichtet und synergetisch zusammenwirken zu lassen. Die Richtigkeit der von der Bundesagentur offen gelegten Kosten des jetzigen als *„Reparaturbetrieb"* bezeichneten Übergangssystems von 4,34 Mrd. € (Schober 2006a: 2) vorausgesetzt, scheint das gesamtgesellschaftliche Budget auszureichen, um damit bessere Übergangsmöglichkeiten zu schaffen. Dies erscheint angesichts eines breiten Zielkonsenses möglich. Es gilt: Jugendliche nachhaltig auf ihr späteres Berufs- und Arbeitsleben vorzubereiten, ihnen aktive Hilfen im Übergangsprozess zuteil werden zulassen und sie so für die gesellschaftliche Teilhabe und die Bewältigung von Herausforderungen in einer immer komplexer werdenden Arbeits- und Lebenswelt zu befähigen. Deshalb ist die Berufsorientierung als Inhalt und Strategie des Erwerbs von Ausbildungs-, Berufs- und Arbeitsfähigkeit wesentliches allgemein bildendes Bildungsziel, das es im Kontext schulischen Wirkens zu stärken und im Zusammenwirken mit anderen Akteuren zeitgemäß zu entwickeln gilt.

3 Zum Inhalt des Sammelbandes

Die Beiträge des Sammelbandes basieren weitgehend auf den Inhalten der Vorträge und Diskussionsforen der Fachtagung *Zwischen Qualifikationswandel und Marktenge - Konzepte und Strategien einer zeitgemäßen Berufsorientierung*, die am 10.10. 2007 an der Pädagogische Hochschule Karlsruhe stattfand. Auf die doppelte Zielsetzung, a) zeitgemäße Thematisierung aktueller Herausforderungen an die Berufsorientierung und b) Verbesserung des Zusammenwirkens der beteiligten Akteure, wurde wiederholt verwiesen. Deshalb zielen die nachstehenden Inhalte auf einen „breit gefächerten Adressatenkreis" aus Schulen, von außerschulischen Bildungsträgern, der Bundesagentur für Arbeit, den Sozialpartnern (Arbeitgeber- und Arbeitnehmerverbände), von Kammern und Hochschulen. Inhaltlich stehen aktuelle Herausforderungen und zeitgemäße Bewältigungsstrategien im Fokus des Erkenntniserwerbs. Es geht um zukunftsorientierte Aspekte der Berufsorientierung unter den gegenwärtigen Rahmenbedingungen.

Der Sammelband ist in vier Teile gegliedert. Der erste Teil beinhaltet unter der Überschrift *Aktuelle Herausforderungen an eine zeitgemäße Berufsorientierung* überwiegend analytisch - programmatische Beiträge.

Gerd-E. Famulla (Universität Flensburg) geht im Leitvortrag von der Erkenntnis aus, dass Berufsorientierung und ein nachhaltig gelingender Übergang in Ausbildung und Arbeit nicht nur für jeden einzelnen Jugendlichen wichtig ist, sondern auch für die soziale, politische und wirtschaftliche Entwicklung eines Landes. Er analysiert drei zentrale Herausforderungen, denen er mit einem gesteigerten Erwerb von Arbeits- und Berufsfindungskompetenz entgegnet. Dabei begründet er eine zeitgemäß erweiterte Berufsorientierung als schulische Reform- und Entwicklungsaufgabe, für die schulinterne wie -externe Engagements sowie institutionelle Unterstützungen und Ressourcen aufzubauen und zu nutzen sind.

Karl Düsseldorff (Universität Duisburg-Essen) analysiert die Funktion und Bedeutung von Netzwerken und Entwicklungspartnerschaften am Übergang vom Bildungs- in das Beschäftigungssystem. Von der Berufsorientierung als individuelle, bildungspolitische, sozialpolitische und wirtschaftspolitische Herausforderung ausgehend, belegt er die Funktion von Netzwerken als strategische Handlungsoptionen für die Bearbeitung bildungs-, sozial- und wirtschaftspolitischer Herausforderungen. Darüber hinaus verdeutlicht er anhand ausgewählter Befunde deren Bedeutung für die erste und zweite Schwelle sowie mit Blick auf die Anliegen benachteiligter Jugendlicher. Den Anschluss bildet eine Dokumentation der Akteurs- und Aufgabenszenarien der Entwicklungspartnerschaft START „Netzwerk für neue Formen des Berufsstarts in der Region Südpfalz und Karlsruhe" der Gemeinschaftsinitiative EQUAL.

In den beiden nachfolgenden Beiträgen wird das Übergangssystem aus der Perspektive der Sozialpartner (Arbeitgeber und Arbeitnehmer) beleuchtet. Die Referenten vertreten machtvolle Akteure, die im geregelten Miteinander auch die qualitative und quantitative Ausgestaltung beruflicher Erstausbildung entscheidend beeinflussen. Dabei konzentriert sich der Blick weitgehend auf Baden-Württemberg, wobei die erzielten Erkenntnisse auf andere Bundesländer zu übertragen sind. *Neue Wege des Übergangs in das Ausbildungs- und Beschäftigungssystem* lautet der Beitrag von *Johannes Krumme* (Südwestmetall, Stuttgart), *Thomas Giessler* (Deutscher Gewerkschaftsbund Baden-Württemberg, Stuttgart) beleuchtet zeitgemäße Übergangsperspektiven aus Arbeitnehmersicht.

Da der Übergang von der Schule in die Erwerbstätigkeit nicht nur in Deutschland eine gewichtige pädagogische, soziale und ökonomische Herausforderung darstellt, erscheint ein Blick auf den in anderen Ländern getätigten Umgang mit der Übergangsproblematik lohnend. *Was sollten wir von anderen lernen? Aspekte der Berufsorientierung in Großbritannien und Japan* lautet der analytische Beitrag von *Mathias Pilz* (Pädagogische Hochschule Freiburg), der Schlussfolgerungen bündelt und anwendungsbezogen überprüft. Zwar könnten dortige Erfahrungen auf Grund der unterschiedlichen sozialen, kulturellen und ökonomischen Voraussetzungen nicht direkt und unreflektiert übernommen werden, aber dennoch können wichtige Anregungen für die Optimierung der deutschen Berufsvorbereitung abgeleitet werden.

Den Abschluss des ersten Teils bildet das Autorenteam *Elisabeth Schlemmer* (Pädagogische Hochschule Weingarten), *Joachim Rottmann* (Pädagogische

Hochschule Weingarten) und *Eberhard Jung* (Pädagogische Hochschule Karlsruhe), die das Forschungsfeld Berufsorientierung unter dem Blickwinkel der Möglichkeiten in der Ganztagesschulorganisation beleuchten.

Der zweite Teil des Tagungsbandes enthält eine Dokumentation der gesamten Breite des Innovationsfeldes Berufsorientierung. Unter der Überschrift *Konzepte und Strategien zur Stärkung der Ausbildungs- und Arbeitsfähigkeit von Jugendlichen* werden zeitgemäße Aspekte und inhaltliche Erweiterungen bisheriger Berufsorientierung begründet, die in ihrer Gesamtheit das mit dem Titel des Bandes eingegangene Versprechen - Elemente einer zeitgemäßen Berufsorientierung zu bündeln - einlösen. Diese Ziele und Intentionen einlösend:

- stellt *Jörg Schudy* (Studienseminar für Grund-, Haupt-, Real- und Förderschulen Gießen) die Berufsorientierung als schulstufen- und fächerübergreifende Aufgabe einer inhaltlichen und konzeptionellen Engführung entgegen;
- analysiert *Martin Weingardt* (Pädagogische Hochschule Ludwigsburg) manifeste Übergangsprobleme der heutigen Schülerschaft und entfaltet innovative schulische Unterstützungsstrukturen;
- beleuchtet *Lothar Beinke* (Justus-Liebig-Universität Gießen) anhand seiner vielfältigen Forschungsergebnisse den Einfluss von Eltern und peer-groups;
- erläutert *Ruth Weckenmann* (Bundesagentur für Arbeit, Regionaldirektion Baden-Württemberg, Stuttgart) Genderaspekte beim Übergang ins Beschäftigungssystem aus der Perspektive ihres Tätigkeitsbereiches;
- geht *Bert Butz* (Universität Flensburg) der Frage nach, wie sich der Gedanke eines bildungsgangübergreifenden integrierenden Übergangsmanagements in die Praxis von Schulen überführen lässt;
- beleuchtet *Jochen Wagner* (Agentur für Arbeit Karlsruhe) den Übergang in Arbeit und Ausbildung aus der Perspektive der Agentur für Arbeit und belegt deren Bindegliedfunktion zwischen Schule und Arbeitswelt;
- stellt *Eberhard Jung* (Pädagogische Hochschule Karlsruhe) mit dem Ziel der Neu- bzw. Umorganisation, einen alternativen Weg des Übergangs in die berufliche Erstausbildung zur Diskussion.

Unter der Überschrift *Berufsorientierung als pädagogisch-didaktische Herausforderung und Element von Schulentwicklung* dokumentiert der dritte Teil des Sammelbandes innovative Entwicklungsfelder schulischer Berufsorientierung.

Wolfgang Wiegand (Ludwig-Uhland-Schule Birkenfeld), *Elisabeth Groß*
(Landratsamt Karlsruhe - Amt für Schulen und Kultur), *Kerstin Gruhn*
(Ludwig-Uhland-Schule Birkenfeld) und *Stefan Röttele* (Ludwig-Uhland-
Schule Birkenfeld) dokumentieren unter dem Titel *Berufsorientierung als
schulische Profilbildung* das Schulentwicklungsmodell der Ludwig-Uhland-
Schule in Birkenfeld. Die dargestellte Profilbildung integriert Konzepte der
Berufsorientierung und sozialpräventive Maßnahmen, die mit Elementen der
Persönlichkeitsbildung, der Entwicklung von methodischen Kompetenzen
und der Berufsvorbereitung zu einem alternativen (profil bildenden) Konzept
der Berufsorientierung ergänzt werden.

Von Zielen und Spezifika des Berufsorientierungsunterrichts ausgehend,
entfaltet *Holger Arndt* (Pädagogische Hochschule Karlsruhe) in seinem Beitrag *Digitale Medien im Berufsorientierungsunterricht* die Potenziale digitaler Medien, die es im Rahmen eines zeitgemäßen Lehr-/Lernarrangements zu
nutzen gilt. Dabei werden die implizierten Möglichkeiten und Grenzen anhand von Konzeptionen und Beispielen veranschaulicht, diskutiert und kritisch bewertet. Eine besondere Beachtung finden innovative Medien, die sich
durch eine gute Qualität und niedrige Kosten auszeichnen und weit verbreitet sind.

Helmut Meschenmoser (Senatsverwaltung für Bildung, Wissenschaft und
Forschung Berlin) richtet den Blick auf die Berufsorientierung von Jugendlichen mit Lernproblemen und dokumentiert Modelle, die den Lernenden
sowohl motivierende Möglichkeiten als auch individuelle Förderung bieten.
Dabei ergänzt er das Konzept arbeitsrelevanter Basiskompetenzen durch die
Kompetenzbeschreibungen des „Nationalen Pakts" und gibt wichtige Hinweise für ein gestuftes Kompetenzmodell, welches gute Chancen für eine
erhebliche Verbesserung der Berufsorientierung von Jugendlichen mit Lernproblemen bietet.

In dem Beitrag *Schülerfirmen und Praxistage* verdeutlichen *Manfred Hübner* (Carl von Ossietzky Universität Oldenburg) und Gerold Windels (Kooperative Gesamtschule Rastede) die didaktische Bedeutung beider Lehr-
/Lernarrangements, als wesentliche Elemente einer zeitgemäßen Konzeption
von Berufsorientierung. Nach einer getrennten Darstellung beider didakti-
scher Modelle, deren kompetenztheoretischer Reflexion und ihrer unterrichtlichen Bedeutung - auch für Lernende mit besonderem Förderungsbedarf -
entwerfen sie ein integrales Konzept, das in Verbindung mit Unternehmen
oder berufsbildenden Schulen seine Anwendung findet.

Die doppelte Zielsetzung, dass Berufsorientierung nicht nur Kenntnisse über
Berufe, den Bewerbungsprozess und das Ausbildungs- und Beschäftigungssystem vermitteln will, sondern (darüber hinaus) Lernende zur eigenständi-

gen Berufs- und Lebensgestaltung befähigen will, veranlasst *Aline Oesterle* (Pädagogische Hochschule Karlsruhe) zu ihrem Konzept *Coaching als Instrument der schulischen Berufsorientierung.* In dessen Entfaltung legt sie Intentionen, Ziele und Anlässe für Coachingprozesse offen, erläutert Grundannahme, Merkmale, Rolle des Coachs sowie methodische Verfahrensweisen und verdeutlicht den Coachingprozess anhand eines fachbezogenen Fallbeispiels.

Im abschließenden vierten Teil *Was ist eine zeitgemäße Berufsorientierung? Stellungnahmen verantwortlicher Akteure* kommen langjährige, erfahrene Vertreter wichtiger Institutionen des Übergangsprozesses zu Wort, deren Wissen und Erfahrungen in die Erkenntnisfindung und Strategieentwicklung über Verbesserungen schulischer Berufsorientierung einbezogen wurden. Erklärtes Ziel war es, Merkmale einer zeitgemäßen Berufsorientierung zu identifizieren und konkrete Verbesserungsvorschläge aufzunehmen. Die im Rahmen der Podiumsdiskussion gestellte Leitfrage *Was ist eine zeitgemäße Berufsorientierung?* war in Nachfragen über deren Ausgestaltung sowie nach einem erwünschten Veränderungsbedarf eingebettet. Da es nahezu unmöglich ist einen engagierten Diskussionsverlauf angemessen wieder zu geben, werden die themenbezogenen Stellungnahmen der Podiumsteilnehmer dokumentiert.

Mit dem vorgelegten Sammelband beabsichtigt der Herausgeber Konzepte und Strategien der Berufsorientierung zeitgemäß zu bündeln und besondere Herausforderungen zwischen „Qualifikationswandel und Marktenge" zu beleuchten. Die erzielten Ergebnisse sollen dazu beitragen, das derzeitige Übergangssystem zu verbessern und den erforderlichen Diskurs zwischen den beteiligten Akteuren zu intensivieren, um so einen besseren Theorie-Praxis-Ausgleich zu ermöglichen. Das gesamte Vorhaben dient dem Ziel, Heranwachsenden den Übergang vom Bildungs- ins Beschäftigungssystem zu erleichtern.

Aktuelle Herausforderungen an eine zeitgemäße Berufsorientierung

Gerd-E. Famulla

Zentrale Herausforderungen an die schulische Berufsorientierung

Einleitung

Bemisst man den Erfolg gelungener Berufsorientierung am Erhalt eines Ausbildungsplatzes – und das ist für den größten Teil der Absolventen aus dem allgemein bildenden Schulsystem nach wie vor das entscheidende Kriterium – könnte man nach den jüngsten Hochrechnungen des BMBF für das begonnene Ausbildungsjahr zuversichtlich sein. Anlässlich der Eröffnung des 5. Fachkongresses des Bundesinstituts für Berufsbildung stellte Staatssekretär Storm fest: *„Der Ausbildungsmarkt kommt in Fahrt (...). Erstmals seit 2001 erwarten wir in diesem Jahr wieder mehr als 600.000 Ausbildungsverträge."* (BMBF PM Nr. 178/2007). *„Der Aufschwung hat den Ausbildungsmarkt erreicht"* sagt auch die Bundesbildungsministerin Frau Schavan (BMBF PM Nr. 169/2007) und ganz zweifellos drückt sich in diesen gestiegenen Zahlen nicht nur ein positives ausbildungspolitisches Signal aus. Für jeden zusätzlichen Jugendlichen in Ausbildung ist dieser – oft nach vielen Bemühungen – gelungene erste Schritt in das Arbeitsleben von kaum zu überschätzender Bedeutung.

Die aktuellen positiven Zahlen und Zitate unterstreichen allerdings auch die starke Konjunkturabhängigkeit dieses Erfolgs beim Übergang in Ausbildung, und sie müssen ergänzt werden um die circa 40 - 50 Prozent eines Jahrgangs, die gern eine betriebliche Ausbildung beginnen würden, aber wegen fehlender Ausbildungsplätze oder auch wegen fehlender Ausbildungsreife in das so genannte Übergangssystem wechseln, um dort berufsgrundbildende oder -vorbereitende Ergänzungsmaßnahmen wahrzunehmen. Sie müssen auch ergänzt werden um die hohe Zahl – circa 25 bis 30 Prozent – derjenigen, die ihre Lehre oder ihr Studium vorzeitig abbrechen. Das wirft die weitergehende Frage nach den Ursachen und Folgen schließlich nicht oder nur über teure Umwege gelingender Integration in Ausbildung und Beruf auf.

Denn die Expertinnen und Experten sind sich einig, dass wir ohne nachhaltige Anstrengungen in der Ausbildung im Jahr 2015 in der Altersgruppe der 35- bis 45- Jährigen einen erheblichen Mangel an Facharbeiterinnen und Facharbeitern haben werden. Das heißt, die Entwicklungen auf dem Arbeitsmarkt und der parallel verlaufende demographische Wandel müssen nach den bisher vorliegenden Prognosen durch eine verstärkte Aktivierung des inländischen Qualifikationspotenzials ausgeglichen werden. Und verbunden damit stellt sich die Frage nach der Verbesserung einer schulischen Arbeits- und Berufsorientierung, die sich nicht nur auf den ersten gelingenden Schritt ins Berufsleben – die Berufswahl – konzentriert, sondern die langfristigen strukturellen und durchaus mit-gestaltbaren Veränderungen in der Arbeitswelt perspektivisch mit einbezieht.

Im Einzelnen gehören hierzu folgende Fragen, auf die ich in den nächsten Abschnitten näher eingehen möchte:

(1) Was machen eigentliche Jugendliche ohne Ausbildungsplatz und was bedeutet unterlassene Ausbildung in bildungsökonomischer Perspektive?

(2) Auf welche Form oder Formen von Arbeit und Beruf kann oder soll Schule angesichts einer schwindenden Zahl von Erwerbstätigen in so genannter Normalarbeit wie in einem Lebensberuf noch orientieren?

(3) Welchen Begriff von Ausbildungsfähigkeit, der nicht mit der Vermittelbarkeit am Ausbildungsmarkt verwechselt wird, legen wir zu Grunde?

(4) Wie kann ein erweiterter Begriff von Berufsorientierung aussehen, der sowohl die strukturellen Herausforderungen in Arbeit und Beruf reflektiert als auch dem Wandel in den Einstellungen der Jugendlichen entgegen kommt? Hier möchte ich auf die Erfahrungen, Erkenntnisse und Vorschläge aus dem Programm „Schule-Wirtschaft/Arbeitsleben" (SWA-Programm) Bezug nehmen.

(5) Wie kann eine Schule aussehen, die als Ganzes sich dem Leitbild „Berufsorientierende Schule" verschrieben hat und welche Problemfelder tun sich bei der Umsetzung dieses Leitbildes auf?

(6) Welche nächsten Schritte sollten unternommen werden, damit die Umsetzung eines erweiterten Verständnisses von Berufsorientierung auch in der Fläche gelingen kann?

1   Ausbildungsmarkt und Bildungspotentiale

Die Entscheidungssituation am Übergang vom Bildungs- ins Beschäftigungssystem ist heute durch zweierlei Wandlungsprozesse charakterisiert. Zum einen – und das zeigen alle neueren Jugendstudien – gibt es gegenüber der früher stärker arbeitszentrierten sowie in Phasen aufteilbaren Biographie den nachdrücklichen Wunsch nach möglichst früher selbstständiger Lebensgestaltung, nach Familie und Freizeit wie auch sinnvoller Erwerbsarbeit und Beruf, wobei all diesen Wünschen zumeist ein gleich hoher Rang zugemessen wird. Zum anderen sind aufseiten der Betriebe bzw. des Arbeits- und Ausbildungsmarktes deutlich veränderte und zum Teil gestiegene Qualifikationsanforderungen festzustellen (Stichworte: Informatisierung, Globalisierung, Flexibilisierung; vgl. Schober 2001).

Von den Jugendlichen werden die Veränderungssignale aus dem Beschäftigungssystem offenbar nicht positiv und als Herausforderungen zur Mitgestaltung angesehen. Über die Hälfte der Jugendlichen beurteilt ihre Ausbildungs- und Berufschancen eher skeptisch bis negativ (vgl. Prager/Wieland 2005: 19). Sollen diese verbreitete Skepsis und Ohnmachtsgefühle nicht verstärkt werden, muss für jeden Jugendlichen eine Perspektive im Strukturwandel der Arbeitswelt erkennbar sein und Chancen und Wege eines erfolgreichen Übergangs in Ausbildung und Beruf aufgezeigt werden können. Mit der Einlösung dieses elementaren Anspruchs ist Berufsorientierung aber nur im Zusammenwirken bzw. in gemeinsamer Verantwortung von Pädagogik, Wirtschaft und Politik vorstellbar.

Wirft man zunächst einen Blick zurück auf die allgemeine Entwicklung des Ausbildungsmarktes seit 1992, so lässt sich feststellen, dass die Zahl der Abgänger aus allgemein bildenden Schulen bis zum Jahr 2005 um rund 175.000 bzw. 23 % zugenommen hat (vgl. zu diesen und den folgenden Zahlen Ulrich 2006: 65). Doch die Zahl der neu abgeschlossenen Ausbildungsverträge hat mit dem wachsenden Umfang der Schulabsolventen nicht nur nicht Schritt gehalten, sie ist sogar gesunken. Wurden im Jahre 1992 noch 595.200 Ausbildungsplätze gezählt, so waren es im Jahre 2005 sogar deutlich weniger, nämlich nur 550.200. Gleichwohl – und das ist höchst erstaunlich - konnte die Zahl der nicht vermittelten Bewerber niedrig gehalten werden. Im Jahr 2005 waren dies 40.100, im Jahre 2006 waren es 20.400 (vgl. zu dieser Zahl BMBF 2007: 9) und im Jahr 2007 wird diese Zahl sicher nochmals deutlich niedriger ausfallen.

Die Gründe für diese auf den ersten Blick positive Bilanz liegen schlicht darin, dass die Jugendlichen als Alternative entweder den Weg vollzeitschulischer Ausbildung beschritten oder – in viel stärkerem Maße noch – im so genannten Übergangssystem die verschiedenen Formen einer beruflichen Grundbildung wählten (BVJ, BVB, BGJ, BFS, FOS). Die Gesamtzahl der Jugendlichen im Übergangssystem hat sich in dem genannten Zeitraum (1992 bis 2005) nämlich verdoppelt, so dass wir heute etwa eine gleich hohe Zahl haben von Jugendlichen, die unmittelbar in eine betriebliche Lehre einmünden, und Jugendlichen, die ins Übergangssystem wechseln.

Über die Gründe der rapiden Ausdehnung des Übergangssektors wird gestritten: Sehen die einen hier eher eine Krise des Ausbildungsmarktes, d. h. einen Rückgang des Ausbildungsplatzangebotes, sehen andere eher Defizite der Schulen, wenn es um die Ausbildungsfähigkeit geht. *„Es scheint gegenwärtig nicht entscheidbar, wie weit der eine oder der andere Ursachenkomplex wirksam ist."* So urteilt jedenfalls das Konsortium Bildungsberichterstattung in seinem Bericht über „Bildung in Deutschland" (2006: 82).

In einer neueren repräsentativen Studie des BIBB über die „alternativ Verbliebenen" (vgl. Eberhard u.a. 2006) ist näher untersucht worden, was diese Jugendlichen machen, die etwas anderes als die eigentlich gewünschte Lehre antreten und so zur Entlastung des Lehrstellenmarktes beitragen. Obwohl offiziell als „vermittelt" geführt, suchen viele weiter nach einem Ausbildungsplatz. Jeder Dritte fällt völlig aus dem Bildungssystem heraus, das heißt er jobbt oder ist arbeitslos. Immerhin 30 % nahmen weitere Bildungsaktivitäten auf und so gelangen 19 % doch noch in eine voll qualifizierende Ausbildung (dual, vollzeitschulisch oder Studium). Nach der Studie sind nur die Jugendlichen mit ihrer Situation wirklich zufrieden, die sich in einer voll qualifizierenden Ausbildung befinden. Sehr negativ schneiden hingegen alle Alternativen ab, die außerhalb des Bildungssystems liegen. Auch von den Jugendlichen, die in einer regulären Arbeitsstelle einmündeten, beurteilen zwei Drittel dies nur als Überbrückung, Notlösung oder Sackgasse.

Wir können zum Ausbildungsmarkt also sagen, das in der Summe das Bildungsangebot kräftig ausgedehnt worden ist, doch dass der Anteil der Jugendlichen, die schließlich – sei es dual oder vollzeitschulisch – zu einem Berufsabschluss geführt werden, gleichwohl um knapp 5 %, das heißt, von 84,6 % im Jahre 1994 auf 79,9 % im Jahre 2004 gesunken ist (vgl. Ulrich 2006: 69).

Das mindert perspektivisch leider auch einen der Aktivposten, die in der letzten OECD-Studie (2007) über Deutschland vermerkt worden sind. Addiert man die Zahl der Abiturienten und sämtliche Lehrabschlüsse, dann haben in der Bundesrepublik 83 % aller 25- bis 64-Jährigen einen solchen Sekundar-II-Abschluss – im Vergleich zu 63 Prozent im OECD-Schnitt. Das bedeutet Rang 9 im weltweiten Vergleich. Wirft man jedoch einen Blick auf die Qualifikation der Jüngeren, der 25- bis 34-Jährigen, dann rangiert Deutschland nur auf Platz 16 – von insgesamt 29 Staaten.

Bildungsökonomen sprechen hier von „ungenutzten Bildungspotentialen" und verweisen auf die OECD-Berichte, aber auch auf andere internationale Vergleichsstudien:

- *Ohne Ausbildung:* Etwa 1,3 Mio. junger Menschen bis 29 Jahre sind ohne Berufsabschluss (vgl. BMBF – PM 041/2007 v. 28.02.2007),
- *Hochschulen:* Seit 1995 ist die Anzahl der Studenten in Deutschland zwar um 5 % gestiegen, doch im OECD-Durchschnitt stieg diese Zahl um 41 %; mehr als die Hälfte eine Jahrgangs beginnt im OECD-Schnitt ein Studium, in Deutschland sind es 36 %, Tendenz rückläufig (vgl. OECD 2007),

- *Akademiker:* Einen akademischen Abschluss schaffen in Deutschland 20 % eines Jahrgangs gegenüber 36 % im OECD – Durchschnitt (vgl. OECD 2007). Laut Technologiebericht fehlen bis 2014 jährlich 62.000 Akademiker (vgl. DGB: einblick 12/2007),
- *Ersatzbedarf:* Auf 100 Ingenieure, die aus Altersgründen ausscheiden, kommen 90 Nachwuchskräfte aus den Hochschulen, international dagegen stehen 100 Ingenieur-Pensionären 190 nachrückende Jung-Ingenieure gegenüber (vgl. OECD 2007),
- *Bildungsfinanzierung:* Der Anteil der Bildungsausgaben am Bruttoninlandsprodukt (BIP) beträgt 5,2 % und liegt damit unter dem OECD-Durchschnitt von 5,7 % (vgl. OECD 2007),
- *Chancengleichheit:* Unterstrichen wird – wie schon bei der PISA – Studie – die hohe Abhängigkeit des Bildungserfolgs von der sozialen Herkunft. Dass Oberschichtkinder studieren, lässt sich mit doppelt so hoher Wahrscheinlichkeit prognostizieren wie bei Gleichaltrigen aus sozial einfachen Verhältnissen (vgl. OECD 2007).

Angesichts der Bedeutung von Wissen und Lernen als Schlüsselfaktoren für die wirtschaftliche Entwicklung und den Übergang in die Wissensgesellschaft sind diese Ergebnisse gravierend. Eine vom Bundesbildungsministerium eingesetzte Expertenkommission zur „Finanzierung lebenslangen Lernens" streicht die Interaktion zwischen Innovation und Qualifizierung als den wichtigsten Faktor für die wirtschaftliche Entwicklung heraus. Sie stellt fest, *„dass Deutschland eine im internationalen Vergleich überproportional hohe Quote von Erwerbspersonen aufweist, deren Lern- und Leistungspotentiale unzureichend gefordert und gefördert wurden. Die volkswirtschaftlichen Kosten (dieser unzureichenden Förderung, G.-E.F.) sind bisher nicht quantifiziert worden."* (2004: 48) Hier besteht also bildungsökonomischer Forschungsbedarf, aber ganz sicher auch bildungspolitischer Handlungsbedarf.

Natürlich kann man dieser ökonomischen Betrachtungsweise auch skeptisch gegenüber stehen und allein auf die sozialpolitische Verantwortung für die gelingende Integration der Jugend in die Gesellschaft verweisen bzw. das Grundrecht auf freie Berufswahl nach Artikel 12 betonen, das etwa zur Sicherung eines auswahlfähigen Ausbildungsplatzangebotes verpflichtet. Dann hätte das ökonomische Argument aber immer noch eine unterstützende Funktion für eine Umschichtung von Ressourcen von einer nachbessernden Arbeitsmarktpolitik hin zu einer vorsorgenden Bildungspolitik (vgl. in diesem Sinne Allmendinger/Ebner 2005: 14).

2 Arbeit und Beruf im Strukturwandel

Angesichts des strukturellen Wandels der Arbeitswelt ist schulische Berufsorientierung heute zunehmend mit der Frage konfrontiert, auf welche Form
oder Formen von Arbeit und Beruf Bezug genommen werden kann. Seit den
siebziger Jahren gibt es in der Bundesrepublik einen Trend von einem standardisierten System lebenslanger Ganztagsarbeit im Betrieb hin zu einem
System pluralisierter, flexibler, dezentraler Beschäftigung (vgl. Beck 1986).
Es sinkt die Zahl der in einem so genannten Normalarbeitsverhältnis Beschäftigten, bei dem eine fachlich qualifizierte **Arbeit** mit voller Stundenzahl ausgeübt und mit vollem tariflichem Entgelt bezahlt wird, in dem gesetzlicher Kündigungsschutz besteht und volle Urlaubs- und Rentenansprü-
che gesichert sind. Auf die anderen Erwerbspersonen trifft hingegen die
Realität flexibler Beschäftigungsverhältnisse oder sogar zeitweiser oder an-
haltender Erwerbsarbeitslosigkeit zu. Auch wenn man durchaus noch nicht
vom Verschwinden der Normalarbeit sprechen kann, die so genannte atypische Beschäftigung – hierzu zählen befristet, geringfügig und Teilzeitbe-
schäftigte sowie Leiharbeiter – nahm allein von 2002 bis 2005 von 43 % auf
56 % der Erwerbstätigen zu (vgl. Keller/Seifert 2007).

Oschmiansky/Schmid vom Wissenschaftszentrum Berlin plädieren für eine
„*institutionelle Absicherung von Übergängen zwischen den verschiedenen
Erwerbsformen, um soziale Ausschließung zu vermeiden und zu einer Neu-
verteilung der Arbeit bei gleichzeitiger Verbesserung der Beschäftigungsfähigkeit beizutragen*" (2000: 5). Man kann auch sagen: Wir stehen bei der
Erwerbsarbeit erst am Beginn der Suche nach einem ausgewogenen Verhältnis von ökonomisch bestimmter Flexibilität und sozialpolitisch notwendiger
Sicherheit.

Für den arbeits- und berufsorientierenden Unterricht möchte ich zusammenfassend festhalten: Auch in der Dienstleistungs- oder Wissensgesellschaft
bildet die Erwerbsarbeit das organisierende Zentrum der Lebensführung.
Arbeits- und berufsorientierender Unterricht sollte allerdings nicht nur Erwerbsarbeit unter den Aspekten von Flexibilisierung und sozialer Sicherheit
thematisieren, sondern auch einen erweiterten Begriff von Arbeit in den
Blick nehmen. Dieser sollte neben der Erwerbsarbeit die Eigenarbeit und die
Bürgerarbeit einbeziehen.

Ebenso wie die Arbeit bedarf heute der **Beruf** erneuter Vergewisserung.
Traditionell kommt dem Beruf in Deutschland eine hohe sozialpolitische wie
ökonomische Bedeutung zu. Die sich wandelnden Qualifikationsanforderungen des Beschäftigungssystems müssen mit den Bildungs-, Arbeits- und
Lebensansprüchen der Menschen, insbesondere der der Jugendlichen, in

Einklang gebracht werden. Dieser Abstimmungsprozess zwischen Bildungs- und Beschäftigungssystem erfolgt in hohem Maße über das Medium Beruf, über Berufsorientierung und berufliche Aus- und Weiterbildung. Angesichts des beschleunigten Wandels der Arbeitswelt wird immer häufiger die Frage gestellt, ob dieser Abstimmungs- und Anpassungsprozess zwischen Bildungs- und Beschäftigungssystem noch über die Berufsform von Arbeit gewährleistet ist oder ob der Beruf „out" ist und mit dem Wandel von der Industrie- zur Dienstleistungs- bzw. Wissensgesellschaft, vom Facharbeiter zum Wissensarbeiter, seine Brücken- und Integrationsfunktion verliert, wie etwa der Berufssoziologe Martin Baethge meint (vgl. Baethge 2004).

Dagegen steht die Position (vgl. Voß 2007), dass der Arbeitsinhalt, die Arbeitsqualität, wieder an Bedeutung gewinnt und dass es heute stärker auf individuelle und subjektgebundene Fähigkeiten zur selbstständigen Problemlösung im Betrieb ankommt, also auf Kernelemente der Beruflichkeit (vgl. Descy/Tessaring 2001). In welche Richtung sich die Beruflichkeit der Arbeit schließlich entwickeln wird („Ent- oder Reprofessionalisierung") ist derzeit noch nicht eindeutig zu erkennen.

Wenn aber die Schaffung und Verabschiedung von Berufen, insbesondere Ausbildungsberufen, politikabhängig ist, also nicht nur Resultat ökonomisch-technischer Entwicklungen, sondern Gegenstand arbeits- und bildungspolitischer Interessenabstimmung und Gestaltung, so kann man im Hinblick auf einen gelingenden Übergang von der Schule in das Wirtschaftsleben nur nachdrücklich die Beibehaltung des Berufsprinzips empfehlen. Über den Beruf werden ja nicht nur marktfähige Qualifikationen gebündelt, es werden Wertorientierungen und Haltungen vermittelt sowie gesellschaftliche Anerkennung und Wertschätzung erreicht. Über den Beruf und die Berufswahl werden „Lebenspläne" entwickelt.

Fazit: Für die Berufsorientierung hat der Beruf eine wichtige Leitfunktion. In einer Arbeitswelt, die von einer zunehmenden Dynamisierung und Auflösungstendenzen im Status der Erwerbstätigen geprägt ist, kommt – wie es Werner Dostal formuliert – dem „Beruf als Identifikationsanker" sogar eine steigende Bedeutung zu (vgl. in diesem Sinne Dostal 2002, 2007).

3 Ausbildungsfähigkeit heute: Von der Qualifikation zur Kompetenz

Die Frage, welches Verständnis von Ausbildungsfähigkeit den vielen gemeinsamen Bemühungen um eine Verbesserung der Berufsorientierung als Maßstab zugrunde liegt, lässt sich nicht eindeutig beantworten. Den häufig verwendeten Begriffen „Ausbildungsfähigkeit", „Ausbildungsreife" oder auch „Berufswahlreife" fehlen Operationalisierungen, sie sind marktabhän-

gig und unscharf, weil sie prognostischer Natur und an den späteren Berufserfolg gekoppelt sind. Hinzu kommt, dass für die anerkannten Ausbildungsberufe keine formalen Zugangsvoraussetzungen existieren, auf die hin Kriterien der Ausbildungsreife oder -fähigkeit bezogen werden können (vgl.
Schober 2004: 4).

Aus betrieblicher Sicht wird die mangelnde Ausbildungsfähigkeit von Jugendlichen vor allem an den Grundqualifikationen wie Rechnen, Schreiben
und Lesen festgemacht, häufig ohne klaren Bezug zu Ausbildungs- oder
Berufsanforderungen (ebd.: 10).

Immerhin belegen die Untersuchungen des Psychologischen Dienstes der
Bundesagentur für Arbeit über 20 Jahre hinweg, dass zwar die Fertigkeiten
in den traditionellen Kulturtechniken bei Haupt- und Realschülerinnen und -
schülern nachgelassen haben – was die PISA-Ergebnisse indirekt bestätigt –,
dass jedoch allgemeine Intelligenz, logisch - schlussfolgerndes und vernetztes Denken sowie Problemlösefähigkeiten zugenommen haben (Husted
1998: 162).

Seitens der empirischen Bildungsforschung wurde vor einiger Zeit mit dem
Versuch begonnen, den Begriff der „Ausbildungsreife" über ein Set von
Basiskompetenzen und Mindestbildungsstandards zu definieren, die mit
Ausbildungs- und späterem Berufserfolg korrelieren und mindestens vor-
handen sein müssen, um eine Person als ausbildungsreif zu bezeichnen (Wa-
termann 2003).

Vorläufig kann eine pragmatische Differenzierung helfen, die aus Sicht der
Berufsberatung und des Psychologischen Dienstes der Bundesagentur für
Arbeit vorgenommen wurde. Danach werden drei Stufen bei Auswahlverfahren unterschieden und näher erläutert (1. Ausbildungsreife, 2. Berufseignung
und 3. Vermittelbarkeit). Dadurch soll eine sachliche Verständigung zwischen allen Partnern am Ausbildungsmarkt gefördert werden (vgl. Müller-
Kohlenberg u.a. 2005).

Trotz der Schwierigkeiten, ein fundiertes und aktualisiertes Verständnis von
Ausbildungsfähigkeit im Kontext von Berufsorientierung exakt zu fixieren,
lässt sich seit einiger Zeit schon eine grundlegende Änderung der Blickrich-
tung bzw. ein Paradigmenwechsel in der Bildungsforschung wie auch in der
Berufsorientierung feststellen, wofür der Begriff der Kompetenzen zentral
ist.

Stand lange Zeit der Qualifikationsbegriff im Zentrum der Berufsbildung
wie auch der Berufsvorbildung, welcher eher aus der Perspektive des Beschäftigungssystems Anforderungen an das Bildungssystem und die Indivi-

duen enthält, so weist der Kompetenzbegriff eine stärkere Affinität zum Subjekt auf. Das heißt, unter Kompetenzen versteht man eher personengebundene Fähigkeiten, die heute mit einem zunehmenden Maß an Eigeninitiative der Subjekte und vermehrt aus praktischen Erfahrungen gewonnen werden.

Nach dem gegenwärtigen Forschungsstand ist davon auszugehen, dass Bildung vor allem als Kompetenzerwerb zu verstehen ist, der auf *„eine autonome Lebensführung in möglichst allen Lebensbereichen in einem konkret gegebenen gesellschaftlich-kulturellen Kontext"* zielt (Rauschenbach u.a. 2004: 21).

Die Bedeutung dieses Paradigmenwechsels von der Qualifikation zur Kompetenz korrespondiert eindrucksvoll mit der seit längerem zu konstatierenden Veränderung in bestimmten Bereichen der betrieblichen Arbeitsorganisation, bei denen es stärker auf Selbstständigkeit und die Fähigkeit zur eigenverantwortlichen Gestaltung der Arbeit ankommt (vgl. Heidegger 1988). Mehr noch, die *„Arbeit selbst wird als Lern- und Bildungsmedium"* aufgewertet (Dehnbostel 2003). Auch wenn die lernförderlichen Formen der Arbeitsorganisation bislang nur partiell anzutreffen sind, jedenfalls diesbezüglich noch kein einheitlicher Trend auszumachen ist (vgl. Expertenkommission 2002: 42), kommt diese Entwicklung einem Verständnis von Berufsorientierung entgegen, das sich weniger wissens- oder berufsfachbezogen als vielmehr als Teil von Allgemeinbildung im Sinne einer Stärkung der Persönlichkeit und Handlungsfähigkeit von Jugendlichen versteht.

Für das Programm „Schule – Wirtschaft/ Arbeitsleben" (SWA-Programm) steht denn auch die Kompetenzentwicklung im Sinne der Stärkung von Selbstständigkeit und Eigenverantwortung der Schülerinnen und Schüler an herausragender Stelle.

4 Das erweiterte Verständnis von Berufsorientierung im Programm „Schule-Wirtschaft/Arbeitsleben"

Das seit 1999 laufende bundesweite Programm, welches vom Bundesministerium für Bildung und Forschung sowie vom Europäischen Sozialfonds gefördert wird, hat sich die Entwicklung innovativer, transferierbarer und nachhaltig wirksamer Maßnahmen zur Förderung und Verbesserung der Berufsorientierung von Jugendlichen zum Ziel gesetzt. Die Jugendlichen sollen ihren Erfahrungen entsprechend möglichst praxisnah auf die Anforderungen der Arbeits- und Berufswelt vorbereitet werden. Dabei werden Konzepte erprobt, die den Schülerinnen und Schülern schulartspezifisch und unter Berücksichtigung des Alters, Entwicklungsstands und geschlechtsspezifischer Unterschiede den Zugang zum Arbeits- und Berufsleben erleichtern sollen. Es wird dabei ein dynamischer Begriff von Berufsorientierung zu Grunde gelegt, der nicht nur auf den Akt der Berufswahl zielt, sondern Berufsorientierung als lebenslangen Prozess der Abstimmung zwischen Individuum und Arbeits- und Berufswelt begreift (vgl. Famulla/Butz 2005). Das Programm richtet sich auf drei Ziele bzw. Zielgruppen: erstens die Verbesserung der Fähigkeit der Jugendlichen, sich in die Arbeits- und Berufswelt erfolgreich zu integrieren und dort auch zu behaupten, zweitens die Erhöhung der Ausbildungsbereitschaft der Betriebe und drittens die Stärkung der Lehrkompetenzen an den Schulen im Bereich der Berufsorientierung.

Bislang wurden und werden im SWA-Programm 46 Projekte in den Ländern sowie bei den Sozialpartnern gefördert – darunter neun Verbundprojekte. Es sind insgesamt 95.000 Schülerinnen und Schüler in 1.800 Schulen erreicht worden. Bei den Schulen handelt es sich überwiegend um Schulen im Sekundarbereich I, aber auch Schulen im Sekundarbereich II, Förderschulen und Schulen für Lernbehinderte sind vertreten. Die Kooperationen erstrecken sich auf circa 5.000 Unternehmen.

Die Projektbereiche bzw. –gegenstände variieren über das ganze Feld von Maßnahmen zur Verbesserung der Arbeits- und Berufsorientierung. Auch sind eine ganze Reihe verschiedener Produkte geschaffen worden. Dazu gehören Arbeitsmappen und Handreichungen ebenso wie institutionalisierte Kooperationen bzw. Netzwerke. Um nur einige Beispiele zu nennen: Transferagenturen, validierter Leitfaden zur eigenständigen Vor- und Nachbereitung der Schülerbetriebspraktika sowie zur eigenständigen Organisation der dualen Informations- und Orientierungsangebote, lokales Internetportal zur Berufswahlorientierung, individueller Förderplan „Berufliche Integration" für die Arbeit mit Benachteiligten, Berufswahlpass, entwickelte Unterrichtsmaterialien zu Themen der Arbeits- und Berufswelt, „Kooperations-Knigge" u.v.m. (vgl. Wissenschaftliche Begleitung 2003, 2007)

An dieser Stelle können die Projekte des SWA-Programms weder im Einzelnen noch zusammenfassend dargestellt werden (vgl. hierzu näher Wissenschaftliche Begleitung 2007), vielmehr soll von zentralen Ideen, Erkenntnissen und Erfahrungen des Programms, aber auch von immer wiederkehrenden Realisierungsproblemen und schließlich auch von Vorschlägen berichtet werden, wie man gute Beispiele in die Fläche transferieren könnte.

Bei der Realisierung der Projekte im SWA-Programm wird auf fünf Elemente ein besonderes Gewicht gelegt. Es geht darum,

- die Selbstständigkeit und die Eigenverantwortung der Jugendlichen in den Mittelpunkt zu rücken,

- die Berufswahl als einen Prozess und nicht als eine punktuelle Entscheidung zu verstehen,
- die Lehrkräfte in ihrer neuen Rolle als Moderator/innen zu begreifen,
- die Kooperation und Vernetzung mit externen Partnern als notwendig zu erkennen und zu praktizieren und schließlich
- Berufsorientierung als Aufgabe der ganzen Schule zu begreifen.

Zumal das letzte Element hat sich im Verlauf der Programmrealisation als zunehmend bedeutsam herausgestellt. Seien es die neu entwickelten Praktikumsformen, die neuen Kooperationsformen mit außerschulischen Akteuren oder der Einsatz des Berufswahlpasses, es setzte sich immer wieder die Erkenntnis durch, dass Berufsorientierung nur gelingen kann, wenn sie als Aufgabe der ganzen Schule begriffen wird.

Im Grunde kam die Aufgabe eines allgemein bildenden berufsorientierenden Unterrichts als explizite Aufgabe der ganzen Schule bereits im Bildungsverständnis zum Ausdruck, welches seitens des „Forum Bildung" formuliert wurde. Dort wird auf drei Elemente verwiesen, die als miteinander verschränkt anzusehen sind: erstens Persönlichkeitsbildung, zweitens die Förderung der gesellschaftlichen Teilhabe und drittens die Vorbereitung auf die berufliche Arbeitswelt (vgl. Forum Bildung 2002: 15). Sieht man diese drei Elemente als Einheit in jedem allgemein bildenden Unterricht, ist im Grunde jede Lehrkraft, auch in Fächern wie Mathematik, Deutsch, Kunst u.a., mit der Frage konfrontiert, auf welche Weise sie in ihrem Fachunterricht auch zur Förderung der Berufsorientierung und damit zur Verbesserung der „Lebensweltorientierung" und zur „autobiographischen Kompetenz" beiträgt bzw. beitragen kann.

Auf dem Hintergrund dieses umfassenden Bildungsauftrags von Schule und der Auswertung von Zwischenergebnissen des SWA-Programms lässt sich jetzt auch das spezifische Profil einer berufsorientierenden Schule skizzieren (vgl. Famulla/ Butz 2005). Von einer berufsorientierenden Schule kann gesprochen werden, wenn

- die Berufsorientierung als didaktisches Grundprinzip im Schulleitbild fest verankert ist und von der Schulleitung nachdrücklich vertreten wird,
- sich diese Denkhaltung in einer Fächer- und Jahrgangsstufen übergreifenden Konzeption manifestiert,
- die Schule in ein kooperatives Netzwerk mit externen Partnern eingebunden ist, und schließlich

- die Konzeption in einem lebendigen Dialog mit der Umwelt und ihren Mitgliedern fortlaufend kritisch reflektiert und angepasst wird.

Das ist – zugegeben – ein anspruchsvolles Konzept schulischer Berufsorientierung, das sich aus guten Beispielen des SWA-Programms wie auch aus anderen Programmen (Stichwort: „Selbstständige Schule"; vgl. Lohre/Kober 2004) destillieren lässt und – so viel kann man jetzt schon behaupten – welches in der Fläche ohne einen organisierten und bildungspolitisch gestützten Innovations- und Transferprozess nicht zu realisieren sein wird.

5 Berufsorientierung als Schulentwicklungsaufgabe

Wichtigster Ansatzpunkt für die Umsetzung dieses Schulprofils scheint die Entwicklung von Unterricht, von neuen Lern- und Lehrformen, von Projektlernen, von fächerübergreifendem Unterricht mit Praxisbezügen auch außerhalb von Schule, kurz: von *Unterrichtsentwicklung*. Doch wer neue Lehr- und Lernformen entwickeln und anwenden will, braucht dazu motivierte und qualifizierte Lehrerinnen und Lehrer, die sich mit einer neuen Aufgabe auch selbst gefordert und gefördert sehen, das heißt, es bedarf der *Personalentwicklung*. Und wenn schließlich motivierte Schülerinnen und Schüler und qualifizierte Lehrerinnen und Lehrer in neuen Unterrichtsformen die Berufsorientierung oder Aneignung von Ausbildungsfähigkeit als längerfristigen Prozess verstehen, dann braucht es dazu ein förderliches Umfeld, eine Organisation, die lernt und entsprechende *Organisationsstrukturen* ausbildet.

Auf dieses Ziel- und Handlungsdreieck von Unterrichts-, Personalentwicklung und Organisationsstrukturen, welches beispielsweise vom SWA-Projekt „Erweiterte Berufsorientierung im System Schule" explizit verfolgt wird (vgl. EBISS 2005), stoßen zwangsläufig auch andere Projekte oder Schulen, die bei der Realisierung von Maßnahmen zur Verbesserung des Übergangs einen erweiterten Begriff von Berufsorientierung zugrunde legen. Dabei ist es unerheblich, welchen Ausgangspunkt man in diesem Handlungsdreieck wählt.

Dennoch scheint die Erkenntnis dieses strukturellen Zusammenhangs nur die eine, fast möchte man sagen, die leichtere Seite der Medaille zu sein. Die praktische Umsetzung dieser Entwicklungs- oder Reformaufgabe entlang dieser drei Dimensionen und damit der Entwicklung von Schule als System ist die ungleich schwierigere.

Veränderung findet ihren Anstoß praktisch immer aus einer Minderheitsposition heraus, wodurch ein Zwang entsteht, Unterstützung in der eigenen Institution zunächst einmal zu gewinnen. Und dies benötigt Zeit. Solche Veränderungen im Rahmen einer üblichen Projektlaufzeit von etwa 3 Jahren erfolgreich umzusetzen, ist ein sehr ehrgeiziges Vorhaben. Die Schulent-wicklungsforscherin Ursula Carle (2000) hat sich auf der Basis einer intensi-ven internationalen Recherche mit dem Ablauf von Schulentwicklungspro-zessen beschäftigt und schätzt den Zeitbedarf für nachhaltige Reformprozes-se an der Schule auf etwa 8 Jahre. Insofern sollte man nicht zu enttäuscht sein, wenn nicht gleich alles optimal läuft.

Immerhin konnten wir bei der Umsetzung der Berufsorientierungskonzepte und –maßnahmen immer wiederkehrende Problemfelder identifizieren, die dann zu wichtigen Arbeitsgebieten im SWA-Programm wurden:

- **Unterstützung im Kollegium**

Sehr häufig fehlt für das Engagement im Bereich Berufsorientierung die breite Unterstützung im Kollegium. Diese ist jedoch für die Umsetzung und Wirksamkeit von Initiativen letztendlich von herausragender Bedeutung. Zu verdeutlichen ist möglichst allen, dass nicht die einzelne Maßnahme, son-dern das Zusammenspiel in einem jahrgangs- und fächerübergreifenden Konzept entscheidend ist. Zu vermitteln ist auch, dass es nicht um eine Ad-dition von berufsorientierenden Inhalten zusätzlich zum Unterricht in den klassischen Fächern geht, sondern um eine lernzielbestimmte Integration in die bestehenden Fächer hinein. Als entscheidend erweist sich auch immer wieder die Position der Schulleitung. Selbst wenn Konzepte in Schulpro-gramme integriert werden und Verantwortlichkeiten formal deutlich zuge-wiesen wurden, ist die Stellung der durchführenden Lehrkräfte an den Schu-len ohne aktiven Rückhalt bei der Schulleitung in der Regel zu schwach, um das Kollegium für die Mitarbeit zu gewinnen und so eine dauerhafte, mit dem Unterricht verzahnte, Berufsorientierung durchführen zu können.

- **Curriculare Einbindung**

Hinzu kommen Probleme auf der organisatorischen Ebene. Zum Beispiel setzt häufig auch die Stundentafel bzw. der Fachunterricht mit seinen Lehr-plänen den Möglichkeiten einer ganzheitlichen Berufsorientierung bei einer exakten Befolgung der Vorschriften enge Grenzen. Man könnte auch sagen: Viele Schulen, die erfolgreich Berufsorientierung betreiben, bewegen sich deshalb mit ihren Ansätzen am Rande der curricularen Legalität. Das Prob-lem wird teilweise verschärft durch den jüngsten Trend zu zentralen Ab-schlussprüfungen in den Kernfächern, wodurch überfachliche Unterrichts-formen weiter in den Hintergrund gedrängt werden.

- **Kooperation mit Betrieben**

Oftmals fehlt auch das Wissen darüber, wie man Kooperationspartner ge-winnt und diese Partnerschaften dann auch dauerhaft pflegt. Dies ist teilwei-

se ein sozialkommunikatives Problem, das so durchgreifend ist, dass im
SWA-Kontext von einzelnen Projekten „Kooperations-Knigges" für den
erfolgreichen Umgang mit Betrieben geschrieben wurden. Dabei geht es
auch um solche scheinbar einfachen Dinge wie Sprachgebrauch, Dresscode,
Verlässlichkeit und Ähnliches mehr. Mittlerweile hat sich zwar ein erheblicher Markt an Serviceanbietern in diesem Bereich herauskristallisiert, die bei
der Anbahnung von Kooperationen helfen, doch die konkrete Ausgestaltung
muss trotzdem weiterhin von den Lehrkräften geleistet werden. Zudem treten ab einer gewissen Grenze Probleme wegen der Überlastung der Betriebe
auf.

- **Lehrerrolle**

Im Unterschied zu herkömmlichem Fachunterricht steht in der Berufsorientierung nicht ein abprüfbarer Wissenskanon, sondern Kompetenzförderung
sowie Stärkung der Entscheidungsfähigkeit für die eigene Lebensplanung im
Vordergrund. Ein rein wissensorientiertes Verständnis von Berufsorientierung erweist sich als kontraproduktiv, weil auf diese Weise zu viele Informationen geliefert werden, die Jugendliche nicht benötigen und Abschottung
zur Folge haben (vgl. Beinke 2004: 44). Berufsfindung ist ein individueller
Prozess, der nicht nach einem gleichen Schema für alle ablaufen kann. Die
Entwicklung eines beruflichen Selbstkonzepts erfordert einen für viele nicht
ganz einfachen Wechsel der Lehrerrolle vom Vermittler zum Moderator und
Unterstützer von Lernprozessen.

- **Lehrerqualifikation**

Im Bereich der Lehrerqualifikation zeigen sich Lücken in mehreren Bereichen. Es fehlt an berufs- und arbeitsweltbezogenem fachlichen Wissen, es
fehlt an entwicklungspsychologischem Wissen, es fehlt an organisatori-
schem Wissen. Dies stellt an den Schulen in der Umsetzung von Berufsori-
entierungskonzepten ein erhebliches Problem dar. Wer Jugendliche bei der
Entwicklung von Selbstkonzepten helfen und beraten will, muss auch über
die sachlichen Grundlagen für die Entscheidungen Bescheid wissen. Hier
besteht also erheblicher Qualifikationsbedarf im Rahmen der Lehreraus- und
-weiterbildung.

- **Konzeptverständnis**

Hier erweist sich die Erarbeitung eines schulbezogenen Konzeptes von Berufsorientierung als schwierig, weil dazu ein hohes Maß an Querschnittswis-
sen und Steuerungsfähigkeit in Arbeitsprozessen erforderlich ist. Lehrkräfte
neigen schnell dazu, bestehende Konzepte übernehmen zu wollen, um nicht
zu viel Zeit mit eigener Entwicklungsarbeit zu verlieren. Weil die externen
Konzepte aber auf die Verhältnisse der eigenen Schule gar nicht so genau

passen und keine tiefer gehende Auseinandersetzung mit ihnen stattgefunden hat, erhöht das letztlich den Aufwand bei der Umsetzung. Hilfreich für die eigene Konzeptentwicklung – und damit die Akzeptanz und die richtige Umsetzung – könnten hier Instrumente wie der Berufswahlpass (www.berufswahlpass.de) oder das Berufsorientierungskonzept ELISA (2004) sein, die langfristig erprobt worden sind und als Metakonzepte den Schulen Hilfestellung bei der Entwicklung eigener Ideen geben können.

- **Kompetenzförderung**

Bei der Kompetenzförderung, gewissermaßen dem Herzstück des neuen oder erweiterten Verständnis von Berufsorientierung, fehlt es im Schulalltag sowohl an eindeutigen Definitionen von Kompetenzen und validen Erfassungsinstrumenten für den Unterrichtsalltag als auch an geeigneten Lernarrangements, die die geforderten Softskills in den Mittelpunkt stellen. Als Lösung wurde und wird vielfach auf die aus der Benachteiligtenförderung bekannten extern durchgeführten Potenzialanalysen zurückgegriffen, die im Stile eines Assessment Centers die Jugendlichen analysieren und beurteilen. Diese Verfahren haben allerdings den Nachteil hoher Kosten und eines hohen organisatorischen Aufwandes, so dass sie nur selten durchgeführt werden können. Deshalb wurde und wird immer noch ergänzend nach Methoden und Instrumenten gesucht, die unterrichtsbegleitend Kompetenzfeststellung bzw. Kompetenzänderungen erfassen können und eine kontinuierliche individuelle Kompetenzförderung ermöglichen.

- **Eltern**

Den Eltern kommt sowohl im Berufswahlprozess wie auch bei der Kompetenzentwicklung eine Schlüsselrolle zu. In erster Linie lernen Jugendliche in ihrem sozialen Umfeld, in dem sie viel mehr Zeit als in der Schule verbringen und das zumindest bis zur Altersgruppe der 16-Jährigen sehr stark vom Elternhaus geprägt wird. Soziale Verhaltensweisen, Vorbilder, Bildungsmotivation, Grundhaltungen, all diese Voraussetzungen für den Erfolg schulischer Bildungsinitiativen sind nur im Zusammenhang mit den Hauptakteuren in diesem Kontext zu beeinflussen. Die Erfahrung zeigt, dass die Dialogbereitschaft auf beiden Seiten durch Vorurteile und Schuldzuweisungen eingeschränkt zu sein scheint. In verschiedenen SWA-Projekten wurde deshalb nach Ansätzen gesucht, eine Kommunikationsbereitschaft aufzubauen, die auf gegenseitiger Wertschätzung basiert und gemeinsames Handeln ermöglicht.

- **Fazit:**

Insgesamt lässt sich zu den genannten Problemfeldern feststellen, dass zu einer guten Berufsorientierung mehr gehört als nur die Entwicklung von

guten Unterrichtsmodellen. Hierzu ist – wie bereits weiter oben hervorgehoben – unbedingt schulinterne, aber auch -externe Unterstützung notwendig.
Weil bereits vielfältige positive Erfahrungen und gute Beispiele vorliegen,
kommt es heute nicht mehr so sehr darauf an, in großer Zahl neue Einzelpro-
jekte und Maßnahmen zu initiieren, sondern dass bereits vorliegende Wissen
auf breiter Ebene verfügbar zu machen und regionale sowie länderübergreifende Unterstützungssysteme zu schaffen und vor allem: erweiterte Berufsorientierung und Übergangsmanagement im Zusammenhang zu sehen. Welches können die nächsten Schritte für einen solchen Transferprozess sein?

6 Handlungsvorschläge und Reformperspektiven

Wir benötigen e r s t e n s ein geeignetes Dokumentations- und Informati-
onssystem, das die in den Ländern bereits vorhandene große Vielfalt an
Richtlinien, Projekten und Maßnahmen zur Vorbereitung auf die Berufs- und
Arbeitswelt möglichst unter dem jeweiligen Verständnis von Berufsorientierung erfasst und zur Nutzung zugänglich macht.

Wir benötigen z w e i t e n s ein bedarfsorientiertes und auf Dauer angelegtes Unterstützungssystem bzw. regionales Übergangsmanagement, das die
verschiedenen regionalen Akteure für eine gemeinsame Umsetzung des for-
mulierten Leitbildes koordiniert und moderiert und einen länderübergreifenden Austausch sichert.

Wir benötigen d r i t t e n s eine zentrale Arbeitsstelle oder Agentur, in der
fachwissenschaftliche Expertise zur Gewinnung von abgesicherten Erkenntnissen zum Übergang Schule-Arbeitswelt konzentriert wird und zur Bera-
tungs- und Informationsarbeit in Richtung Öffentlichkeit und Politik tätig
wird.

Das sind zugegebenermaßen weit reichende Vorschläge, die sich zumal an
Bund und Länder gemeinsam richten, wie auch das Programm „Schule-
Wirtschaft/Arbeitsleben" einst aus der Kooperation zwischen Bund und
Ländern erwuchs. Wenn ich die bildungspolitischen Zeichen richtig lese,
deuten einige bildungspolitische Initiativen und Verlautbarungen zumindest
auf eine erhöhte öffentliche Wahrnehmung des Übergangsproblems wie
auch auf die Einsicht hin, „Berufsorientierung als Aufgabe für die ganze
Schule" anzusehen und zu gestalten. Hierzu *vier Stichworte*:

Stichwort Schulprogramme: In einer Reihe von Bundesländern ist mittlerweile die Entwicklung von Schulprogrammen in Schulgesetzen festgelegt
(vgl. als Beispiel: Schulgesetz für das Land Berlin v. 26.01.2004, bes. §§
4,8). In Abstimmung mit den außerschulischen Partnern (Eltern, Betrieben,
Berufsberatung, Sozialpartnern, Hochschulen) kann Berufsorientierung als

pädagogisches Konzept in einem Schulprogramm fixiert werden. Damit kann nicht nur die Kontinuität bei der Anwendung neuer Konzepte gewährleistet werden, Berufsorientierung muss auch nicht mehr als isoliertes Konstrukt im „Raum Schule" stehen.

Stichwort Bildungsstandards: Mit der Entwicklung und Anwendung von nationalen Bildungsstandards verbindet sich die Vorstellung, dass Schule zur Realisierung ihrer Ziele mehr Eigenständigkeit erhalten soll, dass sie ihre Konzentration weniger auf den Erwerb von Faktenwissen, als auf die Aneignung von Kompetenzen der Schülerinnen und Schüler richten soll und dass Bildungsstandards schließlich in einem umfassenden Konzept von Qualitätsentwicklung von Schule eingebettet sein sollen (vgl. Klieme 2004). Mit der Entwicklung eines Bildungsstandards „Arbeits- und Berufsorientierung" könnte sowohl deren curriculare Verankerung als auch ihre fächerübergreifende Wahrnehmung gefördert werden (vgl. Famulla 2004). In diesem Sinne verstehe ich auch die Arbeiten der Arbeitsgruppe „Kerncurriculum Beruf/Haushalt/Technik/Wirtschaft", in dem die „Berufsorientierung" besonders ausgewiesen ist (vgl. Oberliesen/Zöllner 2007).

Stichwort „Rahmenvereinbarung über die Zusammenarbeit von Schule und Berufsberatung zwischen der Kultusministerkonferenz und der Bundesagentur für Arbeit" (vom 15.10.2004): Hier wird die gemeinsame Verpflichtung von Schule und Berufsberatung zur Berufswahlvorbereitung im Einzelnen begründet und als Ziel festgeschrieben, „*dass allen jungen Menschen ein erfolgreicher Übergang von der Schule in Ausbildung, Studium und Erwerbsleben ermöglicht werden muss. Dazu gehört, nach Abschluss der Schule ohne Brüche und ‚Warteschleifen' eine Ausbildung, ein Studium oder eine andere zu einem Beruf hinführende Qualifizierung aufnehmen und diese auch abschließen zu können.*" (BA/KMK 2004: 2)

Stichwort „Empfehlungen des Hauptausschusses zur Berufsorientierung und Berufsberatung" (BIBB 2006) für Jugendliche und junge Menschen unter 25 Jahren, die den Übergang von der Schule in Ausbildung, Studium, Arbeit und Beruf erleichtern sollen. Darin wird – in Übereinstimmung mit Entschließungen des Rates der EU und Empfehlungen der OECD – die sowohl in Bildungs- wie auch in Gesellschaftspolitik steigende Bedeutung der Berufsorientierung und Berufsberatung hervorgehoben. Danach sind für eine nachhaltige Verbesserung der Berufsorientierung und Berufsberatung gemeinsame Anstrengungen aller am Prozess beteiligten Akteure erforderlich, weshalb sich der Hauptausschuss des BIBB neben dem Erhalt und Ausbau der Berufsorientierung und Berufsberatung auch für eine engere Zusammenarbeit der verschiedenen Akteure ausspricht.

In den genannten Verlautbarungen und Initiativen werden die Bedeutung und der Handlungsbedarf für eine bessere Vorbereitung der Jugendlichen auf Ausbildung, Arbeit und Beruf nachdrücklich unterstrichen. Es geht schließlich ja auch um einiges: Es geht um die verbreitete Sorge der Jugend um ihre Zukunft und Integration in die Gesellschaft, die immer noch und wesentlich über eine erfolgreiche schulische und berufliche Ausbildung gesichert wird. Es geht um die Sorge der Wirtschaft, die eine zunehmende Zahl von Jugendlichen mit unzureichender Ausbildungsfähigkeit registriert und es geht um die Sorge der Politik, dass angesichts der demografischen Entwicklung und wegen der spätestens im Jahre 2015 deutlich fehlenden Fachkräfte die Bildungspotenziale nicht genügend erschlossen und gefördert worden sind.

Heute gilt es vor allem zu erkennen, dass in dem großen Ziel, „möglichst allen Jugendlichen einen nachhaltig erfolgreichen Übergang in Ausbildung, Beruf und Arbeit" zu ermöglichen, eine Schulentwicklungsaufgabe steckt, die erhebliche zusätzliche Anstrengungen und Ressourcen erfordert und die als Investition in die Zukunft der Jugend ohne Alternative ist.

Karl Düsseldorff

Die Funktion von Netzwerken und Entwicklungspartnerschaften am Übergang vom Bildungs- in das Beschäftigungssystem

1 Vorbemerkungen

Der nachfolgende Beitrag für die Fachtagung „Zwischen Qualifikationswandel und Marktenge - Konzepte und Strategien einer zeitgemäßen Berufsorientierung" an der Pädagogischen Hochschule Karlsruhe wurde aus wenigstens zwei Gründen und aus zwei Anlässen heraus in der vorliegenden Formulierung überschrieben:

1. Aktuell scheinen allgemein Netzwerke in Deutschland, im Sprachgebrauch der Europäischen Union (EU) oft als Entwicklungspartnerschaften gekennzeichnet, ein operativ probates Mittel oder gar eine Strategieoption dafür zu sein, sozial-, bildungs- und/oder wirtschaftspolitische Problemlagen zu entschärfen und auf ein hochgradig koordiniertes, eben vernetztes Co- Agieren diverser Marktakteure in Verbindung mit öffentlichen Handlungspartnern zu setzen.
2. Netzwerke sind, dafür spricht eine große Anzahl an einschlägig dokumentierten Aktivitäten, ein aktuell besonders auffälliges Phänomen im Themen- und Aufgabenfeld des Übergangs zwischen Schule und Berufsausbildung bzw. zwischen Ausbildungs- und Beschäftigungssystem (BMBF 2006).

Der zweite Grund führt dann auch schon zum ersten der angedeuteten Anlässe: Das Fachgebiet Wirtschaftspädagogik an der Universität Duisburg-Essen unter der Leitung von Rolf Dobischat steht mit dem Tagungsausrichter sowie der Entwicklungspartnerschaft START insofern genau thematisch in einer Arbeitsbeziehung, als es für die Gemeinschaftsinitiative EQUAL der EU (GI EQUAL) im Rahmen der Programmevaluation die Entwicklungspartnerschaft START formativ evaluiert. Und: Der Schwerpunkt der aufgetragenen Evaluationsansprüche liegt gerade in der Dokumentation und der Erfolgsbeurteilung einer netzwerkartig organisierten Initiative, in deren Mittelpunkt „neue Formen des Berufsstarts in der Region Südpfalz und Karlsruhe" erprobt, implementiert und nachhaltig verankert werden.

Der zweite Anlass liegt in einem vom BMBF und dem Europäischen Sozialfond geförderten Projekt: „Berufswahl und Transfer – Evaluation innovativer Maßnahmen zur Verbesserung des Übergangs benachteiligter Jugendlicher/Migranten in Ausbildung und Beschäftigung", in das die Duisburg-Essener Arbeitsgruppe mehrjährig aktiv eingebunden war. Auch hier wurde ein Beobachtungsschwerpunkt auf Vernetzungsaktivitäten gelegt. Im Rahmen dieser Recherchen ergibt sich übrigens die Grundlage für die oben aufgestellte Behauptung, dass eine empirisch nachweisbare Zunahme von Vernetzungsaktivitäten im Aufgabenkontext der Bearbeitung von Übergangsproblemen in Ausbildung und in den Arbeitsmarkt feststellbar ist (vgl. Dobischat 2007).

Beide Begründungen und die zwei genannten Anlässe bieten den Rahmen des nachfolgenden Beitrags, für den eine Einschränkung vorangestellt werden muss: Im Beitrag wird es generell nur um die Einmündung in subakademische Ausbildung gehen, also um den Übergang in das duale System und um dafür bestehende Beratungs- und Orientierungshilfen. Deshalb werden Beratung und Orientierung mit Blick auf hochschulische Perspektiven gänzlich ausgeblendet, auch wenn Absolventennetzwerke und Netzwerke zwischen abgebenden Hochschulen und potenziell aufnehmenden Betrieben/Verbänden oder Wirtschaftsräumen derzeit ebenfalls Konjunktur haben und auch darüber zu schreiben in das Thema passen würde.

2 Berufswahl und Berufsorientierung als aktuelle bildungs-, sozial- und wirtschaftspolitische Herausforderung

2.1 Berufswahl und Berufsorientierung als bildungspolitische Herausforderung

Berufswahl, Berufswahlvorbereitung, Berufswahlorientierung und Berufswahlhilfen etc. sind Begriffe, die auf pädagogische Aufgabenfelder im schulischen sowie im außerschulischen Bereich aufmerksam machen. Angebote zur Berufsorientierung stehen nach § 33 SGB III Jugendlichen und Erwachsenen offen, um ihre Berufswahl mit Blick auf berufliche Anforderungen, Ausbildungs- und Karrierewege, arbeitsmarktliche Perspektiven, psychische und physische Belastungen im angestrebten Berufsfeld bzw. in der angestrebten Tätigkeit etc. fundiert und informiert treffen zu können. Berufswahlhilfen, Maßnahmen zur Berufswahlvorbereitung und/oder der Berufswahlorientierung werden von Betrieben, Jugendhilfeeinrichtungen, abgebenden und aufnehmenden Schulen etc. angeboten und sind fester Bestandteil unserer Sozialisationsinstanzen und unserer Bildungs- und Beratungslandschaften. Für diese diversen Hilfen gibt es unterschiedliche Curricula, Konzepte, Modelle und gesetzliche Verpflichtungen bzw. Förderprogramme, und natürlich diverse pädagogische bzw. erziehungswissenschaftliche Zugänge. *„Allerdings kann die Berufsorientierung innerhalb der schulischen und außerschulischen Bildung nach wie vor als Stiefkind der Pädagogik bezeichnet werden. Ihr Stellenwert, ihr Ort und ihre Konzepte innerhalb der Schule sind nach wie vor unklar und äußerst heterogen. Innerhalb der außerschulischen Jugendbildung erscheint das Thema berufsorientierender Bildung vollständig randständig"* (Wensierski/Schützler/Schütt 2005: 9) - so heißt es in einem einschlägigen Reader (noch) aus dem Jahre 2005.

Sicher liegt ein Grund für diese defizitäre Situation in einer unterschiedlich geregelten oder dem Zufall überlassenen Infrastruktur Wahl- und Orientierungshilfen anbietender Instanzen und Institutionen. Denn das Spektrum der Maßnahmen und der Anbieter, die sich der Entwicklung und Förderung der Berufswahl und der Berufswahlreife widmen, ist differenziert, diffus, oft unkoordiniert und kaum überschaubar. Wer als Experte versucht, sich über diverse auf Bundes-, Landes- oder regionaler Ebene existierender Förderprogramme für Unterstützung bei der Berufsfindung zu informieren / zu engagieren, gerät all zu schnell an seine Grenzen. Nimmt man hinzu, dass Kammern, Betriebe und Verbände ebenfalls im Feld unterschiedlich intensiv aktiv sind und gleiches für diverse pädagogische Institutionen gilt, wird eine daraus resultierende Intransparenz deutlich. Diese bildet ein deutliches Hindernis - für Forschende, für Beratungsklienten und für in Beratungsprozesse eingebundene Anbieter.

Ein anderer Grund für die oben zitierte Defizitbeschreibung dürfte wohl darin liegen, dass angesichts der Erosion des Berufes (vgl. Dostal/Stooß/Troll 1998) als dem Kernpunkt des dualen Ausbildungssystems, plausible Orientierungsziele nicht immer eindeutig anzugeben sind. Erschwerend wirkt, dass Berufsorientierung angesichts der aktuellen Herausforderungen (Erosion des Normalarbeitsverhältnisses, Neuordnung der Erwerbsarbeit, Ausweitung des Niedriglohnsektors ...; vgl. dazu Dombois 1999) mit diversen Unsicherheiten einer sich massiv veränderten Arbeitswelt umzugehen hat (vgl. Schober 2001, Pätzold 2004, Neß 2007). Aus denen resultieren Attraktivitätsverluste des dualen Ausbildungssystems und des Facharbeitsstatus insgesamt - gleich wer Ausbildung letztlich anbietet.

Ein Hindernis für erfolgreiche Beratungsprozesse ergibt sich allein aus der Tatsache, dass die Beratungsklientel zunehmend ausdifferenziert und teilweise von stark einschränkenden Voraussetzungen gekennzeichnet ist. Demgemäß können oft auch nur geringe Optionen verantwortungsvoll angeboten werden. Zu nennen wären hier nur die plakativen Schlagworte: Mangelnde Berufsreife / mangelnde Entscheidungsreife / mangelnde Berufswahlkompetenz – ohne darauf näher eingehen zu wollen und auch nicht ohne auf die teilweise vorschnelle subjektbezogene Stigmatisierung durch diese Zuschreibungen hinzuweisen.

2.2 Berufswahl und Berufsorientierung als sozialpolitische und als individuelle Herausforderung

In einer Zeit, in der die Einmündung in den Ausbildungsmarkt aus kapazitären Gründen allein schon schwierig genug ist, und in der der duale Ausbildungsmarkt mit den Stichworten „Creaming-Effekte und Verdrängungsent-

wicklungen" knapp aber zutreffend gekennzeichnet wird, ist ein passgenauer, den Eignungen und Neigungen sowie den beruflichen Perspektiven entsprechender Übergang von der Schule in das Erwerbsleben von geradezu
existenzieller Bedeutung. Indem der Stellenwert einer Ausbildung zu einem
kritischen Erfolgsfaktor für die Integration in das Erwerbsleben geworden
ist, wird der Einmündungsprozess zu einem Nadelöhr, das über zukünftige
Lebens- und Entwicklungsbedingungen entscheidet. Damit ist das Vorhan-
densein von ausreichenden und qualitativ gehaltvollen öffentlichen und privaten Hilfe- und Unterstützungssystemen für die Berufseinmündung, zu
deren wichtigsten entsprechende Beratungs- und Orientierungshilfen gehören dürften, direkt für die soziale und individuelle Integrationsfähigkeit unserer Erwerbsgesellschaft verantwortlich (BIBB 2006; vgl. auch
Beck/Brater/Schulte 1979), wie uns aktuelle und bereits weiter zurücklie-
gende Publikationen zeigen.

Insofern ist es nur folgerichtig, wenn voran stehend von defizitären Inhalten
und Angebotsstrukturen als bildungspolitischer Herausforderung im Kontext
der Berufsorientierung die Rede war, Berufswahl und Berufsorientierung als
sozialpolitisches und natürlich auch als individuelles Problemfeld zu markie-
ren. Denn überall dort, wo die erwähnte Integration fehlschlägt, und Ursache
dafür mangelnde Information, Orientierung und Beratung ist, resultieren
daraus sozialpolitische Anforderungen, als persönliche, individuell tief grei-
fende Folgeprobleme von misslungenen Übergängen in den Bearbeitungs-
modus und in das Aufgabenspektrum der Sozialpolitik fällt.

2.3 Berufswahl und Berufsorientierung als wirtschaftspolitische Her-
ausforderung

Aus dem Berufsbildungsbericht des Jahres 2006 erfahren wir, *„dass derzeit
etwa jeder fünfte neu abgeschlossene Vertrag während der Ausbildung wieder gelöst"* wird (BMBF 2006a: 121). Selbst wenn leichte Rückgänge gegenüber den beiden Vorjahren zu verzeichnen sind (2002 - 24,1 %; 2003 -
21,9 %; 2004 – 21 %), wird deutlich, dass erhebliche Ausbildungskosten
fehl investiert wurden. Zu befürchten ist, dass Betriebe, die wiederholt derartige Fehlinvestition getätigt haben, zukünftig die Bereitschaft zur Investition
in Ausbildung verlieren könnten. Ganz abgesehen davon dürfte mit dem
Ausbildungsabbruch für die Auszubildenden eine durchaus berufsbiogra-
phisch und persönlich ernst zu nehmende und prekäre Erfahrung verbunden
sein.

Aber allein schon aus betrieblicher Sicht - und Wirtschaftspolitik hätte darauf zu reagieren - müsste eine Infrastrukturentwicklung und eine erfolgrei-
chere Institutionalisierung, Förderung und Etablierung von Berufswahlhilfen

und Berufsorientierungsmaßnahmen im Fokus und im Regulierungsspektrum gefordert sein. Besonders dann, wenn der Berufsbildungsbericht Ausbildungsabbrüche wie folgt begründet: *„Der hohe Anteil von Vertragslösungen in der Probezeit geht zu einem erheblichen Teil auf nicht erfüllte Erwartungen hinsichtlich der Ausbildungsberufe oder auch -betriebe zurück. Der Anteil könnte vor allem durch Betriebspraktika im Vorfeld der Berufswahlentscheidungen und umfassender Ausbildungsberatung vermindert werden"* (BMBF 2006a: 121). Und in einer etwas älteren Untersuchung zum Ausbildungsabbruch können wir lesen: *„Für viele Jugendliche, die ihrer derzeitigen Ausbildung den Rücken kehren wollen, würde dies ihren Angaben zufolge allerdings noch kein endgültiger Verzicht auf eine berufliche Bildung oder eine weitere schulische bzw. hochschulische Qualifizierung bedeuten. Vielmehr läuft der erwogene Ausbildungsabbruch auf eine weitere schulische bzw. hochschulische Orientierung hinaus: Knapp ein Drittel strebt eine Ausbildung in einem anderen Beruf an und zieht damit die Konsequenzen aus einer falschen Berufswahl"* (Hecker 2000: 60).

Auch der aktuelle Berufsbildungsbericht des Jahres 2007 attestiert in diesem Zusammenhang eine quantitativ über Jahre hinweg relativ auffällige Stabilität: *„Sowohl das Niveau der Lösungsquote wie auch deren bereichsspezifische Verteilung blieben insgesamt in den letzten Jahren recht stabil"* (BMBF 2007: 137) und zeigt, dass das Phänomen vorzeitiger Vertragslösungen ein insgesamt relativ konstant gebliebenes Problem darstellt, das offensichtlich immer auch mit Beratungs- und Orientierungsdefiziten im Zusammenhang steht.

Nimmt man hinzu, dass gegenwärtig und zukünftig vermehrt einheimische Betriebe einen massiven Facharbeitermangel zu bewältigen haben (vgl. Focus 2007), der sich ja in einzelnen Branchen bereits jetzt markant zeigt, und sieht in Ausbildungsabbrüchen eine Verstärkung der aktuellen und zukünftigen Mangelsituation, dann werden die im Zitat für die Abbrüche mit verantwortlich gemachten defizitären Beratungserfahrungen zu einem betrieblich-ökonomischen, einem volkswirtschaftlichen und damit zu einem auch wirtschaftspolitisch zu bearbeitenden Problem. Denn: Wie jüngste Ergebnisse des Business-Monitors des Handelsblatt belegen, beklagen 48 % der befragten Unternehmensverantwortlichen einen Mangel an „Facharbeitern mit praktischer Ausbildung" und prognostizieren resultierend aus diesem Defizit Umsatz- und Wettbewerbseinbußen. Zudem, so wird aus den Ergebnissen der Befragung deutlich, sehen alle Befragten eine sich noch dramatisierende Zukunftsentwicklung der Mangelsituation voraus.

Als wirtschaftspolitisch kann das Problem insofern etikettiert werden, als Berufswahlorientierung und die damit verbundenen notwendigen breiten

Stützungsstrukturen nicht nur als ein Anliegen der Jugend-, Bildungs-
und/oder Sozialpolitik deklariert werden kann, sondern auch als originäre
Steuerungsaufgabe der Wirtschaftspolitik anzusehen und zu verstehen ist.
Denn: Friktionsfreie oder wenigstens überwiegend friktionsfreie Rekrutie-
rungsmechanismen, die Fehlwahlverhalten und damit verbundene Abbruch-
phänomene reduzieren ließen, wären eigentlich aus betriebswirtschaftlicher
Sicht als so genannte „kritische Erfolgsfaktoren" für Betriebe notwendig.
Die dafür erforderlichen Hilfesysteme müssten demgemäß mit Blick auf das
volkswirtschaftliche Gesamtwohl und auf die einzelnen Betriebe, die dieses
„tragen" auch Sache der Wirtschaftspolitik sein. Solange diese hier aber bis
auf wenige Initiativen allein auf das Subsidiaritätsprinzip, das Kalkül der
Selbststeuerung und auf die „Marktmacht" und eine funktionierende Markt-
logik setzt, versäumt sie nach Meinung des Verfassers strukturpolitische
Pflichten, indem sie die Wettbewerbsfähigkeit der Unternehmen durch
Strukturbildung für Beratungs- und Orientierungsaufgaben nicht genügend
unterstützt.

Die nachfolgende Erkenntnis ist nicht zynisch gemeint, wenngleich die Formulierung es vielleicht nahe legt: Nicht nur aus dem Fokus einer sozialstaat-
lichen Verantwortung, sondern auch aus unternehmerischer Wettbewerbs-
sicht heraus, kann das Ausschöpfen ausbildungsfähiger oder auch nur eingeschränkt ausbildungsfähiger Jugendlicher nicht weiterhin vernachlässigt
(oder mehr oder weniger) dem Zufall überlassen werden. Bereits heute
zeichnet sich ein demographisches Risikos ab, dessen Folgen Unternehmen
(und die Volkswirtschaft) zukünftig sehr stark belasten werden. Deshalb
müssen die erforderlichen systematischen Hilfe- und Unterstützungsstrukturen auch als wirtschaftspolitische Handlungsverpflichtungen angesehen werden. Denn schließlich gilt es, in Übertragung der Formulierung: „Wenn den
Fachkräften der Arbeitsmarkt verloren geht", zu vermeiden, dass die Perspektive: „Wenn den Fachbetrieben die personalen Ressourcen verloren
gehen" zu einer folgenreichen Wirklichkeit wird.

3 Netzwerke als generelle strategische Handlungsoption für die Bear-
beitung bildungs-, sozial- und wirtschaftspolitischer Herausforderungen

Das Phänomen von Netzwerken als soziale und organisatorische Konstrukte
verweist in den vergangenen Jahren auf eine erstaunliche Karriere. Thematisiert wird das Phänomen aus u.a. sozialwissenschaftlicher, erziehungswis-
senschaftlicher, wirtschaftswissenschaftlicher sowie aus politikwissenschaftlicher Perspektive. Besondere Bekanntheitsgrade erreichen Unternehmens-
netzwerke, Politiknetzwerke und soziale Netzwerke. Der zugrunde gelegte

Begriff ist diffus, oft metaphorisch orientiert und das Phänomen entzieht sich häufig einem empirisch eindeutigen Zugriff. Dennoch kann man einige Grundtatbestände zusammen tragen, mit denen die erwähnte *„Karriere des Begriffs und des Phänomens"* plausibilisiert wird (Wilbers 2004). Dafür ist aus soziologischer bzw. politikwissenschaftlicher Perspektive zunächst auf das Folgende zu verweisen:

Durch das Anwachsen differenzierter und komplexer werdender Aufgaben-stellungen in funktional sich ausdifferenzierenden modernen Gesellschaften konzentrieren sich ausgewählte Kerninhalte und daran notwendig gebunde-nes spezifisches Wissen auf die jeweils verantwortlichen staatlichen Institu-tionen, Unternehmen, Verbände und Organisationen. Dies ist ein Signum moderner Gesellschaften, das mit dem Entstehen von Netzwerklösungen als Steuerungslösungen gemeinhin verbunden wird. Zum beschriebenen Kontext gehört aber auch, dass hierarchische Systeme nur noch über ein z. T. gerin-ges, in jedem Falle nicht allein ausreichendes Wissen verfügen, das für die Steuerung des Gemeinwohls notwendig ist. Die daraus resultierende man-gelnde staatliche Steuerungsfähigkeit macht also kooperative Steuerungs-formen notwendig, nicht nur, weil das spezifische Wissen, sondern auch andere Steuerungs- und Erledigungsressourcen (Know-how, Informationen, Informationszugänge zu Personal, Finanzen, infrastrukturelle Voraussetzun-gen, Organisationsmuster, Klientaffinitäten etc.) fehlen. In Netzwerken, also in Verbünden verschiedener Akteure in ähnlichen bzw. aneinander an-grenzenden respektive sich ergänzenden Handlungsfeldern, können indessen unterschiedliche Ressourcen gebündelt, Ressourcenbeiträge verhandelt und Leistungsbeiträge unterschiedlich getauscht werden.

Kurz: Netzwerke ermöglichen erweiterte, differenziertere, kostengünstigere, innovativere, effizientere und effektivere Leistungsgenerierungen durch eine arbeitsteilige, koordinierte und kooperative Bündelung verschiedener Leis-tungserstellungen von co- agierenden Handlungspartnern.

In der Politik gelten Netzwerke als Instrumente der Politikproduktion, in denen sich Partner bewusst, freiwillig, gemeinsam organisiert für kollektive Aktionen in bestimmten Politikfeldern zusammenschließen. Folgen wir ei-nem grundlegenden Aufsatz zu Politiknetzwerken von Renate Mayntz, dann wird deutlich: In modernen Gesellschaften werden organisatorische Netz-werke auffällig, die dem Bild der deutlichen Trennung von Staat und Gesell-schaft insofern widersprechen, als das der Staat seine Vormachtstellung für die gesellschaftliche Kontrolle partiell einbüßt. Die Aufgabenerledigungen werden an Netzwerke delegiert und der Staat verliert seine umfassende Kompetenz. Damit ergibt sich auch eine Veränderung der Struktur der politi-schen Ordnung: Anstelle von der Regierung oder der gesetzgebenden Gewalt allein Ergebnisse hervorzubringen entstehen Produkte öffentlicher und privater Organisationen im prozesshaften Austausch. Einzelne Politikfelder unterliegen damit unterschiedlichen Herrschafts- und Beteiligungsansprüchen und somit differenzierteren kollektiven Aktivitäten (vgl. Mayntz 1992).

Schon frühzeitig wurde beschrieben, dass der Staat gerade mit dem Blick auf Netzwerke seine Unfähigkeit zur Alleinverantwortung eingestanden hat und in einer breiten gesellschaftlichen Vernetzung Chancen für die politische Zukunftsgestaltung sieht (vgl. Zöpel 1991). Hoffnungen für die Erledigung gesellschaftlich anstehender Aufgaben richten sich aber nicht allein an Politiknetzwerke zur Politikproduktion, sondern in jüngerer Zeit besonders an die kompetente Ausgestaltung von Politikfeldern. Wir kennen: Gesundheitsnetzwerke, Lern- und Ausbildungsnetzwerke, Bildungsnetzwerke, Versorgungs- und Einkaufsnetzwerke, Kompetenznetzwerke, Solidaritätsnetzwerke usf.

Wenn bislang der Begriff Netzwerk noch nicht definiert wurde, dann soll dies an dieser Stelle mit einer vorläufigen Arbeitsdefinition geschehen, wobei aber daran zu erinnern ist, dass der Netzwerkbegriff äußerst vielschichtig und seine Implikationen sehr heterogen sind. Folgen wir einer ökonomisch orientierten Darstellung, dann sind Netzwerke *„Formen Organisationsübergreifender Zusammenarbeit ... einer größeren Anzahl interagierender Organisationen"*, die kooperativ, formalisiert und stabil arbeitsteilig kooperieren, wobei die Selbstständigkeit der einzelnen Organisation nicht aufgegeben wird (Staber 2006). In der Regel gilt für Netzwerkmitgliedschaften das Primat der Freiwilligkeit, d.h., die zu einer kooperativen Leistungserbringung sich zusammenschließenden Akteure wählen von sich heraus eine Netzwerklösung.

Im Zusammenhang zwischen Politiksteuerung und Netzwerkstrategien spielt neben dem effektiveren und effizienteren Ressourceneinsatz und einer optimierten Know-how Verwertung der Ansatz der *regionalisierten Politiksteuerung* „von unten" eine entscheidende Rolle. Das heißt, mit dem Eingestehen des Staates, sozial-, wirtschafts- und bildungspolitische Problemstellungen etwa nicht allein zentralstaatlich lösen zu können, ging das Politikkonzept der „Regionalen Modernisierungspolitik" einher (vgl. dazu Bullinger/Heinze 1997). Hierbei geht es in groben Zügen darum, regionale und lokale Entscheidungsstrukturen jenseits zentralstaatlicher Planung zu etablieren und für die sozialverträgliche Bewältigung des tief greifenden Strukturwandels auf endogene Lösungen zu setzen. Das Auflösen der zentralstaatlichen Logik fokussiert dabei nicht nur auf politische Entscheidungen sondern vielmehr auf eine verstärkte Eigenregie sachverständiger Akteure vor Ort bei der Ausgestaltung von Politikfeldern. In diesem Zusammenhang wurde bereits vor geraumer Zeit auf „regionale und lokale Entwicklungsgesellschaften" (Blatt 1997) gesetzt, die bei genauer Betrachtung im heutigen Jargon eigentlich Netzwerken gleichkommen. Bereits frühzeitig wurde hier die Diskussion gerade in der Qualifizierungspolitik (Bauerdick/Eichner/Wegge 1997) und in der Weiterbildungsforschung (Dobischat 1993) betrieben, mit je unterschiedlicher Beachtung, ob und in wie fern der regionale Aspekt besonders durch Netzwerkbildungen Beachtung finden kann. In jüngerer Zeit indessen orientieren sich Förderprogramme, wie: JOBSTARTER, Lernende Region, die GI EQUAL oder BQF eindeutig auf Netzwerkstrategien und erwarten Innovations- und Leistungsgewinne dadurch.

Dass sich die Europäische Union an diese Tradition der Regionalisierung und der Lokalisierung anschließt, kann dem EU-Memorandum zum lebenslangen Lernen aus dem Jahre 2000 entnommen werden: *„Regionale und lokale Entscheidungsstrukturen haben in jüngster Zeit an Einfluss gewonnen, bedingt durch den erhöhten Bedarf an Entscheidungsfindung und Dienstleistungsangeboten „vor Ort". Bildung und Berufsbildung sind Politikbereiche, in denen dieser Trend zu spüren ist: die meisten Menschen, von der Kindheit bis ins höhere Alter, lernen lokal"* (Europäische Kommission 2000: 1832).

Halten wir also fest, dass Netzwerkstrategien in der Regel lokale und regionale Bezugspunkte haben und betrachten wir die Aufgaben, die in Netzwerken oder in netzwerkartigen Organisationen offensichtlich besser gelöst werden können als durch Einzelorganisationen, dann ergibt sich kursorisch das Nachfolgende:

- Netzwerke können Probleme, die in die Zuständigkeit mehrerer Institutionen oder Verwaltungen fallen, besser lösen, da durch eine vernetzte Bearbeitung Schnittstellen reduziert und die Effizienz erhöht werden;
- Netzwerke erledigen Probleme und Aufgaben, für deren Bearbeitung keine Institutionen zuständig sind bzw. welche nur unzureichend von einem Bestand an zuständigen Institutionen/Organisationen abgedeckt werden;
- Netzwerke sind geeignet für Probleme, die eine schnelle und effiziente Lösung erfordern, denn Netzwerke können durch die Synergieschöpfung Leistungen zusammenlegen und Anforderungen interorganisational kooperativ bzw. koordiniert abarbeiten;
- Netzwerke können vor allem mit regionalem Zuschnitt besonders kundenfreundliche/adressatengerechte Lösungen wegen ihrer regionalen Eingebundenheit und ihres entsprechenden regionalen bzw. lokalen Expertenwissens erarbeiten.

Für das Funktionieren von Netzwerken gibt es ein Set an Regeln und Voraussetzungen, an die das Ausschöpfen der Leistungsvorteile gebunden ist.
Dazu gehören:

- Eine Analyse des Problems unter der Fragestellung der „erhöhten
  Wertschöpfung" durch eine Netzwerkorganisation.
- Die genaue Feststellung des Kooperationsbedarfes und der insge-
  samt möglichen Kooperationsvorteile.
- Die Definition von Erfolgskriterien und langfristiger Ziele.
- Die Suche und Wahl sowie die erfolgreiche Einbindung geeigneter
  Partner.
- Vereinbarung von Regeln und Strukturvorgaben für das Netzwerk.
- Klärung von Werten, Interessen und Zielen des Netzwerkes und Ab-
  stimmung mit den Binnengegebenheiten der einzelnen Netzwerk-
  partner.
- Klärung der systematischen Zusammenhänge des Problems und Eru-
  ierung der Wertbeiträge einzelner Partner für spezifische Aufgaben.
- Festlegung der Kommunikations- und Leitungsprozesse.

Fassen wir zusammen: Wenn an Netzwerke Hoffnungen für eine optimierte
Bearbeitung gesellschaftlicher Probleme gebunden wird, und wenn, wie
auch nur kursorisch gestreift, an das Funktionieren von Netzwerken spezifische Bedingungen geknüpft werden, dann ist es ertragreich, danach zu suchen, ob und in wie fern Netzwerke als Organisationsform für die Aufgabenstellungen der Berufswahl- und Berufsorientierungshilfen besonders geeignet sind.

4 Netzwerke an der ersten und zweiten Schwelle – ausgewählte Befun-
de und Handlungsperspektiven unter besonderer Berücksichtigung
von benachteiligten Jugendlichen

Man kann davon ausgehen, dass angesichts der derzeitigen Angebotssituati-
on Ausbildungsbewerber mit relativ guten Ausbildungsvoraussetzungen,
also guten Schulabschlüssen, stabilen sozialisatorischen Voraussetzungen
und einer durchschnittlichen bis überdurchschnittlichen Berufswahlreife
nicht das drängende Problem im Übergang zwischen Schule und Beruf darstellen. Anders sieht es hingegen besonders für die Gruppe derjenigen aus,
die gemeinhin als „benachteiligte Jugendliche" definiert werden. Ihre Integrationschancen sind besonders eingeschränkt - ihre realen Optionen, per-
spektivreich in eine Ausbildung einzumünden sind gering, und sollten sie
trotz einschränkender Startbedingungen doch den Einstieg in eine Ausbildung schaffen, ist das Risiko des Ausbildungsabbruchs hier besonders hoch.

So ist es nur folgerichtig, wenn in der Übergangsforschung und im Rahmen von Förderstrategien bzw. von partiellem oder kollektivem Engagement diesen Jugendlichen besondere Aufmerksamkeit geschenkt wird. Nicht umsonst sind in einer durch das Bundesinstitut für Berufsbildung herausgegebenen Auswahlbiographie „Übergänge: Jugendliche an der ersten und zweiten Schwelle" (Linten/Prüstel 2007) von 90 aufgeführten Publikationen knapp die Hälfte (43) explizit dem Themenfeld Übergangsprobleme Benachteiligter gewidmet. Die Beiträge beschreiben also Erfahrungen und Tatbestände einer Risikogruppe und Strategien und Konzepte der Risikobearbeitung. Offensichtlich setzt man bei der Erhöhung der Integrationschancen dieser Risikogruppe gerade in jüngster Zeit auf regionale Netzwerke. Dies zeigt sich in mehreren Initiativen, die nachfolgend mit Blick gerade auf die Netzwerkstrategien knapp erläutert und illustriert werden sollen.

Als erstes wäre die Entwicklungsplattform 4 „Netzwerkbildung" des Programms „Kompetenzen fördern – Berufliche Qualifizierung für Zielgruppen mit besonderem Förderbedarf (BQF- Programm) zu nennen. Hier heißt es: *„Übergeordnetes Ziel des BQF-Programms ist eine strukturelle und qualitativ-inhaltliche Modernisierung der beruflichen Benachteiligungsförderung. Netzwerkbildung leistet einen wichtigen Beitrag für diese Strukturveränderung. Kooperationen und der Aufbau von Netzwerken - insbesondere auf lokaler Ebene - tragen dazu bei, eine nachhaltige Verbesserung der Rahmenbedingungen für die berufliche Integration von Jugendlichen und jungen Erwachsenen zu erreichen. Anders ausgedrückt: Netzwerkbildung dient dem politischen Ziel, Benachteiligungen abzubauen. Aufgabe ist es, vorhandene Ressourcen zu bündeln, um Synergieeffekte zu koordinieren, Planungen zu koordinieren und Förderketten aufzubauen, die in eine gemeinsame Strategie der unterschiedlichen Akteurinnen und Akteure münden. Der sparsame Umgang mit Ressourcen wird angestrebt, und Planungen sollen Ressort übergreifend stattfinden. Damit ist beabsichtigt, die Effizienz des Förderangebotes zu erhöhen, um mehr zu bewirken, als es von einzelnen Institutionen möglich ist und finanziert wird"* (BMBF 2006: 6).

Mit anderen Worten: Die Strategie setzt auf Netzwerke, um eine gemeinsame Leistungserbringung kooperierender und sich koordinierender Netzwerkmitglieder anzustoßen und so über den Ertrag einer isolierten Leistungserbringung einzelner Akteure deutlich hinaus zu gelangen. Liest man in der Veröffentlichung weiter, werden einzelne Aufgaben für diese Netzwerkarbeit erkennbar, die generell als Aufgabenstellungen für Netzwerke identifizierbar sind, und die mit den unter Kapitel 3 des Beitrages zusammengetragenen Netzwerkfunktionen weitgehend übereinstimmen: Wichtig ist es, sicher zu stellen, so der Arbeitsauftrag, dass *„das Zusammenwirken mög-*

lichst aller relevanten Institutionen und Gruppen" (ebd.: 7) gewährleistet ist, oder, wie es in einer Evaluationsfrage zum Programm dazu heißt: *„Sind die relevanten Netzwerkpartnerinnen und –partner…einbezogen?"* (ebd.: 8). Des Weiteren wird beschrieben, dass in der genannten Plattform die *„…Vernetzung regionaler Akteurinnen und Akteure aufzubauen oder regionale Netzwerke für ein zentrales Beratung- und Fördersystem zu installieren"* sind (ebd.: 8). Als Ziel gilt, dass … *„alle Akteure ein gemeinsames Handlungsproblem (eint)…, dass sie aus unterschiedlichen, jedoch wechselseitig abhängigen Interessen in einem nicht hierarchischen Raum gleichberechtigt bearbeiten wollen"* (ebd.: 16).

Für diese gemeinsame Bearbeitung ist eine weitere Eigenschaft von Netzwerken erfolgsfördernd: Netzwerke verfügen wegen ihrer unterschiedlichen Akteurszusammensetzung über ein dichtes, sozial ausdifferenziertes Beziehungsgeflecht, das weit über das Beziehungsgeflecht einer Einzelinstitution hinausgeht. Netzwerke, so wird gesagt, verfügen über soziales Kapital. Dieses entsteht quasi zwangsläufig und vergrößert sich aufgrund der Aktionen des Netzwerkes ständig - das soziale Kapital ist aufgrund seiner Möglichkeiten, die es den einzelnen Akteuren auch in anderen als den derzeit verfolgten Handlungszusammenhängen bietet, ein Faktor, der „unbeabsichtigte Gewinne" erbringt. Und Gewinne, nämlich eine für alle Beteiligten erkennbare „win-Situation" gelten als unverzichtbare Grundvoraussetzung für Netzwerkperspektiven. D.h., an eine Netzwerkmitgliedschaft bindet jeder Akteur eine „Ertragsperspektive" (vgl. BMBF 2006).

Zu ähnlichen Ergebnissen kommen die Autorinnen und Autoren des Abschlussberichtes „Berufswahl und Transfer…" (vgl. Dobischat 2007) des Fachgebietes „Wirtschaftspädagogik" unter der Leitung von Rolf Dobischat an der Universität Duisburg/Essen. Sie zeigen, dass im Rahmen von Förderprogrammen für den Berufsstart Jugendlicher Hoffnungen auf die Etablierung und den Ausbau von Netzwerken gesetzt werden. Indem die bildungspolitischen Programme: Jobstarter, Lernende Regionen, EQUAL oder BQF analysiert werden, wird eine Gemeinsamkeit erkennbar: Netzwerken wird hier durch ein Zusammenwirkung von Unternehmen, Wirtschaftsverbänden, Kammern, beruflichen Schulen und anderen Bildungseinrichtungen ausdrücklich Priorität zugemessen, da gerade durch Netzarbeit unterschiedlichen als Experten ausgewiesenen Akteuren in sich ergänzenden Handlungsfeldern eine erhöhte Innovationskraft zugeschrieben wird (Dobischat 2006 und 2006a, BMBF 2006c, Kramer 2006). Diese, wie es heißt, Möglichkeit zur „Collective Invention" (vgl. Allen 1983) orientiert sich am wirtschaftswissenschaftlichen Modell von Innovationen, für die mehrere Beteiligte ihre Innovationsbeiträge teilen, zusammenfügen und koordiniert in den jeweils differenzierten Handlungsfeldern (oder auch in einem Handlungsfeld) verwerten. In diesem Kontext wird von „Open Innovation" gesprochen, und zwar dann, wenn Organisationen, die sich zu Innovationszwecken zusammenschließen, über den Netzwerkkern hinaus auch „fremden" Akteuren die Innovationskooperation anbieten und externe Beiträge in ihr Aktivitätenspektrum aufnehmen.

Wenn oben in Aussicht gestellt wurde, zu illustrieren, dass Netzwerklösungen im Übergangsraum „Karriere" haben, kann das noch mit folgenden Netzwerken exemplarisch belegt werden. Zu nennen wären beispielhaft: Das Modellprojekt „Netzwerk Jugendliche an der zweiten Schwelle", dass sich bereits im Jahr 2001 in sechs Regionen in den neuen Bundesländern gründete, um „neue Übergangsformen in Arbeit für Jugendliche und junge Erwachsene nach der beruflichen Ausbildung"...zu erproben" (Böhnisch/Schröer 2002). Wir kennen

- *„Netzwerke in der beruflichen Qualifizierung von jungen Menschen mit schlechten Startbedingungen - verfolgt im Beruflichen Qualifizierungsnetzwerk für Migranten und Migrantinnen (BQN) im BQF-Programm"* (vgl. dazu Bumerts-Gangl 2005, Dorn 2005, Stern 2005);
- die diversen Initiativen, die innovative Formen der Berufsorientierung, der Berufsvorbereitung und der beruflichen Eingliederung in den Programmen EQUAL, Lernende Regionen und in anderen Innovationsbereichen netzwerkartig zusammenbinden, um den Innovationsgehalt zu erhöhen und das o.a. soziale Kapital, das Spezialwissen einzelner Akteure, die Verwaltungs- und Regulierungskompetenzen zu nutzen, materielle und personelle Ressourcen zu bündeln, spezifische Klientenzugänge und Teilnehmeraffinitäten auszuschöpfen, Ausstattungs- und Infrastrukturpotenziale koordiniert einzusetzen u.a.m.

Man könnte noch weitere Leistungsvorteile zusammentragen, die sich aus netzwerkartiger Kooperation ergeben. Stellvertretend dafür soll im vierten und letzten Teil des Beitrages ganz kurz auf die Netzwerkzusammensetzung der Entwicklungspartnerschaft START eingegangen und unter der Fragestellung: „Welche Aufgaben und Wertbeiträge könnten für das vorhandene Netzwerk noch aktiviert werden, in dem das Netzwerk um weitere Mitglieder vergrößert wird?" plenar diskutiert werden.

Fassen wir aber vorher kurz den dritten Teil der Ausführungen zusammen:

- Im gesamten Übergangsbereich wird strategisch seit einigen Jahren bei der Bewältigung von Übergangsproblemen Jugendlicher auf Netzwerkbildungen gesetzt.
- Diese Netzwerke sind in der Regel regionale Netzwerke, da man von lokal- bzw. regional spezifische Lösungen eine höhere weil situationsgerechtere Lösungskapazität erwartet.
- Begründet wird dies u.a. damit, dass regional eingebundene Akteure über besonders situationsgerechtes Wissen und raumbezogene Kompetenzen verfügen.
- Von regionalen Netzwerken erhofft man sich besonders eine erhöhte Innovationskraft für die Bewältigung der Aufgabenstellungen.
- Diese Innovationskraft ist u.a. deswegen erhöht, weil das Wissen und die Kompetenzen der eingebundenen Akteure mit ihren je spezifischen Kompetenz- und Ressourcenvorteilen zusammengelegt werden können/müssen.
- Durch das mit dem Netzwerkzusammenschluss gemeinsam gebildete „soziale Kapital" entstehen ein Beziehunsgeflecht und eine Verbindungsfähigkeit mit anderen, externen Handlungspartnern, die über die Bindungsmöglichkeiten einzelner Akteure weit hinausreichen.
- Netzwerke, sind sie offen angelegt und somit auch „innovationsoffen", versprechen Wertzuwächse/Leistungsvorteile, die am Konzept der „Open Invention" angelegt sind, d.h. Netzwerke vergrößern aufgrund ihrer Zusammensetzung und ihren Kooperationsfähigkeiten permanent ihre Innovationskraft.
- Netzwerke sind so ein Konstrukt für die permanente Selbstentwicklung von Akteuren, die sich in einem gemeinsamen Feld der Problembearbeitung befinden – Netzwerke, ich hatte das eingangs gezeigt, sind nicht umsonst im europäischen Förderkontext als „Entwicklungspartnerschaften" gekennzeichnet.

5 Akteurs- und Aufgabenszenarien für regionale Netzwerke im regionalen „Übergangsmanagement"

Mit dem Projekt START „Netzwerk für neue Formen des Berufsstarts in der Region Südpfalz und Karlsruhe" der GI EQUAL werden bzw. wurden folgende Ziele verfolgt:

- Die Ausbildungsreife bei Schulabgängern/innen von der Hauptschule und der Berufsschule (Berufsvorbereitende Maßnahmen) soll verbessert werden.

- Die Eintrittsquote von Hauptschüler/innen mit Migrationshintergrund in Ausbildung soll erhöht werden.
- Die Berufsorientierung und die Berufsvorbereitung in Schulen soll kooperativ ausgebaut werden (Themenfelder: Berufsvorbereitung, Berufsfindungskompetenz/Arbeitsfindungskompetenz).
- Die Beratung und Begleitung von Jugendlichen mit Förderbedarf soll optimiert werden.
- Lehrer/innen, betriebliche Fachkräfte und Berater/innen sollen verbessert über den Wandel der Arbeitskultur informiert werden.
- Methoden und Instrumente, mit denen Jugendliche besser auf die Arbeitsanforderungen vorbereitet werden können, sollen entwickelt und erprobt werden.
- Die Versorgung mit betrieblichen Ausbildungsplätzen für Jugendliche mit Lernbehinderungen sollen vergrößert, neue Berufsfelder erschlossen und aufnahmebereite Betriebe hinzugewonnen werden (Ausbildungsbegleitende Hilfen für Ausbilder/innen und Auszubildende).
- Besonders die betriebliche Aufnahmebereitschaft für Jugendliche mit Migrationshintergrund soll erhöht werden
- Die betriebliche bzw. die betriebsnahe Reha-Ausbildung soll in ein breites Unterstützungssystem eingebettet werden, u.a. um die betriebliche Ausbildungsbereitschaft in diesem Bereich zu erhöhen.

Dafür hat sich ein Netzwerk zusammengeschlossen, das u.a. aus folgenden Handlungsakteuren und aus den stichwortartig genannten folgenden Arbeits- und Aufgabenfeldern besteht. Mit Blick auf den für den Text zur Verfügung stehenden Raum kann nur diese stichwortartige Zusammenfassung geleistet werden. Die Auflistung zeigt indessen, wie umfänglich die Entwicklungspartnerschaft START ihre Ziele verfolgt und die Zielverfolgung umgesetzt hat (http://www.equal-start.de):

- Netzwerkkoordinator (CJD Maximiliansau; Teilprojekt (TP) 1).
- Die Teilprojekte 2 und 3 werden hier nicht aufgelistet, da sie überwiegend administrative Funktionen für das Projekt erfüllen.
- Geschwister Scholl Schule Germersheim (TP 4). Stichwort: Betriebskooperation. Zielgruppe: Jugendliche mit Migrationshintergrund. Ziel: Verbesserung der schulischen Berufsorientierung durch ein qualitativ gesichertes Gesamtkonzept. Eingebundene Akteure: Lehrer/innen, Eltern, Schüler/innen, Berater/innen und Experten.
- Berufsbildende Schule Germersheim (TP 5). Stichwort: Produktionsklassen. Zielgruppe: Schüler/innen in Berufsfach- oder BVJ-

Klassen. Ziel: Steigerung der Berufsreife durch Praxiserfahrungen in Produktionsklassen. Eingebundene Akteure: Lehrer/innen, Schüler/innen und externe Berater/innen.

- Staatliches Oberschulamt Karlsruhe (TP 6): Stichwort: Kompetenzen zur schulischen Berufsvorbereitung. Zielgruppe: Lehrer/innen, die in der Berufsorientierung engagiert sind. Ziel: Innovative Maßnahmen: Testentwicklung, Kompetenzfeststellung, Förderung von Schlüsselqualifikationen, Engagementförderung. Eingebundene Akteure: Lehrer/innen, Experten der Region.

- CJD Maximiliansau und BBW Offenburg (TP 7): Stichwort: Bedarfsgerechtes Unterstützungssystem für Jugendliche mit Lernbehinderungen. Ziel: Sozialpädagogische Begleitung und individuelle Förderung, Stützunterricht, umfassendes Unterstützungssystem. Maßnahmen: Wohnbetreuung, Integration in Fachklassen etc.

- Bildungswerk der Baden-Württembergischen Wirtschaft (Südwestmetall) (TP 8): Stichwort: Steigerung der Bereitschaft von Betrieben zur Aufnahme von Jugendlichen mit Migrationshintergrund. Zielgruppe: Betriebe und Jugendliche. Ziel: Sensibilisierung und umfassende Stützung, Konzeptentwicklungen. Maßnahmen: Konzept- und Strategieentwicklungen, Sensibilisierung und Akquise von aufnahmebereiten Betrieben.

- Time4You GmbH Karlsruhe (E-Learning Spezialist) (TP 9). Stichwort: E-Learning für Jugendliche mit Förderbedarf. Zielgruppe: Jugendliche mit Förderbedarf. Ziel: E-Leasrning-Konzepte, Tools, Erprobung und Implementation. Besondere Zielgruppe: Weitere E-Learning-Experten als Multiplikatoren.

- Pädagogische Hochschule Karlsruhe (TP 10). Stichwort: Fachkonzept Arbeits- und Berufsfindungskompetenz. Zielgruppe: Studierende im Lehramtsstudiengang und Lehrer/innen. Ziel: Kooperationsförderung PH mit externen Akteuren (Mitarbeiter/innen der Kammern, betriebl. Ausbildungsleiter/innen, Berufsberater/innen der BA) zur Verbesserung der Lehreraus- und Weiterbildung.

- Star Care der Daimler Niederlassung Wörth. (TP 11). Stichwort: Ausbildungsplatzinitiative für Jugendliche mit besonderem Förderbedarf. Zielgruppe: weitere Betriebe. Ziel: Erfolgreiche Akquise von Partnerbetrieben für die Beteiligung an der Ausbildungsinitiative.

Die vorangestellte Ziel- und Aufgabenliste, die Benennung von eingebundenen Akteuren sowie die Auflistung von verschiedensten Maßnahmen im Rahmen eines Übergangsmanagements machen deutlich:

- Wer ein umfassendes Übergangsmanagement im regionalen Kontext als Stützsystem entwickeln, implementieren und nachhaltig verankern will,
- wer dabei Angebote zur Berufswahlorientierung erweitern, Kompetenzen für die Berufswahlreife fördern, die Akzeptanz und Aufnahmebereitschaft von Betrieben sowohl für Rat- und Orientierungssuchende, als auch für Ausbildungs- oder erstmalige Erprobungsmöglichkeiten (Praktika) breit ermöglichen möchte,

der muss mit den unterschiedlichsten Akteuren gemeinsam agieren. Dies hat die EP START in einem umfassenden Sinne getan: Hier entstanden Förderkonzepte, Curricula, E-learning tools, soziale und individuelle Betreuungskonzepte und ihre Implementierung.

Da Berufsorientierung Teil der schulischen Aufgaben abgebender Schulen ist, entstanden auch Aus- und Weiterbildungsmodule für die Lehrerschaft, es wurde zusammen mit der Landeselternschaft an einer Systematisierung der „Orientierungswege" gearbeitet und vieles mehr. Man kann diese Aufgabenstellungen partiell und isoliert „abarbeiten" - dann entstehen Mehrwertleistungen, die ohne Anbindung an ein regionales „System" isoliert etabliert werden, die Leistungsangebote werden nicht unbedingt transparent, sie verfehlen ggf. Anspruchsgruppen.

Man kann aber auch, wie im vorliegenden Fall beschrieben, die gesamten Leistungen koordiniert, synergetisch und kooperativ erstellen und in einem Netzwerk kontinuierlich gemeinsam planen, Leistungsteile differenziert ausgestalten, Zeit- und Ablaufszenarien abstimmen, Zielgruppen gesondert versorgen und in ein Gesamtsystem integrieren. Hier arbeiten: Wohlfahrtsverbände, abgebende und aufnehmende Schulen, die Schulsozialarbeit, Lehrerschaft, Arbeitsverwaltung, Sozialverwaltung, Betriebe, Kammern und Experten und weitere Akteure wie die regionale Politik und Verwaltung, die Presse, die Elternschaft und weitere strategische Unterstützergruppen konzeptionell und operativ zusammen. Sie lassen ein regionales System entstehen. Hierfür sind, das war Intention des Beitrages, auf eine Netzwerkorganisation zurückgreifende Strategien und daran gekoppelte Umsetzungen besonders erfolgreich, womit sich in diesem besonderen Fall einmal Theorie und Praxis tatsächlich treffen. Ob und in wie weit diese Netzwerkorganisation Nachhaltigkeit erreichen kann, wird in der Zukunft noch zu zeigen sein – grundsätzlich ist dafür aber ein wirklicher Meilenstein errichtet, in dem nämlich so gut wie alle relevanten Akteure in einer Region an ein und demselben Ziel arbeiten: An einer optimierten Integration Jugendlicher mit unterschiedlichen Startchancen in eine Ausbildungs- und Beschäftigungskarriere.

Johannes Krumme

Neue Wege des Übergangs in das Ausbildungs- und Beschäftigungssystem

1 Das Ausbildungsengagement von Südwestmetall

Die verbandsgebundenen Unternehmen der Metall- und Elektroindustrie stehen zu ihrer Verantwortung für Ausbildung und Beschäftigung. So beträgt die durchschnittliche Ausbildungsquote aller ausbildenden Verbandsunternehmen 5,2 Prozent. Von den etwa 1000 Mitgliedsbetrieben bilden 86 Prozent aus. Damit hebt sich die Metall- und Elektroindustrie deutlich von anderen Wirtschaftsbereichen ab. Auch für das Jahr 2008 geht Südwestmetall von einem anhaltenden Positivtrend am Ausbildungsstellenmarkt aus.

Mit der Ausbildungs- und Qualifizierungsinitiative START 2000 Plus haben die Mitgliedsunternehmen von Südwestmetall seit 1998 mehr als 4000 zusätzliche Ausbildungsmöglichkeiten für junge Menschen eröffnet. Das Programm, das inzwischen bis 2015 verlängert wurde, greift allerdings viel weiter. Mit START 2000 Plus wird von der frühkindlichen Förderung und Betreuung im Vorschulalter über das gesamte Spektrum des allgemein bildenden Schulsystems, der Berufsausbildung und der Hochschule bis zur Weiterbildung im Beruf innovationsorientierte Nachwuchsgewinnung betrieben. Es ist das Ziel von Südwestmetall, über Start 2000 Plus durch eine gezielte individuelle Förderung von Kindern und Jugendlichen das Potenzial für den Fachkräftenachwuchs der Metall- und Elektroindustrie zu gewinnen und zu entwickeln, das im gesamten Spektrum der Begabungen liegt. Die Vermittlung und der Erwerb von Bildung sind am Potenzial jedes Einzelnen - vom Leistungsschwächeren bis zum Hochbegabten - orientiert und individuell angepasst.

Dabei geht es sowohl um die systematische und solide Vermittlung von Fachkompetenzen als auch um die Förderung von Methoden-, Personal- und Sozialkompetenzen. Entscheidend ist die Fähigkeit, das erlernte Wissen und seine Methodik auf reale Probleme und neue Fragestellungen anwenden zu können. Bildung soll jedem die Kompetenzen mitgeben, die er als Staatsbürger, im Beruf und im Privatleben braucht.

Zugleich setzt Südwestmetall mit START 2000 Plus immer wieder neue bildungspolitische Impulse und leistet einen Beitrag für ein effizientes Bildungssystem, das Qualität in der Bildung sichert. Neue Wege in der Weiterbildung von Erzieher/innen und Lehrkräften, Unterstützung bei der Entwicklung und Einführung neuer Lehr- und Lernmethoden in Vorschule und Schule, die Förderung der Qualitätsentwicklung an Schulen, die Stärkung der Zusammenarbeit von Schule, Hochschule und Wirtschaft für eine gelingende berufliche Orientierung von Schüler/innen sowie neue Unterstützungskonzepte für Jugendliche und junge Erwachsene auf ihrem Weg in Ausbildung und Beruf kennzeichnen die Aktivitäten. Nach der Devise „Südwestmetall macht Bildung" wird nicht geredet, sondern gehandelt.

Allerdings kann die Wirtschaft nicht allein für die ausreichende Versorgung von Ausbildungsplatzbewerbern verantwortlich gemacht werden. Besonders die Ausbildungsfähigkeit der zukünftigen Schulabgänger bleibt in erster Linie eine gesamtgesellschaftliche Aufgabe.

2 Ziel: Ausbildungsfähigkeit

Alltagssprachlich werden die Begriffe Ausbildungsreife, Ausbildungsfähigkeit und Berufsseignung häufig synonym verwandt. Zur begrifflichen Klärung hat der *Nationale Pakt für Ausbildung und Fachkräftenachwuchs* ein aufeinander aufbauendes dreistufiges System definierter Begrifflichkeiten (Ausbildungsreife, Berufseignung, Vermittelbarkeit) entworfen und für die praktische Verwendung aufbereitet. Darin wird der Reifebegriff als zentrale übergangsspezifische Kategorie des Ausbildungsfindungsprozesses definiert.

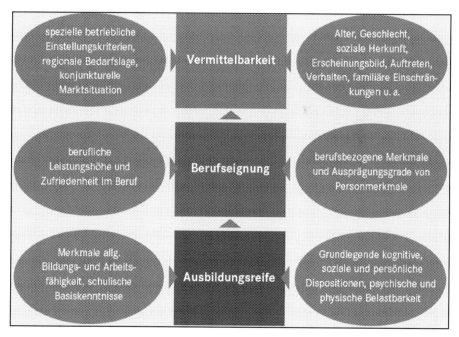

Abb. 1: **Zusammenhänge der Begriffe „Ausbildungsreife" - „Berufseignung" - „Vermittelbarkeit"** (Nationaler Pakt 2006: 12)

Gleichzeitig soll zwischen den beteiligten Akteuren eine inhaltliche Verständigung über grundlegende Sachverhalte erzielt werden. Das Bestreben wird durch den Kriterienkatalog zur Beurteilung der Ausbildungsreife für Betriebe, Berufsberatung, Schulen und weitere Akteure am Ausbildungsmarkt flankiert (vgl. Nationaler Pakt 2006: 17-59), der - in Merkmalsbereiche, Merkmale, Indikatoren/Kriterien und Verfahren gegliedert - übergangsspezifische „Mindeststandards" definiert und damit ein Instrumentarium der Beurteilung liefern soll (vgl. Jung 2008: 131f.).

Die Ausbildungsfähigkeit bzw. die Ausbildungsreife der Schulabgänger/innen sind die conditio sine qua non für eine erfolgreiche Ausbildung. Das Fundament hierfür muss in der Schule gelegt werden. Dies bezieht sich sowohl auf die grundlegenden Kenntnisse der Kulturtechniken als auch auf eine begleitende fundierte Berufs- und Studienorientierung. Zur Beurteilung der Ausbildungsreife wurden in den nachstehenden Merkmalsbereichen Merkmale entwickelt.

Schulische Basiskompetenzen
- Schreiben
- Lesen
- Sprechen – Zuhören
- Mathematische Grundkompetenzen
- Wirtschaftliche Grundkenntnisse

Psychologische Leistungsmerkmale
- Sprachbeherrschung
- Rechnerisches Denken
- Logisches Denken
- Räumliches Vorstellungsvermögen
- Merkfähigkeit
- Bearbeitungsgeschwindigkeit
- Befähigung zur Daueraufmerksamkeit

Physische Merkmale
- Altersgerechter Entwicklungsstand
- Gesundheitliche Voraussetzung

Psychologische Merkmale des Arbeitsverhaltens und der Persönlichkeit
- Durchhaltevermögen/Frustrationstoleranz
- Kommunikationsfähigkeit
- Konfliktfähigkeit
- Kritikfähigkeit
- Leistungsbereitschaft
- Selbstorganisation/Selbstständigkeit
- Sorgfalt
- Teamfähigkeit

- Umgangsformen
- Verantwortungsbewusstsein
- Zuverlässigkeit

Berufswahlreife
- Selbsteinschätzungsfähigkeit
- Informationskompetenz

Augrund der gebotenen Kürze muss auf eine genaue Beschreibung der Merkmale und der Kriterien an dieser Stelle verzichtet werden. Ausführlichere Informationen dazu können auf folgender Internetseite www.pakt-fuer-ausbildung.de abgerufen werden.

3 Neue Wege des Übergangs in Ausbildung und Beschäftigung

Die aktuelle Herausforderung vor dem Hintergrund des „Altbewerberanteils" an allen Ausbildungsplatzbewerbern von etwa 50 Prozent sind nicht neue Maßnahmen, sondern vielmehr eine neue Kombination und Abstimmung bereits bestehender Konzepte und Maßnahmen als neue Wege in Ausbildung und Beschäftigung. Eine wie auch immer geartete Ausbildungsplatzabgabe, die einseitig die Betriebe belastet, wäre kontraproduktiv. Zwangsabgaben fördern nicht, sondern verhindern zusätzliches Engagement der Wirtschaft. Gefordert sind intelligente Wege, die den Bedürfnissen der Betriebe, vor dem Hintergrund eines einsetzenden Fachkräftemangels und den Bedürfnissen der Jugendlichen sowie der Gesellschaft gerecht werden. Im Rahmen von Start 2000 Plus hat Südwestmetall belastbare Indikatoren für erfolgreiche Wege des Übergangs in Ausbildung und Beschäftigung identifiziert und deren Relevanz in der praktischen Umsetzung nachgewiesen.

Folgende Merkmale gelingender Maßnahmen zur beruflichen Orientierung und Integration konnten in der 10-jährigen Laufzeit von START 2000 Plus ausgemacht werden:

- Integration in die Bildungsbiografie,
- integrativer Bestandteil des Bildungsplans,
- Integration in die Lehrerausbildung,
- Einbettung in das „Schulprogramm"/„Schulprofil" (Arbeitsgemeinschaften, Schulprojekte),
- Netzwerke außerhalb der Schule.

Erfolg zeigt ein durchgängiges Bildungskonzept, das von der frühkindlichen Bildung über Schule, Berufsausbildung, Hochschule bis zur beruflichen Weiterbildung reicht. Gerade an den Schnittstellen zwischen familiärer Erziehung und vorschulischer Bildung und Betreuung bzw. dem Schuleintritt, beim Übergang von Ausbildung und Studium in den Beruf werden die Weichen für neue Wege in Ausbildung und Beruf gelegt. Hier liegen Stell-schrauben für Ausbildungsreife und Berufsfähigkeit.

Berufliche Orientierung darf nicht losgelöst vom Bildungsplan und Schul-profil betrieben werden. Deshalb weisen in Bildungsplänen verankerte be-triebliche Praxisphasen z.B. in den Kooperationsklassen Hauptschu-le/Berufsvorbereitungsjahr für besonders schwache Hauptschüler/innen hohe Übergangsquoten in eine betriebliche Ausbildung auf. Die integrative Ver-ankerung von OiB (Orientierung in Berufsfeldern) im Bildungsplan der Hauptschule von Klasse 5 bis 9 wird mittelfristig bei konsequenter Umset-zung in der schulischen Praxis zu einer verbesserten Übergangsquote der Hauptschulabsolventen in betriebliche Ausbildung führen. Schulen, die be-rufliche Orientierung und Förderung der Ausbildungsreife zum Teil ihres Schulprofils machen, werden erfolgreicher bei der Vermittlung ihrer Absol-venten sein als Schulen, bei denen das Thema Berufsorientierung nur am Rande „mitläuft". An diesem Erfolg wird sich aber zukünftig, vor dem Hin-tergrund der demografischen Veränderung, die Existenz von einzelnen Schu-len entscheiden.

Dies erfordert auch eine entsprechende Vorbereitung und Ausbildung der beteiligten Lehrer/innen. Hier muss der Kreislauf Schule – Studium – Schule durch betriebliche Praxiserfahrung bereits in der ersten Phase der Lehrerbil-dung ergänzt werden. Außerdem wird von Pädagogen/innen solides Know-How für die Netzwerkbildung mit externen Partnern und Unternehmen er-wartet.

Besonders das Netzwerk Schule-Wirtschaft nimmt bei der beruflichen Ori-entierung eine tragende Rolle ein. Kennzeichen ist derzeit ein fast aus-schließlich ehrenamtliches Engagement der Beteiligten aus Schule und Be-trieb. Eine stärkere Professionalisierung durch regionale Geschäftsstellen und Ansprechpartner kann zusätzliche Impulse setzen und die Nachhaltigkeit der Netzwerkarbeit vor Ort stärken.

4 Neue Wege konkret am Beispiel Südwestmetall/*SCHULE-WIRTSCHAFT*

Exemplarisch werden im Folgenden neue Wege konkret in den Förder-schwerpunkten „Ökonomische Bildung", „Technikförderung" und „Netz-werkbildung" dargestellt.

4.1 Ökonomische Bildung

Lehrerfortbildung „Ökonomische Bildung online"

Ziel:

- Verbesserung der ökonomischen Bildung an Gymnasien,
- damit spätere Entscheidungsträger über grundlegende Kenntnisse wirtschaftlicher Zusammenhänge verfügen.

Vorhaben:
- Unterstützung der landesweiten Einführung des Neigungsfaches „Wirtschaft".

Umsetzung:
- Gestaltung der Präsenzphasen des Kontaktstudiums „Ökonomie-Online" im Rahmen der Lehrerfortbildung für das Neigungsfach „Wirtschaft" mit Experten aus der betrieblichen Praxis,
- bisher 400 Teilnehmer/innen, bereits heute bieten ca. 100 Gymnasien, das sind knapp ein Viertel aller allgemein bildenden Gymnasien in Baden-Württemberg, das Fach „Wirtschaft" an.

Auswirkung:
- An den Gymnasien in Baden-Württemberg ist eine spürbare Öffnung zur Wirtschaft erkennbar,
- dies erstreckt sich über das Thema Ökonomie in die Bereiche Berufs- und Studienorientierung bis hin zur Qualitätsentwicklung an Schulen.

Projekt „JUNIOR"

Ziele:
- Förderung unternehmerischen Denkens und Handelns zur Stärkung der ökonomischen Bildung als ein Bestandteil der Allgemeinbildung,
- Einblicke in die Funktionsweise der sozialen Marktwirtschaft geben,
- Unterstützung der Berufs- und Studienorientierung.

Umsetzung:
- 10 - 15 Schüler/innen,
- eigene Geschäftsidee: Verkauf von Produkten oder Dienstleistungen,
- Finanzierung über 90 Anteilscheine à 10,00 Euro (Grundkapital),
- Lehrer als Coach (Schulpate),
- Experten aus der Wirtschaft beraten die Schüler/innen (Wirtschaftspate),
- 100 Schülerfirmen im Schuljahr 2007/2008 mit ca. 1500 teilnehmenden Schüler/innen.

Auswirkungen:
- JUNIOR wird zum integralen Bestandteil des Wahlpflichtfachs Wirtschaft an Gymnasien,

- gute Möglichkeit für projektorientiertes Lernen und Themenfeld für eine *Gleichwertige Feststellung von Schülerleistungen* (GFS).

4.2 Technikförderung Bildungsbiografie: Ingenieurnachwuchs

Gezielte, über die Bildungsbiografie angelegte Technikförderung, wird vor dem Hintergrund der demografischen Wende zu einem wichtigen Baustein des Bildungsengagements der Wirtschaft. Dies bezieht sich sowohl auf den Ingenieurnachwuchs als auch mittelfristig auf die Zukunftsplanung im Bereich der technisch-gewerblichen Facharbeiter. Mit folgenden Projekten wird gezielt ein Angebot entlang der Bildungsbiografie gemacht:

- Technolino – Technikangebote im Kindergarten,
- TOP – Technikorientierungsprojekte Grundschule,
- SIA – Schüler Ingenieur Akademie,
- Mentorenprogramme an Hochschulen,
- unter dem Titel „Faszination Technik" sollen besonders die Aktivitäten im Grundschulbereich über einzelne Regionen hinaus zukünftig stärker landesweit gebündelt werden.

Ein Beispiel für gezielte Förderung des Ingenieurnachwuchses wird im Folgenden dargestellt.

Projekt „SIA - Schüler Ingenieur Akademie"

Ziele:
- Gewinnung von hochqualifiziertem Nachwuchs im Ingenieurbereich,
- Einführung Methoden neuen Lernens im Bereich Naturwissenschaften und Technik an Gymnasien,
- Vernetzung von Gymnasien-Hochschulen-Unternehmen.

Umsetzung:
- Bildung und Betreuung von Netzwerken Gymnasium – Hochschule – Unternehmen,
- Teilnehmer/innen bisher: 2000 Schüler/innen, 90 Gymnasien, 70 Unternehmen, 17 Hochschulen/Berufsakademien,
- Durchführung von technischen Projekten in einem Zeitraum von 2-4 Semestern,
- individuelle Förderung von Schlüsselqualifikationen z.B. mit Outdoor-Trainings.

Auswirkungen:
- Höheres Interesse von Mädchen an technischen Studiengängen,
- Begabtenförderung an Gymnasien,

- Steigerung des Übergangs in ein technisches Studium an den beteiligten allgemein bildenden Gymnasien,
- bundesweite Verbreitung des Konzepts in Kooperation mit der Telekomstiftung.

Einen weiteren erfolgreichen Weg in der Technikförderung hat Südwestmetall in der zielgruppenorientierten Nachwuchsgewinnung für technisch-gewerbliche Berufe, insbesondere der Metallberufe, eingeschlagen. Hier werden sowohl schwache, noch nicht ausbildungsfähige Schüler/innen, in den Blick genommen als auch Angebote für besonders qualifizierte Berufstätige für den Übergang in die Hochschule geplant:

- SchuB - Lernmodule Deutsch und Mathematik für Kl. 8 Hauptschule,
- BiK - Kooperationsklassen Hauptschule-BVJ,
- Grundausbildungslehrgang Metall,
- Ausbildungsunterstützung und -begleitung in Metall- und Elektroberufen,
- Zukunft: berufsbegleitender Bachelor-Studiengang für Techniker und Meister.

Dies beginnt bereits in Klasse 8 der Hauptschulen mit gemeinsam von Schulen, Hochschulen und Unternehmen entwickelten „SchuB - Lernmodule für Deutsch und Mathematik". SchuB steht dabei für das Projekt „Schule und Betrieb", das die Landesarbeitsgemeinschaft *SCHULE*WIRTSCHAFT Baden-Württemberg gemeinsam mit der Pädagogischen Hochschule Ludwigsburg und dem Kultusministerium durchgeführt hat.

Außerdem werden in den Kooperationsklassen Hauptschule-BVJ gezielt Schüler/innen beim Übergang in eine betriebliche Ausbildungsstelle begleitet. Knapp 60 Prozent der bisherigen Teilnehmer/innen gelang der Übergang in eine duale berufliche Ausbildung. Der Grundausbildungslehrgang Metall richtet sich an motivierte und praktisch begabte, noch nicht ausbildungsreife Jugendliche, als Einstiegsqualifizierung in eine duale Berufsausbildung im Berufsfeld Metall.

84 Prozent der Teilnehmer/innen haben im vergangenen Jahr den Übergang in eine duale Metallberufsausbildung gefunden. Außerdem fördert das Konzept Start 2000 Plus zusätzliche Ausbildungsplätze in Form von Ausbildungsunterstützung und -begleitung in den Metall- und Elektroberufen.

Mehr als 4000 zusätzliche Ausbildungsplätze konnten so seit 1998 geschaffen werden. Für die Zukunft soll in Kooperation mit Hochschulen des Landes ein berufsbegleitender Bachelor-Studiengang für Techniker und Meister konzipiert und angeboten werden.

4.3 Netzwerkbildung im Arbeitskreis *SCHULE*WIRTSCHAFT

Eine zusätzliche Möglichkeit zur Verbesserung der Übergänge von der Schule in Ausbildung besteht in einer engen Kooperation der Partner Schule und Betrieb auf der Plattform der Arbeitskreise *SCHULE*WIRTSCHAFT. In den Handlungsfeldern

- Berufs-/Studienorientierung/Ausbildungsfähigkeit,
- Qualitätsentwicklung/Schulentwicklung,
- Technikförderung,
- Förderung wirtschaftlichen Grundwissens

arbeiten Schule und Wirtschaft regional und überregional vertrauensvoll zusammen. Die Zusammenarbeit geschieht ehrenamtlich. Die Vorstandsgremien sind jeweils paritätisch besetzt. Die Arbeitskreise sind folgendermaßen organisiert:

- Bundesarbeitsgemeinschaft,
- Landesarbeitsgemeinschaft *SCHULE*WIRTSCHAFT,
- Beirat für Baden-Württemberg,
- 37 regionale Arbeitskreise *SCHULE*WIRTSCHAFT,
- derzeit wird eine stärkere Professionalisierung zur Unterstützung des Ehrenamts angestrebt.

Unter www.schulewirtschaft-bw.de können die Kontaktdaten der regionalen Arbeitskreise sowie Informationen zu aktuellen Themen und Veranstaltungen entnommen werden.

5 Fazit

Die Erfahrungen aus einer 10-jährigen umfassenden Projektarbeit im Rahmen der Ausbildungs- und Qualifizierungsinitiative START 2000 Plus haben neue, wirksame Wege der beruflichen Orientierung und des Übergangs von der Schule in den Beruf aufgezeigt. Diese erstrecken sich auf:

- kontinuierliche Berufsorientierung entlang der Bildungsbiografie,
- systematische Verankerung im Bildungsplan, z.B. das Fach Wirtschaft,
- systematische Verankerung in der Lehreraus- und -weiterbildung,
- zielgruppenspezifische Angebote, die aufeinander aufbauen können,
- Profilierung im Schulprogramm durch Arbeitsgemeinschaften und Projekte,
- externe Netzwerke mit professioneller Unterstützung durch „Kümmerer".

Thomas Giessler

Übergangsperspektiven aus Arbeitnehmersicht

Vorwort

Mit dem vorliegenden Beitrag wird erörtert, wie die Übergangsperspektiven für Jugendliche von der Schule in die Ausbildung tatsächlich sind. Es wird versucht, konkrete Lösungsvorschläge aufzuzeigen, mit denen der Einstieg in die Berufswelt erleichtert werden kann.

Dabei wird wie folgt verfahren:

- Zunächst werden die auf dem Ausbildungsmarkt existierenden Problematiken aufgezeigt.
- Anschließend wird die Entwicklung der Schüler/innenzahlen an (öffentlichen) beruflichen Schulen in Baden-Württemberg dargestellt.
- Des Weiteren wird eine Modellrechnung zur künftigen Nachfrage nach Ausbildungsstellen demonstriert. Hier wird man erkennen, dass die prekäre Lage auf dem Ausbildungsmarkt eine adäquate Umsetzung von berufsorientierenden Maßnahmen notwendig macht.
- Daran anschließend wird aufgrund der Analyse festgestellt, dass sich die duale Ausbildung in einer Krise befindet.
- Gegen Ende des Beitrags werden einige Möglichkeiten zur Verbesserung der prekären Situation aufgezeigt.
- Den Schluss bildet die Offenlegung von Kooperationsformen, die zu einer fruchtbaren Zusammenarbeit von schulischer und außerschulischer Berufsorientierung beitragen und somit einen integrierten Übergang gewährleisten können.

1 Aktuelle Problemlage

1.1 Die aktuelle Ausbildungsplatzsituation in Baden-Württemberg

Die Industrie- und Handelskammern (IHK) und die Handwerkskammern (HWK) Baden-Württembergs haben laut eigenen Berichten zum Ausbildungsbeginn 2007 über 5.000 Ausbildungsverträge mehr abgeschlossen, als dies zum Vorjahr (Stichtag: 30.09.2007) der Fall war (vgl. Wirtschaftsministerium Baden-Württemberg 2007). Trotz dieser Positivmeldung bleibt Fakt, dass nur 37.303 (44,7 %) von den 83.405 Jugendlichen, die sich bei der Arbeitsagentur gemeldet haben, auch tatsächlich in Ausbildung vermittelt wurden. Dem gegenüber sprechen die Landesregierung und die Kammern allerdings nur von 1.380 unversorgten Bewerber/innen. Diese offizielle Zahl verdeutlicht jedoch nicht, dass über 55 % der Jugendlichen die Einmündung in eine betriebliche Berufsausbildung verwehrt wurde.

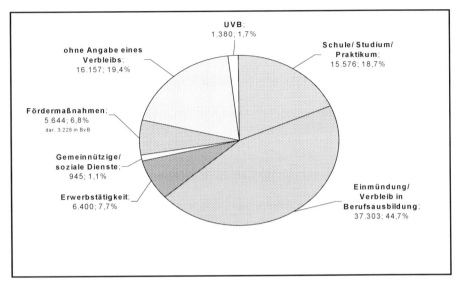

Abb. 1: **Bewerber/innen nach Art des Verbleibs in Baden-Württemberg** (Bundesagentur für Arbeit, Regionaldirektion BW 2007)

1.2 Prognose der Absolvent/innen allgemein bildender Schulen in Baden-Württemberg

Wie im vorherigen Kapitel dargelegt, wird die Ausbildungsplatzsituation unserer Jugendlichen oftmals wesentlich besser dargestellt, als es in Wirklichkeit der Fall ist. Darüber hinaus ließ sich in den vergangenen Jahren ein quantitatives Auseinanderdriften zwischen der Schulabgänger/innenzahl und der Ausbildungsangebote verzeichnen (Anhang 1).

Wenn man sich des Weiteren noch prognostisches Zahlenmaterial zur Entwicklung der Schulabgänger/innen von allgemein bildenden Schulen in Baden-Württemberg ansieht, wird man sehr schnell erkennen, dass sich das Ungleichgewicht zwischen Angebot und Nachfrage auf dem Ausbildungsmarkt auch in naher Zukunft nicht lösen wird (Anhang 2). Demzufolge werden wir bis zum Jahre 2009 sogar noch steigende Schulabgänger/innenzahlen zu verzeichnen haben. Dennoch kann man nach dem Jahre 2009 keinesfalls Entwarnung geben: Wir werden bis zum Jahre 2015 noch annähernd so viele Schulabgänger/innen haben wie heute.

Erschwerend kommt hinzu, dass es im Jahr 2012 noch ein zusätzliches Problem geben wird, da sich die Umstellung der Gymnasien auf acht Jahre übergangsbezogen auswirkt. In diesem Jahr werden zwei Jahrgänge zeitgleich die Gymnasien verlassen und in Hochschulen, aber auch in die Berufsbildung streben. Die damit einhergehenden Verschärfungen der Übergangssituation sind nicht zu unterschätzen. Soll diese Situation nicht von den Jugendlichen „ausgebadet" werden, muss klar sein, dass eine positive Bewältigung der verschärften Problematik besondere Strategien und Konzepte erfordert, ganz besonders einer entsprechenden Ausweitung des Ausbildungsplatzangebots. Hingegen ist zu befürchten, dass die erhöhte Zahl der Gymnasialabsolventen im Wettbewerb um die zu wenigen Ausbildungsplätze die Jugendlichen aus anderen Schulbereichen (in der Tradition bekannter Verdrängungsprozesse) überflügeln. Verlierer wären (wieder einmal) die Jugendliche des unteren Qualifikationsspektrums, besonders diejenigen, die spezielle Übergangshilfen benötigen, die dann über Ihre Probleme hinaus noch als „ausbildungsunreif" und „nicht vermittelbar" stigmatisiert werden.

1.3 Altbewerber/innen

Ein weiteres großes Problem bildet die hohe Zahl der Altbewerber/innen, die im Jahr 2007 in Baden-Württemberg 39.074 Einzelschicksale umfasst und die prekären Verhältnisse auf dem Ausbildungsmarkt widerspiegelt. Die Anzahl der Altbewerber/innen ist in den letzten Jahren (bis zum Jahr 2006) kontinuierlich angestiegen. Konkret wuchs in den letzten sieben Jahren der Anteil um 10,5 % auf mittlerweile über 46 %, was den dringenden Handlungsbedarf verdeutlicht (Anhang 3). Mögliche Lösungsvorschläge könnten u.a. in die Richtung zielen, dass Betriebe, die über das bisherige Maß hinaus zusätzlich Altbewerber/innen einstellen, mit motivierenden Zuschüssen gefördert werden.

1.4 Angebots-Nachfrage-Relation

1.4.1 Angebots-Nachfrage-Relation in den Bundesländern

Wie in Kapitel 1 bereits erwähnt, hat Baden-Württemberg offiziell die niedrigste Zahl der unversorgten Bewerber/innen. Jedoch ist anhand der offiziellen Zahlen nicht erkennbar, dass über 55 % der gemeldeten Bewerber/innen in eine andere Maßnahme gedrängt wurden und keinen Ausbildungsplatz erhielten. Ein Vergleich der Angebots-Nachfrage-Relation Baden-Württembergs mit anderen Bundesländern verdeutlicht einen eher bescheidenen fünften Rang (Hamburg, Bremen, Mecklenburg-Vorpommern und das Saarland liegen vor Baden-Württemberg.; Anhang 4). Auf 100 gemeldete Bewerber/innen kommen in Baden-Württemberg lediglich 81 gemeldete Ausbildungsstellen.

1.4.2 Angebots-Nachfrage-Relation in Baden-Württemberg

Bei näherer Betrachtung der Angebots-Nachfrage-Relation in den einzelnen Bezirken der Arbeitsagenturen innerhalb Baden-Württembergs sind signifikante Unterschiede zu erkennen. Demnach ist in Konstanz und Stuttgart eine positive Angebots-Nachfrage-Relation erkennbar (Anhang 5). Weniger gut sieht es z.B. in den Bezirken Ulm, Tauberbischofsheim und Aalen aus.

2 Entwicklung der Schüler/innenzahlen an öffentlichen beruflichen Schulen in Baden-Württemberg 2006/07

2.1 Probleme Vollzeitschulischer Ausbildungsgänge

Aufgrund dessen, dass von den ca. 83.000 Bewerber/innen nur 37.000 in Ausbildung vermittelt werden konnten, muss davon ausgegangen werden, dass auch in diesem Jahr wieder mehr als 30.000 Jugendliche in „Warteschleifen" (BVJ, EQJ und Maßnahmen der BA) gedrängt werden. Hinzu kommen tausende Jugendliche, die wegen fehlender Ausbildungsplätze in vollzeitschulische Bildungsgänge (2-jährige Berufsfachschule, Berufskollegs) gehen, deren Warteschleifenfunktion erst auf den zweiten Blick deutlich wird (Anhang 6).

Das Problem von vollzeitschulischen Ausbildungsgängen ist, dass eine mangelnde Akzeptanz der Ausbildung von Seiten der Betriebe besteht. Mit dem Abschluss des Kaufmännischen BK II (Berufskolleg) z.B. erlangt man den Wirtschaftsassistent mit Fachhochschulreife, der aber in der Wirtschaft faktisch nicht als beruflicher Abschluss akzeptiert wird.

Andererseits könnte es durchaus dazu kommen, dass in Zeiten der Globalisierung Betriebe, die aufgrund ihres ausländischen Hauptsitzes keine Verbundenheit zu unserem dualen Ausbildungssystem verspüren, ganz auf die Ausbildung verzichten. Vollzeitschüler/innen wären dann eine billige Alternative. Sie könnten mit ein wenig „training on the job" in Praktika-Manier angelernt werden. Damit wäre nicht nur unser duales Ausbildungssystem gefährdet, sondern die Berufsausbildung würde auf Kosten der Steuerzahler/innen verstaatlicht.

Die Folge des Ausbaus vollzeitschulischer Ausbildungsgänge und der damit einhergehenden Gefährdung der dualen Ausbildung, könnte verheerende Auswirkungen haben. Es wären u.a. die Zunahme der Übergangsarbeitslosigkeit - ähnlich wie in anderen Staaten z.B. Frankreich - zu erwarten. Somit bestünde ebenfalls die Gefahr, soziale Spannungen bei den betroffenen Jugendlichen, aufzubauen (Anhang 7).

2.2 Entwicklung der EQJ-Maßnahmen

Durch die Betrachtung der Zusammensetzung von EQJ-Teilnehmer/innen kann man erkennen, dass diese Maßnahme nicht zielgruppenorientiert ausgelegt ist. Der Anteil der Jugendlichen mit Hauptschulabschluss beschränkt sich lediglich auf 50 %. 2 % haben keinen Abschluss. Des Weiteren haben über 41 % der Teilnehmer/innen die Mittlere Reife und 7 % sogar eine Hochschul- bzw. Fachhochschulreife (Anhang 8). Da es keine Vollerhebung über den Erfolg dieser Maßnahme gibt, sollte man dieses Konzept auf entsprechende Überganszahlen (von der Maßnahme in den Beruf) prüfen.

Hierbei sollte bedacht werden, dass eine Vielzahl von Jugendlichen mehrere dieser berufsvorbereitenden Maßnahmen in ihrer Laufbahn als Ausbildungsplatzsuchende durchlaufen. Wenn es hierfür weiterhin keine verbindliche Anrechnung gibt, stellt dieser bedenkenlose Umgang mit der Lebensarbeitszeit u.a. eine immense Belastung für unser Rentensystem dar.

3 Modellrechnung zur künftigen Nachfrage nach Ausbildungsplätzen in Baden-Württemberg

3.1 Hoher Bedarf an Ausbildungsstellen in der Zukunft

Das Statistische Landesamt Baden-Württemberg hat verschiedene Szenarien hinsichtlich der zukünftigen Nachfrage nach Ausbildungsplätzen in Baden-Württemberg entwickelt (Anhang 9). Das „Szenario 3" beschreibt den wünschenswerten Zustand der Vollversorgung auf dem Ausbildungsstellenmarkt in Baden-Württemberg (vgl. Wolf 2007). Um diesen Zustand zu erreichen, müssen jedoch in den nächsten Jahren noch eine Vielzahl von Ausbildungsplätzen geschaffen werden.

Anzumerken ist, dass das Statistische Landesamt mit „Vollversorgung" nicht den anzustrebenden Zustand der Unterbringung aller gemeldeten Bewerber/innen in die Ausbildung versteht. Ebenfalls werden Bewerber/innen, die aufgrund der prekären Verhältnisse auf dem Ausbildungsstellenmarkt weiterhin eine schulische Laufbahn einschlagen, ebenfalls nicht berücksichtigt. Bei einer tatsächlichen „Vollversorgung" mit Ausbildungsstellen, wäre der Bedarf an Ausbildungsplätzen um ein Vielfaches höher.

3.2 Unausgeschöpftes Ausbildungspotenzial

Da in Baden-Württemberg lediglich 28 % der Betriebe ausbilden, obwohl 58 % ausbildungsfähig sind, sollte man versuchen, die Zahl der ausbildenden Betriebe zu steigern. Das vom baden-württembergischen Wirtschaftsministerium aufgelegte Programm zur finanziellen Förderung von Betrieben, die neu ausbilden bzw. ihre Azubi-Zahl erhöhen und dabei Altbewerber/innen einstellen, ist ein Schritt in die richtige Richtung. Jedoch sind diese ca. 1.700 Ausbildungsstellen angesichts der aktuellen Lage nicht ausreichend. Zudem handelt es sich dabei um ein aus ESF-Geldern finanziertes Programm, das keine längerfristige Finanzierung gewährleistet. Aufgrund dessen sollte dieses Projekt spürbar aufgestockt und nachhaltig gesichert werden. Hierfür könnten u.a. Überschüsse der Bundesagentur für Arbeit genutzt werden.

4 Krise der dualen Ausbildung

Die Ausbildungsquote (Anteil der Auszubildenden an allen Beschäftigten) liegt derzeit bei unter 4 %. Angesichts der erforderlichen Reproduktion des gesellschaftlichen Qualifikations- und Arbeitsvolumens wäre eine Ausbildungsquote von 7 bis 8 % zufrieden stellend. Das vorgeschlagene Anheben erscheint zwar vorerst nur als eine Problemperspektive. Bei genauerer Betrachtung wird man feststellen, dass sie sehr viel erforderlicher ist: Das Wertschöpfungsmodell Deutschland - also das, wodurch sich Deutschland u.a. auszeichnet – beruhte bisher zum großen Teil auch auf dem dualen System der Berufsausbildung. Es kennzeichnet sich u.a. durch eine niveauvolle intergenerative Weitergabe von arbeits- und berufsbezogenem Wissen und Können, im Rahmen eines geordneten Zusammenwirkens von Ausbildungsbetrieben und Berufsschulen.

Die Ausbildungsquote gerät dabei weiter unter Druck z.B. durch die demografische Entwicklung (zu niedrige Geburtenrate) und die Zunahme von außerbetrieblichen und schulischen Maßnahmen.

Dieses Verhältnis gerät wegen der registrierbaren Ausbildungszurückhaltung, die demografische Entwicklung (zu niedrige Geburtenrate) und die Zunahme von außerbetrieblichen und schulischen Maßnahmen zusehends aus dem Gleichgewicht. Hinzu kommt, dass das beschriebene Problem der teilzeit- und vollzeitschulischen Bildungsgänge, die nicht selten von den Betroffenen als Warteschleifen wahrgenommen werden. Waren es in den 1950er Jahren nur 5,2 % der Jugendlichen, die staatliche Angebote nachfragten, so waren dies 1999 bereits 30 % der berufsschulpflichtigen Jugendlichen in Westdeutschland. Durch alle die beschriebenen Maßnahmen, steuern wir auf eine schleichende Verstaatlichung der Ausbildung zu.

5 Berufsbildungspolitischer Handlungsbedarf

5.1 Der Weg zur allgemeinen Berufsausbildung

Im Interesse der Jugendlichen und ihren Familien, des gesellschaftlichen Selbsterhalts, des sozialen Friedens und auch der Beibehaltung des dualen Systems ist dringender Handlungsbedarf angesagt. Dabei kommen mehrere wichtige Ziele in Betracht, die sich wechselseitig bedingen und die es zu verfolgen gilt:

- Schaffung zusätzlicher Ausbildungsplätze,
- Verbesserung der Qualität der Ausbildung,
- Erhöhung der Attraktivität des Berufsbildungssystems für Auszubildende (z.B. bessere Karrieremöglichkeiten, zukunftsträchtige Beru-

fe) und Ausbildungsbetriebe (z.B. Rentabilität der Ausbildung, Reduzierung der Kosten).

Ebenfalls soll auf einige bedeutsamen Entwicklungen im Wandel von Beruflichkeit hingewiesen werden. Die Berufsbildungspolitik orientiert sich derzeit am Prinzip der *anwenderspezifischen Spezialisierung*, was anhand eines Beispiels erklärt werden soll. Im Falle des Ausbildungsberufes „Kaufmann" gibt es keinen „allgemeinen Kaufmann" mehr. Seinem Tätigkeitsfeld entsprechend, erhält der Beruf eine Spezialisierung (z.B. Kaufmann/Kauffrau im Eisenbahn- und Straßenverkehr) auf die die zu vermittelnden Qualifikationen zugeschnitten sind. Andererseits würde das *Berufskonzept der offenen dynamischen Kernberuflichkeit* eine umfassende und allgemeine Ausbildung als Kaufmann in den unterschiedlichen Aufgabenbereichen umfassen. Es würden sich daraus u.a. folgende Vorteile ergeben:

- höhere betriebliche Gestaltungsspielräume,
- höhere Mobilität der Beschäftigten,
- Erhöhung der Ausbildungsqualität,
- mehr Ausbildungsplätze,
- größere Beschäftigungsperspektiven für die Zukunft.

Eine Spezialisierung birgt darüber hinaus noch den Nachteil, dass spezielle Prüfungen bzw. Ausstattungen und ein hohes Maß an Zentralisierung erforderlich wären. Eine verfrühte Spezialisierung und hohe Kosten, tragen letztlich dazu bei, dass Ausbilden sich zusehends verteuert und deshalb immer mehr vermieden wird.

5.2 Gezielter Übergang von der Schule in den Beruf

Die hohe Zahl der vorzeitigen Auflösung von Ausbildungsverträgen - im Jahre 2005 waren es 19,9 % (vgl. BMBF 2007: 138) - ist, zumindest teilweise auf eine unzureichende Berufsorientierung und Berufsvorbereitung zurückzuführen, welche die Jugendlichen im Laufe ihrer Schulzeit erfahren haben. Ein weiteres Indiz für die Forderung nach einer besseren Berufseinmündung könnte u.a. die angestiegene Nachfrage der Jugendlichen nach weiteren staatlichen Angeboten z.B. BVJ, BK, BFS sein.

Um die Übergangsproblematik der Jugendlichen adäquat anzugehen, bedarf es einer angemessenen Berufsorientierung. Dabei könnte z.B. das von den Gewerkschaften entwickelte biografische Planspiel zur Berufserkundung und Lebensplanung „Ready-Steady-Go" eine Hilfestellung geben. Ebenfalls sind „neue Formen des Übergangs" gefordert, wie sie z.B. von Felix Rauner im Modell der zweijährigen dualen Grundbildung entfaltet werden (2003: 22f.).

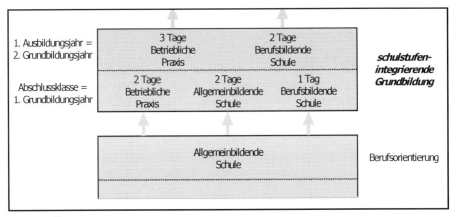

Abb. 2: Übergang von der Schule in die Berufsausbildung

Hierbei beginnt das erste Jahr der Grundbildung in den Abschlussklassen der allgemein bildenden Schulen. Dabei beginnen Schüler/innen, die sich für eine Berufsrichtung entschieden haben, im Beruf ihrer Wahl eine praktische Berufsausbildung an zwei Tagen in der Woche. Das zweite Jahr der Grundbildung erfolgt dann im ersten Ausbildungsjahr. Dies hat den Vorteil, dass dabei die Ausbildung nicht verlängert wird. Ein großer Vorteil dieses Ansatzes besteht u.a. auch darin, dass sowohl dem/der Schüler/in ermöglicht wird, sich ein umfassenderes Bild von dem ausgewählten Beruf zu verschaffen (tieferer Einblick als während eines Praktikums), als auch den Betrieben ermöglicht wird, den/die potentielle/n Auszubildende/n besser kennen zu lernen. Dadurch wird ein intensiverer und praxisorientierter Übergang ermöglicht.

5.3 Finanzierungsreform

Da alle Betriebe ausgebildete Fachkräfte benötigen, müssen auch alle Betriebe an der Finanzierung der Berufsausbildung beteiligt werden. Dies soll in einem Bundesgesetz, durch Tarifverträge oder Branchenfonds, geregelt werden. Flankierend müsste flächendeckend ein externes Ausbildungsmanagement angeboten und breit beworben werden. Dieses externe Ausbildungsmanagement könnte z.B. Kleinbetriebe und Betriebe, die neu ausbilden, bei folgenden Punkten unterstützen:

- Beratung bei der Zulassung als Ausbildungsbetrieb,
- Auswahl von geeigneten Bewerber/innen,
- Vorbereitung des Abschlusses von Ausbildungsverträgen,
- Erarbeitung eines spezifischen Ausbildungsplans für das Unternehmen,
- Abstimmung mit der Berufsschule,

- Anmeldung der Auszubildenden bei den jeweiligen Kammern,
- Schaffung von Ausbildungspartnerschaften in Verbund- oder Tandemausbildung.

Die Sozialpartner müssen jedoch bei der Errichtung und Evaluierung der Arbeit des externen Ausbildungsmanagement unbedingt mit einbezogen werden, um die korrekte Ausgestaltung dieses Vorhabens zu gewährleisten. Das externe Ausbildungsmanagement und die Ausbildungspartnerschaften können sich insofern schon als erfolgreich bezeichnen, weil sie in anderen Bundesländern bereits zur Schaffung zahlreicher zusätzlicher Ausbildungsplätze geführt haben.

6 Fazit

Die Existenz einer massiven Übergangsproblematik - an der Schwelle von Schule und Beruf - ist mittlerweile nicht mehr von der Hand zu weisen. Oftmals werden unsere Jugendlichen von einer berufsvorbereitenden Maßnahme in die nächste vermittelt. Nicht selten und zu Recht fühlen sie sich in einer der zahlreichen Warteschleifen untergebracht und von der Gesellschaft im Stich gelassen.

Wie aufgezeigt, befindet sich unser System der Dualen Ausbildung in der Krise. Zwar habe ich in meinem Beitrag einzelne Verbesserungsmöglichkeiten aufgezeigt, die jedoch nicht darüber hinweg täuschen können, dass es noch einen erheblichen Handlungsbedarf und zu wenig Kooperationsbereitschaft gibt, besonders von Seiten der Betriebe. Schon 1980 hat das Bundesverfassungsgericht festgestellt, dass für ein auswahlfähiges Angebot (Art.12, Grundrecht der freien Ausbildungsplatzwahl), die Zahl der angebotenen Ausbildungsstellen 12,5 % über der Zahl der Bewerber/innen liegen müsste. Davon sind wir weiter entfernt denn je: Bundesweit fehlen über 200.000 Ausbildungsplätze für ein solches auswahlfähiges Angebot. Alle Appelle, Lehrstellenversprechen und Notprogramme von Politik und Wirtschaft konnten diesen Skandal bislang nicht beseitigen. Berufschancen hängen immer stärker von einer guten Ausbildung ab. Ohne sie „läuft heute nichts mehr". Im Sinne eines Grundrechts auf Ausbildung muss allen jungen Menschen die Möglichkeit zu einer qualifizierenden Ausbildung gegeben werden. Die Arbeitgeber müssen endlich ihrer Ausbildungspflicht nachkommen.

Um das Problem des Ausbildungsplatzmangels nachhaltig lösen zu können, bedarf es verbindlicher gesetzlicher Regelungen, die für die betroffenen Personen einen (einklagbaren) Rechtsanspruch auf Ausbildung schaffen. Und wegen der grundsätzlichen Bedeutung der Ausbildung für den Einzelnen sowie für die Gesellschaft ist es geboten, eine solche Rechtsgrundlage in der Verfassung zu verankern.

Anhang

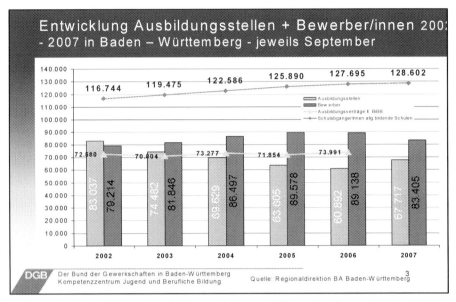

Anhang 1:   **Entwicklung Ausbildungsstellen und Bewerber/innen 2002 - 2007 in Baden-Württemberg**

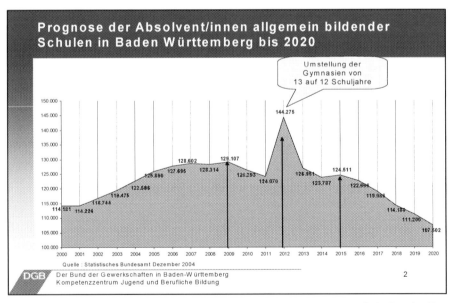

Anhang 2:   **Prognose der Absolvent/innen allgemein bildender Schulen in Baden-Württemberg**

Veränderung Altbewerber/innen 2006 zu 2007

	gemeldete Bewerber/innen			unversorgte Bewerber/innen (UvB)*		
	insgesamt	Altbewerber/innen	Anteil Altbewerber/innen an Bewerber/innen insgesamt	insgesamt	Altbewerber/innen	Anteil UvB Altbewerber/innen an UvB insgesamt
2003	81.860	32.608	39,8	1.295	732	56,5
2004	86.497	34.857	40,3	3.438	1.763	51,3
2005	89.576	36.503	40,8	3.333	1.496	44,9
2006	89.138	40.924	45,9	4.546	2.675	58,8
2007	83.405	39.074	46,8	1.380	694	50,3
Veränderung 2006 zu 2007	-6,4	-4,5	2,0	-69,6	-74,1	-14,5

* Bis 2006 wurde die Bezeichnung nicht vermittelte Bewerber (NVB) verwendet.

Quelle: DWH
Daten aus 2003/2004 wurden aus DWH gezogen und weisen leichte Abweichungen ggü. den 2003/2004 kommunizierten Werten aus Stada auf.

DGB Der Bund der Gewerkschaften in Baden-Württemberg
Kompetenzzentrum Jugend und Berufliche Bildung

10

Anhang 3: **Veränderung der Altbewerber/innen 2006 zu 2007**

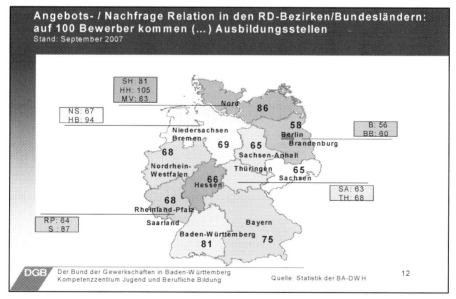

Anhang 4: **Angebots-Nachfrage-Relation der Ausbildungsstellen in den einzelnen Bundesländern**

Anhang 5: **Angebots-Nachfrage-Relation in Baden-Württemberg**

Entwicklung der Schüler/innenzahlen an öffentlichen beruflichen Schulen in BaWü Schuljahr 2006/07 vorläufige Zahlen
nach Kurzbericht, Stand 11.10.2006

Schulart	Schülerzahlen				Klassenzahlen			
	Schuljahr				Schuljahr			
	2005/06	2006/07			2005/06	2006/07		
		Ist	Veränderungen ggü. dem Vorjahr			Ist	Veränderungen ggü. dem Vorjahr	
			absolut	in %			absolut	in %
Berufsschulen (incl. SBS)	194.429	196.697	2.268	1,2	9.233	9.287	54	0,6
Teilzeit Gesamt	**194.429**	**196.697**	**2.268**	**1,2**	**9.233**	**9.287**	**54**	**0,6**
BGJ (schulisch)	290	301	11	3,8	18	18	0	0,0
BVJ	13.520	12.343	-1.177	-8,7	836	781	-55	-6,6
BEJ	0	958	958		0	52	52	
1BF	15.481	14.950	-531	-3,4	699	691	-8	-1,1
2BF	30.318	30.814	496	1,6	1.209	1.255	46	3,8
sonstige BF incl. SBF	7.662	7.663	1	0,0	392	392	0	0,0
Berufskollegs	41.298	41.973	675	1,6	1.653	1.692	39	2,4
BA	684	646	-38	-5,6	27	28	1	3,7
BO	1.441	1.454	13	0,9	56	58	2	3,6
BGYM	43.171	44.430	1.259	2,9	554	568	14	2,5
Fachschulen	11.519	11.480	-39	-0,3	560	573	13	2,3
Vollzeit Gesamt	**165.384**	**167.012**	**1.628**	**1,0**	**6.004**	**6.108**	**104**	**1,7**
INSGESAMT	**359.813**	**363.709**	**3.896**	**1,1**	**15.237**	**15.395**	**158**	**1,0**

DGB Der Bund der Gewerkschaften in Baden-Württemberg
Kompetenzzentrum Jugend und Berufliche Bildung   Quelle: Kultusministerium Baden-Württemberg   18

Anhang 6: **Entwicklung der Schüler/innenzahl an öffentlichen beruflichen Schulen**

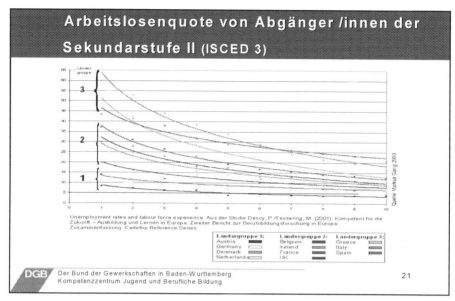

Anhang 7:   **Arbeitslosenquote von Abgänger/innen der Sekundarstufe II**

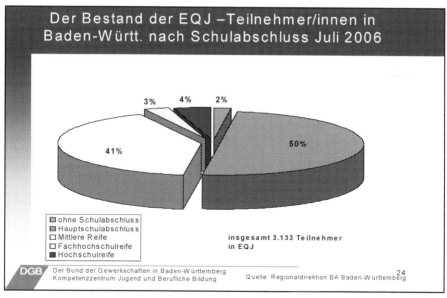

Anhang 8:   **Bestand der EQJ–Teilnehmer/innen in Baden-Württemberg nach Schulabschluss im Juli 2006**

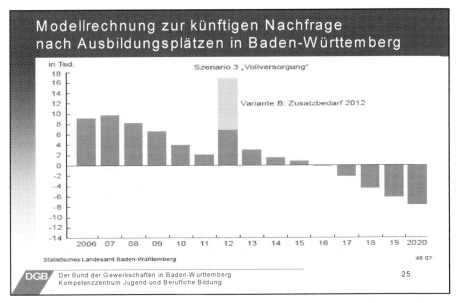

Anhang 9: **Modellrechnung zur künftigen Nachfrage nach Ausbildungsplätzen**
           in Baden-Württemberg

Matthias Pilz

Was sollten wir von anderen lernen? Aspekte der Berufsorientierung in Großbritannien und Japan

1 Einführung

Berufsorientierung stellt keine ausschließlich deutsche Problemstellung dar, sondern betrifft alle Länder. Auf international-vergleichender Ebene erscheint der Begriff „Berufsorientierung" allerdings als zu eng. Hier hat sich der weiter gefasste Begriff des „Übergangs" (Transition) etabliert, der soziale, ökonomische, psychologische u.a. Dimensionen umfasst (vgl. z.B. Kutscha 1991; Heinz 1999; Ryan 2001; Stern/Wagner 1999; OECD 2000). Folglich soll auch hier ein weiter gefasster Ansatz verfolgt werden, der zum einen im Kontext des Übergangs die Berufsfindung und Orientierung inkludiert und zum anderen insbesondere die bildungspolitischen und gesellschaftlichen Rahmenbedingungen berücksichtigt. Im Fokus der Untersuchung steht dabei explizit die strukturelle Einbettung von Berufsfindungsprozessen.[1] Diese Fokussierung erscheint interessant, da die international üblichen Instrumente der Berufsorientierung und -findung wie z.B. Berufswahlunterricht, Betriebsbesuche, Praktika, Berufsberatung, schulische Laufbahnentwicklung, Berufswahltests etc. in der ein oder anderen Form auch in Japan und Großbritannien zur Anwendung kommen (vgl. für Japan z.B. OECD 2000; Georg/Demes 1996; Fürstenberg/Ruttkowski 1997 u. für GB Stipriaan/Lauterbach 1995; Greuling 1996; Pilz 1999b; Eurydice Unit Scotland 2003), aber diese Instrumente erst vor dem Hintergrund der strukturellen Einbettung ihre besondere Ausprägungsbedeutung erhalten (im Detail Kapitel 4).

Warum sich gerade zwei so unterschiedliche Länder wie Großbritannien und Japan aus einer deutschen Perspektive für eine Untersuchung anbieten, erscheint auf den ersten Blick möglicherweise wenig verständlich. Vor dem Hintergrund eines konkreten Untersuchungsgegenstandes kann diese scheinbare Unverständlichkeit jedoch aufgelöst werden: Wie Heidenheimer (1997) bereits vor längerer Zeit im Kontext eines übergangsspezifischen sowie bildungspolitischen Forschungsinteresses für die vier Länder (Großbritannien, Japan, Deutschland, Schweiz) einen fruchtbaren Vergleich vorlegen konnte, so soll hier die Länderauswahl über den Zusammenhang der Übergangsproblematik begründet werden: Im Mittelpunkt dieser und vieler anderer Untersuchungen im Kontext von Übergangs- und Berufsfindungsprozessen steht Großbritannien (vgl. z.B. Greuling 1996; Behrens 2003). Denn ein im Gegensatz zu den deutschen Gegebenheiten weitgehend ungeregelter Arbeitsmarkt führt zu speziellen Übergangsansätzen, deren Untersuchung interessante Hinweise im Kontext sich wandelnder Arbeitsmärkte gibt.

Die Fokussierung auf Japan ermöglicht die Überprüfung und Reflexion generierter Befunde und typischer Stereotype vor dem Hintergrund gänzlich anderer kultureller Rahmenbedingungen. Damit kann letztlich einer vorschnellen oder gar unhaltbaren Verallgemeinerung von Befunden zu Übergangs- und Berufsfindungsprozessen im internationalen Kontext vorgebeugt werden.

2 Bildungsprogramme zur Übergangsoptimierung in Großbritannien/Schottland

Bedingt durch die bildungspolitische Autarkie der britischen Landesteile ist eine Eingrenzung vorzunehmen, die sich vor dem Hintergrund einiger hier interessierender Spezifika (s.u.) auf Schottland bezieht, aber dennoch vielfältige Verallgemeinerungen bezüglich des gesamten britischen Bildungsraum zulässt (vgl. Pilz/Deißinger 2001).

Zum grundsätzlichen Verständnis der schottischen Übergangssituation einige Informationen vorab: Mit Erreichen des 16. Lebensjahres haben schottische Schüler die Pflichtschulzeit beendet, verbleiben aber i.d.R. noch bis zum folgenden Schuljahresende in der Schule. Aktuell verließen 57.000 Schüler den Pflichtschulbereich und wechselten zu 53 % in nachfolgende Bildungseinrichtungen, wie insbesondere in die zum Hochschulzugang führende Oberstufe der Schulen und in die Colleges (Bildungseinrichtungen für berufliche Qualifizierung, Hochschulzugang und akademische Grundbildung). 23 % gingen direkt in Erwerbstätigkeit über, während 23 % arbeitslos wurden und 5 % eine staatlich unterstützte Ausbildungsmaßnahme aufnahmen (Rest unbekannt, SQA 2007a).

Das britische Übergangssystem zeichnet sich durch mindestens zwei zentrale Besonderheiten aus: Zum einen sind akademische Bildungswege der „Goldstandard" im Bildungssystem. Für den größten Teil der Wechsler in die schulische Oberstufe ist dies der vorgezeichnete Weg, für den es keine realistische Alternative gibt. Zum anderen eröffnet sich den Schulabgängern ein sehr flexibler und wenig regulierter Arbeitsmarkt, in dem es auf Tätigkeitsbewältigung und nur sehr selten auf die Vorlage von Zertifikaten als Einstellungsvoraussetzungen ankommt (vgl. Pilz 2003). Weiterhin wird die Investition in berufliche Bildung eher als Privatsache angesehen und wenn überhaupt betrieblich getragen, nur sehr stark tätigkeitsbezogen ausgerichtet (vgl. Pilz/Joujan/Thiel 2007). In der Konsequenz kann daher für Großbritannien auch nicht von „Berufen" im deutschen Sinne gesprochen werden (Deißinger 1995). Vor diesem Hintergrund stellt sich die Frage, wie das Bildungssystem auf diese Rahmenbedingungen reagiert. Beispielhaft soll dies an zwei in Schottland eingeführten Bildungsprogrammen aufgezeigt werden:

Seit Ende der 1990er Jahre wurde die Sekundarstufe II in Schottland neu strukturiert (vgl. Pilz 2003) und in diesem Kontext sogenannte National U-nits und National Courses eingeführt (Eurydice Unit Scotland 2003: 22). In der Folge zeigte sich, dass diese Kurse verstärkt auch in der Sekundarstufe I zur Anwendung kommen. Dabei bestehen National Units aus Lerneinheiten, die i.d.R. 40 Unterrichtsstunden andauern und durch ein Kompetenzprofil definiert werden. Die Units werden vom Lehrer in einer Prüfung abgeprüft und einzeln zertifiziert. Drei Units bilden zusammen mit einer 40 stündigen Phase der Vertiefung und Zusammenführung einen National Course, der durch eine externe Gesamtprüfung abgeschlossen und gleichfalls zertifiziert wird. Units und Courses werden auf fünf Schwierigkeitsstufen offeriert, wobei im Pflichtschulbereich allerdings nur die unteren drei Stufen von Relevanz sind. Im Jahr 2006 wurden an schottischen Schulen (Sek. I u. Sek. II) knapp 1,3 Millionen Units belegt (SQA 2007a). Dabei wurden verschiedenste Inhaltsgebiete auch aus dem beruflichen Bereich wie z.B. BWL (82.000 mal), IT (146.000 mal) oder Pflege (93.000 mal) gewählt (SQA 2007a).

Exemplarisch soll hier nun ein weiteres spezifisches Ausbildungsprogramm vorgestellt werden: Seit 1989 werden in Schottland berufliche Qualifikationen mit einer stark betrieblich orientierten Ausrichtung auf modularer Basis offeriert, die als Scottish Vocational Qualifications (SVQs) bezeichnet werden (vgl. SQA 2002; Pilz 1999a, 1999b, 2005a, 2005b).[2] Derzeit existieren 858 verschiedene SVQs (SQA 2007b, S. 20) in elf unterschiedlichen Tätigkeitsfeldern, die insbesondere den industriellen, handwerklichen, landwirtschaftlichen und sozialen Bereich sowie die Dienstleistungsbranche abdecken (SQA 2007b). Die SVQs der jeweiligen Tätigkeitsfelder werden dabei auf fünf verschiedenen Schwierigkeitsniveaus angeboten, die von einfachen Anlerntätigkeiten bis hin zu Managementfunktionen mit dem Anspruchsniveau eines Hochschulstudiums reichen. Gleichzeitig bestehen Anrechnungs- und Verknüpfungsoptionen zum erleichterten Voranschreiten von einer Niveaustufe auf die jeweils höhere Stufe (vgl. SQA 2007b).

Jede SVQ besteht aus sechs bis zehn einzelnen Modulen, die sich aus einem Angebot von Pflicht- und Wahlmodulen zusammensetzen, die als Units bezeichnet werden. Jede Unit wird in einem Modulsteckbrief hinsichtlich der Inhalte genau beschrieben und einzeln abgeprüft sowie separat in einem Bildungspass, dem sogenannten Scottish Qualifications Certificate, zertifiziert und dokumentiert. Die einzelnen Units werden durch interne und externe Experten am Arbeits- bzw. Lernplatz des Teilnehmers abgeprüft, wobei keine zusammenfassende Abschlussprüfung zu absolvieren ist. Die SVQs werden sowohl in Colleges als auch direkt von Betrieben (bzw. in Kooperation) offeriert. Aktuelle statistische Daten zeigen, dass die Jugendlichen unter 20 Jahren mit über 16.000 Personen 36 % aller Teilnehmer dieses Programms darstellen, wobei die zweite und dritte Schwierigkeitsstufe in der Beliebtheit dominieren (SQA 2007a).

Abschließend ist darauf hinzuweisen, dass sowohl bei den National Units/Courses als auch bei den SVQs zwischen den Stufen (vertikale Dimension) und den einzelnen Inhaltsbereichen (horizontale Dimension) Anrechnungsmöglichkeiten bestehen. Diese manifestieren sich insbesondere in einem Punktesystem und dem schottischen Qualifikationsrahmen, in dem alle allgemein bildenden und beruflichen Qualifikationen eingeordnet sind (vgl. Raffe 2003).

3   Bildungskontakte zur Übergangsoptimierung in Japan

Wenn eingangs die Auswahl von Japan vor dem Hintergrund der Reflexion der eigenen, kulturspezifischen Annahmen zur Übergangsproblematik begründet wurde, dann erfordert dies eine Bezugnahme auf die (vielfach unbekannten) Rahmenbedingungen (vgl. Pilz 1998; Pole 2000). Da eine dezidierte Darstellung des japanischen Bildungssystems hier allerdings nicht erfolgen kann, seien zumindest einige ausgewählte Aspekte rudimentär angeführt (vgl. z.B. Foreign Press Center 2001; Georg/Demes 1996).

In Japan dominiert die Allgemeinbildung das gesamte Bildungssystem (Alexander/Pilz 2004), wobei im internationalen Vergleich eine ausgesprochen hohe Anzahl von Schülern eines Altersjahrgangs weiterführende Schulen besucht und entsprechende Abschlüsse erwirbt.

So besuchten im Schuljahr 2002/2003 ca. 98 % der Schüler eines Altersjahrgangs die Oberstufe des Bildungssystems. Ca. 92 % dieser Schüler besuchten High Schools und erwarben die Hochschulzugangsberechtigung, wobei 22 % dieser Oberstufenschüler (auch) beruflich orientierte Kurse belegten. Die restlichen ca. 6 % der Schüler besuchten Technical Colleges, Junior Colleges oder Spezialschulen. Ca. 45 % der Jugendlichen eines Altersjahrgangs wechselten anschließend in eine universitäre Einrichtung (Natori 2003; MECSST 2003).

Neben diesen strukturellen Elementen spielen die in Japan üblichen Eingangsprüfungen in Bildungsorganisationen als zentrales Allokations- bzw. Zuweisungselement eine wichtige Rolle. Landesweit existieren für Schulen und Universitäten weitgehend identische Aufnahmeprüfungen, welche vielfach durch zusätzlich organisationsspezifische Aufgaben ergänzt werden. Gleichzeitig können die aufnehmenden Schulen und Universitäten die Bewerber in verschieden starken Ausprägungsformen frei auswählen. Umgekehrt ist das Streben der Bewerber von dem Ziel der Aufnahme an einer möglichst renommierten Bildungseinrichtung gekennzeichnet, da nur diese den Zugang zu den attraktiven Stellen im staatlichen und privaten Arbeitsmarkt bieten. Aus dieser Interaktion der Interessen ergibt sich der klassisch meritrokratische Sachverhalt, dass nur die besten Schüler eines Jahrgangs Zugang zu den renommiertesten Einrichtungen erhalten und dazu i.d.R. bereits der Besuch einer Spitzeneinrichtung auf der vorhergehenden Schulstufe notwendig ist. Offenkundig wird dieses System durch ein detailliertes, teilweise auch subtiles Ranking der (Ober)Schulen und Universitäten (Kariya 1999: 280-286; Yoneyama 1999: 44-55; Eswein 2005 u. 2003: 199-201 u. s.u.).

Dieser Sachverhalt hat für Japan die extrem bedeutsame Konsequenz, dass die angesehensten Bildungseinrichtungen mit den von diesen erwarteten Mindestansprüchen beim Zugang die Bench-mark für das gesamte Bildungssystem setzen, an dem sich alle nachrangigen Einrichtungen orientieren und ihre eigene Einordnung definieren. Als Konsequenz daraus wird bereits der Besuch des richtigen Kindergartens als Grundstein für den späteren schulischen und beruflichen Erfolg angesehen und der jahrelange Besuch von Vorbereitungskursen in privaten Paukschulen für die Aufnahmeprüfungen an den angesehenen Schulen sowie Universitäten als notwenig erachtet (Yoneyama 1999: 133-154; Alexander 2002: 215).

Ganz anders muss hingegen die Einordnung für die berufliche Bildung erfolgen: Die berufliche Bildung, soweit überhaupt von einer solchen und dem Berufsbegriff per se im Sinne der deutschen Maßstäbe und Denkweisen gesprochen werden kann (vgl. Georg/Demes 1996: S. 67-74; Georg 1992; Eswein 2003), ist vornehmlich in Form beruflich orientierter Kurse in den allgemeinbildenden Schulen und beruflich ausgerichteter Kurse in den entsprechenden Schulen (z.B. den Technical Colleges) existent, wobei deren Bedeutung eher gering ist (siehe Daten oben). Auch insgesamt betrachtet hat die berufliche Bildung einen geringen Stellenwert im japanischen Bildungssystem und genießt vielfach einen relativ schlechten Ruf (vgl. Ishida 1998; Kariya 1999: 299 f.; Alexander/Pilz 2004).

Die berufliche Erstausbildung in Unternehmungen unterliegt keinen von außen vorgegebenen formalen Standards. Einzelne Betriebe sind in der zeitlichen, inhaltlichen, organisatorischen Ausgestaltung sowie den vermittelten Kompetenzen, Lernmethoden und Zertifizierungsverfahren völlig autonom (Georg 1989: 396). Dennoch kann auch in Teilen des beruflichen Bereichs für Japan eine Verinstitutionalisierung festgestellt werden: Insbesondere Großunternehmen entwickeln für ihre Betriebe und Abteilungen zum Teil dezidierte und im Zeitverlauf stabile Ausbildungspläne, unterhalten Lehrwerkstätten und bieten inhaltlich, zeitlich und zertifikatorisch abgeschlossene Ausbildungsprogramme an (vgl. z.B. Denso Training Center Corporation o.Jg.).

Neben den formalen Strukturen ist für die Übergangs- und Berufsfindungs-
problematik eine Besonderheit von größter Relevanz: Genau wie die Schulen
und Universitäten werden die japanischen Unternehmen gleichfalls nach
Renommee eingeordnet, wobei die Unternehmensgröße von zentraler Bedeutung ist. Andere Reputationskriterien sind Bekanntheitsgrad sowie Quali-
tätsruf der Produkte oder Dienstleistungen. Daraus ergibt sich eine „beider-
seitige Zugangsselektion": Schulabgänger renommierter Bildungseinrichtungen erwarten einen Übergang in ein angesehenes Unternehmen; angese-
hene Unternehmen akzeptieren nur Schulabgänger renommierter Bildungseinrichtungen.

Weiterhin ist zu berücksichtigen, dass jede Form der Integration neuer fest
angestellter Mitarbeiter in Unternehmen letztlich dem Zweck der Bekannt-
machung mit und des Aneignens der Firmenkultur, der Firmenwerte und der
Einordnung in die Gruppenstruktur dient. Ziel ist eine betriebsspezifische
Sozialisation, die letztlich zur Verinnerlichung der Unternehmenswerte und
zur Entwicklung eines angepassten Mitarbeiters in einem Arbeitsteam führt
(Alexander 1994: 68-72; Georg 1992: 58-61).

Als Konsequenz aus der „beiderseitigen Zugangsselektion" und der betriebs-
spezifischen Sozialisation ergibt sich der Sachverhalt, dass weniger die individuelle Persönlichkeit des Schülers und die von diesem vorgelegten Zertifikate von Relevanz sind. Vielmehr gilt es den rangmäßigen Abgleich zwischen der abgebenden Bildungseinrichtung und dem aufnehmenden Unternehmen sicherzustellen, was im japanischen Kontext im Nachgang auch ein
Gleichgewicht zwischen Qualifikationsanforderung im Betrieb und Leis-
tungspotential des Bewerbers zur Folge hat. Ermöglicht wird dieser Abgleich durch ein zwischen den Oberschulen und den Arbeitgebern bestehen-
des dichtes (in-) formelles Netzwerk aus Beziehungen und Verbindungen,
welches trotz staatlicher Gegenlenkungsversuche noch immer sehr ausge-
prägt ist (vgl. Rosenbaum 1999: 240f.; Kariya 1998, 1999). In diesem Netzwerk sind Schulen hoher Reputation langjährig mit Unternehmen hoher Reputation aus der räumlichen Umgebung verbunden. Kaskadenartig setzen
sich weitere Verbindungen zwischen den weniger renommierten Schulen mit
Unternehmen geringeren Status u.s.w. ansehensbezogen nach unten zusammen. Im Detail melden die Unternehmen den Bedarf i.d.R. exklusiv den
Partnerschulen. In diesen wird von den Lehrern nach den passenden Schulabgängern gesucht und diesen eine Empfehlung für die Vorstellung in dem
Unternehmen ausgehändigt. Vielfach erhalten die Schüler zwei bis drei
Empfehlungen und stellen sich in den Betrieben vor, wo die Endauswahl
(u.a. durch Tests) erfolgt. Die Schüler akzeptieren dabei weitgehend die
Vorschläge der Lehrer. Im Nachgang der Rekrutierung erhalten die Schulen
Rückmeldungen über die Zufriedenheit mit den aufgenommenen Schülern.

4 Interpretation und Konsequenzen für den deutschen Kontext

Als Schlussfolgerung für den britischen Kontext kann festgestellt werden, dass hier auf struktureller Ebene Bildungsangebote implementiert wurden, die Jugendlichen im Übergang von Schule in Erwerbstätigkeit (unterhalb der akademischen Bildung) ein breites Angebot von beruflichen Kursen offerieren. Ab ca. 14 Jahren können Jugendliche somit erste berufliche Kenntnisse erwerben sowie ihre Interessen und Fähigkeiten überprüfen. Gleichzeitig ermöglicht die Niveaustufung eine leistungsadäquate Kursbelegung und zudem das Voranschreiten von Stufe zu Stufe bei gleichzeitigen Anrechnungsmöglichkeiten zwischen Berufsfeldern (vertikale und horizontale Durchlässigkeit). Damit dienen berufliche Inhalte nicht nur der Berufsorientierung im engeren Sinne, sondern sind genuine Basisbestandteile einer beruflichen Fachkompetenz.

Durch den Qualifikationsrahmen ist weiterhin die durchgängige Anbindung an das gesamte Bildungssystem und damit auch das Weiterbildungssystem gegeben. Zudem ermöglicht die modulare Struktur eine sehr individuelle Kursgestaltung, ohne aber auf eine Rahmensetzung zu verzichten. Damit wird letztlich auch den Belangen eines weitgehend ungeregelten Arbeitsmarktes Rechnung getragen, da flexible Kursangebote für betriebsspezifische Belange ermöglicht werden, die dennoch nationalen Rahmenbedingungen entsprechen und in diese eingepasst sind.

Für Japan ist zu konstatieren, dass hier die Rekrutierung weitgehend in der Hand der Lehrkräfte liegt, die als Teil des Beziehungsgeflechts mit den prestigeadäquaten Partnerunternehmen eine Auswahl geeigneter Schüler vornehmen. Die Eignung bezieht sich dabei aber i.d.R. nicht primär auf bestimmte Stellen bzw. Berufe, sondern auf die Anstellung in bestimmten Unternehmen. Im Umkehrschluss ist auch für Jugendliche nicht der zu ergreifende Beruf von zentraler Bedeutung, sondern die Anstellung in einem spezifischen Unternehmen.

Im deutschen Kontext weisen die hier exemplarisch skizzierten internationalen Begebenheiten auf zumindest drei beachtenswerte Aspekte hin:

Erstens muss die „Berufsorientierung" als ein typisch deutscher Begriff verstanden werden, da Beruflichkeit ein deutsches Konzept der Qualifizierung für und Strukturierung von Arbeitsprozessen darstellt (vgl. Deißinger 1998). Gleichwohl ist dem Übergang von Schule in Erwerbstätigkeit auch international-vergleichend Aufmerksamkeit zu schenken.

Denn zweitens zeigt sich, dass Findungsprozesse sehr stark von der strukturellen Einbettung und den damit verbundenen Rekrutierungs- und Beschäftigungskulturen abhängen. Während in Großbritannien auf den weitgehend ungeregelten Arbeitsmarkt mit flexiblen Kursangeboten in einem festen Anrechnungsrahmen reagiert wird, haben sich in Japan auf Basis des gesellschaftlich allgegenwärtigen Statusabgleichs weitreichende Rekrutierungsnetzwerke zwischen Schulen und Unternehmen etabliert, die aus deutscher Perspektive in ihrer Ausgestaltung zwar eher einer Zuweisung denn einer individuellen Wahl entsprechen, dafür aber sehr erfolgreich funktionieren. In der Konsequenz wäre es folglich fruchtbar, die deutschen Aktivitäten zur Berufsfindung konsequent auf die hiesige strukturelle Einbettung zu beziehen. Ob dies derzeit immer der Fall ist, lässt sich bezweifeln. Beispielhaft sei in Ermangelung einer Neugestaltung der Dualen Berufsausbildung auf die Vielzahl von Maßnamen im sogenannten Übergangssystem hingewiesen, die durch Berufsorientierung und Qualifikationserweiterung den Zugang in Ausbildung oder Beschäftigung erleichtern sollen, dieses Ziel aber vielfach verfehlen (vgl. Baethke/Solga/Wieck 2007).

Drittens ließe sich überlegen, inwieweit positive ausländische Erfahrungen in kultureller Adaption auf deutsche Gegebenheiten übertragen werden können. Beispielhaft sei hier zum einen auf die Möglichkeiten der Flexibilisierung und Individualisierung im Dualen Ausbildungssystem durch Berücksichtigung der britischen Modulerfahrungen hinzuweisen (vgl. Pilz 1999a). Zum anderen zeigt das japanische Beispiel, welche Rolle den Lehrkräften bei der Vermittlung zwischen Schülern und Unternehmen zukommen könnte. Denn anders als Tests und die staatliche Stellenvermittlung können Lehrkräfte Kompetenzentwicklungen in den verschiedenen Bereichen bei den Lernern im längeren Zeitablauf feststellen und in die Passungsfrage einbeziehen. Durch dauerhafte Kontakte zwischen Schulen und Unternehmen kann dabei eine Optimierung der Abstimmungsprozedere erreicht werden sowie das notwendige Vertrauen zwischen den Beteiligten aufgebaut werden. Dass ein solches Verfahren weder die Freiheiten des Individuums beschränken muss, noch in der Praxis unpraktikabel ist, zeigen die vereinzelt bereits bestehenden Kooperationen sowie der Tatbestand, dass die Beschäftigung von Mitarbeiterkindern etc. vielfach anerkannte Realität ist.

---

[1] Ob im internationalen Kontext und insbesondere in Zusammenhang mit Großbritannien und Japan von „Beruf" gesprochen werden kann, lässt sich hier nur ansatzweise erörtern. Konkreter wäre im internationalen Kontext von „Erwerbstätigkeit" zu sprechen.

[2] Die SVQs sind dabei weitgehend mit den bereits drei Jahre früher in England und Wales implementierten National Vocational Qualifications (NVQs; vgl. Bünning/Hortsch/Novy 2000; Ertl 2003) identisch und unterscheiden sich folglich nur in wenigen Aspekten (vgl. Mansfield 1999: 73; Pilz/Deißinger 2001).

Elisabeth Schlemmer / Joachim Rottmann / Eberhard Jung

Förderung von Berufsorientierung an Ganztagsschulen – ein interdisziplinäres Forschungsfeld

1 Ausgangslage: Die Übergangsherausforderung „erste Schwelle"

Der Übergang von der Sekundarstufe I in die duale Berufsausbildung stellt eine große Herausforderung in der individuellen Biographie von Jugendlichen und Heranwachsenden dar. Dabei resultiert ein gelungener Übergang aus dem erfolgreichen Zusammentreffen unterschiedlicher, den Übergangsprozess beeinflussender Faktoren: Individuelle Berufswünsche und personale Voraussetzungen (Neigung, Eignung) treffen auf strukturelle und situative Faktoren des Ausbildungsstellenmarkts (Ausbildungsplatzangebot, qualitative Vorstellungen und Anforderungen der Betriebe) und bedingen das Gelingen bzw. Misslingen des Übergangs.

Das hier zu Grunde gelegte Verständnis von Berufsorientierung integriert den (erwerbsbiographischen) individuellen Prozess, im Spannungsverhältnis individueller Interessen, Wünsche, Wissen und Können sowie arbeitsmarktspezifischer Herausforderungen „beruflich orientiert" zu sein mit dem pädagogisch-didaktischen Bestreben allgemein bildender Schulen, ihr Lehrangebot auch an den Erfordernissen der Arbeits- und Berufswelt zu orientieren. Der Fokus dieses Beitrags konzentriert sich auf die „erste Schwelle" (Übergang allgemein bildende Schule - Übergangs- bzw. Berufsbildungssystem), wobei das zugrunde gelegte integrale Konzept von Berufsorientierung - als Inhalt und Strategie - auf den Erwerb von Ausbildungs-, Berufs- und Arbeitsfähigkeit zielt. Es bündelt fachliches, methodisches und strategisches Wissen und Können sowie die dazugehörenden motivationalen und volitionalen Bereitschaften (vgl. dazu in diesem Band: Famulla: 26, Jung: 1f.).

Im Rahmen der Berufsorientierung erwachsen der Schule bedeutsame Informations- und Orientierungsaufgaben sowie die Herausforderung zur Entwicklung individueller Selbstkonzepte beruflicher Orientierung, die im Zusammenwirken mit weiteren Institutionen des Übergangsprozesses, insbesondere den Betrieben, zu erbringen sind. Die Unterstützung bei der Bewältigung dieser Herausforderung ist eine grundlegende schulische Aufgabe, die schwerpunktmäßig im schulischen Lehr-/Lernfeld Arbeitslehre angesiedelt ist und von der anspruchsvollen Zielstellung der Bereitstellung einer „optimalen" Unterstützung für Information, Rat und Begleitung suchender Jugendlicher getragen wird. Dieses Anliegen erscheint umso dringlicher, je schwieriger sich die Übergangssituation darstellt. Zudem offenbart sich derzeit eine doppelte Problematik: Einerseits erhält nur ein Teil der ausbildungswilligen und -fähigen Jugendlichen einen Ausbildungsplatz - der Rest besucht häufig gegen seinen Willen Qualifikationsmaßnahmen (sog. Übergangssystem; vgl. Jung in diesem Band: 184) und weiterführende Schulen;

zusätzlich ist die Quote der vorzeitigen Beendigung neu abgeschlossener Ausbildungsverträge mit 19,9 % (Bezugsjahr 2006) - trotz leichter Rückläufigkeit - immer noch inakzeptabel hoch (vgl. BMBF 2007: 136).

Das Zusammentreffen dieser Phänomene: Warteschleife, Abbrecherquote sowie auch die Quote derjenigen, die ohne Ausbildung bleiben, wird von nicht zu überhörenden betrieblichen Klagen begleitet, wegen qualifikatorischer Mängel der Bewerber, vorhandene Ausbildungsplätze nicht besetzen zu können. Diese Phänomene umschreiben die „aktuelle Lage" an der „ersten Schwelle" arbeits- und berufsbezogener Übergänge. Damit provozieren sie auch die Frage nach der Angemessenheit der derzeit praktizierten schulischen Berufsorientierung und deren berufsvorbereitende und übergangsbegleitende Funktion. Sie lassen die Übergangsproblematik als virulentes Problem von Bildungspolitik wie -praxis erscheinen.

Vor diesem Hintergrund verfolgen die Autoren die Intention, das spezifische Potenzial von Ganztagsschulen bei der Förderung von Ausbildungsfähigkeit und Berufsorientierung zu ermitteln. Sowohl in der Regelschule als auch in der Ganztagsschule stellt die Berufsorientierung eine nur teilweise positiv gelöste pädagogisch-didaktische Herausforderung dar. Doch, anders als die Regelschulen, verfügen die Ganztagsschulen über weitere zeitliche und konstitutive Ressourcen zur Förderung von Schüler/innen, die bei der Berufsorientierung genutzt werden können. Sie steht deshalb im Fokus der weiteren Ausführungen. Auch stellt die Förderung von beruflicher Orientierung in Ganztagsschulen ein wissenschaftliches Desiderat dar.

2   Die Statuspassage Schule-Beruf in der Ganztagsschule

Der Übergang von der Schule in die Berufsausbildung ist eine der entscheidenden Statuspassagen im Leben von Jugendlichen. Diese impliziert Unsicherheiten und geht mit besonderen Herausforderungen und Anpassungsleistungen einher, in der die menschliche Identität krisenhafte Entwicklungen durchlaufen kann (vgl. Jung in diesem Band: 186). Jeder Schüler, jede Schülerin (mit Ausnahme derjenigen, die sich für eine weiterführende schulische Perspektive entscheiden) steht vor der Herausforderung, diesen Übergang bewältigen zu müssen: Für die meisten Jugendlichen bedeutet dies, sich mit mehr oder weniger Aussicht auf Erfolg (Zustandekommen eines Ausbildungsvertrages) für einen zukünftigen (Ausbildungs-) Beruf bzw. ein zukünftiges Arbeitsfeld entscheiden zu müssen. Chancen auf die konstruktiverfolgreiche Bewältigung dieses Übergangs werden dabei neben personalen Eigenschaften der Jugendlichen maßgeblich durch gesellschaftliche Wandlungsprozesse beeinflusst; diese selbst wiederum stehen u.a. in einem schwer erfassbaren Einflussverhältnis von Globalisierungsphänomenen und deren Auswirkungen auf die jeweilige ökonomische Situation des Landes bzw. der

Region (vgl. Blossfeld 2008). Die aktuelle Lage ist durch Ausbildungsstellenmangel und Jugendarbeitslosigkeit einerseits, durch unbesetzte Ausbildungsstellen und die gleichzeitige Klage über mangelnde „Ausbildungsfähigkeit" andererseits gekennzeichnet: Nicht zuletzt der Schule erwächst hierbei die zunehmend komplexere Aufgabe, die nachwachsende Generation auf Beruf und Arbeitswelt so vorzubereiten, dass eine angemessene gesellschaftliche Partizipation einerseits durch Teilhabe an Erwerbstätigkeit und andererseits an individuell wie gesellschaftlich relevanten Gestaltungsbereichen ermöglicht wird („Mündigkeit"; vgl. z.B. Schlemmer 2008: 13).

Die sich für die Ganztagsschule daraus ergebende Fragestellung zielt auf den Erkenntnisbereich, ob sie als besondere schulische Organisationsform dem hier umschriebenen Anspruch entsprechen kann. Konkret ist zu fragen,

- ob Ganztagsschulen über spezifische Konzeptionen, Kooperationsformen und Lehr-/Lernarrangements verfügen, die Lernende in effektiver Weise bei der positiven Bewältigung des Übergangsprozesses von der Schule in die Berufsausbildung (oder die Arbeitswelt) unterstützen;
- welches „Potenzial" die Ganztagsschule für Ausbildungsfähigkeit und Berufsorientierung - im Vergleich zur Regelschule - den Jugendlichen zur Verfügung stellen kann.

Eine vertiefende bildungstheoretische Betrachtung der Begrifflichkeiten „Ausbildungsfähigkeit" und „Berufsorientierung" eröffnet entscheidende Analyseebenen in der Ganztagsschule:

- Ausbildungsfähigkeit umfasst im Kontext von Allgemeinbildung das Zusammenwirken von Persönlichkeitsfaktoren, formellen und informellen Bildungsprozessen, Strategien individueller Selbstverwirklichung und Selbstverantwortung, das positive in Anspruch nehmen von Lernangeboten und Lernumgebungen sowie die Perspektive des lebenslangen Lernens. Ausbildungsfähigkeit ergibt sich nur in Relation zu beruflichen und betrieblichen Anforderungen und ist im gesellschaftlichen Wandel stets aufs Neue zu überprüfen und herzustellen. Sie kann als Kompetenzbündel beschrieben werden, welches im Kontext der allgemein bildenden und berufsbildenden Schule zu diagnostizieren und zu messen ist (vgl. Schlemmer 2008: 24; 28).
- Im Rahmen der Berufsorientierung des allgemein bildenden Schulwesens werden wesentliche Dimensionen von „Ausbildungsfähigkeit" erworben. Diese können nur im Zusammenwirken des lernbereichsspezifischen Wissens und Könnens mit „schulischen Basiskompetenzen" wie Lesen, Schreiben, Rechnen und deren angemes-

sener Beherrschung, sowie weiteren informell erworbener Fähigkeiten, Einstellungen und Verhaltensweisen zur Entfaltung gelangen (vgl. Schlemmer 2008: 17ff.). Aus der Perspektive der Lernenden erhalten dabei Prozesse der Entwicklung von Selbstkonzepten für die zukünftige Lebensgestaltung und Berufsfindung eine besondere Bedeutung. Auch hier stellt sich die Frage, ob die ganztagsschulischen Konzepte „Ausbildungsfähigkeit" begünstigen und in besonderer Weise zur Herausbildung von autonomen Verhaltensweisen und Selbstkonzepten befähigen.

Gesellschaftliche und ökonomische Einflüsse bestimmen die Übergangssituation gravierend. Wie die Übergangsforschung kritisch belegt (vgl. z.B. DJI 2006) steht Jugendlichen des unteren Qualifikationsspektrums häufig keine Wahloption zwischen vermeintlichem Berufswunsch und realem Ausbildungsstellenangebot zu Verfügung. Angesichts geringer Optionen sind sie gezwungen, sich „flexibel" anzupassen. Schwierigkeiten, insbesondere von Hauptschüler/innen beim Übergang Schule/Beruf, werden von Seiten der Betriebe als mangelnde „Ausbildungsfähigkeit" bezeichnet. Diese Defizitsicht verweist auf ein ideologisch umkämpftes Begriffsfeld und zugleich darauf, dass die gesellschaftlichen und beruflichen Partizipationschancen über die betriebliche Einschätzung der „Ausbildungsfähigkeit" von Jugendlichen verlaufen (vgl. Schlemmer 2008).

Das Potenzial der Schule - insbesondere der Ganztagsschule - hinsichtlich der Förderung von Ausbildungsfähigkeit und Berufsorientierung darf nicht dahingehend missdeutet werden, dass die existierenden Schwierigkeiten durch schulische Förderung alleine aufgehoben würden: Das Potenzial von Ganztagsschulen ist folglich nur unter Berücksichtigung (restriktiver) gesellschaftlicher Bedingungen festzustellen. Weitere Einflüsse auf die berufliche Orientierung und die Arbeits- und Berufsfindung ergeben sich durch die Familie, durch individuelle Interessen, Motivation, Leistungsfähigkeit sowie durch betriebliche Anforderungsvorstellungen. „Ausbildungsfähigkeit" wird folglich multiperspektivisch beeinflusst und realisiert sich erst im Übergang von der Schule in die Berufsausbildung bzw. die Erwerbstätigkeit (vgl. Schlemmer 2008: 13ff.). In Kenntnis dieser zentralen Einflussfaktoren beruflicher Orientierung ist es sinnvoll einen interdisziplinären Ansatz zu wählen. Dabei erscheinen drei Aspekte als konstitutiv:

a) sozialisatorische und informelle Bildungsprozesse in der Familie,
b) pädagogisch-didaktische Unterrichtsprozesse sowie
c) berufs- und betriebspädagogische Momente im Übergang Schule/Beruf.

3 Sozialisatorische, didaktische und berufspädagogische Aspekte der Förderung beruflicher Orientierung an Ganztagsschulen

3.1 Sozialisations- und Bildungsprozesse zur Entwicklung von Selbstkonzepten beruflicher Orientierung

Ein berufsorientierendes Selbstkonzept beschreibt die Gesamtheit der Auffassungen über die eigenen Befähigungen im Arbeits- und Berufsfindungsprozess (vgl. Schöne u.a. 2003: 4). Als Elemente des Selbstbildes werden Fähigkeiten, Interessen, Selbstwirksamkeitserwartungen, Präferenzen und Werteinstellungen zusammengefasst, wobei das Individuum seine Leistungen im Vergleich zu den Leistungen anderer bzw. selbst erbrachter Leistungen aus der Vergangenheit bewertet. Dabei führt die wiederholte Wahrnehmung eigener Leistungen und ihre Bewertung zu einer generalisierenden Selbsteinschätzung, die sich zu Selbstwirksamkeitserwartungen verfestigen und in Arbeits- und Berufsfindungsprozessen zur Anwendung gelangen (vgl. Bußhoff 98: 33). Berufsorientierende Selbstkonzepte im Übergang Schule zur betrieblichen Ausbildung konstituieren sich durch Sozialisation und (formale und informelle) Bildung in Familie, Schule und in weiteren gesellschaftlichen Bereichen und andererseits durch erste Erfahrungen mit der betrieblichen Welt. Sie besitzen eine identitätsfördernde und persönlichkeitsstabilisierende Wirkung und deren Entwicklung wird angesichts der mit Übergangsprozessen einhergehenden Herausforderungen und Unsicherheiten immer bedeutsamer:

- Der Berufsfindungsprozess ist derzeit (mehr denn je eine) durch eine Zunahme an Verunsicherungserfahrungen im Übergang von der Schule in den Beruf gekennzeichnet, die auch auf gesellschaftlichen Wandel durch Globalisierung und Flexibilisierung zurückzuführen sind.

- Er geht mit einem stetig zunehmendem (Verdrängungs-) Wettbewerb von Schulabgängern/innen aller allgemein bildenden Schulen einher, der für Hauptschüler/innen als Begrenzung ihrer Berufswahlchancen erfahrbar wird.

- Informations- und Handlungsunsicherheiten bezüglich der fremden „Berufswelt" sind durch das Herkunftsmilieu und die institutionelle Trennung von Bildung und Ausbildung bedingt. Informationsunsicherheiten sind auch auf Seiten der Betriebe dahingehend festzustellen, dass Anforderungen an die Allgemeine Bildung durch Betriebe nur schwer formuliert werden können (vgl. z.B. Seifert 1977; Weingardt 2006; Knapp/Pfaff/Werner 2008). Hierin liegt die Gefahr der Erfahrung von Diskrepanzen zwischen Anforderungen und (vermeintlichen) Kompetenzen.

- Selbstkonzepte beruflicher Orientierung entwickeln sich im Prozess der „Arbeits- und Berufsfindung" (vgl. Jung 2005; Beinke 1999). Sie implizieren eine sozialisatorische Eigendynamik, die je nach Art und Ausmaß der professionellen Unterstützungsleistung Chancen aber – beim Ausbleiben – auch erhebliche Risiken in sich birgt.

Gesellschaftliche Erwartungen und Normen der beruflichen Orientierung werden über Sozialisationsinstanzen vermittelt, ebenso wie der mit ihnen einhergehende Wandel. War es früher selbstverständlich sich für den „Lebensberuf" zu entscheiden, so wird aufgrund der Gegebenheiten des gesellschaftlichen Wandels und markanter Veränderungen in der Erwerbsarbeit zukünftig vom „Leben mit Berufen" auszugehen sein. Damit werden neue Abstimmungs- und Anpassungsprozesse in der Berufsorientierung nötig (vgl. Famulla 2001), die besondere Anforderungen an Jugendliche stellen. Deshalb richtet sich ein forschender Fokus auf Sozialisations- und Bildungsprozesse, die die Entwicklung von Selbstkonzepten bei der beruflichen Orientierung beeinflussen. Es geht um die Identifikation von Indikatoren für die Entwicklung von stabilen Selbstkonzepten (vgl. Mummenday 2006) von beruflicher Orientierung und Ausbildungsfähigkeit im Rahmen der Ganztagsschule (und im Vergleich mit der Regelschule). Unter dem Aspekt von Bildungsverläufen in Ganztagsschulen ergeben sich für die Entwicklung von berufsorientierenden Selbstkonzepten Fragestellungen aus drei Dimensionen:

3.1.1 Sozialisation und berufliche Orientierung

Der Zusammenhang von Familiensozialisation und Berufserfolg wurde durch sozialwissenschaftliche Studien vielfältig beforscht (vgl. Bertram 1979). Zwar verlor im Zuge des gesellschaftlichen Wandels die Familie die Möglichkeit zur „sozialen Vererbung" des Berufs (ebd.), doch ist ihr Einfluss bei der Entwicklung von berufsorientierenden Selbstkonzepten von Schülern/innen nach wie vor groß (vgl. Beinke 2000). Bislang ungeklärt sind Fragestellungen wie beispielsweise:

- Welche Bildungsstrategien verfolgen Familien bei der Entwicklung von Selbstkonzepten der beruflichen Orientierung ihrer Kinder?
- Welche Förder- und Hemmfaktoren lassen sich eruieren? Verändert sich der Einfluss der Eltern auf die Berufsfindung ihrer Kinder durch die Kooperation mit der Ganztagsschule?
- Und: In welche Richtung geschieht dies? Geschieht dies zu Gunsten einer höheren Einflussnahme durch Eltern oder erfolgt eine Verantwortungsdelegation an die Ganztagsschule?

Aus Sicht der Ganztagsschule und ihrer Kooperationsmöglichkeit mit Familie ist des Weiteren danach zu fragen:

- Wie kooperiert Ganztagsschule zur Förderung von Ausbildungsfähigkeit und Berufsfindung mit den Eltern?
- Übernimmt die Ganztagsschule eine ergänzende oder kompensatorische Gestaltung bei der Förderung der Berufsorientierung?

Gefragt wird folglich nach einem ausdifferenzierenden Bildungsangebot der Ganztagsschule, bezüglich Berufsorientierung bei der Kooperation mit den Eltern.

3.1.2 Formale und informelle Bildung

Hinsichtlich der Entwicklung von Ausbildungsfähigkeit werden kognitive, soziale und emotionale Faktoren von unterschiedlicher Intensität aktiviert, die zielgerichtet zusammenwirken. Unklar blieb bislang, auf welche Weise sich Bereiche der Allgemeinen Bildung bezüglich der Persönlichkeitsentwicklung mit den beruflichen Anforderungen der betrieblichen Ausbildung verzahnen: Zu fragen ist:

- Welche Schlüsselbereiche Allgemeiner Bildung, die in der Schule gelernt, gefördert, sozialisiert werden, in der betrieblichen Ausbildung zum Tragen kommen und welche nicht? Gemeint sind z.B. Sekundärtugenden wie Pünktlichkeit, Ordnung und Leistungsverhalten, aber auch persönliche Eigenschaften wie Selbstständigkeit und das Einschätzungsvermögen der eigenen Kompetenz.
- Wie werden die jeweiligen Schlüsselbereiche durch die Familie und durch die Schule unterstützt und gefördert - werden sie durch die Ganztagsschule in besonderem Maße thematisiert und befördert?
- Sind die Schlüsselbereiche konsistent oder werden unterschiedliche Verhaltensweisen in Schule und Betrieb erwartet (ist z.B. das Verständnis von „Selbstständigkeit" in Schule und Ausbildung/Betrieb gleich oder wird es unterschiedlich gewichtet)? Hat hier die Ganztagsschule eine eigenständige Zugangsweise zur Förderung von Schlüsselbereichen? Kann beispielsweise „Selbstständigkeit" in Ganztagsschulen stärker gefördert werden als in Regelschulen? Und, falls ja, wodurch geschieht dies hinsichtlich der Berufsorientierung? Aus individuellen Konsistenz- und Diskrepanzerfahrungen von Hauptschülern/innen gegenüber betrieblichen Anforderungen und individuellen Kompetenzen während des Betriebspraktikums, ergeben sich Ansatzpunkte zur pädagogischen Begleitung (vgl. Schlemmer 2007).

Die Zieldimension bezieht sich auf das Potenzial der Ganztagsschule in der Reflexion dieser Schlüsselbereiche und konzentriert sich in der Frage: Ist die Ganztagsschule fähig, diese Bereiche vertiefend aufzugreifen und mit den Schülern/innen im Berufsfindungsprozess systematisch und individuell zu reflektieren?

3.1.3 Schülerwahrnehmung im Entscheidungsprozess der Berufsfindung

Berufsfindungsprozesse sind stets individuelle Entscheidungsprozesse. Familie, Schule und erste Erfahrungen mit beruflicher Arbeit in Unternehmen (z.B. bei Betriebspraktika) beeinflussen diesen Entscheidungsprozess. Schüler/innen entwickeln über eigene Interessen sowie relevante Umwelteinflüsse sukzessive ein Selbstkonzept beruflicher Orientierung: Der forschende Fokus richtet sich in diesem Aspekt auf die Einflussnahme der Ganztagsschule hinsichtlich der Entwicklung von Selbstkonzepten beruflicher Orientierung. Aus der forschenden Perspektive ist zu fragen:

- Wie nehmen Schüler/innen die Förderung durch Schule und Familie bei der Berufsfindung wahr? Wie werden dadurch Motivationen, Interessen und Neigungen beruflicher Orientierung beeinflusst?
- Wie nehmen Schüler/innen die Angebote der Ganztagsschule zur Entwicklung beruflicher Orientierung wahr und wie schätzen sie die Wirkung hinsichtlich ihrer Berufsfindung ein? Erhöht sich dadurch einerseits deren Ausbildungsfähigkeit und andererseits die Sicherheit bei der Berufsfindung?
- Wie wirken sich die einzelnen Chancen und Risiken in den zu eruierenden und zu definierenden Problemstellen im Berufsfindungsprozess der Lernenden aus?
- In wie weit ändern sich Selbstkonzepte beruflicher Orientierung durch die individuelle Förderung in Ganztagsschulen und deren Kooperationsmöglichkeiten mit Betrieben? Sind dies Anpassungs- oder Fortentwicklungsprozesse? Wo (und wie) kann hierbei die Ganztagsschule ihr besonderes Potenzial entfalten?

3.2 Didaktik und ihre Auswirkungen auf Berufsorientierung

Aus der Perspektive der Didaktik des Lernfeldes Arbeit-Wirtschaft-Technik/Arbeitslehre konstituiert sich der Erwerb berufsorientierender und übergangsrelevanter Befähigungen in Interdependenz individueller Dispositionen und gesellschaftlicher Bedingungen, im Zusammenwirken von Lern-, Entwicklungs- und Entscheidungsaspekten, die in Interaktionsprozessen erworben und angewendet werden, zumeist Anpassungsleistungen erfordern und zur Entwicklung eines Selbstkonzepts beitragen.

Dabei bilden die sozioökonomischen Bedingungen den allokativen Rahmen, der oftmals Kompromisse hinsichtlich vorhandener Interessen, Neigungen und Eignungen erzwingt. Die Erkenntnis, dass sich viele Jugendliche im Berufsfindungsprozess Anforderungen und Belastungen ausgesetzt sehen, auf die sie nur unzureichend vorbereitet sind - ein Problem was die Autoren Allerbeck/Hoag bereits vor mehr als 20 Jahren beklagten (vgl. 1985: 84ff.), findet in aktuellen Schriften erneut einen Niederschlag (vgl. Schlemmer/Gerstberger 2008) - verdeutlicht die schwierige Ausgangssituation und die Notwendigkeit, zeitgemäße Anforderungen an einen berufsorientierenden „Arbeits- und Berufsfindungsunterricht" zu stellen (vgl. K.u.U. 2007). Dieser muss so konzipiert sein, dass er die Vermittlung zeitgemäßer Formen von Berufsorientierung ermöglicht, Jugendlichen erhöhte Potenziale von Ausbildungsfähigkeit zuteil werden lässt und das Überschreiten der „ersten Schwelle" ermöglicht und erleichtert.

3.2.1 Kompetenzentwicklung in der Berufsorientierung

Seit der Klieme-Expertise wird das von den Lernenden zu erwerbende Wissen und Können als Kompetenzzuwachs bezeichnet. Aus dieser Perspektive umschreibt die Bezeichnung *Arbeits- und Berufsfindungskompetenz* das die Domäne der Berufsorientierung und arbeits- und berufsbezogenen Übergänge betreffende Wissen und Können. Die Verwendung des Kompetenzbegriffs basiert auf der Erkenntnis, dass arbeits- und berufsbezogene Übergänge große Herausforderungen im Leben von Menschen darstellen. Die implizierten Herausforderungen sind vielfältig, ihre positive Bewältigung erfordert umfassende Bewältigungsstrategien. Im Rahmen des beschriebenen Kompetenzentwicklungsprozesses besitzen die an der *„ersten Schwelle"* erworbenen Kompetenzen eine grundlegende Bedeutung hinsichtlich der Bewältigung späterer arbeits- und berufsbezogener Übergänge (vgl. Jung 2000: 94f.).

Kompetenzentwicklung vollzieht sich im Kontext der Klieme-Expertise (vgl. BMBF 2003) in fachlichen Bezügen. Zur Planung der domänenspezifischen Kompetenzentwicklung gilt es entsprechende, die Kompetenz konstituierenden Facetten zu einem Kompetenzmodell zu bündeln (vgl. Jung 2006: 127f.) und dieses mit entsprechenden Bildungsstandards (vgl. Jung 2008: 144ff.) auszustatten. Diese beschreiben, das Wissen und Können, das Lernende in bestimmten Zeiteinheiten (z.B. bis zum Übergang ins Beschäftigungssystem) erworben haben sollen (vgl. BMBF 2003: 21). Für ein entsprechendes Kompetenzmodell kann der Erwerb von Wissen und Können in vier aufbauenden Stufen dargestellt werden (vgl. Jung 2008: 142):

> **Stufe a)**   Informationen über die Arbeitswelt und zur Berufsfindung wahrnehmen, verstehen und wiedergeben,

Stufe b) Bewerten und Beurteilen von Informationen und Gegebenheiten zur Arbeitswelt und zur Arbeits- und Berufsfindung,

Stufe c) Berufsfindungs- und Laufbahnentscheidungen anhand definierter Prioritäten treffen und begründete Handlungen vollziehen,

Stufe d) Eigenständiges Analysieren, Synthetisieren und Gestalten komplexer, die Arbeitswelt und die Berufsfindung betreffender Prozesse.

Die fachdidaktische Kompetenzermittlung befindet sich derzeit eher noch in einem Entwicklungsstadium. Das bisherige „fachdidaktische Messen" war ein eher schulleistungsbezogenes, das die Ermittlung des Kenntnisstandes und gewisser Anwendungsbezüge, Transferleistungen und Problemlösungen umfasste. Dieses ist, angesichts der neuen Situation, in ein kompetenztheoretisch fundiertes und statistisch gesichertes Messen zu verwandeln, was größerer Anstrengungen bedarf. Dabei gilt es Formen der „Könnensüberprüfung" zu ergänzen, die auf die Standards gestufter Kompetenzmodelle zielen, wodurch der Kompetenzerwerb in unterschiedlicher Weise und Qualität überprüfbar wird:

- Am weitesten gehend wäre die Verwendung eines domänenspezifischen Aufgabenpools, in dessen Anwendung (in Anlehnung an die Pisa-Aufgaben) der Stand des Kompetenzerwerbs in der Domäne zu bestimmen wäre.
- Ebenfalls lassen sich Schülerkompetenzen unter Einbezug von Literacy-Komponenten (z.B. in elaborierten Falldarstellungen mit komplexen Sachverhalten) überprüfen, ohne dabei die noch immer vorhandene kognitive Dominanz der angewandten Methode zu übersehen.
- Das Erstellen von Bewerbungen und das Anlegen von Bewerbungsmappen ermöglicht die Bewertung von Handlungssituationen und Handlungsergebnissen.
- Prozessuale Verläufe (Assessment Center, Vorstellungsgespräche) lassen sich anhand von beobachtender Teilnahme kompetenztheoretisch bewerten, was selbstverständlich geschultes Personal erfordert.
- Ebenfalls ermöglicht die teilnehmende Beobachtung von Projektverläufen und die Bewertung erzielter Projektergebnisse die Ermittlung von Zuwächsen im Wissen und Können.

3.2.2 Didaktische Konzeptionen der Berufsorientierung an Ganztagsschulen

Wie bereits erläutert eröffnen sich mit der Ganztagsschulorganisation neue pädagogische Möglichkeiten der Berufsorientierung und der Vorbereitung der Arbeits- und Berufsfindung. Dabei ist der Kompetenzerwerb in Schulfächern, Fächerverbünden und darüber hinausgehend in Projekten, Arbeitsgemeinschaften und Workshops organisierbar. Wesentlich dabei erscheint, dass sich das ganztagsschulspezifische Ergänzungsangebot außerhalb benoteter Lernprozesse bewegt, so dass die schulischen Akteure den Lernenden echte Hilfen bei der Bewältigung einer besonderen Lebenslage zuteil werden lassen.

Die empirischen Fragestellungen operationalisieren die Leitfrage, ob in Ganztagsschulen bestimmte konzeptionelle Ausprägungen, Lehr-/ Lernarrangements und Kooperationsformen entwickelt und angewandt werden, die Lernende in besonderer Weise beruflich orientieren und zu einer positiven Bewältigung des Übergangsprozesses befähigen? Anzunehmen ist, dass bei gleichen Bildungsplanvorgaben und gleicher Unterrichtszeit, das darüber hinausgehende (ergänzende) Ganztagsschularrangement einen (im Vergleich zur Regelschule) signifikant erhöhten Erwerb von berufsorientierenden und übergangsrelevanten Kenntnissen und Befähigungen vermittelt. Ob die sich in Ganztagsschulen ergebenden neuen Möglichkeiten der Hinführung zur Berufs- und Arbeitswelt und der Vorbereitung der Arbeits- und Berufsfindung auch genutzt werden, ist im Zusammenhang mit der Entwicklung von drei interdependenten Teilkonzepten zu sehen, die die Konzeptentwicklung, die Kompensation von Übergangsdefiziten und das Einüben von Bewerbungssituationen umfassen. Ihrem Zusammenwirken und positiver Kohäsion kann eine positive Wirkung auf entsprechende Kompetenzzuwächse der Lernenden unterstellt werden. Die Leitfrage lässt sich in drei interdependente Aspekte bündeln:

a) Der konzeptionelle Aspekt
Treffen die Annahmen über die (im Vergleich zur Regelschule) besseren Rahmenbedingungen von Ganztagsschulen bei der Vermittlung des berufsorientierenden Gegenstandsbereichs und der pädagogischen Vorbereitung und Betreuung des Überschreitens der „ersten Schwelle" zu, haben die Schulen entsprechende jahrgangsstufenübergreifende Konzeptionen von Berufsorientierung zu entwickeln und zu praktizieren. Dieser Anspruch wird gegenwärtig unter der Bezeichnung Unterricht- und Schulentwicklung zusammengefasst, wobei das Gewünschte als Zielsetzung im Schulprofil zu verankern ist. Berufsorientierung als Element der Unterricht- und Schulentwicklung geht mit dem Praktizieren entsprechender Lern- und Lehrformen einher (vgl. Famulla in diesem Band: 28), wie z.B. dem Projektlernen, der Betriebserkundung mit Expertenbefragung, den Betriebspraktika, dem fächerübergreifenden Unterricht (ggf. mit außerschulischen Praxisbezügen) und dem Übergangscoaching (vgl. dazu Oesterle in diesem Band).

Ziel von Berufsorientierung als Element von Unterrichts- und Schulentwicklung ist es auch, ein gesteigertes Interesse für die Berufs- und Arbeitswelt zu wecken, um Lernenden das Überschreiten der „ersten Schwelle" zu erleichtern und damit die Anschlussfähigkeit schulischen Lernens in eine wichtige Lebensphase zu sichern. Hierfür sind Recherchen nach der arbeits- und berufsorientierten Angebotsstruktur der Ganztagsschulen zu erstellen. Zu fragen wäre:

- Gibt es spezielle (ganztagsschulspezifische) Förderungen der Lernenden, die den Erwerb von Ausbildungsfähigkeit in Ergänzung fachorientierter Angebote (des Lernfeldes: Arbeit-Wirtschaft-Technik/Arbeitslehre) fächerübergreifend ergänzen?
- Werden lernunterstützende Angebote zur Reduzierung kognitiver Übergangsprobleme durch psychosoziale, soziokulturell fundierte und pragmatische ergänzt?
- Lassen die Lehr-/Lernarrangements den Erwerb von Eignungs- und Neigungsvermutungen zu, die durch Realerfahrungen (Betriebspraktika) zu überprüfen, abzusichern oder ggf. zu korrigieren sind?
- Wird ein spezielles Bewerbungstraining mit den Schwerpunkten Bewerbungsschreiben, Auswahltests, Vorstellungsgespräch und Assessment Center (methodenvielfältig) erteilt?

b) Der kompensatorische Aspekt
Mit den unüberhörbaren Klagen über eine mangelnde Ausbildungsfähigkeit von Ausbildungsplatzbewerbern wird ein defizitärer Kenntnisstand in den schulischen Grundfertigkeiten (Rechnen, Schreiben, Lesen) deutlich, der sich auf bildungspolitische Globaldaten und betriebliche Angaben bezieht. Dabei werden (alternativ oder gemeinsam)

- die Zahl von Abgängern ohne Hauptschulabschluss (ca. 9 % einer Jahrgangskohorte, 81.000);
- die Größe der „Risikogruppe", die nach PISA II am Ende der Pflichtschulzeit nur auf Grundschulniveau „rechnen, schreiben und lesen" kann (ca. 22 % einer Jahrgangskohorte, 195.000) oder gar
- die Anzahl der in Fördermaßnahmen befindlichen Jugendlichen (2004 ca. 179.000, ein Fünftel der Schulabsolventen; vgl. Müller-Kohlenberg u.a.2005: 20)

zur Beschreibung des Problemumfangs herangezogen. Diese Daten überlagern sich mit besorgten betrieblichen Versicherungen, *„keine bzw. nicht genügend geeignete Bewerber"* gefunden zu haben, wobei bei der Registrierung von Defiziten (vgl. dazu: Jung in diesem Band: 5f.), die über den zeitlichen Verlauf verbesserten Leistungen der „heutigen Jugendlichen" (Schlüsselqualifikationen, Fremdsprachen, IT-Kenntnisse) aufgeblendet werden.

Obwohl diese Daten nicht als empirisch gesichert gelten können, besitzen sie große Auswirkungen auf gelingende und nicht gelingende Übergänge.

Aus der forschenden Perspektive ist zu fragen, ob ganztagsschulische Angebote zur Berufsorientierung einen kompensatorischen Einfluss ausüben:

- Werden Instrumentarien der Identifikation und Kompensation registrierter Übergangsdefizite (z.B. Ausdrucksvermögen, mathematische Befähigungen, Leistungsbereitschaft) gezielt eingesetzt und praktiziert?
- Werden spezielle Förderungen zum Erwerb von Ausbildungsreife und Berufseignung durchgeführt, die die Anforderungen des Kriterienkataloges (vgl. Nationaler Pakt 2006) aufnehmen?
- Arbeitet die Ganztagsschule an der Verbesserung der Ausbildungsfähigkeit und wie wird diese Leistung durch Lernende und Betriebe wahrgenommen?

c) Der antizipatorische Aspekt

Bei der positiven Bewältigung des Übergangs ins Ausbildungssystem kommt dem Bewerbungsverfahren eine besondere Bedeutung zu. Dessen Inhalte und Verfahrensweisen sind weitgehend authentisch in den Berufsfindungsunterricht zu integrieren, wobei für die Ganztagsschule die bekannten Vorteile anzunehmen sind. Ein zeitgemäßes Bewerbungstraining antizipiert - ggf. unter Beteiligung außerschulischer Akteure - entsprechende Bewerbungssituationen. Ziel ist die Offenlegung der besonderen Herausforderungen und deren positive Bewältigung, der Aufbau von Selbstsicherheit und von Formen situativer Wendigkeit. Zu diesem Bereich ergeben sich die Fragestellungen:

- Wird über den Berufsfindungsunterricht hinaus ein zeitgemäßes Bewerbungstraining angeboten, in dem die situativen Besonderheiten von Übergangsprozessen verdeutlicht werden?
- Werden die Lernenden unter Einbezug simultaner Lernformen auf die positive Bewältigung von Auswahlgesprächen vorbereitet?
- Werden spezielle Hilfen und Förderungen zum Bestehen von Auswahltests durchgeführt?

3.3 Berufs- bzw. betriebspädagogischer Aspekt im Übergang Schule/Beruf

Arbeits- und berufsweltliche Realbedingungen in Unternehmen stellen einen bedeutsamen, unverzichtbaren Erfahrungsrahmen für die Entwicklung und Genese von Arbeits- und Berufsfindungskompetenz dar. Über den betrieblich vermittelten Zusammenhang berufstypischer Anforderungen und personaler Voraussetzungen/Eigenschaften wird im Rahmen betriebspraktischer

Erfahrungen ein unverzichtbarer Erlebenshorizont kognitiver, affektiver, psycho-sozialer, senso-motorischer, volitionaler und motivationaler Faktoren eröffnet, der in besonderer Weise geeignet sein kann, die Verbindung vorberuflicher und späterer beruflicher Erfahrungen herzustellen. Diese Auffassung wird nicht zuletzt dadurch gestützt, dass deshalb berufliche Lehr-/Lernprozesse sich in ihrer zeitgemäßen Vermittlungsform sowohl in berufsbildenden Schulen wie in Ausbildungsbetrieben zunehmend an beruflichen „Echtsituationen" - z.B. auf der Grundlage des Lernfeldkonzepts für den berufsbezogenen Bildungsbereich der Berufsschule - realisieren und sich dem Prinzip des in vollständige berufliche Handlungen eingebetteten Lernens - Handlungsorientierung - verpflichtet sehen (vgl. KMK 1999; Herrmann/Illerhaus 2000; Tenberg 2006).

Ungeachtet dessen ist davon auszugehen, dass die Kooperation mit Betrieben (z.B. in Betriebspraktika) ihre der Förderung von Arbeits- und Berufsfindungskompetenz dienlichen Potenziale nicht per se entfalten. Vielmehr kann unterstellt werden, dass erst die Verbindung der Faktoren

- persönliche Eignung und Neigung der Praktikanten/innen,
- berufs- bzw. berufsfeldtypische Eigenschaften des betrieblichen Erfahrungsraumes und
- angeleitete und eigene Reflexionen betrieblicher Erfahrungen (in ihrer Relation zu personalen Voraussetzungen)

ein kompetenzförderliches Ensemble bilden, von dem in Bezug auf berufliche Orientierungen ein Mehrwert zu erwarten ist, der zur Steigerung der Ausbildungsfähigkeit beizutragen vermag. Inwieweit derartige Effekte auf Seiten der Ganztagsschule vorliegen, entzieht sich bislang der empirischen Befundlage.

Das Konstrukt „Beruf" (vgl. Arnold 2001) stellt den für die Bundesrepublik Deutschland typischen Entwicklungsrahmen für arbeitsbezogene Fähigkeiten, Fertigkeiten und Kenntnisse und damit für berufsorientierte Selbstkonzepte (mit dem Ziel der Entwicklung von „Beruflicher Identität") dar. Als typische Schneidung von Qualifikationen und Anforderungen bilden Berufe somit Erlebens- und Erfahrungsräume, die im Kontext vorberuflicher Orientierungen (z.B. durch Betriebspraktika) möglichst vielfältig sowie in jedem Fall berufsbild-/berufsfeldtypisch zu realisieren sind, wenn sie eine authentische und vollständige Wahrnehmung berufstypischer Handlungsbedingungen vermitteln sollen (etwa als Teilmengen beruflicher Wirklichkeit). Hier stellt sich die Frage, welche berufs(feld)relevanten Merkmale im Kontext berufsorientierender Praktika überhaupt abgebildet werden (können) und welche einzelbetrieblichen Voraussetzungen hierzu nachzuweisen sind?

Schulische, berufliche Orientierungsangebote sind insbesondere bei Betriebspraktika in einen prinzipiell schulfremden Raum verlagert. Auffällig an dieser Konstruktionsform ist ihre prinzipielle Nähe zu den für das „Duale System" der Berufsausbildung typischen Systembedingungen (Ausbildungspartnerschaft von berufsbildenden Schulen und Ausbildungsbetrieben). Während die für die sog. „Lernortkooperation" der beruflichen Bildung einschlägigen Bedingungen mittlerweile in umfassenden Forschungsprogrammen v.a. der Berufs- und Wirtschaftspädagogik erfasst werden konnten (vgl. Euler 2004), ist die wechselseitige Bezugnahme berufsorientierender Ganztagsschulen und kooperierender Praktikumsbetriebe derzeit noch weitestgehend unerforscht.

Aus berufs-/betriebspädagogischer Sicht ergeben sich für eine Erforschung der Förderung von Ausbildungsfähigkeit und beruflicher Orientierung durch die Ganztagsschule folgende Zieldimensionen:

- Die Ganztagsschule bietet aufgrund ihrer zeitlichen Dimensionierung und regionalen Verankerung gegenüber anderen Schulorganisationen erweiterte Optionen der Einflussnahme auf die Entwicklung der Lernenden. Im Zusammenhang mit der Möglichkeit zu erweiterten Kooperation zwischen Schule und Betrieb (z.B. bei Betriebspraktika) stellen sich Fragen dahin gehend, welche besonderen Angebote zur Vorbereitung, Begleitung und Nachbereitung durch schulische Akteure realisiert werden, um die persönlichkeitsspezifische Erfahrungs- und Verarbeitungstiefe bezüglich der Berufsorientierung zu erhöhen. Hiermit ist (zwingend) ein weiterer Aspekt zu betrachten:

- Können für die Ganztagsschule spezifische Bedingungen aufgedeckt werden, um die aus einer didaktischen Perspektive wünschenswerte Verzahnung betrieblicher Erfahrungsangebote und schulischer Moderationen zu erreichen? Die Lernortkooperationsforschung (s.o.) lässt z.T. erhebliche, systembedingte Einschränkungen erwarten (vgl. Rottmann 2005), deren Überwindung zu Gunsten des Aufbaus von Berufsfindungskompetenz dennoch unerlässlich ist. Zu fragen ist hier nach Bedingungen und Möglichkeiten der Zusammenarbeit schulischer und betrieblicher Akteure, die betriebspraktische Erfahrungen systematisch an schulische Vorbereitung, Begleitung und Nachbereitung (von der auf diagnostische Verfahren gestützten Praktikumsstellenberatung bis hin zur geleiteten Reflexion) anbinden.

- Zu klären ist auch, ob privatwirtschaftliche Betriebe (im Projektzusammenhang: v.a. Ausbildungsbetriebe oder überbetriebliche Ausbildungsstätten, denen gegenüber ausbildungsabstinenten Unternehmen eine grundlegende arbeits-, betriebs- bzw. berufspädagogische Eignung unterstellt werden kann) allein in der Lage sind, für das Berufsfeld typische Erfahrungsräume zu eröffnen oder ob betriebspraktische Erfahrungen vor dem Hintergrund persönlichkeitsgerechter Neigungs- und Eignungsfeststellungen durch Einbezug weiterer Akteure (z.B. berufsbildender Schulen) im Sinne der Genese von Berufsfindungskompetenz zu flankieren sind? Diese Frage stellt sich besonders vor dem Hintergrund des aus der Berufsbildungsforschung bekannten Berufs-/Betriebs-Differenzmodells.

• Von besonderem Interesse ist ebenfalls die Wahrnehmung der unter ganztagsschulischen Bedingungen verlaufenden Berufsorientierung (unter Einbezug evtl. schulformspezifischer Gestaltungen von Betriebspraktika), sowie die davon ausgehende Wirkung auf die Erhöhung der Ausbildungsfähigkeit aus der Perspektive des Beschäftigungssystems (Teilsystem Ausbildungsbetriebe). Hier stellt sich konkret die Frage, ob ausbildende Unternehmen bei Ganztagsschulabsolventen/innen eine, gegenüber regelschulbezogenen vorgebildeten Auszubildenden, Verbesserung der Ausbildungsfähigkeit feststellen.

Hieraus ergeben sich Fragestellungen an betriebliche Kooperationspartner, die die nachstehenden Bereiche umfassen:

• Ermittlung der inhaltlichen Qualität betriebspraktischer Erfahrungsräume (Nähe bzw. Ferne zum jeweiligen typischen Berufsbild bzw. Berufsfeld),
• Wahrnehmung der vorherigen ganztagsschulischen Leistungen in Bezug auf Berufsorientierung und Praktikumsvorbereitung aus betrieblicher Perspektive,
• Status der Kooperation zwischen Schule und Betrieb hinsichtlich Vorbereitung, Durchführung und Nachbereitung des Praktikums aus betrieblicher Perspektive,
• Einschätzungen des Selbstkonzepts schulischer Praktikanten (hinsichtlich Berufswahlkompetenz) aus Sicht der Praktikumsbetriebe,
• Einschätzungen der Ausbildungsfähigkeit der Praktikanten seitens betrieblicher Akteure.

4 Zusammenfassung und Ausblick

Bezüglich der Analyse der Berufsorientierung und der Vorbereitung der Arbeits- und Berufsfindung sind verschiedenste Forschungsgebiete zu unterscheiden (vgl. Ziehfuss 2001: 358):

- Evaluationsstudien, die z.B. die inhaltliche und konzeptionelle Ausgestaltung entsprechender Möglichkeiten in Schulen beinhalten und
  die Wirksamkeit der Konzepte untersuchen.
- Empirische Forschungen (qualitative oder quantitative Studien), die
  den Stand der Entwicklung aus der Sicht von Lernenden und weiterer Akteure zum Gegenstand haben.
- Entwicklungsstudien zu defizitären Aspekten mit überwiegend in-
  terdisziplinärer Orientierung (z.B. über Defizite schulischer Basiskompetenzen im Übergangsprozess).

Das hier vorgestellte empirische Forschungsfeld zielt auf das messbare Potential der Institution Ganztagsschule bei Ihrer Einflussnahme auf die Entwicklung von Selbstkonzepten beruflicher Orientierung. Mit Blick auf die
Übergangsförderlichkeit von Ganztagsschule werden die Entwicklungsas-
pekte interdisziplinär differenziert und operationalisiert. Sie richten sich
zusammenfassend auf sozialisatorische und informelle Bildungsprozesse in
der Familie, pädagogisch-didaktische Unterrichtsprozesse sowie auf betriebspädagogische Momente im Übergang Schule/Beruf.

Der Versuch, die Förderung von Berufsorientierung an Ganztagsschulen
über bildungstheoretische, sozialisatorische, fachdidaktische und berufspädagogische Fragestellungen empirisch zu ergründen, bleibt trotz der Inter-
disziplinarität des Ansatzes nicht ohne Begrenzung. Deshalb wurden „Berufswahltheorien" ausgeblendet. Diese versuchen Berufsfindungsprozessen
eine gewisse Regelhaftigkeit zu unterstellen. Nach den Berufswahltheorien
sind Berufsfindungsprozesse als Zuordnungsprozesse (Matching), Zuwei-
sungsprozesse (Allokation), Entscheidungsprozesse, Entwicklungsprozesse
und als Interaktionsprozesse zu verstehen (vgl. Brown/Brooks 1994; Jung
2000: 100ff.), die sich durch konkurrierende, widersprüchliche oder auch
ergänzende Erklärungsaspekte kennzeichnen und sich jedoch kaum zu einem
funktionalen Ganzen synthetisieren lassen.

Konzepte und Strategien zur Stärkung der Ausbildungs- und Arbeitsfähigkeit von Jugendlichen

Jörg Schudy

Berufsorientierung als Querschnittsaufgabe aller Schulstufen und Unterrichtsfächer

1 Die Bedeutungsvarianten des Begriffs Berufsorientierung

Berufsorientierung wird inzwischen wieder vermehrt als ein zentraler Aufgabenbereich im allgemein bildenden Schulwesen anerkannt. Der breite Bedeutungsumfang des Begriffs macht es erforderlich, sich jeweils zu vergewissern, welches Verständnis hinsichtlich dieser Aufgabe die Akteure z.B. aus Bildungspolitik, Schule, Arbeitsverwaltung sowie Unternehmen und Betrieben vertreten, wenn angesichts des problematischen Übergangsfeldes *Schule – Arbeitswelt* Berufsorientierung im Bildungsraum der allgemein bildenden Schule gefordert und praktiziert wird.

- Der Begriff Berufsorientierung verweist erstens auf eine Eigenschaft bzw. Haltung seitens der Schüler/innen „beruflich orientiert" zu sein, d.h. Arbeit und Beruf als ein maßgebliches Element im individuellen Lebensentwurf zu berücksichtigen. Dies ist angesichts der Pluralisierung von Lebensstilen sowie von Bedürfnis- und Wertorientierungen heute keine Selbstverständlichkeit mehr (subjektive Berufsorientierung).
- Von Berufsorientierung ist zweitens die Rede, wenn beispielsweise neue Anforderungen in den Tätigkeitsfeldern beruflicher Arbeit die Prüfung schulischer Bildungsprozesse erforderlich erscheinen lassen. So sollen sich Inhalte, Methoden und Sozialformen des Unterrichts auch weiterhin bzw. noch stärker auch auf die sich wandelnden Anforderungen in beruflichen Tätigkeiten beziehen (Berufsorientierung von Bildungsinhalten und Unterrichtsmethoden).
- Die dritte Bedeutungsvariante von Berufsorientierung darf als die in der schulpädagogischen und bildungspolitischen Diskussion geläufigste betrachtet werden. Schulische Berufsorientierung zielt ihr zufolge auf die Aneignung spezifischer Kenntnisse, Erkenntnisse, Erfahrungen und Fähigkeiten. Sie sollen es den Schüler/innen ermöglichen, eine rationale Entscheidung für einen „Start"- bzw. „Erstberuf" zu treffen. Eine solche Entscheidung erfolgt auf der Abwägungen bzw. Vermittlung zwischen subjektiven Interessen und Voraussetzungen sowie objektiven aktuellen und – so weit vorhersehbar – zukünftigen Ausbildungs- bzw. Arbeitsmarktbedingungen (Berufsorientierung im Sinne von Berufswahlvorbereitung).
- Viertens schließlich thematisiert der Begriff Berufsorientierung ein im deutschen Bildungsverständnis lange Zeit vernachlässigtes und in einigen Schulformen und -stufen bis heute nicht hinreichend verankertes Lern- und Reflexionsfeld. Gemeint ist die erschließende Aus-

einandersetzung mit den vielfältigen Facetten und den sozialen, ö-
konomischen und technischen Grundlagen der Arbeitswelt. Im Zusammenhang einer sozio-ökonomisch-technischen Grundbildung
zielt diese auf eine durch Urteils-, Solidaritäts- und Selbstbestim-
mungsfähigkeit fundierte Handlungsfähigkeit in einem zentralen gesellschaftlichen und die gesellschaftliche Gestalt auch zukünftig
maßgeblich mitbestimmenden Handlungsfeld (Berufsorientierung
im Sinne arbeitsweltbezogener Allgemeinbildung).

2   Die defizitäre Verankerung der Arbeitslehre

Die vier angesprochenen Bedeutungsvarianten konturieren einen anspruchs-
vollen schulischen Aufgabenbereich, dessen Realisierung sich allerdings
häufig noch immer in Lern-, Informations- und Erfahrungsangeboten zur
Berufswahlvorbereitung erschöpft. Das Schülerbetriebspraktikum und seine
Vor- und Nachbereitung, Schulbesprechungen und Beratungsangebote der
Berufsberatung sowie Besuche der Berufsinformationszentren der örtlichen
Arbeitsagenturen sind inzwischen institutionalisierte Eckpunkte eines Berufswahlunterrichts, der zwar inzwischen einen erheblichen Anteil der Schü-
ler/innen der Sekundarstufe I erreicht, jedoch aufgrund der defizitären Verankerung der Arbeitslehre häufig ohne Einbindung in ein umfassenderes
arbeitsweltbezogenes Bildungssegment bleibt und zudem nicht selten von
‚fachfremd‘ unterrichtenden (Klassen-) Lehrer/innen erteilt bzw. moderiert
wird. Wenn von einer defizitären Verankerung der Arbeitslehre als Fach
oder als Lernbereich die Rede ist, so zielt dies auf zweierlei:

- Seit der Einführung der Arbeitslehre in den 1960er bzw. 1970er Jahren hat das Fach vor allem in den Haupt- und Gesamtschulen einen
  festen Platz gefunden. In den Realschulen ist es - betrachtet man die
  Stundentafeln der einzelnen Bundesländer - bereits in deutlich geringerem Maße anzutreffen, während ein entsprechendes Fachange-
  bot in der Mittelstufe des Gymnasiums eher die Ausnahme darstellt.
- In vielen Bundesländern gilt Arbeitslehre als die formale Zusammenfassung von Einzelfächern wie z.B.: Technikunterricht, Textiles
  Gestalten, Hauhaltslehre und Wirtschaftslehre. Im Sinne der Grund-
  idee der Arbeitslehre - Jugendlichen eine erkennende und verstehen-
  de Hinführung zur Berufs- und Arbeitswelt zu ermöglichen - wirkt
  es sich sehr negativ aus, dass diese Fächer häufig inhaltlich wenig
  aufeinander Bezug nehmen und dass berufliche bzw. arbeitsweltli-
  che Bezüge der Fachinhalte eine untergeordnete Rolle spielen.

Diese defizitäre Verankerung ist im Rahmen der Darlegung der zentralen
These bedeutsam:

Berufsorientierung auf Berufswahlunterricht und entsprechender Maßnahmen zu verkürzen bedeutet, dem langwierigen Prozess der Berufsfindung und einer zentralen Entwicklungsaufgabe im Jugendalter eine zeitlich nur relativ eng begrenzte Aufmerksamkeit zu widmen, und zwar dann, wenn der Ernstfall der notwendigen Entscheidung für eine berufliche Ausbildung bzw. für den weiteren schulischen Bildungsgang unmittelbar bevorsteht. Berufsorientierung auf Berufswahlunterricht zu verkürzen bedeutet auch, dem Anspruch der Schüler/innen auf eine umfassende Orientierung und auf zentrale Erkenntnisse u.a. hinsichtlich der subjektiven und objektiven Möglichkeiten, Bedingungen und Konsequenzen beruflich strukturierter Erwerbsarbeit, des strukturellen Wandels der Arbeitsgesellschaft, der Reproduktion sozialer Ungleichheit sowie der Chancen und Risiken eines fast lebenslangen berufsbiografischen Gestaltungsprozesses kaum gerecht zu werden.

Für ein erweitertes Verständnis schulischer Berufsorientierung, das die vier skizzierten Auslegungsvarianten integriert, spricht nicht zuletzt der Sachverhalt, dass Schüler/innen die bisherige Unterstützung der Schule im Prozess der Berufsfindung als relativ gering einstufen. Zwar erfährt das schulisch organisierte und begleitete Betriebspraktikum eine positive Bewertung im Hinblick auf Impulse und Hilfe im Kontext der Berufswahl. Schule bzw. Lehrer/innen sowie die Schulbesprechungen der Berufsberatung schneiden in dieser Hinsicht jedoch vergleichsweise schlecht ab. In der Wahrnehmung der Jugendlichen rangiert deren Bedeutung weit hinter der der Eltern, Verwandten und Freunde (vgl. Kleffner u.a. 1996: 13; Grzembke/Hammer 2000). Diese Untersuchungsergebnisse wären jedoch fehlinterpretiert, wollte man hieraus bereits einen generellen Akzeptanz- bzw. Legitimationsverlust der Schule in Fragen der Berufsorientierung ableiten. Vielmehr zeigen die weiteren Ergebnisse von Kleffner u.a., dass die Schule eine in Fragen der Berufswahl von Schüler/innen durchaus anerkannte Institution darstellt, wenn 60 Prozent der Befragten angeben: *„Die meisten Lehrer wissen über die Arbeitswelt gut Bescheid"*, jedoch ein ebenso hoher Prozentsatz der Befragten in der Schule gerne mehr über Berufe erfahren möchte (ebd.: 15). Letzteres gilt nicht nur für Schüler/innen der Sekundarstufe I, sondern ebenso für jene der gymnasialen Oberstufe (vgl. z.B. Glumpler 1992).

Hinsichtlich des genannten Interesses, in der Schule mehr über Berufe zu erfahren, ergeben sich Probleme bei der didaktischen und curricularen Befriedigung dieses Interesses insofern, als kaum empirisch gesicherte Erkenntnisse vorliegen, die dieses Interesse inhaltlich differenziert beschreiben. Nicht zuletzt deshalb sollte schulischer Unterricht von einem umfassenden, die oben genannten Bedeutungsvarianten integrierenden Konzepts schulischer Berufsorientierung ausgehen, das Berufsorientierung sowohl bezogen auf die Schulstufen als auch bezogen auf die Unterrichtsfächer als Querschnittsaufgabe begreift. Weitere Begründungen in dieser Hinsicht und einige Hinweise auf konkretisierende inhaltliche Ansätze sollen im Folgenden entfaltet werden.

3 Berufsorientierung als Querschnittsaufgabe zwischen den Schulstufen

Über die Frage, zu welchem Zeitpunkt eine schulische Berufsorientierung einsetzen sollte, ist in den vergangenen Jahren kaum diskutiert worden. Wenig hinterfragt blieb bislang die Orientierung an der empirischen Erkenntnis, wonach eine realistische Beschäftigung mit dem Thema *Beruf* im vierzehnten Lebensjahr einzusetzen beginnt (Meixner 1996: 44). Dass *„die Auseinandersetzung mit der eigenen beruflichen Zukunft im Kindesalter - aus der Sicht der Erwachsenen - noch keinen ,Ernstcharakter' trägt"* ist für Marlies Hempel jedoch kein Grund, *Arbeit und Beruf* im schulischen Alltag als nebensächliches Thema erscheinen zu lassen. Vielmehr sei die Beschäftigung mit entsprechenden Fragen und Problemen bereits für die Schüler/innen der Primarstufe *„eine durchaus ernste Sache"* (Hempel 1996: 143). Ebenso wie Gläser (2002), Kaiser (1996) oder Stoltenberg (1998) plädiert sie für eine konsequente Auseinandersetzung mit den Themen *Arbeit und Beruf* bereits in der Primarstufe und begründet dies vor allem mit zwei Argumenten:

- Das erste Argument bezieht sich auf den potentiell konstruktiven Gehalt der Phantasie und damit auf das Phänomen der Traumberufe: *„In den Lebensentwürfen und Berufswünschen von Mädchen und Jungen spiegeln sich Träume und Phantasien wider. Phantasie wird dabei stets von der Wirklichkeit gespeist und setzt entsprechende Erfahrungen voraus. Wunsch- oder Angstträume sind so auch immer ein Resultat sozialen Erlebens"*. Sowohl Träume als auch soziales Erleben bedürfen der Reflexion, denn *„wenn auch die Realisierung des Erträumten nicht zwingend folgen muss oder kann, können doch wesentliche Handlungsimpulse aus diesen Wunschphantasien erwachsen"* (Hempel 1996: 142).
- Das zweite Argument bezieht sich auf den Sachverhalt geschlechtsspezifischer Berufswahl und die Erziehung zur geschlechtlichen Gleichberechtigung. In diesem Zusammenhang rückt Hempel vor allem die Bedeutung früher außerschulischer und schulischer Sozialisation in das Blickfeld. Die gesamte Lebenswelt, so auch die Lebens- und Arbeitswelt der Erwachsenen, werde von Kindern geschlechterdifferent wahrgenommen. Schon früh erfolge eine Verortung der eigenen Person als männlicher oder weiblicher Mensch in diesem System. Die in diesem Prozess der geschlechtspezifischen Sozialisation entwickelte Weltsicht führt zu spezifischen Wahrneh-

mungen, Deutungen und Präferenzen, die die *„weitere Welterfassung und Interpretation der gesellschaftlichen Zusammenhänge"* in erheblichem Maße prägen (ebd.: 142).

Die von Hempel bereits für die Primarstufe geforderte schulische Auseinandersetzung mit der Arbeits- und Berufswelt in subjektiver und objektiver Perspektive resultiert aus der Überlegung, dass schulische Sozialisation und Bildung im Interesse geschlechtlicher Gleichberechtigung an Grenzen stoße, wenn sie bezüglich der individuellen Lebensgestaltung und beruflichen Zukunftsvorstellungen erst gegen Ende der Sekundarstufe I einsetze. Zu diesem Zeitpunkt seien die vielfach beobachtete Selbstbeschränkung der Mädchen (Vereinbarkeitsüberlegungen hinsichtlich Familiengründung und beruflicher Tätigkeit) und die einseitige Orientierung der Jungen (Berufsplanung ohne Vereinbarkeitsüberlegungen) schon recht gefestigt. Verfestigt habe sich zudem das Bild einer traditionellen geschlechterdifferenten Arbeitsteilung. *„Sehr früh sollte daher der Prozess beginnen, sich die Frage zu beantworten: ‚Wer oder was bin ich und was will ich einmal sein'. Das hilft in der späteren konkreten und entscheidenden Phase der Berufswahl, ‚Wagnisse' einzugehen, die die Stärkung der Identität ermögliche"* (ebd.: 145).

Hinsichtlich der Verwirklichung der Forderung Hempels lassen sich bislang weder konkretisierende didaktische Überlegungen noch einschlägige Praxisbeispiele und -erfahrungen aufweisen. Dies mag insbesondere dem Sachverhalt geschuldet sein, dass - im Unterschied etwa zu den didaktischen Bemühungen der 1970er Jahre, aber auch im Unterschied zu reformpädagogischen Ansätzen zu Beginn des 20. Jahrhunderts – das Lernfeld ‚Arbeit' bzw. ‚Arbeitswelt' in neueren didaktischen Konzeptionen des Sachunterrichts an Bedeutung verloren hat. Dies begründet Kaiser mit der schrittweisen Ablösung des im Zuge der Bildungsreform als zu eng verstandenen Konzepts wissenschaftsorientierten Sachunterrichts durch das Primat der Kindorientierung, wobei sich *„gleichzeitig ein enger Begriff der Kindorientierung durch(setzte), der mehr an der Fasslichkeit orientiert ist und dementsprechend auf ‚einfache' Unterrichtsinhalte setzt ... und weniger auf die tatsächliche Sozialisation der Kinder. Im Zuge der Umorientierung bekamen nahräumliche Themen wieder mehr Gewicht"* (1996: 248). Diese enge Auslegung einer berechtigten Kindorientierung von Unterrichtsinhalten, die sich zentral in den Kategorien Raum und Zeit erschöpft, ist nach Kaiser insofern unberechtigt, als dadurch die „psychische Nähe" als didaktische Kategorie und entsprechende Unterrichtsinhalte aus dem Blick geraten. Dass die Arbeits- und Berufswelt durchaus einen derartigen „Nahraum" der Kinder im Grundschulalter bildet, konnten Gläser (2002) und Kaiser in Unterrichtsforschungen belegen. Danach verfügen diese über eine Reihe detaillierter arbeitsweltbezogener Kenntnisse und Vorerfahrungen, allerdings in ge-

schlechtsspezifischen Ausprägungen. Denn während die Jungen mehr tech-
nisch-funktionale Zusammenhänge thematisieren, problematisieren die
Mädchen eher soziale Zusammenhänge. Eine Verfrühung der Bearbeitung
der Arbeitswelt-Thematik könne auch insofern nicht unterstellt werden, da
Motivierungstaktiken für sie nicht erforderlich waren. Vielmehr löse sie
heftige Problemdebatten aus, obgleich sie nicht zum unmittelbaren Erfah-
rungsfeld der Kinder dieser Altersstufe zählt. Einen unterrichtlichen Aufklä-
rungs- und Orientierungsbedarf schließt Kaiser schließlich aus der Erkenntnis, dass bei gleichzeitiger Wahrnehmung der Problemhaltigkeit der Arbeitswelt-Thematik die Lernvoraussetzungen der Schüler/innen inkonsistent
sind sowie Widersprüche und Brechungen aufweisen (vgl. Kaiser 1986;
1996: 247; 1997).

Die referierten Überlegungen aus der Primarstufendidaktik liefern zweifellos
plausible Begründungen für eine frühzeitige schulische Auseinandersetzung
mit den Sachbereichen Arbeit und Beruf. So ist zu vermuten, dass die kontinuierliche Beschäftigung mit Fragen gesellschaftlicher Arbeit, Arbeitsteilung
und Berufsstrukturen sowie mit den eigenen beruflichen Interessen und Erwartungen dazu führt, zunehmend differenziertere Kategorien sowohl zur
eigenen beruflichen Orientierung als auch zum Erschließen arbeitsweltlicher
Strukturen und Handlungsräume auszubilden. Zudem wird man davon ausgehen dürfen, dass sowohl die Verankerung arbeitswelt- und berufsbezogener Unterrichtsinhalte in allen Jahrgangsstufen der Primarstufe sowie der
Sekundarstufe I als auch die Bestrebungen einer Öffnung der Schule das
Kennen lernen eines breiten Spektrums unterschiedlicher Berufe sicherstel-
len könnte. Weiterhin wird die Auseinandersetzung mit Arbeit und Beruf vor
allem dann bereits in der Primarstufe einsetzen müssen, sofern schulisches
Lernen außerschulische, für die Entwicklung eines beruflichen Selbstkon-
zeptes relevante Sozialisationserfahrungen und -prozesse wirksam modifizieren bzw. ergänzen soll. Allerdings ist festzustellen, dass weder seitens der
Primarstufendidaktik noch seitens der Didaktik der Berufsorientierung bzw.
der Arbeitslehre Überlegungen dahingehend existieren, ein auf Berufsorientierung bezogenes Gesamtcurriculum zu entwerfen und zu realisieren. Ein
solches stufenübergreifendes Curriculum wäre jedoch notwendig, um eine
sinnvolle Abstimmung der Unterrichtsinhalte zu gewährleisten sowie den
langfristigen Prozess der Berufsfindung nicht nur punktuell, sondern kontinuierlich und den Entwicklungsprozessen der Schüler/innen gemäß systematisch zu unterstützen und ihn in eine allgemeine erschließende Auseinandersetzung mit der modernen Arbeits- und Berufswelt einzubinden. Zumindest
für den Primarstufenunterricht liegen dazu nach Kaiser durchaus verwertbare
Empfehlungen und Praxiserfahrungen vor, wenngleich diese bereits aus den
1970er und 1980er Jahren stammen.

Astrid Kaiser unterscheidet folgende inhaltliche Schwerpunkte der Bearbeitung:

- *„Schaffung von Erfahrungsräumen durch Betriebsbesichtigungen und unterrrichtliches Aufarbeiten dieser Erfahrungen, die zum Teil im Sinne einer kritischen Analyse anstelle der heimatkundlichen affirmativen Haltung angelegt wird* (vgl. Oberliesen 1987).
- *Handelndes Nachempfinden von arbeitsteiligen Produktionsprozessen in planspielartigem Unterricht oder in Simulationsspielen* (vgl. Kaiser 1999).
- *Projekte über Veränderungen im Wohnort, bei denen die Berufsstruktur und ihre Veränderungen eine wichtige Rolle spielen* (vgl. Oberliesen 1987).
- *Veranschaulichende Informationsvermittlung über die Arbeitswelt* (vgl. Behrens 1974).
- *Geschichtslogische Rekonstruktionen* (vgl. Grüber/Koch 1978), *um die Veränderbarkeit von Arbeits- und Lebensbedingungen zu dokumentieren.*
- *Reflexionen von Berufs- und Lebensvorstellungen der Kinder"* (Kaiser 2002: 158).

Mit der Sekundarstufe I lassen wir nun jene Stufe außer Acht, in der berufsorientierende Informations-, Beratungs- und Lernangebote traditionell am stärksten verankert sind, und richten – im allgemein bildenden Schulsystem verbleibend – den Blick auf die gymnasiale Oberstufe.

Dass Berufsorientierung auch als Aufgabe der gymnasialen Oberstufe verstanden werden muss, wird seit Mitte der 1990er Jahre in der schulischen Praxis deutlich erkennbar. In den Schulen wächst die Einsicht, dass auch die Entscheidung für ein Studienfach sinnvoll nur in Kenntnis potenzieller Anwendungsbereiche und -bedingungen der im Studium zu erwerbenden Qualifikationen erfolgen kann. Die Forderung nach konsequenter Berufsorientierung lässt sich aber auch vor dem Hintergrund eines sich verändernden Bildungsverhaltens bzw. der stärkeren Diversifikation in den Statuspassagen von Studienberechtigten legitimieren. So folgt die Aufnahme eines Studiums heute in vielen Fällen auf eine vorangehende Berufsausbildung (und Berufstätigkeit) und ein nicht unerheblicher Anteil der Studienberechtigten zieht für sich eine Berufsausbildung als einzige Option in Betracht (vgl. Lenz/Wolter 2001). In diesem Zusammenhang ist auch von Bedeutung, dass das Abitur inzwischen zur faktischen Eingangsvoraussetzung für attraktive und stark nachgefragte Lehrberufe geworden ist.

Erfreulich ist vor diesem Hintergrund der Befund einer jüngeren nordrhein-westfälischen Untersuchung, der auf eine recht ausgeprägte Bandbreite unterschiedlicher Angebote in den gymnasialen Oberstufen dieses Bundeslandes verweist. Diese lassen sich nach Knauf/Oechsle (2007: 156) drei Angebotstypen zuordnen: Es handelt sich um Angebote:

a) mit informierendem Charakter (z.B. Nutzung der Berufsinformationszentren der Arbeitsagentur, Schnuppertage an Hochschulen, Besuch von Informationsbörsen beispielsweise der Wirtschaft);

b) zur Vermittlung berufspraktischer Erfahrungen (z.B. Praktika, Planspiele, Gründung und Unterhaltung von Schülerfirmen);

c) die auf Beratung und Orientierung abzielen (z.B. Beratung durch schulische und außerschulische Experten, Seminare und vergleichbare Veranstaltungen zur individuellen Lebensplanung und Berufszielfindung).

In den Schulen finden sich nach Aussagen der Autorinnen in der Regel unterschiedliche Kombinationen und Schwerpunktsetzungen hinsichtlich der genannten Angebote, so dass von bereichsbezogenen Profilbildungen der einzelnen Schulen auszugehen ist. Gleichwohl scheinen diese schulischen Angebote den Interessen der Oberstufenschüler/innen vielfach nicht zu entsprechen, wenn ein erheblicher Teil der befragten Lehrer/innen dieser Schulstufe einen deutlich erkennbaren Motivationsmangel im Blick auf die Wahrnehmung entsprechender Angebote beklagen. Was von beteiligten Lehrkräften als Motivationsmangel gedeutet wird, könnte nach Knauf/Oechsle allerdings ebenso als mangelnde Akzeptanz eines nach individuellen Bedürfnislagen undifferenzierenden Angebots interpretiert werden. Zumindest liefern die Befragungen der Schüler/innen entsprechende Hinweise, wenn beispielsweise festgestellt wird, dass die Angebote der Schulen meist nur für einen Teil der Lernenden als hilfreich wahrgenommen werden, andere hingegen diese „Angebote nicht für sich nutzen (können) - entweder, weil sie im Prozess der Berufsorientierung an einem Punkt sind, an dem sie andere Formen der Unterstützung benötigen oder weil das inhaltliche Angebot nicht mit ihren Interessen übereinstimmt" (ebd.: 157). Darüber hinaus liefert die Untersuchung eine weitere Erklärung für den von den Lehrenden beklagten Motivationsmangel: „Die Berufsorientierung ist für Jugendliche ein sehr identitätsnahes Thema, das ihnen mithin als sehr privat und persönlich erscheint. Für viele Schülerinnen und Schüler ist dies ein Thema, aus dem sich die Institution Schule heraushalten sollte. Angebote der Schule werden insbesondere dann als Einmischung wahrgenommen, wenn es sich nicht um Informationsveranstaltungen handelt, sondern eher um persönliche Beratung und orientierende Angebote" (ebd.: 158). Insofern scheint sich in dem beklagten Motivationsmangel eher die Notwendigkeit einer auf dem Prinzip der freiwilligen Nutzung basierenden variablen Angebotsstruktur auszudrücken, als die Notwendigkeit einer jeweils schulspezifischen Profilbildung durch ein curricular (vermeintlich) aufeinander abgestimmtes Angebotsset und dessen verbindliche Nutzung. Trotz derartiger negativer Bewertungen der schulischen Bemühungen, Schüler/innen bei ihrer beruflichen Orientierung zu unterstützen, wird *„die grundsätzliche Leistung der Schule, auf das Thema Beruf und Arbeitswelt aufmerksam zu machen"* (ebd.: 158) seitens der Schüler/innen offenbar durchaus anerkannt und als positiv bewertet. Dies gilt beispielsweise auch für den Fachunterricht, sofern dieser auf berufs- und arbeitsweltrelevante Aspekte der jeweiligen Fachinhalte und -methoden hinweist bzw. diese in das Unterrichtskonzept integriert. Für Knauf/Oechsle verdeutlicht dieser Aspekt, *„wie wichtig es ist, die Berufsorientierung in den Schulen als Querschnittsperspektive zu integrieren und sie nicht auf spezielle Angebote zu begrenzen. In der Bedeutung des Fachunterrichts für Fragen der Berufsorientierung liegt somit eine große Chance"* (ebd.: 158). Gleichwohl geben die Autorinnen zu bedenken, dass der schulische Fächerkanon freilich ebenfalls nur begrenzte inhaltliche Zugänge zur Gesamtheit der Arbeits-, Berufs und Wirtschaftswelt herzustellen vermag.

4 Berufsorientierung als Querschnittsaufgabe des schulischen Fächerkanons

Berufsorientierung wird zukünftig entschiedener als bisher als Auftrag eines breiten Fächerspektrums auszulegen sein, wenn

- sie entsprechend der dargelegten Auffassung als ein integrativer Aufgabenbereich der genannten vier Auslegungsvarianten begriffen wird, der sich zeitlich und inhaltlich nicht allein auf die rationale und ertragreiche Bewältigung des Entscheidungsprozesses bei der Berufswahl konzentriert;
- sie sich der komplexen Aufgabe widmet, Arbeitswelt, berufliches Handeln sowie arbeits- bzw. berufsbezogene Sozialisation, Identitätsentwicklung und Selbstentfaltung in ihren subjektiven, historischen, politischen, sozialen und tätigkeitsbezogenen Dimensionen zu erhellen.

Wir knüpfen damit an der von Knauf/Oechsle für die gymnasiale Oberstufe konstatierten Bedeutung des Fachunterrichts an. Anhand zweier Beispiele sollen dazu im Folgenden sowohl Möglichkeiten und Perspektiven als auch Defizite im Fachunterricht angesprochen werden.

Für die Mittelstufe des allgemein bildenden Schulwesens wie auch für die gymnasiale Oberstufe sollte die Perspektive gelten, einen stärkeren Arbeitswelt- bzw. Berufsbezug des Fachunterrichts zu gewährleisten ohne dabei jedoch Inhalte beruflicher Ausbildung vorwegzunehmen. Möglichkeiten dazu lassen sich sowohl auf der materialen als auch der formalen Seite von

Bildungsprozessen verorten. Im Rahmen einer konsequenten Problem- und Anwendungsorientierung des Unterrichts sowie der Eröffnung außerunterrichtlicher Lernerfahrungen können vielfältige Bezüge zu beruflichen Arbeitsinhalten hergestellt werden, während die Anbahnung und Förderung von Schlüsselqualifikationen der Vorbereitung auf berufliche Arbeitsprozesse und dem Verständnis moderner Arbeitsabläufe dient.

Ein entsprechendes Beispiel liefert der Modellversuch BINGO (vgl. Schecker 2002) und die dort entwickelte und erprobte Möglichkeit der Integration nachstehender Aspekte in den fächerübergreifenden naturwissenschaftlichen Unterricht der gymnasialen Oberstufe:

1. *„Informationen über Berufsfelder, Tätigkeitsprofile und Strukturen des Arbeitsmarktes,*
2. *Einblicke in strukturelle Spezifika beruflicher Arbeitsabläufe und – anforderungen,*
3. *Vermittlung berufsorientierter Basisqualifikationen"* (ebd.: 284).

Im Zentrum der entwickelten und erprobten Lernumgebungen stand der Versuch, schulisches Lernen und Arbeiten an Bedingungen beruflicher Ernstsituationen anzunähern. Konkret waren Schüler/innen zunächst der Anforderung ausgesetzt, sich im naturwissenschaftlichen Unterricht die auf eine spätere Projektaufgabe abgestimmten fachlichen und qualifikatorischen Voraussetzungen anzueignen (Expertenrolle). In einer zweiten Phase – der Projektphase – hatten dann fremdbestimmt zusammengesetzte „Experten" der Fächer Biologie, Chemie und Physik die Aufgabe, ein arbeitsweltbezogenes naturwissenschaftlich-technisches Problem interdisziplinär zu bearbeiten. Neben den eher fachlichen Herausforderungen eines solchen Lernarrangements, sollen vor allem die notwendig werdenden Abstimmungsprozesse und das arbeitsteilige Vorgehen, das Bearbeiten einer komplexen Problemstellung sowie die Präsentation von (Zwischen-) Ergebnissen in Fachgesprächen und einem schriftlichen Gutachten einen Einblick in Formen zeitgemäßer arbeitsweltlicher Arbeitsprozesse ermöglichen. Zugleich fördern derartige schulische Lern- bzw. Arbeitsarrangements zentrale Schlüsselqualifikationen, wie z.B. Problemlösefähigkeit, Team- und Kooperationsfähigkeit, vernetztes Denken, Fähigkeit des Begründens und Bewertens sowie die Fähigkeit des selbstständigen Entscheidens und Handelns (vgl. dazu Schecker 2002).

Ziele die Auswahl des ersten Beispiels darauf ab, einen möglichen schulischen Ansatz zur Förderung heute bedeutsamer Schlüsselqualifikationen und zur erkennenden und verstehenden Auseinandersetzung mit arbeitsweltrelevanten Prozessen der (Zusammen-) Arbeit anzudeuten, so soll mit dem zweiten Beispiel auf ein nach wie vor vorhandenes Defizit in der Didaktik und Praxis des Geschichtsunterrichts verwiesen werden.

Zweifellos gehört die Industrielle Revolution zum unverrückbaren Kernbestand historischen Lernens in den allgemein bildenden Schulen. Allerdings wird mit ihr die Geschichte von Arbeit und Technik weder exemplarisch noch deren historische Bedeutung für den gesellschaftlichen Wandel hinreichend erfasst. So gab Bergmann (1985) schon früh - jedoch bislang recht folgenlos - zu bedenken: *„Ob Gesellschaftsgeschichte oder Alltagsgeschichte oder der Versuch, beide Konzepte sich wechselseitig durchdringen zu lassen - Arbeit ist eine unentbehrliche, fundamentale Kategorie der modernen Historie geworden".* Auch vor dem Hintergrund der objektiven realgeschichtlichen und subjektiven lebensgeschichtlichen Bedeutung der Arbeit bleibt es für Bergmann unerklärlich, dass ‚Arbeit' nicht längst in den Kreis zentraler Kategorien der Geschichtsdidaktik aufgenommen wurde. *„Dabei dürfte es unter Geschichtsdidaktikern unstrittig sein, dass es sich dabei um eine für das historische Lernen unentbehrliche Kategorie zur Analyse historischer Gesellschaften handelt. Und es dürfte ebenso unstrittig sein, dass die Krise der Arbeitsgesellschaft eine intensive und durchgängige Berücksichtigung der mit Arbeit zusammenhängenden Fragen in allen Prozessen historischen Lernens erfordert"* (Bergmann 1990: 22).

Der Geschichte von Arbeit und Technik im Zusammengang gesellschaftlicher Entwicklung mehr Raum im Geschichtsunterricht zu geben, würde bedeuten, Schüler/innen zu ermöglichen, Formen und Bedingungen heutiger Arbeit, Produktion und Reproduktion in ihrer historischen Gewordenheit erkennen zu können. Eng verknüpft damit ist freilich die Erkenntnis des stetigen Wandels, also der gesellschaftlichen Gestaltung und damit der Gestaltbarkeit der Bedingungen, unter denen Menschen heute und in Zukunft arbeiten. Vor diesem Erkenntnishintergrund eigene Ansprüche an berufliche Arbeit zu reflektieren und über Handlungsmöglichkeiten hinsichtlich ihrer Verwirklichung nachzudenken, dürfte zweifellos einen wesentlichen Beitrag zur beruflichen Identitätsbildung, zur arbeitsorientierten Allgemeinbildung und schließlich zur Berufsorientierung leisten.

5 Zusammenfassung: Zeitgemäße Berufsorientierung als schulische Querschnittsaufgabe

Die vorangehenden Überlegungen und dargelegten Praxisansätze sollten deutlich machen, dass sich schulische Berufsorientierung nicht auf den vergleichsweise eng begrenzten Zeitraum der Entscheidungsnotwendigkeit für einen Startberuf beschränken sollte. Für Schober vom Institut für Arbeitsmarkt- und Berufsforschung sind es derartige Ansätze, die zu der vielfach beklagten Interesselosigkeit der Jugendlichen gegenüber den bestehenden institutionellen Informations- und Beratungsangeboten von Schulen und der Agenturen für Arbeit führen. Denn Jugendliche fragen in der Regel nicht: „Welche Tätigkeiten will ich später ausüben?, Mit welchem Material und an welchem Arbeitsort will ich arbeiten?", sondern sie fragen: „Wie will ich später leben und arbeiten?, Was soll mir mein Beruf ermöglichen?" (Schober 1997: 105). Dies bedeutet, dass die Orientierung auf einen Startberuf in ein Gesamtkonzept eingebettet werden muss, das die Entwicklung individueller Lebensentwürfe bzw. eine im Bildungsverlauf verankerte permanente Auseinandersetzung mit entsprechenden Fragen einschließt. Freilich bedarf es dazu wiederum der gründlichen Auseinandersetzung mit den Bedingungen und der Veränderungsdynamik der vorfindbaren Lebens- und Arbeitswelt, die sich kaum an einzelnen Fächern im vorhandenen Fächerkanon unserer Schulen anbinden lassen dürfte.

Martin Weingardt

Hürdenlauf Richtung Arbeitswelt - Hindernisse und Unterstützungsstrukturen beim Übergang von der Schule ins Erwerbsleben

Als vor gut dreißig Jahren der Deutsche Bildungsrat nach zehnjähriger engagierter Tätigkeit für eine Reform des Bildungswesens seine Arbeit einstellen musste, war diese aus der Sicht der Kommissionsmitglieder keinesfalls zu Ende gebracht. Der letzte Bericht der Bildungskommission entfaltet vielmehr in ganzer Breite ein weiteres für wichtig erachtetes Themenfeld, das der Übergänge. Diese Schwerpunktbildung stand im Zusammenhang mit einem weiteren Projekt, dass unvollendet bleiben sollte: dem *„Konzept für eine Verbindung von allgemeinem und beruflichem Lernen"* in der Sekundarstufe II (Deutscher Bildungsrat 1974). Angesichts der in der Bundesrepublik damals schon besonders stark ausgeprägten vertikalen und horizontalen Ausdifferenzierung des Bildungssystems, schien es dieser Expertengruppe unabdingbar, die diversen Übergänge sorgfältig zu analysieren, zu reflektieren und zu konzipieren. Denn: *„Die Übergänge bilden zwischen den Stufen des Bildungswesens die neuralgischen Punkte im Bildungsgang des einzelnen Schülers, aber auch für den Zusammenhang der Reformmaßnahmen"* (ebd.: 16).

Was vor drei Jahrzehnten auf die Agenda gesetzt, aber anschließend leider nicht gründlich genug bearbeitet wurde, wirkt heute in einer erstaunlichen, fast befremdlichen Weise noch oder wieder aktuell. Seit dem Erscheinen der Ergebnisse der ersten PISA-Untersuchung 2001 diskutieren wir erneut recht heftig die Mehrgliedrigkeit des Bildungssystems und die Schwierigkeiten der systemischen Übergänge. Nachdem PISA uns weiter darauf hinwies, dass knapp ein Viertel der 15-Jährigen wegen mangelhafter mathematischer und sprachlicher Kompetenzen nicht ausbildungsfähig und insofern ‚Risikoschüler' seien, richtet sich unser Blick zudem verstärkt auf die subjektiven Anteile in der Problematik des Übergangs zwischen Schule und Arbeitswelt.

Dabei wurde diese Seite der Thematik des Übergangs in den Jahren zuvor auch außerhalb der originär berufsweltbezogenen Forschungseinrichtungen bereits früh in den Blick genommen. In der Bildungs- bzw. Lebenslaufsoziologie formierte im Anschluss etwa an Elder (1974; vgl. auch Elder/Caspi 1990) das Leitkonzept ‚Übergang' über die präzise Definition von Ausgangs- und Zielzuständen. Im DFG-Sonderforschungsbereich ‚Statuspassagen und Risikolagen im Lebensverlauf' wurde es forschungsmethodologisch angewendet und durch das Konzept der Sequenz, die mehrere Übergänge umfasst, ergänzt.[1] Aber auch in den Erziehungs- und Sozialwissenschaften und besonders der Jugendforschung wiesen zunehmend mehr Jugend- und Fallstudien darauf hin, dass Übergangsprobleme und -krisen weder singuläre noch rein temporäre Phänomene sind (vgl. Tenorth 1997). Immer mehr Heranwachsende scheitern biografisch *beständig* an diversen Risiken und Bruchstellen im Lebenslauf, insbesondere an der Aufgabe des Einstiegs und Verbleibens im Arbeitsleben. Die krisenhaften Verläufe schienen zunehmend gleichsam vorprogrammiert durch die Strukturen unserer „Risikogesellschaft"(Beck 1986; vgl. dazu Egger 1995; Bastian/v. Groeben 2004). Adaptiert wurde dabei aus der Psychologie der Ansatz des Coping (Tesch-Römer/Salewski/Schwarz 1997). Demnach gilt das betroffene Individuum selbst als aktiver, selbstbestimmter Bearbeiter jener Bruchstellen und kritischen *„Ereignisse im Lebenslauf, die nicht routinemäßig bewältigt werden können"* (Oerter 1985: 1). Vergleichbare Ansätze finden sich beim sozialwissenschaftlichen Konzept der Bewältigung (vgl. dazu: Böhnisch/Schefold 1985; Brüderl 1988; Mack 1999).

1 Hindernisse auf dem Weg vom der Schule ins Erwerbsleben

Wo der sozialpädagogische Blick auf die subjektiven Problemlagen und Strategien allzu sehr dominierte, kam wiederum die differenzierte Wahrnehmung mancher *struktureller* Aspekte der Übergangsproblematik etwas aus dem Blick. Dies sind zum einen generelle Entwicklungen im Anforderungsbereich. So sind sich etwa Ausbilder, Lehrkräfte und Forscher heute in hohem Maß einig, dass sich in den letzten 15 Jahren die Komplexität der Berufswelt, der theoretische Anspruch in den Lehrberufen oder die Anforderung an Leistungsniveau und Sozialverhalten der Ausbildungsplatzbewerber weithin erhöhten (Beicht/Friedrich/Ulrich 2007: 6). Zum anderen sind es bestimmte strukturelle Hürden, die im mehrjährigen Übergangsprozess zu nehmen sind, recht regelhaft aufeinander folgen und gerade von leistungsschwachen Jugendliche als eine beständige Abfolge von prekären Risikosituationen erlebt werden.

Die Vielschichtigkeit und Gravität der subjektiven Herausforderungen und der mehrjährigen Belastung, die sich im Übergangsprozess Schule-Arbeitswelt für die Leistungsschwächeren darstellt, wird möglicherweise erst recht erkennbar, wenn wir uns differenzierter diese stakkatoartige Reihung dieser strukturell gegebenen Hürden bewusst machen. Deren acht (I – VIII) möchte ich – bezogen auf die besonders davon betroffene Teilgruppe der Hauptschulabgänger/innen – kurz skizzieren.

I   Hauptschulabschluss oder nur Hauptschulabgang?

Die erste Hürde, die von Jugendlichen zu nehmen ist, stellt der Sekundarschulabschluss dar. Bundesweit sind es 13-14 % der jährlichen Hauptschulabgänger/innen, die an dieser Hürde scheitern, also den Hauptschulabschluss nicht erlangen und die Schule nur mit einem Abgangszeugnis verlassen.

Deren Chancen einen Ausbildungsplatz zu finden, sind erheblich reduziert (vgl. Solga 2003). Oft steht ihnen nur das Berufsvorbereitungsjahr oder eine vergleichbare Maßnahme offen. In deren meist einjährigem Verlauf können sie den Hauptschulabschluss nachholen oder verbessern. Zugleich sollen sich durch mehrere Praktika die Chancen auf einen Zugang zum Ausbildungsmarkt erhöhen. Nur teilweise gelingt dies. Allerdings betrifft dies nicht nur Hauptschüler. Auch an den Realschulen steigen in den letzten Jahren die Zahlen derer, die die Abschlussprüfung nicht bestehen und die Schule ohne Mittlere Reife verlassen.

II Scheitern in den Bewerbungs- und Einstellungsverfahren der Ausbildungsbetriebe

Selbst wenn man den Hauptschulabschluss in der Tasche hat, gelingt der Zugang zur Ausbildung im Rahmen des Bewerbungs- und Einstellungsverfahren dennoch oft nicht. Der eine Grund ist, dass zu wenige Ausbildungsplätze in den Zielberufen gegeben sind. Viele Betriebe - besonders kleine Handwerksbetriebe - bilden nicht mehr aus, wobei oft innerbetriebliche Gründe entscheidend sind. Der andere Grund ist, dass das Leistungsbild der Bewerber/innen den von Betriebsseite erwarteten Kompetenzanforderungen nicht entspricht (vgl. Gartz/Hüchtermann/Mrytz 1999: 65ff.).

69,9 % der Hauptschüler mutmaßen wenige Monate vor Ende ihrer Hauptschulzeit noch, dass sie sich gleich danach in einer Ausbildung befinden würden (BMBF 2007: Überblickstabelle 5). Doch bei rund der Hälfte gelingt dies nicht. Sie finden sich dann just in Berufsvorbereitungs- oder Berufseinstiegsmaßnahmen oder mit etwas Glück in der Berufsfachschule wieder. Von den unvermittelten Bewerbern waren 2006 die größte Gruppe Jugendliche mit einem Hauptschulabschluss (43,7 %), gefolgt von 38,5 % mit einem mittleren Abschluss (ebd.). Nur ein Drittel entstammt dabei dem aktuellen Schuljahresentlassjahrgang, während rund zwei Drittel (64 %) Altbewerber aus früheren Jahren sind, die noch keinen Ausbildungsplatz fanden.[2] *„Ausbildungsanfänger unter 18 Jahren sind zu einer Minderheit geworden. Denn Haupt- und Realschulabsolventen benötigen immer mehr Zeit, bis Ihnen der Einstieg in die Lehre gelingt. Besondere Probleme haben Schulabgänger mit weniger guten Noten",* teilt im September 2007 das BiBB mit (Beicht/Friedrich/Ulrich 2007: 1).

III Probezeit und vorzeitiger Abbruch der Ausbildung seitens des Betriebs

Hat ein Jugendlicher einen Ausbildungsplatz erlangt, kann er sich dennoch nicht in Sicherheit wiegen. In den letzten zehn Jahren wurden jährlich rund 21-24 % der Ausbildungsverträge vorzeitig gelöst, zuletzt (2005) waren es bundesweit noch 19,9 % (vgl. BMBF 2007: 87 und Übersicht 44-46; in Bad.-Württ.: 16,0 %.). Nahezu die Hälfte der gelösten Neuverträge wurden auch im Jahr 2005 bereits im ersten Ausbildungsjahr wieder gelöst (48 %), fast ein Drittel im zweiten Jahr (32 %) und 19 % der Lösungen erfolgten im dritten oder noch im vierten Ausbildungsjahr (1,6 %). Auf die eigentliche Probezeit entfiel jedes vierte gelöste Ausbildungsverhältnis (25 %; BMBF 2007. Teil II: 127).

Geht die Vertragslösung dabei vom Betrieb aus, dann sind häufig Verhaltensprobleme wie etwa fortgesetzte Unpünktlichkeit die Ursache. Die Umstellung von der Schule auf 8 Stunden körperliche Arbeit und andere Alltagsrhythmen sowie neue Kompetenzanforderungen erschöpft in den ersten Wochen und Monaten die Jugendlichen. Wenn dann Konflikte mit Vorgesetzten oder anderen Mitarbeitern hinzukommen, eskaliert die Problematik u.U. innerhalb der ersten Wochen und es kommt zum Abbruch. Teilweise gelingt es den betroffenen Jugendlichen, in einem anderen Beruf oder Betrieb die Ausbildung fortzusetzen, der Mehrheit jedoch nicht.

IV   Neuanfang nach einem Ausbildungsabbruch

Die Chance, nach einem Ausbildungsabbruch noch einen zweiten Lehrvertrag zu erlangen, sind für schwache Jugendliche ausgesprochen gering – ganz gleich, von welcher Seite das erste Ausbildungsverhältnis gelöst wurde. Firmen, bei denen sich Abbrecher bewerben, fürchten schlicht einen erneuten Abbruch, der dann eine betriebliche Fehlinvestition darstellen würde. Das Stigma des Abbrechers haftet allzu fest an. Vielen bleibt dann nur noch der Weg zur un- und angelernten Arbeit offen – eine Jobberkarriere. Also eine riskante Erwerbsbiografie, da man als erster entlassen wird, wenn die Auftragslage im Unternehmen schwierig wird, während Facharbeiter i.d.R. länger gehalten werden.

V   Zwischenzeugnisse und -prüfungen in den Berufsschulen

Der erfolgreiche Verlauf der Ausbildung scheint besonders gefährdet durch die theoretischen Anforderungen in den Berufsschulen, da die aus der Hauptschule mitgebrachten Kompetenzen oft nicht genügen. Die Deutsch- und Mathematiknoten der Hauptschulabsolventen sinken beim Übergang von der Haupt- in die Berufsschule meist um 1-2 Notenstufen ab, so die Erfahrungswerte der Ausbilder etwa in der Industrie (siehe unten Projekt SchuB). Verhängnisvoll ist, dass die im Ausbildungsverlauf erworbenen Zensuren der Berufsschule in hohem Maß mit der Abschlussprüfung verrechnet werden. So scheitern nicht wenige am Ende der Ausbildungszeit doch noch an den nicht mehr kompensierten schlechten Berufsschulleistungen der ersten Ausbildungsjahre.

In einer Untersuchung des Instituts der Deutschen Wirtschaft (Gartz u.a. 1999: 124) gaben bereits 1996 von über 760 befragten Unternehmen in Handwerk, Industrie und Handel 43,5 % an, dass sie zur Unterstützung ihrer Auszubildenden in der Berufsschule zusätzlichen betriebsinternen Unterricht besonders in Mathematik anbieten müssen. Der Anteil dürfte tendenziell steigend sein.

VI Abschlussprüfung in der Ausbildung

Von jenen Auszubildenden, die es durch Probezeit und Zwischenprüfung bis zur Abschlussprüfung schaffen, scheitern im Abschluss wieder 14,3 % beim ersten Versuch, junge Männer häufiger als junge Frauen (BMBF 2006: Kap. 2.2.6). In Berufen, in denen Hauptschüler stärker vertreten sind wie Bäcker, Maler, Bauberufe, bestehen im ersten Anlauf rund 20 % die Prüfung nicht.
Die Mehrzahl derer, die nicht bestehen, unternimmt einen Wiederholungsversuch. Die meisten sind dann erfolgreich, bei rund 5 % aber misslingt er erneut. Diese müssen dann endgültig ohne Facharbeiterabschluss die Ausbildung beenden. Die endgültige Erfolgsquote stellt sich so je nach Branche sehr unterschiedlich dar. Sie liegt im Durchschnitt der Branchen bei rund 95 %, kann aber auch wie bei den Ausbaufacharbeitern im Industriebereich auch bei nur 62 % liegen (ebd.: 125).

Industrie und Handel sieben bereits in der Vorauswahl vor Ausbildungsbeginn kräftig unter den Bewerbern und haben auch deshalb eine eher geringe Quote des Nicht-Bestehens (2004: 8,7 %), während diese im Handwerk fast doppelt so hoch ist (15,6 %; BMBF 2006: 124).[3]

VII Zweite Schwelle: Übergang von der Ausbildung in eine Festanstellung

Nach erfolgreich abgeschlossener Ausbildung sind beileibe nicht alle Hürden überwunden. Bei der ‚zweiten Schwelle', dem Einstieg in das Erwerbsleben, schwanken die Übernahmequoten branchenspezifisch zwischen 28 % und 77 %. Industrie oder Kreditgewerbe, die besonders hohe Summen in die Ausbildung investieren, weisen in den alten Bundesländern hohe Übernahmequoten von 68-77 % auf, während es in Baugewerbe und Handel gerade mal 52 bzw. 56 % (alte Bundesländer BMBF 2007: Übersicht 82) sind und im Gastgewerbe gar nur jeder dritte Azubi (36,5 %) übernommen wird. Allerdings sind dies im europäischen Vergleich nicht unbedingt schlechte Übergangsquoten (vgl. Hannan/McCoy/Raffe 1999; Gangl 2003).

Insgesamt kam es in den alten Bundesländern 2005 nur bei 55 % zu einer Festanstellung im Ausbildungsbetrieb. Rechnet man jene hinzu, die eine qualifikationsgerechte Anstellung in Fremdbetrieben fanden, so schwanken die Quoten zwischen 70 % (Gastronomie) und 90 % (Industrie). Von einer Nicht-Übernahme dürften hauptsächlich die ehemaligen Sonder- und Hauptschüler betroffen sein, da kaum anzunehmen ist, dass die Realschulabsolventen unter den Auszubildenden mehrheitlich von den Hauptschülern in ihrem Leistungsvermögen überrundet werden. Und am Ende werden die fachlich sowie bei den Schlüsselkompetenzen Leistungsstärksten von den Betrieben eingestellt.

VIII   Berufseinstieg nach Arbeitslosigkeit oder ausbildungsfremder Tätigkeit

Viele der Nicht-Übernommenen münden zunächst in die Arbeitslosigkeit oder nehmen eine ausbildungsfremde Arbeit an. Die Gefahr ist dabei, dass sich nach etlichen Jahren in der ausbildungsfremden Tätigkeit die Chancen auf einen Zugang im *erlernten* Beruf zunehmend reduzieren. Denn jährlich rücken neu ausgebildete junge Facharbeiter/innen auf dem Arbeitsmarkt nach, die allein schon deswegen tendenziell bessere Einstellungschancen haben, weil sie fachlich ‚drin' und auf aktuellem Stand sind (vgl. Blossfeld 1985, 1988; Rothermund/Brandstätter 1997).

2 Der Übergangsprozess als Hürdenlauf

Der Weg in die feste Erwerbstätigkeit erweist sich folglich als regelrechter Hindernisparcours. Gymnasiasten, Realschüler oder gute Hauptschüler mit Notendurchschnitten besser als 2,5 bringen diesen ‚Hürdenlauf' relativ problemlos hinter sich. Für die schlechtere Hälfte der Hauptschulklassen jedoch und vor allem das unterste Viertel dieser Jugendlichen stellt jede einzelne dieser 6-8 Hürden u.U. eine existentielle Herausforderung dar, die sie nur mit großem Kraftaufwand überwinden – und ohne externe Hilfe eben oft nicht meistern. Wenn also viele bereits an der ersten Schwelle, beim Zugang zur Ausbildung, scheitern, so wundert dies nicht. Im städtischen Bereich sind es inzwischen meist noch 10-15 %, denen nach Verlassen der Hauptschule ein Direktzugang zur Ausbildung gelingt.

Weil sie um diese schlechten Chancen wissen, favorisieren bereits rund zwei Drittel der Neuntklässler den Weg zum mittleren Abschluss über die *Berufsfachschulen* als erste Wahl. Wegen geforderter Mindestnoten und begrenzter Aufnahmekapazitäten in den Berufsfachschulklassen steht aber nur jedem zweiten dieser Gruppe dieser Bildungsweg offen. Und selbst von diesen scheitern dann in der Berufsfachschule wieder viele. Hiller/Richert (2000: 9) stellen in ihrer Untersuchung fest, dass von jenen, die den mittleren Abschluss bzw. die Fachschulreife anstreben, jeder vierte aufgrund seines Leistungsbilds keine günstige Prognose hat. Häußler (1998: 16) bestätigt diese Größenordnung, wenn er darauf verweist, dass bis zu 30 % die zweijährige

Berufsfachschule vorzeitig abbrechen. Hinzu kommen jene, die am Ende in der Abschlussprüfung scheitern.

Auch nach einem Berufsvorbereitungsjahr ist die Perspektive nicht unbedingt günstig. Nach der Untersuchung von Hiller/Richert gelang es nur jedem zehnten BVJ-Absolventen anschließend in Ausbildung und Schule voranzukommen und nicht nur in eine Jobber- oder Maßnahmenkarriere einzumünden.[4] Schwark (1997: 17) spricht von „Globalisierungsverlierern", das Max-Planck-Institut bezeichnet sie als „Modernisierungsverlierer" (Cortina u.a. 2003: 135). Modernisierung wie Globalisierung führen im gesamtgesellschaftlichen Prozess

- *einerseits* zu ständig weiter angehobenen Erwartungen an die formale Schulbildung und faktische Kompetenz derer, die Arbeitsplätze haben wollen,
- *andererseits* in den unteren sozioökonomischen Schichten, denen die Hauptschulklientel großenteils entstammt, zu Ressourcenverknappung und immer schwieriger gestalteten Lebens-, Unterstützungs- und Lernbedingungen.

All diese Tatbestände dokumentieren die erschwerte Zugänglichkeit des Arbeitsmarkts für schwächere Jugendliche und die unzureichende Voraussetzungen, mit denen sie etwa die Hauptschule verlassen. „*Das testierte Bildungskapital reicht bei 38,6 % dieser jungen Leute kaum aus, um das Vorhaben, auf das sie sich eingelassen haben (..) erfolgreich zu Ende zu bringen*", resümieren Hiller/Richert (2000: 9f.). Sie stellen fest, dass besonders die Jungen als die Verlierer des Hauptschulbildungsgangs auszumachen seien. Eher als die Mädchen neigen die Jungen im Hauptschulbildungsgang dazu, nach Klasse 9 nicht erneut eine Vollzeitschule zu besuchen, sondern direkt in eine Lehre zu gehen. Für sie ist es deshalb besonders wichtig, von der allgemein bildenden Schule so vorbereitet zu werden, dass sie die erste Schwelle erfolgreich bewältigen können.

3 Erste Konsequenz: langfristige Begleitung erforderlich

An den verschiedenen Stellen des Übergangs - besonders bei den Hürden I und II bzw. im Kontext von Hauptschule und BVJ - finden sich mittlerweile allerlei Helfersysteme, die mit der Zunahme der ‚drop-outs', der Fälle des Scheiterns, implementiert wurden: Schulsozialarbeit; Berufsjugendhelfer/innen und Berufslotsen; Streetworker; Sozialpädagogen/innen der Kommunen und Betriebe; ehrenamtliche Mentoren/innen, Jugend- und Lernbegleiter/innen (Senioren, Ausbilder, Jugendarbeiter); befristete Stellen in ESF- oder Mercator-Projekten u.v.m. Angesichts dieser Vielschichtigkeit von Helfersystemen möchte man ein ausgezeichnetes Gelingen des Übergangs auch der schwachen Jugendlichen annehmen. Doch mitnichten, vielmehr scheint inzwischen ein Problem zu sein, dass nicht selten

- zu viele zeitgleich und unkoordiniert oder
- in kurzzeitig getakteter Folge nacheinander

mit denselben Jugendlichen arbeiten. Jeder nimmt dabei nur einen begrenzten Aspekt oder eine kurze Etappe in den Blick, für die er oder sie beauftragt ist. Die diversen Helfer geben sich vor, während und nach etwa dem BVJ die Klinke in die Hand und erfahren nicht selten, dass es wenig effizient ist, wenn man einen langen zeitlichen Vorlauf braucht, bis der ‚Draht' zum jeweiligen Jugendlichen wirklich aufgebaut ist, um dann effektiv nur noch ein halbes Jahr oder ein Vierteljahr mit ihm arbeiten zu können.

So werden diese Jugendlichen u.U. weitergereicht in kurzzeitiger Taktung und die Effekte bleiben unnachhaltig. Gewiss können die diversen Unterstützungsleistungen sinnvoll sein, doch es braucht im Zentrum des Helfergeflechts eine kontinuierliche Beziehung, einen festen pädagogischen Bezug. Diese Jugendlichen brauchen wenigstens eine langfristige Begleitperson, die

1. den Jugendlichen mit seinen Träumen und Marotten, Stärken und Schwächen *gut kennt*, nicht nur sein Vertrauen erworben hat, sondern auch das der Eltern, und die deshalb wirklich effektiv einwirken kann;
2. *verbindender Ansprechpartner* für andere sein kann – Lehrkräfte, Sozialarbeiter und Ehrenamtliche –, die kurzzeitig und mit spezifischen Teilzielen mit dem Jugendlichen arbeiten;
3. die *ganze Strecke* der Hindernisse und Etappen auf dem Weg ins Erwerbsleben übersieht und deshalb in alternativen Strategien gemeinsam mit dem Jugendlichen seinen Übergangsweg planen und bewältigen kann.

Dies kann eine Sozialarbeiterin oder eine Lehrkraft sein, auch ein dafür eigens kompetent gemachter ehrenamtlicher Mentor. Dadurch entstünde die Chance mit einer längerfristigen Perspektive, also gründlich und nachhaltig, an ungünstigen Denk-, Reaktions- und Handlungsmustern zu arbeiten, die bei nicht wenigen dieser leistungsschwächeren Jugendlichen den Kern ihrer individuellen Problematik darstellen und ihnen den Übergang ins Erwerbsleben immer wieder erschweren oder verderben.

Als weitere Konsequenz der Einsicht in den beschriebenen ‚Hürdenlauf' sollten die einzelnen Hindernisstrukturen hinsichtlich ihrer Problemstellen für schwache Jugendliche und möglicher Unterstützungsmaßnahmen genauer analysiert werden. Welchen Ertrag eine solche Analyse zu erbringen vermag, soll exemplarisch anhand von einigen ausgewählten Ergebnissen des auf die erste Schwelle im Übergang bezogenen Projekts SchuB verdeutlicht werden.

4 Projekt SchuB: Woran scheitern Hauptschüler beim Zugang zu einem Ausbildungsplatz?

Das Projekt Schule und Betrieb (SchuB) wird seit 2003 von der PH Ludwigsburg gemeinsam mit dem Kultusministerium und den Arbeitgeberverbänden in Baden-Württemberg durchgeführt. Sein Ziel ist, die Kompatibilität zwischen Hauptschule und Ausbildungsbereich zu erhöhen. Insgesamt umfasst das Projekt drei Tranchen:

- 2003/04: *Empirische Untersuchung* einerseits der betrieblichen Erfahrungswerte und Anforderungen in den Einstellungsverfahren und in der Ausbildung (Fokus: Berufe in der Metall- und Elektroindustrie) sowie andererseits der Leistungsprofile von Hauptschüler/innen gegen Ende des achten Schuljahrs; Identifizierung von Inkompatibilitäten beider Bildungsbereiche.
- 2004/05: *Entwicklung, Erprobung und Evaluation von Lernmodulen* zur ausbildungsbezogenen Förderung mathematischer und sprachlicher Kompetenzen.
- 2006ff.: *Landesweite Implementierung* der Lernmodule in Kooperation mit Hauptschulen in allen 4 Regierungsbezirken.

In der ersten Tranche wurde in den drei untersuchten Modellregionen (urbanes Umfeld: Mannheim; ländlicher Raum: Oberschwaben; Mischregion: Mittlerer Neckar/Ludwigsburg) zunächst in einem qualitativen Zugriff mit strukturierten Experteninterviews die Ausbilder von Industriebetrieben unterschiedlicher Größe befragt. Erkundet wurden die Verfahren zur Auswahl von Auszubildenden und die Erfahrungen mit Hauptschülern in Einstellungsverfahren und Ausbildung.

Es ergab sich das Bild eines meist vierstufigen Verfahrens (Abb. 1). Besonders für die Hauptschüler erwies sich dabei die Phase 1 der Vorauswahl als die entscheidende. In ihr werden von den oft mehreren hundert Bewerbern in Industrieunternehmen 70-90 % bereits wieder ausgeschieden. Dabei liegt für die Bewerber mit Hauptschulabschluss der Prozentsatz tendenziell noch darüber. In dieser Phase wird rein nach Aktenlage entschieden. Dabei hat dann von allen Dokumenten das Schulzeugnis die bei weitem höchste Relevanz. In den Interviews verdeutlichte sich weiter, dass es innerhalb der Zeugnisse fast stets die Mathematik- und die Deutschnoten sind, die ganz ausschließlich darüber entscheiden, ob ein Bewerber im weiteren Verfahren (Test usw.) bleibt oder ausgeschieden wird. Hat man in diesen Fächer Noten unterhalb der 3, so ist dies meist ein k.o.-Kriterium, ebenso wie Kopfnoten, die schlechter als „gut" sind.

---

(1) Vorauswahl

Gestaltung des Bewerbungsschreibens mit Anlagen
Art des Schulabschlusses
Schulzeugnis generell
Noten im Einzelnen: Mathematik, Deutsch, Kopfnoten, andere Fächer
Portfolios / Sonderbescheinigungen / Zertifikate /
Außerschulisches Engagement z.B. in Vereinen oder in der Jugendarbeit
Praktika im Betrieb bzw. im Zielberuf

(2) Einstellungstest

(3) Gruppenprüfung

(4) Einzelgespräche mit den Bewerbern/innen

Abb. 1: **Vierstufiges Auswahlverfahren von größeren Ausbildungsbetrieben**

Berufspraktika können schlechtere Noten bei den Kulturtechniken zwar in manchen Handwerksberufen aufwiegen, nicht aber in der Industrie, deren Ausbildungsplätze aber gerade bei den Jungen besonders begehrt sind. Der Hauptgrund liegt darin, dass nach der Erfahrung der Ausbilder die Hauptschüler in der Berufsschule um 1-2 Noten absacken und die Zwischen- oder Abschlussprüfung dann nicht bestehen. Auch Zertifikate und Bescheinigungen, die Engagement und Schlüsselkompetenzen belegen, können schlechte Rechen- und Sprachfähigkeiten nicht kompensieren, sondern helfen nur jenen im weiteren Verfahren, die auch ordentliche Noten bei den beiden Kernfächern aufweisen. In unmissverständlicher Klarheit wurde also deutlich, dass die vielen in den zurückliegenden Jahren implementierten pädagogischen Sondermaßnahmen und Zertifizierungen aller Art zwar gewiss sinnvoll sind, aber den Jugendlichen im Übergang keine besseren Chancen verschaffen – was oft davon erhofft wird –, wenn nicht zugleich die Kulturtechniken auf einem passablen Niveau gesichert sind.

In einer daran anschließenden zweiten Befragung differenzierten wir die Befunde. Wir befragten Lehrkräfte der Hauptschulen, in welchem Maß bestimmte sprachliche und mathematische *Teilkompetenzen* bei den Hauptschülern in Kl.8/9, wenn sie sich bewerben, gegeben sind (Ist-Stand ihres Stärken-Schwächen-Profils; Abb. 2 und 4)[5]. Dass diese Leistungsprofileinschätzung zutreffend ist, wurde in einer weiteren Befragung von Lehrkräften in BFS-, BVJ- und Teilzeitschulklassen der Berufsschule bestätigt.

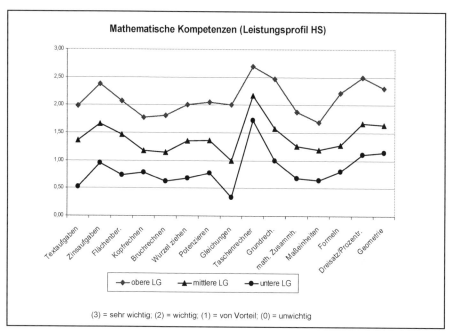

Abb. 2: **Ist-Stand: Stärken-Schwächen-Profile von Hauptschülern Kl. 8 im Bereich Mathematik**

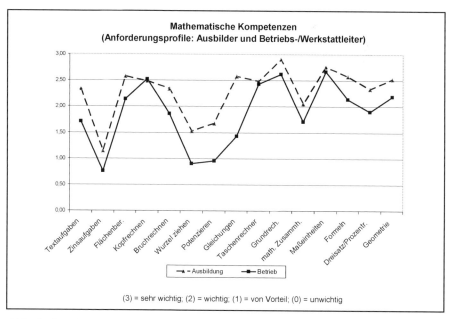

Abb. 3: **Soll-Stand: Anforderungsprofile in den Unternehmen im Bereich Mathematik**

Dem gegenübergestellt wurden die Anforderungsniveaus (Soll-Stand), die
die betrieblichen Ausbilder und Werkstattleiter verdeutlichten (Abb. 3 und
5).

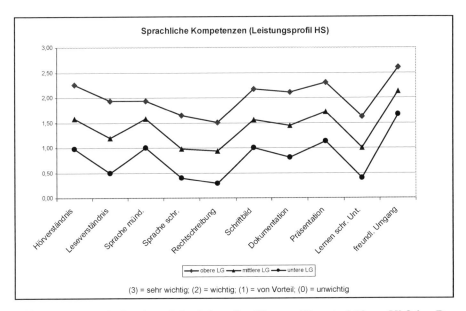

Abb. 4: **Ist-Stand: Stärken-Schwächen-Profile von Hauptschülern Kl.8 im Bereich Deutsch**

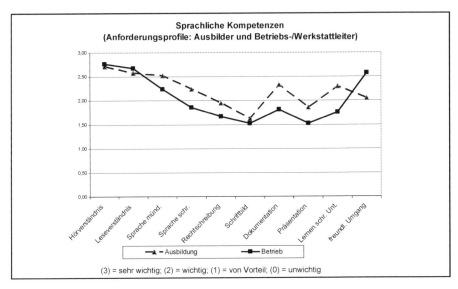

Abb. 5: **Soll-Stand: Anforderungsprofile der Betriebe im Bereich Deutsch**

Dabei ergaben sich völlig konträre Profilierungen. Es wurde deutlich, dass es vor allem um die basalen Fähigkeiten innerhalb der Kulturtechniken geht; sie entscheiden über Erfolg und Misserfolg im Zugang zur Ausbildung und in deren Verlauf. Damit waren klare Anhaltspunkte gegeben, an welchen Defizitbereichen bzw. Diskrepanzen schwächere Jugendliche in den Bewerbungsverfahren scheitern und worauf in Lern- und Unterstützungsmaßnahmen abzuheben sei.

Diese wenigen ausgewählten Ergebnisse des Projekts SchuB[6] mögen exemplarisch verdeutlichen, welcher Ertrag sich durch eine gezielte Beforschung der weiter oben ausgeführten acht Hürden im Übergang Schule-Arbeitswelt ergeben könnte.

5 Zweite Konsequenz: Von empirischen Ergebnissen zu konkreten Lernkonzepten

Wie solche empirischen Befunde dann unmittelbar in Unterstützungsmaßnahmen einmünden können, lässt sich ebenfalls am Beispiel des Projekts SchuB verdeutlichen. Die skizzierten Ergebnisse führten in einer 2. Tranche zur Entwicklung einer Lernmodulkonzeption für den Deutsch- und den Mathematikunterricht. Dazu wurden jeweils 5-6 Teilkompetenzen in beiden Fachbereichen fokussiert, bei denen eine hohe Diskrepanz von Ist- und Soll-Stand feststellbar wurde. Experten aus Hauptschulen, Hochschulen und Seminaren der zweiten Phase der Lehrerausbildung erstellten sodann 40- bis 80-seitige Lernmodule, die in rund 15 Stunden bzw. 4-6 Schulwochen von Schülern der Kl. 8/9 selbstständig durchgearbeitet werden können. Dabei wurden einheitlich sieben didaktische Vorgaben oder Prinzipien beachtet (Abb. 6).

---

(1) **Konzentration auf Kernkompetenzen für gesellschaftlich-beruflichen Erfolg** (Kulturtechniken M /D)

(2) **Individuelle Lernvoraussetzungen beachten:** Module für schwache und Module für starke Schüler/innen

(3) **Arbeitsweltbezug** bei den Kulturtechniken: Berufsfeldbezug der Lernmodule des M-/D-Lernens

(4) **Differenzierung: Teilkompetenzen** heranbilden, den individuellen Defizite und Berufsperspektiven entsprechend

(5) **Selbstständiges Lernen** über einen längeren Zeitraum

(6) **Evaluation:** vor und nach Modularbeit Leistungsbild erheben (Lernzuwachs)

(7) **Kumulatives Lernen** statt ‚Einzelblattdidaktik'

Abb. 6: **Prinzipien bei der didaktischen Konzipierung der Lernmodule für Mathematik und Deutsch**

Die Konzeption wurde dabei so ausgestaltet, dass nicht nur eine an individuellen Lernbedarfen ansetzende Einzelförderung möglich ist, sondern diese auch im Rahmen des Klassenunterrichts angesichts der üblichen heterogenen Breite von Hauptschulklassen umsetzbar ist. Die entwickelten Module wurden 2005 zunächst in den drei Modellregionen von 30 Hauptschulen erprobt, evaluiert und anschließend überarbeitet (Weingardt 2006a). In einer breiteren Erprobung in allen vier Regierungsbezirken Baden-Württembergs wurden sie danach 2006/07 von gut 150 Hauptschulen in den achten Klassen eingesetzt und erneut evaluiert (Rücklauf Lehrkräfte N= 86 Schüler N=1710). Dabei wurde deutlich (Weingardt 2006a)[7]:

- Lehrkräfte und Schüler reagierten auf die Lernmodulkonzeption ganz überwiegend positiv.
- Die Motivation der Schüler/innen ist bei der Lernmodularbeit nach Lehrer- und Schüleraussagen höher wie im Regelunterricht.
- Eine mehrmalige Anwendung im Laufe des achten und neunten Schuljahres ist gut möglich.
- Besonders motivierend wirken auf die Schüler die Möglichkeiten zu selbstreguliertem Lernen durch die individuelle Entscheidung über Lerntempo und Sozialform (Einzel- oder Partnerarbeit) sowie die Möglichkeit zur Selbstkontrolle.
- Der durch die Schüler erlangte Lernzuwachs ist gemessen am Zeitaufwand und der selbstständigen Arbeitsweise der Jugendlichen zufrieden stellend.
- Der Zeitaufwand zur Vor- und Nachbereitung von Unterricht ist bei der Lernmodulkonzeption für die Lehrkräfte nach eigener Aussage nicht höher, sondern tendenziell geringer als beim Regelunterricht.
- Die Lehrkräfte bewerten die durch die Lernmodulkonzeption entstehende Möglichkeit, die Rolle eines Lernbegleiters einzunehmen, der sich einzelnen Schülern intensiver zuwenden kann, sehr positiv.
- Die der Modulkonstruktion zu Grunde gelegten didaktischen Prinzipien werden von den Lehrkräften durchweg als sehr relevant bewertet.

Diese Evaluationsergebnisse flossen in eine erneute Optimierung der Lernmodule ein. Sie sollen künftig allen Hauptschulen des Landes zur Verfügung stehen.[8]

6 Perspektive

Die anhand der Ergebnisse des Projekts SchuB dargestellten Forschungsbefunde und Unterstützungskonzepte zu den speziellen Problemen an der ersten Schwelle des Übergangs in die Arbeitswelt sind exemplarisch zu verstehen. Den weiteren oben genannten Hürden gebührt eine ähnliche wissenschaftliche Aufmerksamkeit und Konzeptionsbildung. Wenn sich solche schrittweise Fundierungen in der Übergangsgestaltung mit dem erwähnten pädagogischen Konzept einer langfristigen Begleitperson verbinden, dürften sich die Chancen gerade für *jene* leistungsschwachen Jugendlichen erhöhen lassen, die anderenfalls selbst bei der prognostizierten Entspannung des Arbeitsmarkts durch zunehmenden Fachkräftemangel größte Mühe haben dürften, einen Zugang zu demselben zu finden.

---

[1] Die poststrukturalistische Tendenz dieses Ansatzes lebenslaufbezogener Soziologie pointieren Sackmann/ Wingens (2001: 11) so: „Eine lebenslaufsoziologische Perspektive wendet sich damit gegen theoretische Ansätze, die – überspitzt ausgedrückt – Gesellschaften als statische Systeme konzipieren, deren rollenfixierende Koordinaten den Individuen in einem Struktur einprägenden Akt einverleibt werden. Gesellschaften sind keine statischen, sondern prozessuale Gebilde."

[2] Mit zunehmender Tendenz: im Vorjahr (2005) waren etwa in den neuen Bundesländern 10% weniger Altbewerber (BMBF 2007: 33).

[3] Freilich sind die schulbezogenen Unterstützungsleistungen den kleinen Handwerksbetrieben seltener möglich wie den größeren Industriebetrieben.

[4] Deutlich besser sind die Chancen bei einer Beschulung in innovativen Strukturen wie etwa den Kooperationsklassen Hauptschule - BVJ in Baden-Württemberg (Hainmüller 2001).

[5] Differenziert wurde das Profil für drei Leistungsgruppen innerhalb der Hauptschulklientel erfragt: Schüler, die auf den mittleren Abschluss zuarbeiten und deshalb den Zusatzunterricht besuchen (obere Leistungsgruppe), Schüler, die in max. einem Hauptfach eine bessere Note als die 4 haben (untere Leistungsgruppe) und die dazwischen Befindlichen (mittlere Leistungsgruppe).

[6] Weitere Ergebnisse zum Projekt SchuB finden sich unter www.uebergang.org.

[7] Derzeit werden weitere Evaluationsergebnisse analysiert und aufbereitet.

[8] Die Lernmodule sind im Buchhandel beziehbar: siehe Weingardt 2006b und 2006c.

Lothar Beinke

Der Einfluss der Eltern und der peer-groups

1 Ausgangslage

In der Reihenfolge der gestellten Thementeile sollen die Intensität und der Umfang des Elterneinflusses auf die Berufswahl dargestellt werden. Haben die Eltern Einfluss auf die Berufswahl ihrer Kinder und wenn Ja in welchem Umfang und in welcher Wertigkeit? Will man einer Antwort auf diese Frage näher kommen, dann muss man nach drei Kategorien unterscheiden: nach Vorstellungen, denen man in Gesprächen mit Experten und Laien sehr oft begegnet und die lauten:

1. Ja, Eltern haben einen oft sogar großen Einfluss auf die Berufswahl ihrer Kinder. Man erfährt dabei aber nicht, ob dieser Einfluss ausreicht oder ergänzungsbedürftig ist.
2. Ja, aber dieser Einfluss ist qualitativ bedenklich oder gar für eine den Eignungen und Neigungen der Jugendlichen gegenüber erforderliche Objektivität kontraproduktiv, denn eine sachgerechte Beratung im Prozess der Berufswahl ist ihnen kaum möglich, da sie nicht über die erforderlichen Sachkenntnisse verfügen.
3. Nein, Eltern - besonders in sozial schwachen Familien - kümmern sich kaum in dieser Frage (in anderen, hier nicht relevanten auch) um ihre Kinder, vernachlässigen sie.

Es fehlt - das kann man schon aus der Art der Stellungnahme auf diese Frage erkennen - eigentlich allen Bewertungen ein Beweis oder auch nur ein Beweisversuch der aufgestellten Behauptungen.

Die erste Ansicht wird z.B. in den Schriften und anderen Äußerungen der Agentur für Arbeit (BA) zu finden sein. Sie wirkt so wie zufällig dahingesagt, wird von Berufsberatern kaum hinterfragt und bleibt damit kaum praktikabel. Es gibt auch - selbst nicht in Elternversammlungen - wirkliche Berücksichtigung der Elternmeinungen und -wünsche oder gar konstruktives Einbinden der Eltern zur Unterstützung der Beratung für die Berufsorientierung. Auch in den Einzelberatungen scheinen Elternbeteiligungen eher unerwünscht zu sein. Ich komme darauf zurück.

Die zweite Ansicht findet man auch unter Berufsberatern vertreten, sie taucht aber besonders unter Pädagogen auf. So berechtigt die Hoffnung und Absicht von Lehrern ist, im Prozess der Berufswahl ihren Schüler/innen helfen zu können, ihnen fehlen gegenwärtig in der Regel fundierte Kenntnisse (was erfahrene Lehrer wissen und was andere zu kompensieren versuchen), deshalb sind ihre positiven Leistungen da zu finden, wo es um die Organisierung von Realbegegnungen ihrer Schüler/innen mit der Arbeits- und Berufsrealität geht. Wenn auch die Bemühungen zur Übernahme dieses

Themas bereits in der frühen Phase der Auseinandersetzungen um die Einrichtungen einer Berufsberatung und Arbeitsvermittlung im damaligen Deutschen Reich begannen und leider scheiterten, da damals mit der Monopolisierung dieser Aufgabe bei der Reichsanstalt für Arbeit (verständlicher Weise, berücksichtigt man die damalige Zeit der großen Depression - man schrieb 1927) die Weichen zu Gunsten der ökonomischen Notwendigkeiten gelöst wurden, sind die Schulen bis heute nicht in der Lage gewesen, die curricularen Bedingungen zu schaffen, die für eine erfolgreiche Berufsberatung in der Schule erforderlich wären. Stattdessen werden die Polemiken, die noch in den 70er Jahren z.B. von Walter Jaide vertreten wurden (Eltern seien unfähig, Berufsberatung ihrer Kinder verantwortungsvoll zu übernehmen) heute wiederholt. Dabei wurden die Argumente - unbekümmert von den heutigen Forschungsergebnissen zu diesem Thema - fast unverändert übernommen.

Die dritte Ansicht scheint - wenn auch kaum empirisch zu dieser Thematik überprüft und deshalb dadurch vermutlich nicht ohne Vorurteilsverdacht - der Wirklichkeit zu entsprechen. Bevor jedoch keine Analysen darüber vorliegen, ob und wenn ja Gespräche in den Familie auch dieser sozialen Gruppen geführt werden und damit die Möglichkeit nicht ausgeschlossen werden kann, dass in sozial adäquater Form Beratungen stattfinden, die sich aber den erwarteten Standards entziehen, die in Mittelschichtenfamilien angelegt werden, sind derart abschätzige Urteile nicht förderlich, weil sie nämlich Zugänge verstellen, die hier den Elternaktivitäten an die Seite gestellt werden können.

2 Einfluss der Eltern

Zu diesen dargelegten Meinungen sind nun Forschungen zu befragen, ob und wie die Eltern ihren Einfluss auf die Berufswahl geltend machen. Diese Frage ist auch im Sinne der Jugendlichen zu klären, denn mit dem Wissen um den Einschluss der Eltern in die Beratung ist die Qualität dieser Beratung zu verbessern. Dass es zu einer derartigen Verbesserung kommen muss, ist aus zweierlei Gründen plausibel: Die Jugendlichen, die eine Berufsentscheidung treffen, die sie selbst als wenig befriedigend empfinden (oft aus fehlenden Berufswunschüberprüfungen in gezielten Betriebspraktika resultierend) bleiben unzufrieden mit der Wahl. Unter ihnen sind die Abbrecherquoten besonders auffällig. Es gilt nämlich keineswegs mehr die Ansicht, eine X-beliebige formalisierte Berufsausbildung in einem anerkannten Beruf des Dualen Systems sei bereits eine qualitative Entscheidung. Auch die in solchen Fällen oft - ohne einen Berufswunsch realisieren zu können - getroffene Wahl von Warteschleifen in berufsschulischen Vollzeiteinrichtungen erweist sich gegenüber einer akzeptierten Berufsentscheidung als Mangel behaftet.

Der zweite Grund liegt in den Interessen der ausbildenden Betriebe, die spiegelbildlich die gleichen Interessen haben, motivierte Auszubildende anwerben zu können. Denn auch für sie sind Abbrecherquoten oder leistungsschwache Jugendliche - nicht nur aus Kostengründen - ein Problem, ihrem Betrieb möglichst reibungslose Personalrekrutierung zu verschaffen.

Die bisherige Forschung fand heraus, dass nicht Berufsberatung und Schule, sondern Eltern und die Betriebspraktika die wichtigsten Einflussfaktoren auf die Berufswahl Jugendlicher sind. Diese Informanten bestimmen die Entscheidung der Jugendlichen, die nicht mehr nach Tradition, sondern nach Realisierung der eigenen Wunschvorstellungen streben. Die gewünschten Informationen bündeln sich zu einem komplexen Prozess, in dem sachliche, emotionale und auf Eigenerfahrung gegründete Bestandteile abgedeckt sein sollen. Aus diesen drei Informationsquellen entsteht ein Modell gleichrangiger Informationsblöcke - Säulen - die zusammengefasst als „Drei-Säulen-Modell" wirksam werden, das ich hier kurz erläutern möchte.[1]

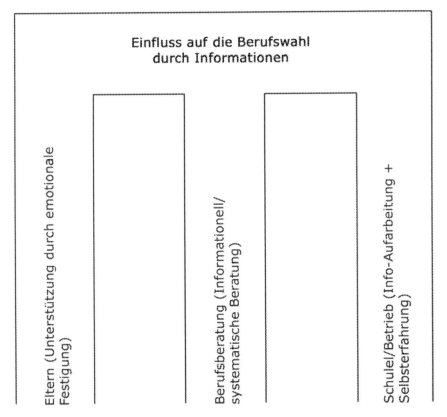

Abb. 1: **Prozess der Entscheidungsfindung im „Drei-Säulen-Modell"**

Wie dargstellt, setzt sich das „Drei-Säulen-Modell" zusammen aus:

- den Eltern und eingeschlossenen Beratungsagenten - u.a. den peers - und dem entsprechenden Umfeld, den „vertrauten Personen";
- den Berufsberatern der Agenturen für Arbeit und den Berufsinformationszentren sowie den
- Schulen, darin enthalten die Betriebspraktika, die von den Schulen organisiert und somit als Teil ihres Berufswahlcurriculums eingebracht werden.

Nahezu alle Erhebungen versuchten herauszufinden,

- welche Präferenzen die Jugendlichen unter der Vielfalt der Informationsmöglichkeiten haben;
- und welche Medien - im weitesten Sinne - die größte Präge- oder Bestätigungskraft auf die Berufswünsche Jugendlicher bewirken.

Die empirischen Befunde belegen diese jedoch nicht bei den Lehrern oder den Berufsberatern, sondern

- bei den Eltern,
- in den Berufsinformationszentren und
- in den Betriebspraktika.

Die Konzentration des Vorschlags, wirksame Berufsorientierung von diesem Zusammenwirken der „Drei Säulen" zu erwarten und damit weitere Einflussmöglichkeiten zu marginalisieren, fordert eine Klärung der Frage ob eine Defizitanalyse dem Anspruch auf die Konzentration Recht gibt. Deshalb soll eine Defizitanalyse unser Vorgehen rechtfertigen, die wir anschließend an die Rollendiskussion der peers-Rolle vorstellen werden.

3 Einfluss der peer-groups

Nach der Einführung in das Thema durch die Darstellung des Eltereinflusses, ist der im zweiten Thementeil gewählte Begriff - die peer-group - zu definieren. Ich möchte dazu - um eine breite Begriffsdefinition in der Kürze dieses Beitrages zu vermeiden - die Funktion von peers im Beratungsprozess zur Berufswahl bestimmen, die Rolle, die peer-groups übnernehmen können.

Die Rolle der peers erweist sich in den Konzepten Heranwachsender für ihre Orientierung im Verlauf des Übergangs von der Schule in eine Berufsausbildung, die in unserer Form der Dualität bedeutet, dass eine Neuorientierung in Verhaltensweisen erfolgen muss, ausdrücklich als wichtig. Mit diesen wird die Entwicklungsaufgabe für berufliche Vorbereitung besser gelöst. Insgesamt bestätigen die Ergebnisse, dass die Heranwachsenden die Informationen, die sie für die Vorbereitung der Berufsentscheidung brauchen, zusammen mit ihren Freunden sammeln und sich gegenseitig fördern. Sie präsentieren sich gegenseitig, was sie herausgefunden haben. Das fördert den Prozess über das Klären ihrer Interessen und Möglichkeiten.

Es gibt offenbar eine systematische Verbindung zwischen unterstützenden Erfahrungen in der Eltern-Adoleszenten-Beziehung auf der einen Seite und die peer-unterstützten Beziehungen mit der Zielsetzung der Karriereforschung auf der anderen Seite. Eine elterliche Unterstützung auf hohem Level scheint mit einer größeren Unterstützung von den altersgleichen Partnern der Heranwachsenden zusammenzugehen. Die Heranwachsenden scheinen gewisse soziale Kompetenzen zu entwickeln, wenn ihre Eltern sensibel auf ihre Entwicklungsforderungen reagieren, die ihnen erlauben, einen Kontakt zu peers herzustellen, die im einzelnen hilfreich als eine sichere Basis für die Erkundung sind.

1) Der Einfluss der peer-groups ist gegenwärtig in Bezug auf die Berufsorientierung und Informationen zur Berufswahl gewachsen und damit bedeutsamer geworden. Er ist aber nicht entscheidend für die Berufswahl. Der Einfluss könnte wachsen, wenn die im Prozess der Berufswahl Beteiligten - Schule - Berufsberatung - Eltern - versagen sollten. Das wäre aber keine Verbesserung der Berufsorientierung, weil die Optimierung aller Beteiligten erst für die Schüler/innen gut brauchbare Ergebnisse bringt.

2) Durch wachsenden Einfluss bis zur Gefahr der Dominierung der peer-groups auf die Berufswahl Jugendlicher wird der Einfluss der Eltern ersetzt bzw. konterkariert.

3) Die Ausweitung des Einflusses der peer-groups ist ein Indiz dafür, dass Jugendgruppen zunehmend Aufgaben der Eltern übernehmen und die Jugendlichen ihre Entscheidungen im Diskussionsprozess mit Gleichaltrigen - besonders in gleicher oder ähnlicher Schul- und Lebenssituation - abstimmen.

Wenn die bisherige Recherche die „Dominanz" von Betriebspraktika und Eltern und nicht von Berufsberatung und Schule belegte, da scheint es mir erforderlich, im Sinne einer Defizitanalyse die Gründe dafür herauszuarbeiten. Denn neben der Schule, deren bisher eher als gering einzustufende Ergebnisse oben angedeutet wurden, ist es doch in der öffentlichen Meinung geradezu die Bundesagentur für Arbeit, die für eine umfassende und erfolgreiche Berufswahl steht. Dabei gilt es auch herauszuarbeiten, wie die unterchiedlichen Ansätze, die die BA auch organisatorisch trennt, auch zu verschiedenen Einschätzungen ihrer Wirksamkeit kommen.

4 Die Defizitanalyse

Bei den bisherigen Forschungen nach den Wirksamkeiten der institutionellen und personell/individuellen Informationen im Rahmen der Beratungsbemühungen im Prozess der Berufswahl für Jugendliche war untersucht worden, welchen Anteil die jeweiligen Informationsagenten am Gesamtergebnis für die Jugendlichen hatten, wo es Verknüpfungsprobleme zwischen Informator und Informant gibt und welchen Einfluss auch funktionale Informationen auf die Entscheidungsprozesse der Berufswähler haben. Dabei wurden Einflussfaktoren aufgedeckt, die zwar bereits bekannt waren, deren Effizienz aber bisher hinter den offiziellen Beratungsinstanzen verborgen blieb.

Allgemein konnte festgehalten werden, dass in der persönlichen Beratung der Berufsberater die Ergebnisse nach Meinung der Jugendlichen eher durchschnittlich, teilweise schlechter waren als die Wirkung der Informationen durch die Lehrer, und dass die Betriebspraktika ein erhebliches Gewicht haben und dieses Gewicht durch konzentrierte Orientierung auf die Überprüfung des Wunschberufes der Schüler/innen noch zugenommen hat. Die Eltern haben einen weiterhin sehr wichtigen Einfluss, der Einfluss der Freunde (peer-groups) wächst zwar, aber eher durch die Unterstreichungen der emotionalen Festigung von Berufswünschen. Das Surfen mit eigenem PC im Internet und in den Datenbanken ist einerseits zu neu, um schon entsprechende Wirksamkeit nachweisen zu können. Es hat andererseits keine führende Bedeutung. Es wird nicht den Bedürfnissen der Berufswähler gerecht. Es besteht eine Schwervereinbarkeit zwischen den individuell gewünschten Informationen und der Struktur der Datenbanken.

Den bisherigen Forschungen ist es bisher wenig bis gar nicht gelungen, ihre Aussagen gegenseitig zu überprüfen und zu einer breiteren belegten Aussage zu kommen.

Damit entsteht grundsätzlich das Problem der Vergleichbarkeit der Ergebnisse, denn die Befragungen haben, trotz der Vielzahl von Untersuchungen, trotz der inzwischen überbrückten Zeiträume, noch nicht zu einer standardisierten Befragung gefunden. So sind z.B. in einer Studie beim IAB Eltern und Verwandte zu einem Item zusammengefasst, ebenfalls Lehrer und Schule. Man weiß aber aus anderen Befragungen, dass hier durchaus sehr unterschiedliche Einflüsse wirksam sind. Man kann auch nicht unterstellen, dass den jungen Menschen Eltern und Verwandte als gleichrangige Informanten gegenüberstehen und dass die Schüler/innen nicht in der Lage seien, zwischen der Beratungsaktivität und -kompetenz des Lehrers und dem vorgegebenen, in Organisationsrahmen gepreßten Aktivitäten der Schule zu unterscheiden.

Dennoch sind einige wichtige Bestätigungen im Vergleich mehrer Befragungen herausgekommen. Den wichtigsten Einfluss für die Entscheidung zur Berufswahl schreiben die jungen Menschen sich selbst zu. Eltern und Verwandte rangieren fast gleichrangig mit dem Betriebspraktikum an zweiter Stelle. Hier sind die Befragungen auch nicht trennscharf, denn die Erfahrungen, die die jungen Menschen im Betriebspraktikum zur Herausbildung eines Berufswunsches machen konnten, sind ja Erfahrungen, die sie in die Lage versetzen, allein zu entscheiden. Deshalb müssen Studien, die der Vergleichbarkeit dienen sollen, zwischen Nutzung von Informationen als Entscheidungsvorbereitung und Entscheidungsakt als Endstufe des Prozesses des Vergleichens, Abwägens und Bewertens getrennt werden.

Die Ergebnisse können also nur einige Tipps für die Interpretation geben. Die Anregungen zur Berufswahl kamen am ehesten vom Betriebspraktikum, dann von den Berufsinformationszentren, dicht gefolgt von den Eltern und Verwandten. Auch hier rangieren Lehrer und Schule weiter abgeschlagen. Die Differenzierung nach der Qualität dieser Anregungen ist besonders aufschlussreich. Den höchsten Wert mit dem höchsten Urteil hat das Betriebspraktikum, die Hilfe der Eltern rangiert qualitativ fast mit dem BIZ auf gleicher Stufe dahinter. Das hatten wir bei der Strukturdiskussion um das „Drei-Säulen-Modell" (s.o.) auch zugrunde gelegt.

Da die Erforschung des Freundeseinflusses noch recht jung ist, sie hat erst in den letzten ca. 10 Jahren intensiver eingesetzt, möchte ich diesem Gebiet eine Ergänzung zubilligen. Empirische Forschungsergebnisse bestätigen die zunehmende Gewichtung der Freundesansichten auch für den Prozess der Berufsorientierung. Inzwischen erscheint das zentrale Gebiet des Lebens Heranwachsender die Vorbereitung auf eine zukünftige Berufskarriere zu sein. Kracke/Schmidt-Rodermund (2001) befragten über 1 ½ Jahre Schüler/innen von 9. Klassen auf dem Realschulniveau, die etwa 2 Jahre vor dem Wechsel von der Schule in das Arbeitsleben standen. Sie wollten Konsequenzen und Voraussetzungen erfassen, die eine zukünftige Beschäftigung betreffen.

Die Ergebnisse der Forschung zeigten, dass die Erkundung der beruflichen Karrierechancen, betrachtet als ein Informationssuchverhalten, das auf das Selbst und die Umgebung der betroffenen Schüler/innen gerichtet war, bei den Mädchen intensiver war als bei den Jungen.

Informationen der Berufsberater und Lehrer werden von den Schüler/innen im Vergleich mit den Informationen, die sie von Freunden (peer-groups) erhalten, gering eingestuft. Ca. 70 % fragen lieber ihre Freunde als den Berufsberater und ca. 85 % fragen Freunde lieber als die Lehrer in ihrer Schule. Zur Beratung bei der Wahl eines Praktikumsplatzes wählen z.B. nur 13,4 % der befragten Schüler/innen ihren Lehrer und es erstaunt dann nicht, dass über 40 % aller Schüler/innen nur in Gesprächen im Freundeskreis meinen, häufig wichtige Hinweise und Informationen über Berufe zu erhalten. Während die Eltern den höchsten Rang aller Nennungen als Informationslieferer für Berufswahlfragen einnehmen, werden die Lehrer und Berufsberater nur zu 4,0 % und 5,6 % angesprochen.

Die Rolle von peers zeigt, dass häufige Gespräche mit peers über karrierebezogene Fragen signifikant assoziiert wurden mit der Intensität von Informationssuchverhalten und zur selben Zeit die Voraussage zuließen, dass eine Intensivierung von Berufs- und Beschäftigungserkundungen erfolgte. Es könnte fruchtbar sein, die Rolle von peers in zukünftigen Forschungen über die Berufsentwicklung Heranwachsender zu berücksichtigen.

Soweit Ergebnisse aus der Wirkungsforschung verschiedener Informationsagenten auf die Berufswahl.

Ich möchte jetzt die geschilderten Einflüsse der Eltern und der peer-groups durch gefundene Einzelergebnisse erhärten. Ich trage deshalb hier Details aus meinen beiden Studien vor. Besonders verweise ich auf die Defizite, die man als die Ergebnisse meiner Studien bezeichnen kann. Im Anschluss daran versuche ich zu zeigen, wie diese Defizite ausgeglichen werden können. Dabei gehe ich davon aus, dass beides, der Elterneinfluss und die Einflüsse der Freundesgruppen nicht nur unverzichtbar sind als zwei wesentliche Elemente in dem von mir vorgestellten „Drei-Säulen-Modell", in dem sowohl die Eltern, das BIZ der Berufsberatung und die Schulen, die die Betriebspraktika vorbereiten , zusammengefasst sind.

Ich sehe in den beiden - Eltern und Freundesgruppen - auch diejenigen Faktoren, die sich besonders früh noch ungezielt und ungerichtet, wahrscheinlich mit Beginn bereits des 13. Lebensjahres weiter verfestigen und die beiden anderen Säulen verstärkend sozusagen den emotional-affirmativen Bereich mit ihrer Beratung abdecken und dadurch für die Stabilisierung der Jugendlichen in diesem Prozess sorgen, die natürlich - je näher der Termin der eigentlichen Entscheidung kommt - von Unsicherheit und Unruhe betroffen werden. Sie versuchen - wie oben auch dargestellt - die Unsicherheit durch gezielte Informationsaufnahme und -verarbeitung zu mindern. Eltern und Betriebspraktika scheinen ihnen dazu besser geeignet als Lehrer und Berufsberater.

Diese herausragende Bedeutung und ihre Wirkung sind allerdings nicht uneingeschränkt positiv zu sehen. Das heißt nicht, dass diese Einflüsse ehedem positiv waren, als die Arbeitswelt noch überschaubare Strukturen aufwies und jetzt im Sinne eines Verfalls der Familie im Niedergang sind, den es aufzuhalten gilt. Vielmehr hat sich der Wert der Elternberatung als sehr wichtiger Faktor erwiesen. Ich möchte Ihnen aus meiner Forschung zum

Beweis die von mir gefundenen Ergebnisse vorlegen.

Auch Vertreter der Berufsberatung (vgl. z.B. Kleffner/Lappe/Raab/Schober 1996) äußern, dass die Eltern eine der wichtigsten Rollen spielen. Andererseits gibt es Meinungen, die zwar auch von einem großen Einfluss der Eltern bei der Berufswahl überzeugt sind, die jedoch diesen Einfluss - vorsichtig gesagt - für nicht eben förderlich halten. Eltern wüssten zu wenig über das ganze Spektrum der Berufsmöglichkeiten, hätten nur ihre eigene begrenzte Erfahrung, die sie leider oft auch noch verallgemeinerten.

Außerdem scheint mir die letztere Haltung implizit von der These auszugehen, dass im Laufe der historisch-sozialen gesellschaftlichen Entwicklung der Familieneinfluss und die Funktionsfähigkeit von Familie als sozialer Organisation erodiert sei, mit anderen Worten, die Familie erleide permanent einen Funktionsverlust. Was jedoch festgestellt werden kann, wenn man die Arbeiten der Familie nach innen und außen analysiert, ist ein Funktionswandel, der einen Anpassungsvorgang darstellt an die inzwischen veränderten gesellschaftlichen Verhältnisse (vgl. Beinke 2004).[2]

Wenn man eine objektive Einschätzung der Gefahren oder - wie ich es einschätze der unterstützenden Wirkungen - gewinnen will, dann ist es zunächst unabdingbar, sich über die Wirkungsmöglichkeiten - in Abgrenzung zu den oben genannten Informationsagenten - Klarheit zu verschaffen. Es ist zuzugeben, dass beiden - den Eltern und den peers - nicht gelingen kann, in die Wirkungen der Betriebspraktika und der Berufsinformationszentren einzusteigen, anderseits liegen aber immer wieder - in gleicher Stärke empirisch nachweisbar - positive Wirkungseinschätzungen von Eltern und peers durch die Schüler/innen vor.

5 Hilfen durch die Eltern und peer-groups

Beide - so wird es allgemein akzeptiert - haben einen beachtlichen Einfluss, der in früheren Äußerungen in der betreffenden Literatur nahezu ausschließlich negativ gesehen wurde. Die Argumentation beruhte darauf, dass den Eltern weder ein ausreichender Überblick über Chancen am Arbeits- und Ausbildungsstellenmarkt bekannt seien, noch dass sie außerdem (vielleicht außer ihrem eigenen und das auch unvollständig durch den eignen begrenzten Tätigkeitsbereich) nur begrenzte Erfahrungen und Kenntnisse über ein breiteres Berufespektrum hätten. Und die peer-groups, die oft nur unter der negativen Perspektive von Gangs (Halbstarken) betrachtet wurden, deren Einfluss sogar als verhängnisvoll und gefährlich eingeschätzt wurde.
Der Einfluss, den Jugendliche aufeinander gerade im Prozess der Berufswahl haben, ist in zweifacher Weise wirksam und strukturell geformt:

- • Er ist durch die Altersgleichheit als zwar informelle aber Interessen bezogene Gemeinsamkeit für alle Betroffenen sowie durch die Gleichzeitigkeit der spezifischen Berufswahlinteressen bestimmt.

- Es besteht eine gewisse Kongruenz durch den identischen Alters- und Schulformbezug, durch den ein breites Spektrum an Verständnis für die Thematik festgestellt wird, und dass durch den Schulformbezug auch eine identitätsstiftende Sozialschichtspezifik vorhanden ist.

Die Rolle der peers erweist sich in den Konzepten Heranwachsender aus diesen Gründen als ausdrücklich wichtig.

Die Informationen, die den Jugendlichen aus den Freundes- und Elternkontakten und -gesprächen vertraut sind, werden - und das ist die besondere Funktion der Betriebspraktika, die in diesen Zusammenhang gestellt werden müssen - die wichtigsten Einflussgrößen für die Berufswahl eines bestimmten Berufes. Die direkten eigenen Kontakte zu diesem Berufsfeld oder Beruf, gewonnen durch den eigenen Augenschein und die Tätigkeit der Eltern, sind die realen Vermittler dieser Einflüsse. Eigene Erlebnisse und persönliche Gespräche sind die wichtigsten Einflussgrößen für die Entscheidung im Berufswahlprozess, Broschüren und anderes Informationsmaterial spielen dagegen eine untergeordnete Rolle.

Auch Lehrer spielen in diesem Beratungsfeld eine untergeordnete Rolle. Dazu hört man immer wieder Schülerstimmen wie diese: Die Lehrer, die den Berufswahlprozess der Jugendlichen begleiten sollen, haben kaum Kompetenzen in dieser Thematik (vgl. Stiebler 2003).

Doch seit je diskreditieren die Lehrer lieber die Eltern - wie schon Walter Jaide[3] - und erklären sich selbst ex cathedra für allzuständig: Viele Schüler/innen würden von ihren Eltern allein gelassen. Hauptsächlich werde Berufswahl von der Schule geleistet und müsse für die Zukunft eine noch größere Rolle übernehmen. In heutigen Lehrerstellungnahmen - aufgezeichnet in Interviews zum Thema Elterneinfluss - trifft man die Vorstellung, die Elternberatungen seien eher mangelhaft und deshalb die Schule und die Lehrer diejenigen, die dann wieder in die Bresche springen müssten (vgl. Schönbohm-Wilke 2005).

Im Folgenden werden einzelne Daten zur Wirkung der Eltern für die Berufswahl ihrer Töchter und Söhne nach den Aussagen der Jugendlichen dargestellt. Bei meiner Befragung (vgl. Beinke 2000) zum Elterneinfluss auf die Berufswahl haben - bei Mehrfachnennungen - 51,4 % aller Befragten den Eltern den größten Beitrag bei der Vermittlung von Kenntnissen über Berufe zugeschrieben. Ihnen gingen nur noch die positiven Voten für das Betriebspraktikum voran (57,5 %), auf den folgenden Plätzen setzten die Jugendlichen das BIZ - also eine Einrichtung der BA. Interessant sind die Platzierungen dann für Berufsberater = Platz 4 mit 28,1 %, Lehrer Platz 5 mit 21,8 %

und peers Platz 6 mit 17,7 %.

Diese Ergebnisse bedürfen der Differenzierung: zunächst nach dem Geschlecht. Sowohl bei der Bewertung der Eltern, der Betriebspraktika, der Lehrer und der Freunde nennen die Mädchen geringere Werte als die Jungen, ohne die Rangfolge zu verändern. Sie vertrauen aber stärker als die Jungen auf die Informationen, die ihnen vom BIZ und vom persönlichen Gespräch des Berufsberaters gegeben wurden. Das läßt aber nicht den Verdacht zu, die Mädchen fühlten sich von den Eltern in ihrem Beratungsbedürfnis zurückgesetz. Im Gegenteil: Sie fühlten sich deutlich besser von den Eltern beraten (eda: 90ff.). Auch die Schüler/innen aus den Schulen des Stadtumlandes wurden nach ihren Voten besser von den Eltern betreut. Und wer hat schließlich den Akt der Entscheidung wesentlich geprägt? Im Wesentlichen sahen die Jugendlichen sich selbst als Entscheider (46 %). Die Jugendlichen - bei diesen mit einer Neigung zu den Jungen - hatten die Wahl aufgrund des Elterneinflusses getroffen (54 %).

Ein aufschlußreiches Ergebnis, wie der Elterneinfluss wenig förderlich von anderen Informationsagenten beachtet oder gefördert wird, zeigen Beobachtungen und Befragungen in Elternversammlungen, in denen Eltern als Gäste der Schulen von Lehrern und besonders Berufsberatern über die bevorstehende Berufswahl ihrer Kinder aufgeklärt werden sollen. Es wurden nach Protokoll fast auschließlich in den besuchten Elternversammlungen Informationen vorgetragen. Die Gesprächsanteile, die sich die Eltern nahmen oder ihnen eingeräumt wurden, lagen bei maximal 21 % und im besonders negativen Falle bei 3 %. In der anschließenden Frage, ob sich die gewünschten Informationsthemen mit den gegeben Informationen deckten, gab es z.T. erhebliche Diskrepanzen: Die Eltern hatten zu fast 50 % Auskünfte über den Berufswunsch ihres Kindes erwartet, aber nur 12,3 % hatten diese Informationen bekommen. Über neue Berufe lagen die Erwartungen wieder bei knapp 50 %, nur 25 % hatten ausreichende Informationen darüber erhalten. Dagegen gab es wesentlich mehr Informationen über weiterführende Bildungsangebote als die Eltern erwartet hatten. Dann erstaunt es auch nicht, wenn 34 % der Eltern nach der Versammlung noch Gespräche mit dem Berufsberater und 21 % mit den Lehrern erwartet hatten, die jedoch dem Zeitrahmen zum Opfer fielen (eda: 108ff.).

Wir konnten feststellen, dass die Jugendlichen realistisch Informationen stets aus den Bereichen von Personen erwarteten, für die diese auch zuständige Experten waren: z.B. Arbeitsbedingungen aus Betriebspraktika, von der Berufsberatung über das Stellenangebot und die Aufstiegsmöglichkeiten im gewünschten Beruf. Aus diesem Befund darf man im Analogieschluss schließen, dass Informationen auch der Eltern gezielt aus dem eigenen Erfahrungsbereich an die Kinder weitergegeben werden. Auch das zeigt die zitierte Studie: Elterninformationen werden aus den Bereichen erwartet, die den Realitäten entsprechen: Arbeitsalltag, Arbeitsplatzangebot und Arbeitsbedingungen. Die Eltern werden dabei sehr oft in Ermangelung eigener Erfahrungen gefragt, wie Situationen und Erlebnisse in Betriebspraktika beurteilt werden müssen. Der Einfluss der Eltern ist durch zwei verschiedene Haltungen der Jugendlichen bestimmt: Einmal möchten sie wissen, was die Eltern in ihrer Berufstätigkeit verrichten, zum anderen bitten sie um das Elternurteil über die Einschätzung der Betriebsrealität, die die Jugendlichen in ihren Praktika kennen lernen (vgl. Beinke/Richter/Schuld 1996: 66).

Freunde auch als Informanten im Prozess der Berufswahl, das war zwar nicht bewiesen, aber u.a. auch von Lehrern vermutet worden.[4] Doch einigermaßen gesicherte Kenntnisse standen über den Einfluss nicht zur Verfügung. Noch mehr als die Eltern standen die Freunde auch eher in „dem Geruch", störend auf eine verständnisvolle, objektive systematisch strukturierte Berufswahl zu wirken. Es wurde weitestgehend nicht nur störende, sondern auch einer verantwortungsbewussten und den Eignungen widersprechende Berufsorientierung unterstellt. Deshalb wurden in Erhebungen stets Items formuliert, die die Mitwirkungsmöglichkeiten der Freunde betrafen. Sie wurden bei den Interpretationen, wenn nicht unterschlagen, so doch als vernachlässigbar eingestuft. Es schien nicht selten, dass die Interpreten sich heimlich freuten, dass die Freunde in der Rangreihe der Einflussfaktoren wenig Gewicht signalisierten. Den Jugendlichen traute man weniger eine sachorientierte Auseinandersetzung mit dem Thema zu, wenn sie unter sich waren, und befürchtete vermutlich, dass eher „Null-Bock"-Einstellungen und fröhliche Traumjobgestaltung unter den Jugnedlichen grassieren. Als die Shell-Studien (vgl. Jugendwerk der Deutschen Shell 1997, 2000, 2002, 2006) jedoch fortlaufend feststellten, dass die Jugendlichen sich durchaus ernsthaft mit ihrer Zukunft auseinandersetzten und als sowohl in Erhebungen als auch in Stellungnahmen von Lehrern Signale auftauchten, dass sich ein steigender Einfluss auf die Jugendlichen durch die peer-group-Gespräche meldeten, stiegen Aufmerksamkeit und Ernsthaftigkeit, sich diesem Thema zu nähern.[5] So entstand auch die Studie „Berufsorientierung und peer-groups" (Beinke 2004). Deren Ergebnisse, zusammengefasst, zeigen den Einfluss auf die Entscheidungen für einen Beruf durch die Freunde.

Die Jugendlichen finden sich selten zusammen, um konkrete Probleme zu besprechen oder gar zu lösen. Aber auch weniger konkrete Gesprächsinhalte erlangen durchaus Bedeutung.

Entsprechend der Struktur der freien Gruppen, die sich aus Sympathie bilden und keine feste Organisation bilden, werden die Themen nicht entschieden, sondern diskutiert. Ungefähr die Hälfte erwartet zumindest informelle Hinweise über Berufe. Diese Hinweise werden natürlich nicht systematisch vorgetragen, wie es die Berufsberater in ihren Beratungen präferieren, aber sind sie deshalb in ihrer Wirkung unbrauchbar oder gar kontraproduktiv? Kontraptoduktiv sind sie nicht in Bezug auf die Eltern. Jugendliche finden sich zu Freundesgruppen nicht in Opposition zu den Eltern zusammen, die Eltern sehen das auch nicht so. Vielmehr sind die Eltern mit den Freundschaften in aller Regel einverstanden. Auch die Kontakte der Jugendlichen zu den Elternhäusern ihrer Freunde deuten eher auf harmonische Zustände.

6 Patenschaften

Hilfen, die den Jugendlichen durch die Eltern und die Freunde (peers) gegeben werden, entfalten ihre Wirkung dadurch, dass sie in dieser Unsicherheit des Übergangs mit Entscheidungsdruck eine starke emotionale Stütze sind, die auch mithelfen, die sachstrukturierten Informationen und erworbenen Eigenerfahrungen in Betriebspraktika auf die individuellen Bedürfnise zu strukturieren und zu reduzieren. Dabei sind besonders die Mitwirkungen der peer-groups nicht lenkbar, weil nicht institutionalisierbar oder gar organisierbar. Sie entfalten gerade dadurch ihre Wirkungsmöglichkeiten, dass sie in informellen Beziehungen spontan genutzt werden können.

Eine peer-group verliert sofort ihre Wirkkraft zu dieser Thematik (zu anderen, wie der Sex-Thematik, die zu den besonders präferierten Themengebieten der peer-groups gehört), wenn Wünsche oder gar Forderungen an sie herangetragen werden. Nun habe ich versucht Lösungen zu finden, wie dieser Knoten gelöst werden könnte. Ich habe dazu ein Patenschaftsmodell entworfen, das ich abschließend vorstelle (vgl. Beinke/Frerichs/Szewczyk 2007).

Dabei sind Patenschaften zwar Verbindungen von Jugendlichen mit ähnlichen Interessen zueinander, z.B. also in der Begegnung bei einer betrieblichen Teilbetätigung, ihre Gemeinsamkeiten beschränken sich jedoch nicht auf die Aufgabenstellung in der Begegnung allein. Während der Kontakte, die nach Vereinbarung der Jugendlichen auch erweitert werden können und sollen, werden wegen der Ähnlichkeiten der Interessen die informell geführten Gespräche durchaus beratenden Charakter entwickeln. Darauf setzt das Modell.

Die Patenschaften sollen die Ergebnisse aus den peer-group-Forschungen aufnehmen und konstruktiv einbinden in eine gezielte - eben nicht zufällige - Erfahrungsbegleitung und Kenntnisvermittlung über den Kontakt mit Gleichaltrigen. Im Rahmen von Praktika oder auch kumulierten Praxistagen. Darin wird in den Betrieben ein Kontaktverhältnis geschaffen. Darin übernimmt ein Berufsschüler/Auszubildender gegenüber Haupt-/Realschülern eine Coachrolle, die sich bei den Auszubildenden in die Ausbildungsbetriebe

hinein erweitert. Diese Coachrolle verschafft dem/der berufswählenden
Schüler/in ein intimes Feld der Erfahrungsvermittlung.

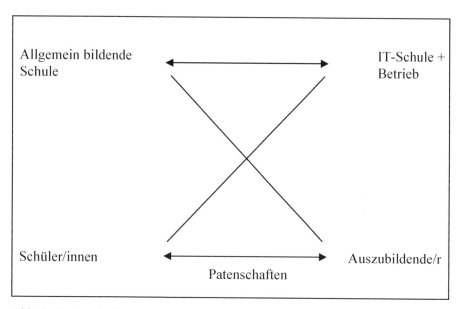

Abb. 2: **Patenschaften**

Zum Abschluss sollen an einigen Exempeln noch einmal die Wirkungen der
Freundesgespräche illustriert werde. Sie führen z.B. zum Überdenken der
eigenen Berufswahl.

Nach wie vor rangieren die Eltern und die Betriebspraktika vor dem Einfluss
der Freunde - aber die Berufsberater, die Lehrer und auch das BIZ halten der
Konkurrenz der Freundesgruppen kaum Stand. Auch wenn es um den Besuch des Berufsberaters geht, präferieren junge Menschen die Begleitung
durch ihre Freunde, sogar vor der Begleitung durch ihre Eltern. Auch hier
gibt es - wie oben bei den Praktika herausgestellt - eine realistische Sicht auf
die Dinge: Bei der Beratung für einen Praktikumsplatz - von dem wir wissen, dass er besonders wichtig für die Letztentscheidung für einen Beruf ist -
erhalten die Freunde kaum Gewicht. Der Erfahrungsschatz der Eltern wird
hier genutzt, in geringerem Maße gilt das auch für die Lehrer.

Mit einer der gestellten Fragen wollten wir evtl. vorhandene hierarchische
Strukturen herausfinden. Differenzieren die Jugendlichen die erhaltenen
Informationen nach deren vermutbarer Genauigkeit und der wahrscheinli-
chen Richtigkeit? Die oben genannte Rangreihe nach der Wichtigkeit der
Informanten zeigt noch einmal die Fähigkeit zur Differenzierung bei den
Jugendlichen: Im ersten Rang dominieren Eltern weit an der Spitze, im zwei-

ten Rang liegen Freunde und Geschwister deutlich vorn (also alle Gleichaltrigen). Selbst im dritten Rang werden die Freunde noch klar vor Eltern, Berufsberater und Lehrer eingestuft.

Auf die besondere Lage der Kinder Alleinerziehender möchte ich zum
Schluss noch besonders hinweisen. Diese Lage betrifft die Berufswahl und
das Sammeln von Informationen dafür. Sie finden in den peer-groups einen
Rückhalt, den man auch „Mutterersatz" nennen kann. Während die Schü-
ler/innen in einem elterlichen Zuhause ihre Eltern zu 71,9 % als Gesprächspartner in Berufswahlfragen konsultieren können, können dies nur 54,9 %
der alleinerzogenen Jugendlichen. Letztere suchen „Ersatz" bei den Freunden. 23,9 % konsultieren ihre Freunde und fragen sie um Rat. Dagegen entscheiden sich nur 7,8 % der Jugendlichen, die aus einem vollständigen Elternhaus kommen, für diesen Weg der Informationssuche (vgl. Beinke 2006:
146).

---

[1] Das „Drei-Säulen-Modell" strukturiert eine Verzahnung, die die wichtigsten Einflussfaktoren zusammenfasst (vgl. Beinke 2004). Der Anspruch meines Modells
geht aber weiter, da ich eine Parallelisierung der beiden Bildungsbereiche, der Allgemeinbildung und der Berufsbildung, noch nicht als Verzahnung, d.h. Struktur der
Durchdringung ansehe.

[2] Daheim/Schönbauer stellen für unsere Zeit einen sozialkulturellen Wandel vom
„Mythos der Arbeit" zu Selbstentfaltungswerten zu einem Mythos der Selbstverwirklichung fest, der vom Generationenwechsel getragen werde (1993: 142).

[3] Zu Jaide hat Steffens (1975) bereits kritisch Stellung bezogen: Mit seinem überzogenen Rationalitätsforderungen hätte niemand die von Jaide geforderten Informati-
onsbedingungen erfüllen können, damit erklärte Jaide dann alle Bemühungen der
Eltern als unzulänglich.

[4] In Diskussionen bei Vorträgen meiner Forschungsergebnisse erhielt ich mehrfach
solche Hinweise.

[5] Die Shell Jugendstudien haben in den letzten Folgen - mindestens gezielt ab 1997 -
auf diese Fragen besonderen Wert gelegt. 2006 stellt die Shell-Studie sogar vor
allem für Hauptschüler/innen fest, dass sie zunehmend ambitionierter geworden
sind, Schulabschlüsse über ihre Schulform hinaus anzustreben (S. 68).

Ruth Weckenmann

Genderaspekte beim Übergang ins Beschäftigungssystem

1 Vorbemerkung

Das auf wenige Berufe beschränkte Berufswahlverhalten junger Frauen und Mädchen wird seit Jahren problematisiert, trotz Handreichungen und Kampagnen hat sich nur wenig geändert. Erstaunlich ist dies nicht, da alle Aktivitäten punktuell ansetzen, fast nie verzahnt sind und ein gemeinsames Problembewusstsein der an der Berufsorientierung Beteiligten fehlt. Einen gehörigen Schub erhält diese Debatte nun wieder durch den aktuellen Fachkräftebedarf und den sich abzeichnenden Fachkräftemangel im technisch-naturwissenschaftlichen Bereich. Zweierlei ist festzustellen:

- Die schulisch gut ausgebildeten jungen Frauen fehlen bislang als arbeitsmarktpolitisches Potenzial.
- Die bisherige Berufsorientierung hat es nicht geschafft, jungen Frauen dieses Feld zu eröffnen.

Meine These ist - und der gilt es im Weiteren nachzugehen - dass es auch daran liegt, dass die Geschlechterperspektive bei Planung, Durchführung, Monitoring und Evaluation von Maßnahmen, Vorgehen, Beratung etc. nicht angemessen beachtet wird.

2 Die Genderproblematik in der Gesellschaft

Geschlecht ist in unserer Gesellschaft nicht nur ein individuelles (biologisches) Personenmerkmal. Frau oder Mann zu sein entscheidet darüber, welchen Platz wir in der Gesellschaft zu welchen Bedingungen einnehmen.

Nehmen wir die Verantwortung für die Kindererziehung als Beispiel: Deutschland kennt den Begriff „Rabenmutter", nicht jedoch den „Rabenvater". Frauen haben nach wie vor die schlechteren Chancen auf dem Arbeitsmarkt, leisten mehr unbezahlte Arbeit, haben weniger Einkommen und ein höheres Armutsrisiko.

Die Werbewirtschaft hat klar erkannt, dass das Geschlecht nicht nur ein individuelles Merkmal, sondern eine soziale Kategorie ist. Werbung spricht Frauen direkt als „Käuferinnen" an. Sicherheitsaspekte, Praktikabilität, Sorge für andere - diese für Frauen aufgrund ihrer Sozialisation und Lebenserfahrung wichtigen Ansprachekriterien findet man bei der auf Frauen gerichteten Werbung. Diese Erkenntnisse fehlen oder sind - zumindest nicht stringent - weder in Materialien zur Berufsorientierung noch in der Außendarstellung von Unternehmen aus dem produktionsnahen und technischen Bereich enthalten. Ein positives Beispiel wäre, wenn ein namhaftes Maschinenbauunternehmen um Absolventinnen des entsprechenden Bachelor-

Studiengangs werben und gleichzeitig auf die guten Maßnahmen zur Vereinbarkeit von Beruf und Familie im Betrieb verweisen würde.

Noch nicht einmal die „Grundrechenart" der Sprachforschung, die Ansprache beider Geschlechter wird eingehalten, leider auch nicht einmal bei der Bundesagentur für Arbeit. Sie werden viele Broschüren finden in denen die Ansprache von Frauen über ein * am Broschürenanfang abgedeckt wird.

3 Gender – Berücksichtigung: Privatsache oder politischer Auftrag?

Seit Jahrzehnten haben die Richtlinien der Europäischen Union (EU), die in nationales Recht umgesetzt werden müssen, zur Verbesserung der Chancen von Frauen auf dem Arbeitmarkt beigetragen, was zur Beseitigung der gravierendsten rechtlichen Benachteiligungen (wie z.B. der Leichtlohngruppen) führte. Im Rahmen der im Jahr 2000 beschlossenen Lissabon-Strategie der EU, die Europa bis 2010 zum wettbewerbsfähigsten und dynamischsten Wirtschaftsraum der Welt machen will, wurde die Zielquote von 60 % für die Erwerbstätigkeit von Frauen formuliert. Dieses Ziel scheint derzeit nur schwer erreichbar, denn selbst das moderne Industrieland Deutschland liegt derzeit noch mit 2 % Punkten unter dem definierten Ziel. Das Bestreben der EU entspricht dem Auftrag des Grundgesetzes, welches in Art. 3 Abs. 2 (seit 1949) die Gleichberechtigung von Männern und Frauen vorschreibt. In diesem Sinne definiert Artikel 3 (2) des Grundgesetzes der Bundesrepublik Deutschland (in seiner Fassung vom August 2006): *„Männer und Frauen sind gleichberechtigt. Der Staat fördert die tatsächliche Durchsetzung der Gleichberechtigung von Frauen und Männern und wirkt auf die Beseitigung bestehender Nachteile hin".*

4 Geschlechterverhältnisse auf dem Arbeitsmarkt

Ein Blick auf die gesellschaftliche Wirklichkeit in Deutschland zeigt, dass der Handlungsbedarf für den Gesetzgeber und die gesellschaftspolitischen Akteure auch im Europäischen Jahr der Chancengleichheit 2007 unverändert hoch ist. Der Arbeitsmarkt ist stark in typische Frauen- und Männerarbeitsberufe segmentiert, wobei sich Frauen auf eine geringere Anzahl verschiedener Berufe konzentrieren als Männer:

- 19,9 % Büroberufe, Kaufmännische Angestellte,
- 10,3 % Gesundheitsdienstberufe,
- 8,0 % Verkaufspersonal,
- 6,8 % Soziale Berufe,
- 5,8 % Reinigungs- und Entsorgungsberufe.

Die Konzentration von Frauen auf wenige Wirtschaftszweige, Berufs- und Tätigkeitsfelder ist problematisch, weil Tätigkeiten mit überproportionalem

Frauenanteil durch geringes Einkommen und schlechte Aufstiegschancen gekennzeichnet sind. Wie die nachstehende Tabelle belegt, bleibt das Lohngefälle bestehen bzw. nimmt eher noch zu, wenn Frauen in höhere Positionen aufsteigen, da auch hier die stark weiblich besetzten Sektoren ein insgesamt niedriges Einkommensniveau haben.

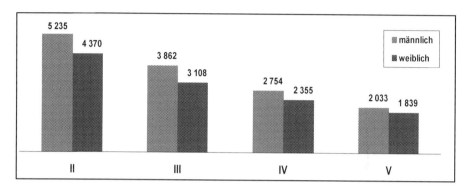

Leistungsgruppe II: Führungsebene mit eingeschränkter Dispositionsbefugnis
Leistungsgruppe III: mittlere Führungsebene, z. B. Meister, Buchhalter
Leistungsgruppe IV: Angestellte mit abgeschl. Ausbildung oder mehrjähriger
                    Berufserfahrung
Leistungsgruppe V: Angestellte ohne Ausbildung in einfacher Tätigkeit

Abb. 1: **Durchschnittliche Bruttomonatsverdienste der Angestellten im Produzierenden Gewerbe, Handel-, Kredit- und Versicherungsgewerbe in Baden-Württemberg im Oktober 2006** (Statistisches Landesamt Baden-Württemberg 2006)

Darauf hinzuweisen bleibt, dass in der Europäischen Union der Anteil der Fraueneinkommen an den Männereinkommen bei 84 % (EU 15) liegt und Deutschland mit 77 % weit unterhalb des Durchschnitts rangiert (vgl. Statistisches Amt der Europäischen Gemeinschaften 2006).

Mit welchem Rollenbild und welcher Lebensbiographie junge Frauen konfrontiert werden, lässt sich an der Abbildung 2 „Kinder und beruflicher Erfolg" gut ablesen. Es werden die Anteile von abhängig erwerbstätigen Frauen und Männern (abhängig aktiv Erwerbstätige ohne vorübergehend Beurlaubte) an den höheren Angestellten und Beamten sowie an Angestellte mit umfassenden Führungsaufgaben nach Kinderzahl (ledige Kinder unter 18 Jahren, die in einer Eltern-Kind Gemeinschaft leben) in Deutschland 2004 in Prozent dargestellt. Zu den abhängig Erwerbstätigen zählen alle Personen, die in einem Arbeitsverhältnis stehen wie Beamte/innen, Angestellte, Arbeiter/innen und Auszubildende. Selbstständige, Freiberufler und mithelfende Familienangehörige zählen nicht zu den abhängig Erwerbstätigen. Der in Klammern gesetzte kursive Wert ist auf Grund der Fallzahl nur eingeschränkt statistisch abgesichert (vgl. Statistisches Bundesamt 2004).

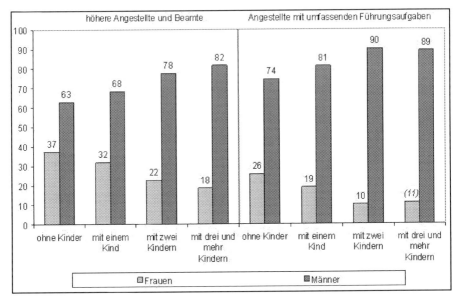

Abb. 2: **Kinder und beruflicher Erfolg**

Die ungleiche und reflexionswürdige Botschaft der voran stehenden Abbildung lautet: Männer mit Kindern sind überproportional erfolgreich, für Frauen gilt nahezu der Umkehrschluss.

5 Schulausbildung, Ausbildung und Studium unter Genderbetrachtung

Galt das „katholische Mädchen vom Lande" in den 1970er Jahren als Inbegriff für geschlechtsspezifische Bildungsbenachteiligungen, lässt sich derzeit belegen, dass Frauen in den Bildungsabschlüssen enorm zugelegt und die Männer überflügelt haben, so dass man von einer stillen Revolution sprechen könnte.

Diese „Revolution" setzt sich auch in der Studienaufnahme durch Frauen fort. 1986/87 lag der Frauenanteil bei ca. 60.000 Studentinnen, die Hälfte der männlichen Studierenden. Knapp zehn Jahre später 2005/06 hat sich die Anzahl der Studentinnen fast an die der männlichen Studierenden angeglichen. Der derzeitige Abstand liegt bei ca. 20.000 (vgl. Statistisches Landesamt Baden-Württemberg 2005). Trotz guter Schulausbildung und guter

Noten ist das geschlechtsspezifische Berufswahlverhalten (auch das Studienverhalten) junger Frauen ungebrochen und noch stärker inhaltlich zentriert als bei jungen Männern.

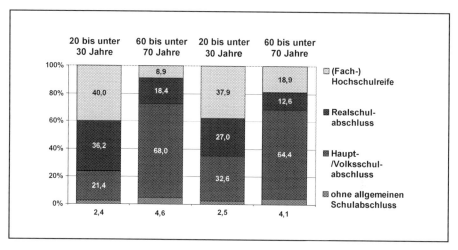

Abb. 3: **Bildungsabschlüsse der 20- bis unter 30-jährigen Frauen und Männer 2005 in Baden-Württemberg im Vergleich zu den Abschlüssen der 60- bis unter 70-Jährigen** (Statistisches Landesamt Baden-Württemberg)

Die Interessen der Mädchen und Jungen gehen bei der Berufswahl weit auseinander. Ein Unterschied zeigt sich darin, dass mehr Mädchen als Jungen in ihrem späteren Beruf mit Menschen zu tun haben wollen. Wohingegen Jungen gewerblich-technische Berufe bevorzugen, die aber viele Mädchen kategorisch ablehnen (vgl. Klevenow 1995: 101).

Den Jungen sind Qualifikationen wichtig, die man in typischen Männerberufen findet. Mädchen dagegen bevorzugen Qualifikationen, welche in typischen Frauenberufen verlangt werden. Somit entsteht der Eindruck, dass beide Geschlechter den geschlechtssegmentierten Arbeitsmarkt für sich verinnerlicht haben (vgl. Nyssen 1996: 145).

Die Abbildungen 4 und 5 „Die zehn stärksten besetzten Ausbildungsberufe für männliche und weibliche Auszubildende 2004" zeigen, dass sich Mädchen und Jungen auf unterschiedliche Berufe verteilen. 54 Prozent der Mädchen werden in nur zehn Ausbildungsberufen ausgebildet.

Zu den drei beliebtesten Berufen der Mädchen gehören, der Beruf der Bürokauffrau, der Kauffrau im Einzelhandel, sowie der Beruf der Friseurin. Vergleicht man diese Zahl mit den Jungen, so stellt man fest, dass sich hier 35,6 % der Jungen auf nur zehn Ausbildungsberufe beschränken. Die Jungen bevorzugen den Beruf des Kraftfahrzeugmechatronikers, des Industriemechanikers sowie des Kaufmanns im Einzelhandel. Auffallend ist, dass lediglich der Beruf der/des Kauffrau/ Kaufmanns im Einzelhandel sowohl von Mädchen als auch von Jungen gewählt wird. Somit wird deutlich, dass sich über die Hälfte der Mädchen auf nur zehn verschiedene Ausbildungsberufe verteilen. Etwas weniger problematisch gestaltet sich hingegen die Situation bei den Jungen.

Ausbildungsberufe für männliche Auszubildenden	Ausbildungsbereiche	Neuabschlüsse	Anteil an allen Neuabschlüssen
		Anzahl	Prozent
Kraftfahrzeugmechatroniker	Handwerk/Industrie und Handel	21.955	6,6
Industriemechaniker[1]	Industrie und Handel	14.072	4,2
Kaufmann im Einzelhandel	Industrie und Handel	13.483	4,0
Koch	Industrie und Handel	13.118	3,9
Anlagenmechaniker für Sanitär-, Heizung- und Klimatechnik[2]	Industrie und Handel/ Handwerk	10.526	3,0
Elektrorniker[3]	Handwerk	10.170	3,0
Tischler	Handwerk	9.359	2,8
Maler und Lackierer[4]	Handwerk	9.280	2,8
Kaufmann im Groß- und Außenhandel	Industrie und Handel	8.995	2,7
Metallbauer	Handwerk	8.015	2,4
Zusammen		**118.973**	**35,6**

[1] Einschließlich bisherige Fachrichtungen;
[2] Hinzu kommen noch neu abgeschlossene Ausbildungsverträge in den Vorgängerberufen Gas- und Wasserinstallateur (46 Neuabschlüsse) und Zentralheizungs- und Lüftungsbauer (42 Neuabschlüsse).
[3] Hinzu kommen noch 107 neu abgeschlossene Ausbildungsverträge männlicher Jugendlicher im Vorgängerberuf Elektroinstallateur.
[4] Seit 2003 gestufter Beruf; nicht enthalten Bauten- und Objektbeschichter (1. Stufe zu Maler und Lackierer).

Abb. 4: **Die zehn stärksten besetzten Ausbildungsberufe für männliche Auszubildende 2004** (Berufsbildungsbericht 2006)

Ausbildungsberufe für weibliche Auszubildenden	Ausbildungsbereiche	Neuabschlüsse	Anteil an allen Neuabschlüssen
		Anzahl	Prozent
Bürokauffrau	Industrie und Handel/ Handwerk	16.905	7,1
Kauffrau im Einzelhandel	Industrie und Handel	16.363	6,9
Friseurin	Handwerk	14.939	6,3
Arzthelferin	Freie Berufe	14.378	6,1
Zahnmedizinische Fachangestellte	Freie Berufe	12.214	5,1
Industriekauffrau	Industrie und Handel	11.509	4,8
Fachverkäuferin im Nahrungsmittelhandwerk	Handwerk	11.146	4,7
Verkäuferin	Industrie und Handel	10.931	4,6
Kauffrau für Bürokommunikation	Industrie und Handel	10.615	4,5
Hotelfachfrau	Industrie und Handel	9.365	3,9
Zusammen		**128.365**	**54,1**

Abb. 5: **Die zehn stärksten besetzten Ausbildungsberufe für weibliche Auszubildende 2004** (Berufsbildungsbericht 2006)

Eine Erklärung für dieses Verhalten von Mädchen (trotz Kampagnen „Mädchen in Männerberufen" etc.) liefert die Shell Jugendstudie (2006), was nachstehend dargestellt wird.

6 Berufswahlverhalten von Mädchen: „Was ist Mädchen wichtig?"

Seit Jahren untersucht die Shell Jugendstudie Einstellung, Verhalten und Erwartungen von Jugendlichen in Deutschland. Auffällig ist, dass für junge Mädchen die Bedeutung von Schule und Beruf stetig zugenommen hat und sich die Unterschiede zwischen Ost und West angleichen.

Vergleicht man männliche und weibliche Jugendliche fallen im Wesentlichen zwei leichte Abweichungen auf: Eltern und Geschwister, eigene Familie und Kinder werden von Mädchen stärker bewertet (Kunst und Religion

wird hier nicht betrachtet). Auch der Kinderwunsch der 16- bis 23-Jährigen
nach Geschlecht (vgl. DJI-Jugendsurvey 2003) ist bei jungen Frauen im
Westen mit 83 % zu 79 % bei den Jungen und im Osten mit 88 % zu 78 %
ausgeprägter.

	Westdeutschland		Ostdeutschland	
	weiblich	männlich	weiblich	männlich
Freunde und Bekannte	97	96	98	97
Eltern und Geschwister	96	93	97	94
Schul- und Berufsausbildung	95	92	96	91
Beruf und Arbeit	91	91	94	93
Partnerschaft	89	84	90	85
Freizeit und Erholung	89	89	92	92
Eigene Familie und Kinder	77	70	82	69
Kunst und Kultur	47	32	53	37
Politik	40	43	43	43
Religion	36	27	18	16
n	1.313	1.393	624	704

Abb. 6: Wichtigkeit von Lebensbereichen in Prozent

Für Mädchen gibt es also zwei Schwerpunkte: Beruf und Familie mit Kindern. Alle Botschaften, die Mädchen dazu über Presse, Funk, Fernsehen,
oder aus dem Umfeld aufnehmen, lassen sich verkürzt zusammenfassen:
Vereinbarkeit von Beruf und Familie ist ein Problem! Welche weiblichen
Vorbilder haben dieses Problem vielleicht in Ansätzen gelöst? Für die Mädchen sind dies die Frauen, die sie aus ihrem familiären Umfeld kennen, die
sie in Kita, Schule, beim Arzt als Arzthelferin etc. erlebt haben. Dies trägt
bei vielen Mädchen zu einer geschlechtsspezifischen Berufswahl bei. Das
heißt für alle, die an der Berufsorientierung mitwirken:

- Wir müssen wissen, dass Mädchen kaum Vorbilder aus frauenunty-
  pischen Berufen kennen, dass sie keine Frauen kennen, die dort arbeiten und Kinder haben.
- Weibliche Vorbilder und konsequente weibliche Benennungen müssen stringent in allen Ebenen der Berufsorientierung eingebaut sein,
  um eine nachhaltige Veränderung des Rollenbildes zu erreichen
- Die Selbsteinschätzung der Mädchen liegt unter ihren tatsächlichen
  Leistungen, auch die Zuschreibung von Kenntnissen erfolgt anders
  als bei den Jungen. Beispielsweise bezeichnen sich Jungen, die häufig Computerspiele nutzen, als technikinteressiert. Mädchen hingegen, die ihre Homepage liebevoll gestalten, bringen dies nicht mit
  „Technikinteresse" in Zusammenhang.

Waltraud Cornelißen vom Deutschen Jugendinstitut fasste dies bei ihrem
Vortrag „Berufs- und Lebensplanung von Frauen in unübersichtlichen Zeiten", einer gemeinsamen Veranstaltung des Wirtschaftsministeriums Baden-
Württemberg und der Regionaldirektion Baden-Württemberg der Bundesagentur in Stuttgart im Juni 2007, zusammen:

- *„Trotz mindestens ebenbürtiger Schulleistung schätzen Mädchen ihre Leistungsfähigkeit geringer ein als Jungen. 34 % der Mädchen,
  51 % der Jungen halten sich für klug.*
- *25 % der jungen Frauen und 4 % der gleichaltrigen Männer sagen,
  sie seien an Technik „gar nicht interessiert".*
- *Die Selbsteinschätzung von Mädchen ist deutlich geringer als die
  der Jungen. Dies gilt ganz besonders in männlich konnotierten Lern-
  bereichen: Mathematik, Physik, Chemie, Technik und Computernut-
  zung".*

7 Konsequenzen für die Berufsberatung

Die voran stehenden Faktoren müssen im Rahmen der Berufsberatung konsequent beachtet werden. Es gilt, Strategien zu erarbeiten, damit Mädchen zu
einer besseren Wertschätzung ihrer Fähigkeiten gelangen können. Dazu sind
die Anforderungsprofile von Berufen so zu beschreiben, dass Mädchen diesen Beruf in ihre Erwägungen mit einbeziehen, da Berufsbezeichnungen
oftmals zu einer geschlechtsspezifischen Berufswahl beitragen. Die Berufsbezeichnungen bieten Jugendlichen die ersten Anhaltspunkte für einen Beruf.

Auch hier ist vieles bereits bekannt: Der Berufsbildungsbericht 2006 fasst
die Untersuchungsergebnisse des Forschungsprojektes „Berufsbezeichnungen und ihr Einfluss auf die Berufswahl von Jugendlichen" zusammen:

- Signalfunktion: Scheinen die Anforderungen des Berufs den Interessen, Eignungen und Fähigkeiten des Berufswählers zu entsprechen,
  wird der Beruf in die engere Wahl gezogen.
- Selektions- und Filterfunktion: Hilft den Jugendlichen die Berufe die
  für sie in Frage kommen einzuschränken. Wichtig ist hierbei die Attraktivität einer Berufsbezeichnung.
- Selbstdarstellungsfunktion: Menschen sind bestrebt Berufe auszu-
  üben, deren Namen als prestigereich in der Gesellschaft wahrgenommen werden.

Weiterhin wird festgestellt, dass Mädchen und Jungen unterschiedliche Vorstellungsbilder von Berufsbezeichnungen haben und somit unterschiedlich
auf diese reagieren.

Dies kann jeder im Selbststudium ausprobieren: Welches Bild wird bei der Berufsbezeichnung „Krankenschwester", welches beim „IT-Elektroniker" assoziiert? Die durch die Berufsbezeichnungen ausgelösten Bilder werden durch geschlechterstereotype Vorstellungen von Berufen noch zementiert.

	Mädchen in %	Jungen in %
Bsp. IT-Elektroniker/in		
Abwechslungsreich	15 %	45 %
Verantwortungsvoll	35 %	53 %
Hobby nebenbei möglich	36 %	52 %
von Freunden geschätzt	22 %	48 %
Bsp. Gesundheits- und Krankenpfleger/in		
chancenreich für Arbeitsmarkt	51 %	31 %
fordert vollen geistigen Einsatz	59 %	34 %
mit moderner Technik befasst	62 %	33 %
Zusammenarbeit mit anderen Menschen	92 %	67 %

Abb. 7: **Unterschiedliche Vorstellungsbilder von Berufsbezeichnungen** (Berufsbildungsbericht 2006)

Daraus folgt: Alle im Bereich der Berufsorientierung müssen sorgfältig auf die männliche und weibliche Bezeichnung achten, wollen sie schnelle „Ablehnung" verhindern. Sonst führt die rein männliche Benennung (Elektroniker) bei jungen Frauen dazu, sich gar nicht angesprochen zu fühlen. Gleiches gilt für junge Männer, die sich durch „Erzieherin" ebenfalls nicht angesprochen fühlen.

8 Fazit

Bislang trägt Berufsorientierung nicht (nicht ausreichend) zum Aufbrechen des geschlechtsspezifischen Berufswahlverhaltens junger Menschen insgesamt bei. „Geschlechterperspektive" scheint etwas für Exoten/innen zu sein, eine „Spielwiese", die im Kerngeschäft verzichtbar ist. Damit schafft es Berufsorientierung aber nicht, Mädchen und junge Frauen beim Erkennen ihrer Potenziale genügend zu unterstützen. Neben den individuellen Folgen für die Betroffenen ist damit aber auch ein volkswirtschaftlicher Schaden verbunden.

Eine um die Geschlechterperspektive erweiterte Berufsorientierung ist ein wichtiger Baustein, um dem gesetzlich vorgegebenen Ziel der Chancengleichheit am Arbeitsmarkt näher zu kommen. Aus volkswirtschaftlicher Sicht trägt eine stringent an Genderaspekten ausgerichtete Berufsorientierung zur Erschließung des gut ausgebildeten Frauenpotenzials bei. Gesellschaftspolitisch trägt diese dazu bei, den dringend im erzieherischen, sozialen und Betreuungsbereich benötigten jungen Männern diese Arbeitsbereiche als eine mögliche Option aufzuzeigen. Ein gendergerechtes Vorgehen aller Aktiven im Bildungs-, Ausbildungs- und Beschäftigungsbereich setzt voraus, dass die Handlungsfelder und Probleme bekannt sind und ein abgestimmtes Handeln erfolgt. Für die Berufsorientierung gilt, wie leider für viele Bereiche: „Wir tun nicht, was wir wissen". Ob wir es uns weiterhin erlauben können das Geschlecht völlig auszublenden, ist angesichts der Kinderlosigkeit gerade von Akademikerinnen und des Mangels an technischem Nachwuchs mehr als fraglich.

Ungeachtet des Gender Mainstreaming Auftrags hat die Bundesagentur für Arbeit diese Sensibilisierung bei der Benennung der Berufe und allem was damit in Zusammenhang steht, nicht umgesetzt. Was auch daran liegt, dass dies weder von den Partnern der Berufsorientierung und Berufsförderung, noch denjenigen, die sich wissenschaftlich damit beschäftigen, eingefordert wird. Es gibt aber auch positive Entwicklungen: So wird der Girls' Day in Baden-Württemberg von der Regionaldirektion koordiniert. In allen Arbeitsagenturen in Baden-Württemberg gibt es spezielle Angebote in der vertieften Berufsorientierung für Mädchen. Gemeinsam mit den Partnern am Arbeitsmarkt werden Projekte zur Veränderung des Berufwahlverhaltens von Mädchen gefördert und durchgeführt. Vor dem Hintergrund des aktuellen Fachkräftebedarfs wird gemeinsam mit Betrieben die Ansprache von Mädchen für gewerblich-technische Ausbildungen intensiviert.

Bert Butz

Von der Berufsorientierung zum Übergangsmanagement

Einleitung

Seit einigen Jahren – man könnte allerdings genauer sagen, seit den ersten PISA-Veröffentlichungen – gibt es eine Öffentlichkeit für das Thema der Vorbereitung auf die Arbeitswelt durch die allgemein bildenden Schulen. Dabei tauchen drei Begriffe auf – Berufsorientierung, Übergangssystem und Übergangsmanagement – von denen wir wahrscheinlich alle wissen, was sie bedeuten. Unklar ist nur, ob wir alle das Gleiche wissen. Im Kern geht es bei den folgenden Ausführungen um das Verständnis und das Verhältnis dieser drei Begriffe zueinander.

Bevor ich in das Thema tiefer einsteige, möchte ich an Hand von vier Thesen deutlich machen, was mein Zugang zu diesem Thema ist. Danach werde ich mich etwas an den Begrifflichkeiten und ihrem Zusammenhang abarbeiten, um eine gemeinsame Basis für die Diskussion herzustellen oder zumindest vorzuschlagen. Als dritten Punkt werde ich die Handlungsfelder Berufsorientierung und Übergangsmanagement, so wie sie sich mir darstellen, problemorientiert beschreiben, um dann einige mögliche – möglicherweise ja auch sinnvolle oder gar notwendige – Ziele oder Visionen vorzustellen bzw. vorzuschlagen, wie eine erfolgreiche Verknüpfung vom Lernen in der allgemein bildenden Schule und den nachgelagerten Bildungsphasen (Übergangssystem, Ausbildung, Weiterbildung) hergestellt werden könnte. Es geht dabei weniger um die inhaltliche Gestaltung der Arbeit mit den Jugendlichen, oder die Beschreibung eines idealen Zustandes der Berufsorientierung oder des Übergangsmanagements, sondern eher um die strategische oder politische Frage. Nämlich wie die beiden Bereiche Berufsorientierung an allgemein bildenden Schulen und Übergangsmanagement zusammengeführt und in einer zukunftsträchtigen Art und Weise in der deutschen Bildungswirklichkeit verankert werden können.

1 Ausgangsthesen zum Thema

1. Probleme beim Übergang sind kein Randgruppenphänomen, sondern längst „in der Mitte der Gesellschaft" angekommen.

Das Bundesinstitut für Berufsbildung (BIBB) hat nachgewiesen, dass die seit Jahren vorgebrachte relativ ausgeglichene Ausbildungsstatistik, die stets nur wenige unversorgte Ausbildungsstellenbewerber erkennen ließ, offenkundig wenig den Realitäten entspricht. Nach den Erkenntnissen des BIBB sind es lediglich etwa 50 % der Ausbildungsplatzsuchenden eines Jahrgangs, die auch eine Ausbildungsstelle finden (vgl. Ulrich 2005: 20). Darunter befinden sich – wenn auch mit stark unterschiedlichem Risiko – Schulabgänger aller Schulformen. Das Alter dieser Bewerber schwankt zwischen 15 und 25 Jahren. Was einheitliche Maßnahmen und Angebote für diese Gruppe unmöglich macht. Die Probleme dieser Klientel sind extrem unterschiedlicher Natur.

2. Übergangsmanagement in seiner heutigen Form ist ein teurer Reparaturbetrieb für die Versäumnisse in der Berufsorientierung im allgemein bildenden Schulbereich.

Wenn das BIBB auf seinem 5. Fachkongress als Titel eines Arbeitskreises zur Kompetenzförderung von Arbeitnehmern die Aussage wählt „Besser spät als nie", so ist das gleichzeitig richtig und falsch. Logisch zu Ende gedacht, muss es natürlich zumindest um die Aussage „Besser früh als spät" ergänzt werden. Allerdings: Diese These gilt für das Übergangsmanagement in seiner heutigen Form und seinem heutigen Aufgabenbereich. Angesichts der Individualisierung der Übergangswege werden wir grundsätzlich darauf überhaupt nicht verzichten können – unabhängig davon, wie gut Schulen es gelingt, die Jugendlichen frühzeitig auf die Probleme beim Übergang in die Arbeitswelt vorzubereiten.

3. Die Bewältigung des Übergangs ist kein kurzfristiges Versorgungsproblem, sondern ein langfristiges pädagogisches Problem.

Die fehlende Prognostizierbarkeit des Bedarfs und das Tempo des Wandels in Beruf, Technik, Wirtschaft und Gesellschaft verbietet eine Fixierung auf kurzfristige Arbeitsmarktsignale und Betriebsbedürfnisse. Die zunehmenden Brüche in den Erwerbsbiographien sowie die Individualisierung der sozialen Sicherung und der Gestaltung der Arbeitsverhältnisse machen individuelle Verantwortungsübernahme und Lösungen notwendig. Wenn die Herausbildung entsprechender Kompetenzen kurzfristigen Arbeitsmarktüberlegungen geopfert wird, verliert die Gesellschaft ebenso wie die Wirtschaft an innovativer Reformkraft und an der Fähigkeit zu sozialer Integration.

4. Die Konzentration des Themas Übergangsmanagement auf die Benachteiligtenförderung schadet dem ganzen Übergangssystem und den Benachteiligten selbst. Es bildet die Fortsetzung des separaten Förderschulsystems auf die berufliche Bildung und führt damit zur Stigmatisierung der Absolventen.

Wer Unterstützung braucht, ist deshalb noch lang nicht benachteiligt oder defekt. Es ist deshalb problematisch, Benachteiligung und Förderbedarf im Übergangssystem sprachlich und organisatorisch gleichzusetzen. Die Beseitigung von Benachteiligung ist – soweit sie nicht in Form einer Behinderung in der Person des Jugendlichen begründet ist – ein politisches Systemproblem, die individuelle Förderung ein pädagogisches Problem. Individuelle Förderung jedoch benötigt praktisch jeder. Ansonsten wäre ein gesellschaftlich organisiertes Bildungssystem überflüssig. Lediglich das Ausmaß der Förderung ist unterschiedlich.

Die strikte Abtrennung der Benachteiligtenförderung von „normalen" Bildungssystemleistungen betont das Besondere dieser Maßnahmen in völlig unnötiger Art und Weise. Damit geschieht durch die Zuordnung auch eine Bewertung der Teilnehmer zur Klasse der Benachteiligten – und damit zu einer immer wieder betonten Problemgruppe am unteren Rand der Gesellschaft. Aber nicht jeder der benachteiligt ist, hat einen besonderen Förderbedarf; nicht jeder der Förderbedarf hat, ist benachteiligt; kaum jemand hat in allen Bereichen einen Förderbedarf und ebenso dürfte kaum jemand in gar keinem Bereich Förderbedarf haben.

2 Zu den Begriffen: Berufsorientierung und Übergangsmanagement

2.1 Berufsorientierung

Berufsorientierung (BO) bzw. Vorbereitung auf die Arbeitswelt ist in der Öffentlichkeit seit PISA ein wichtiges Thema, zu dessen Bewältigung es aber weder eine einheitliche Strategie, noch eine einheitliche inhaltliche Vorstellung vom Begriff und der Problemlage gibt. BO wird manchmal auf Berufswahl reduziert und manchmal sogar nur als ein Teil von Berufswahl bezeichnet. Manchmal ist BO ein Teil von Ausbildungsreife, manchmal wird dies aber auch umgekehrt gesehen.

Um das Verständnis für einen Begriff zu schärfen, ist eine semantische Analyse manchmal ganz hilfreich. Das Problem der Beruflichkeit soll an dieser Stelle einmal außen vor bleiben und stattdessen der zweite Wortteil „Orientierung" in das Zentrum rücken. Dabei lassen sich zwei Facetten des Begriffs erkennen. Zum einen beschreibt er eine Fremdbestimmung, eine Ausrichtung oder Einstellung auf einen feststehenden Anspruch hin (auf den Beruf hin orientiert sein). Zum anderen enthält er eine individuelle, selbstbestimmte Konnotation, nämlich das „Sich zurechtfinden", also eine persönliche Standortbestimmung vornehmen (Ich muss mich erst mal orientieren). Hier wird besonders der prozesshafte Charakter einer Orientierung deutlich.

Allgemein lässt sich definieren: *„Berufsorientierung ist ein lebenslanger Prozess der Annäherung und Abstimmung zwischen Interessen, Wünschen, Wissen und Können des Individuums auf der einen und Möglichkeiten, Bedarfen und Anforderungen der Arbeits- und Berufswelt auf der anderen Seite. Beide Seiten, und damit auch der Prozess der Berufsorientierung, sind sowohl von gesellschaftlichen Werten, Normen und Ansprüchen, die wiederum einem ständigen Wandel unterliegen, als auch den technologischen und sozialen Entwicklungen im Wirtschafts- und Beschäftigungssystem geprägt"* (Famulla/Butz 2005).

Wesentlich sind bei diesem Definitionsversuch vier Punkte: [1] BO findet nicht nur in bestimmten Lebensphasen statt, sondern ist ein lebenslanger

Prozess vom Blick über den Gartenzaun bis zum Eintritt in die Rente; [2] BO ist eine individuelle Lernleistung, die Lernort unabhängig erfolgt; Schule kann und muss eine wichtige Rolle spielen, dominiert aber nicht den Lernprozess; [3] BO bedeutet eine Annäherung und Abstimmung (nicht Anpassung) zwischen den zwei Polen Individuum und Arbeitswelt. [4] Der ständige Wandel macht ständig neues Austarieren notwendig. Und es ist streng genommen zu unterscheiden zwischen Berufsorientierung und berufsorientierendem Unterricht.

Ein Bildungsträger, wozu ich hier auch die Schulen zähle, kann einen solchen Prozess also nur moderierend und zeitlich begrenzt begleiten. Unter dem Blickwinkel eines allgemein bildenden auf die Person – und nicht auf die Arbeitswelt – bezogenen Lehrauftrages lassen sich in Anlehnung an Humboldt folgende Ansprüche an Berufsorientierungsangebote eines Bildungsträgers formulieren: [1] Lebenschancen eröffnen und erweitern durch Qualifizierung und Kompetenzentwicklung; [2] Verständnis und Einsicht auch im Zusammenleben und Zusammenarbeiten mit anderen fördern; [3] Handlungsoptionen verdeutlichen sowie Entscheidungs- und Handlungsfähigkeit steigern; [4] Eigenverantwortung und Selbstständigkeit stärken.

Ein solches Angebot setzt primär auf erfahrungsbasierte Kompetenzförderung und Persönlichkeitsentwicklung. Ein solches Angebot berücksichtigt alle Facetten der Arbeitswelt. Arbeit in all seinen Erscheinungsformen aber auch Arbeitslosigkeit, die soziale Absicherung wie auch das Verhältnis von Freizeit/Familie und Beruf u.ä.m. Es hilft dabei die eigenen Werte, Wünsche und Fähigkeiten vor dem Hintergrund der Möglichkeiten der Arbeitswelt kritisch zu reflektieren und zu schärfen und in Handeln zu übersetzen. Eine solche Berufsorientierung an den allgemein bildenden Schulen erweist sich jedoch in der Praxis nur dann als wirklich leistungsfähig, wenn sie als Bestandteil eines abgestimmten, in sich konsistenten Übergangsystems begriffen wird.

2.2 Übergangsmanagement und Übergangssystem

Der Begriff Übergangsmanagement ist ziemlich neu. So hieß eine Schrift des Paritätischen Wohlfahrtsbandes zum Übergangsmanagement in seiner ersten Ausgabe 2002 noch Berufsstart-Management (Paritätischer Wohlfahrtsverband 2006). Bei Wikipedia findet sich bis heute kein Eintrag zu dem Thema. Damit zeigt sich beim Übergangsmanagement (ÜM) ein ähnliches Problem, wie bei der Berufsorientierung. INBAS, das verschiedene Projekte zum ÜM wissenschaftlich begleitet hat, stellte jüngst fest, dass die Umsetzung von ÜM-Konzepten fast immer mit unterschiedlichen Vorstellungen und Herangehensweisen der Akteure einhergeht (vgl. INBAS 2006: 1).

Eine griffige akzeptierte Definition oder auch nur Definitionsversuche lassen sich kaum finden. Was im Übrigen angesichts der Komplexität des Themas kaum verwunderlich ist. Denn was löst ein ÜM oder was soll es lösen?

- Ein Vermittlungsproblem, in dem es zu einem Anbieter-Nachfrageausgleich auf dem Arbeitsmarkt kommt?
- Ein Versorgungsproblem, in dem es um die Schaffung ausreichender Ausbildungs- und Arbeitsstellen geht oder später auch um die Schaffung ausreichender Ausbildungsplatzbewerber?
- Ein Abstimmungsproblem, in dem die Bildungssysteme verlustfrei aufeinander bezogen werden?
- Ein Output-Input-Problem, in dem die notwendigen Kompetenzen und Vorwissen für einen Übergang nachträglich sichergestellt werden (vgl. Eckert 2006: 2)?

Eine Mitarbeiterin der Sozialforschungsstelle Dortmund formulierte diese Begriffsbeschreibung: *„Gemeint ist* [mit Übergangsmanagement] *die Notwendigkeit, Übergänge von einer Lebensphase in eine andere Phase gesellschaftlich so zu flankieren, dass sie vom einzelnen Individuum eigenverantwortlich und aktiv gestaltet werden können und entsprechende Strukturen vorzuhalten"* (Kühnlein 2006: 6).

Darin sind zwei Dimensionen von ÜM enthalten. Zum einen eine individuelle Dimension. Sie betrifft die individuelle Begleitung und Förderung des Jugendlichen im Sinne eines Case-Managements beim Übergang von der Schule in Ausbildung sowie dem gezielten Kompetenzaufbau zur Bewältigung der eigenen Arbeitsbiographie. Zum anderen eine strukturelle oder institutionelle Dimension. Sie betrifft die Organisation des Angebots im Übergangssystem und bspw. Fragen der Leistungsanerkennung und Zertifizierung sowie der formalen Regeln des Übergangs.

Daraus ergeben sich zwei Aufgabenschwerpunkte, nämlich ÜM als Netzwerkmanagement und als Schnittstellenmanagement (vgl. INBAS 2006: 1). Aber was heißt Schnittstellenmanagement? Machen wir uns kurz klar, was für Phasen es im Bildungs- und Arbeitsleben gibt und welche Übergänge zu bewältigen sind. Das klassische Bildungs-Ausbildungs-Arbeitssystem kennt zwei Schwellen. Den Übergang Schule – Ausbildung und Ausbildung – Beruf. Die Vorbereitung auf die erste Schwelle geschieht durch Berufswahlvorbereitung in den letzten beiden Jahrgängen der Sek. I. Dabei gilt: Je „höher" die Schule desto weniger Vorbereitung.

Durch zunehmende Anpassungsprobleme hat sich an der ersten Schwelle ein formalisiertes Übergangssystem dazwischen geschoben. Gleichzeitig sind die Arbeitsphasen nicht mehr durch Kontinuität gekennzeichnet. Berufsorientierung im erweiterten Sinne wird zum lebenslangen Prozess. Hinzu kommt die Ausdifferenzierung der Bildungsphasen. Das Übergangssystem selbst kennt mittlerweile viele Schwellen.

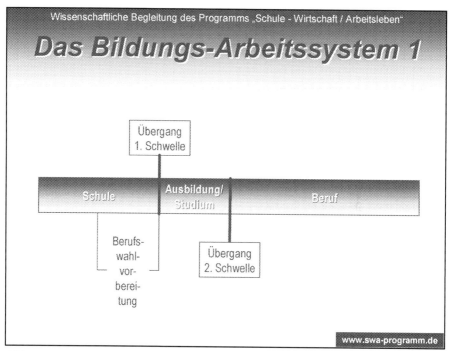

Abb. 1: **Das Bildungs-Arbeitssystem 1**

Die Hilfe beim Übergang wurde ursprünglich fast ausschließlich als Benachteiligtenförderung verstanden. Eine Notwendigkeit für Unterstützungs- und Beratungsangebote für „normale" Jugendliche wurde vielfach nicht gesehen. Auch dies lässt sich einfach erklären. Im Benachteiligtenbereich kann man relativ einfach die Kostenvorteile nachweisen, wenn man Jugendliche in Arbeit bringt. ÜM war ÜM im Feld der berufsvorbereitenden Bildungsmaßnahmen des Übergangssystems.

Das Pendant auf der inhaltlichen Ebene ist (noch) die Ausbildungsfähigkeit. Sie soll zu Beginn der Ausbildung feststehen. Das ÜM hat die Aufgabe, die nach Beendigung der Schulzeit noch bestehenden Mängel durch die Organisation des Übergangssystems auszugleichen. Das primäre Ziel des real bestehenden Übergangssystems lautet oft: kurzfristige Einmündung in Arbeit bzw. die Herstellung von Ausbildungsfähigkeit.

Programme zur Benachteiligtenförderung haben zu einer stärkeren „Pädagogisierung" der Ansätze geführt. Berufsorientierung und Persönlichkeitsstärkung rücken stärker ins Zentrum. Berufsvorbereitung, wie die berufliche

Bildung generell schon seit längerem, entdeckt angesichts ungesicherter Prognosen für die Zukunft der Arbeitswelt die Allgemeinbildung als breit angelegte Förderung von Schlüsselkompetenzen zur Persönlichkeitsentwicklung (vgl. Kühnlein 2006: 5).

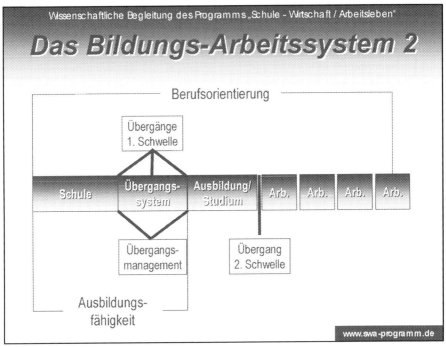

Abb. 2: **Das Bildungs-Arbeitssystem 2**

Diese Entwicklung geht mit einem Begriffswechsel oder besser gesagt einer Begriffspräzisierung einher, dessen dahinter stehende Intension durchaus einige Brisanz für die Gestaltung der beruflichen Bildung verspricht. Durch den Begriffswechsel von der Ausbildungsfähigkeit zur Ausbildungsreife wird Ausbildungsreife als Prozess und Zwischenstand einer Kompetenzentwicklung, die nie zu Ende ist, beschrieben (vgl. Schober 2004). Damit rückt das Ziel, einen Jugendlichen als ausbildungsfähig zu übergeben, etwas in den Hintergrund gegenüber einer Einstellung individuelle Entwicklungen zuzulassen, bei denen sich verschiedene Kompetenzen in einer Person auch unterschiedlich schnell entwickeln können. Das bedeutet faktisch, das Übergangssystem müsste sich an der Schwelle zur Ausbildung stärker dynamisieren und mit der Ausbildung verzahnen, denn wenn auch wesentliche Kompetenzen zur Ausbildungsreife vielleicht noch nicht ausreichend vorhanden sind, könnten doch andere bereits höheren Ansprüchen genügen.

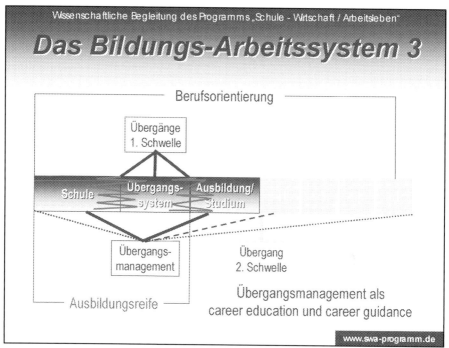

Abb. 3: **Das Bildungs-Arbeitssystem 3**

Mit der Herstellung von Ausbildungsreife sind wir aber genau bei der Aufgabenstellung, für die zunehmend auch die allgemein bildenden Schulen in die Pflicht genommen werden. Das bedeutet: Wenn das Übergangssystem nicht die allgemein bildenden Schulen in seine Anlage mit einbezieht, wird es zu einem unnötig teuren und auch nur begrenzt erfolgreichem Reparaturbetrieb. Eine kompetenzorientierte Vorbereitung auf die Arbeitswelt ist umso effektiver, je früher sie einsetzt. Eine gute Berufsorientierung in der Schule ist die Basis für jedes Übergangssystem.

Das ÜM ist die gemeinsame Klammer zwischen den Bereichen Schule – Übergangssystem – Ausbildung auf der organisatorischen Ebene. Insofern greift es auch als Schnittstellenmanagement zu kurz. Es bedarf vielmehr eines ÜM als Prozessmanagement. Ein gutes ÜM verzahnt und steuert die Bildungsphasen sowohl auf der Ebene der Kooperationen (vertikal und horizontal, Koordination der Angebote), als auch der individuellen Lotsenfunktion (Berufsberatung bzw. Case-Management).

Notwendig scheint es zu sein, dass ein ÜM zumindest den Übergang an der 2. Schwelle mit erfasst, denn die Probleme dort sind mittlerweile nicht minder groß. So waren bei einer Befragung des BIBB von 20 – 29-Jährigen mit abgeschlossener Ausbildung nur 50 % in ihrem Ausbildungsberuf tätig (vgl.

Troltsch u.a. 2000: 21). Die Übernahme aus der Ausbildung in reguläre Beschäftigung beim Ausbildungsträger ist längst nicht mehr der Normalfall.

Letztendlich müsste das ÜM jedoch die gesamte Bildungs- und Arbeitsbiographie als Gegenstand betrachten (vgl. Kühnlein 2006: 2). In diesem Sinne
ließe sich sagen, dass das inhaltliche Pendant zum Übergangsmanagement
langfristig nicht die Ausbildungsreife, sondern die Berufsorientierung bzw.
die berufsorientierenden Angebote zur Stützung eines „bildungs- und ar-
beitslebenslangen Prozesses" werden. Schulische BO müsste dann die
Grundlagen für das „Lebenslange Lernen" legen, müsste sich zu dem entwickeln, was die OECD als „career education" und „career guidance" bezeichnen (vgl. OECD 2003).

Dieser Prozess steckt allerdings noch in den Anfängen. Es gibt hier trotz
aller derzeitigen Aufmerksamkeit nach meinem Eindruck ein Umsetzungs-
und Lernproblem, teilweise bei den „Praktikern", vor allem aber auch bei
den Entscheidungsträgern. Um dieses „Problem" zu lösen, sind langfristig
agierende Unterstützungssysteme und Lobbyarbeit notwendig.

Als Ergebnis dieser Überlegungen lassen sich folgende Punkte festhalten:

- Beide Begrifflichkeiten verfügen über keine allgemein akzeptierte
  Definition.
- Bei beiden Begriffen ist deshalb auch die inhaltliche Reichweite,
  was also alles als Gegenstand dazu gehört, unklar.
- Beide beschäftigen sich mit dem Problem des Übergangs von Schule
  in Ausbildung.
- ÜM steht bisher klar im Zusammenhang mit Benachteiligtenförderung, BO wird zumindest vielfach nur dann als Thema richtig wahr-
  genommen, wenn es um problematische Übergänge geht.
- Beide müssen angesichts der Komplexität bzw. starken Ausdifferenzierung von Bildungswegen, Lernfortschritten und Übergangswegen
  individuell angelegt werden.
- Beide müssen aus dem gleichen Grund Angebote für alle und nicht
  nur für Problemgruppen enthalten.
- Beides sind Aufgaben, die sich nur kooperativ im lokalen Umfeld
  lösen lassen.
- BO wurde bisher nur separat als schulische BO oder als BO im
  Rahmen des Übergangssystems gesehen. ÜM verstand sich bisher
  als Aufgabe nach Scheitern der Schule und endete oft mit Beginn
  spätestens aber mit Abschluss der Ausbildung.
- BO wird bisher vorrangig als inhaltliche Arbeit (Unterricht) wahrgenommen. ÜM ist vorrangig eine Organisationsaufgabe.

3 Das Handlungsfeld

Ich möchte das Handlungsfeld BO und ÜM, so wie es sich mir zur Zeit darstellt einmal knapp und thesenhaft folgendermaßen umreißen:

Übergangsmanagement hat zwar zur Zeit eine große mediale Aufmerksamkeit, ist in seiner Durchführung aber nach wie vor nicht etabliert und von befristeten Förderzeiträumen geprägt. Dies steht einer langfristig angelegten strukturellen Einbindung in die Bildungslandschaften der Regionen entgegen. Der Stellenwert des Übergangsmanagement als Teil der Benachteiligtenförderung in der Beruflichen Bildung ist (noch?) gering, was letztendlich Auswirkungen auf die Ressourcenzuweisung und die Umsetzungsqualität hat.

Die Arbeit im Themenfeld Berufsorientierung (zumindest was das hier bevorzugte erweiterte Verständnis betrifft) wird von fast allen Akteuren als Projekt verstanden. Dauerhafte Strukturen gibt es wenig, dafür um so mehr Programme und Projekte deren Vielfalt längst nicht mehr überschaubar ist. Ähnliches gilt für das Feld der Übergangshilfen. Auch hier ist eine Transparenz der Angebote, selbst dort, wo sie aufeinander aufbauen sollten, kaum gegeben.

Faktisch laufen bzw. liefen nicht nur beim Bund mehrere Programme zur Förderung des Übergangs, die auch Berufsorientierung in verschiedenen Ausbildungs- und Lebensphasen umfassen (Lernende Regionen, BQF, Kompetenzagenturen, JobStarter), sondern auch auf Landesebene und durch private Träger wie Stiftungen, Verbände oder einzelne Wirtschaftsbetriebe. Diese Vielfalt führt zu überflüssiger Doppelarbeit und Fehlsteuerungen, da sich die betroffenen Akteure/Institutionen im Feld nicht eigenständig entwickeln können, sondern von den Vorstellungen und Interessen einer Vielzahl nicht miteinander kooperierender, unterschiedlichen Interessen und Ansichten folgender und finanziell oft nur kurzfristig operierender Geldgeber abhängig sind.

An den allgemein bildenden Schulen wird Berufsorientierung als wichtig erachtet, droht aber auf der Handlungsebene durch alle (strukturierenden) Raster zu fallen und dadurch insgesamt ziel- und konturenlos zu bleiben. Es gibt keine Standards für eine entsprechende Ausrichtung der Schulen.

Berufsorientierung (bzw. was auch immer darunter verstanden wird) taucht zwar verstärkt in den Schulgesetzen und Rahmenlehrplänen auf, sein faktischer Stellenwert ist aber trotz der anerkannten Wichtigkeit in der vorherrschenden Fachkultur an den Schulen eher gering. Das Ankerfach AL (oder wie auch immer es in den Ländern heißt) wird eher weiter zurückgefahren (jüngst Berlin, auch Brandenburg), ohne dass etwas Neues erkennbar ist. An

den Schulen selbst wird dieser Bereich bei Lehrermangel im Zuge der Unter-
richtssicherstellung in den Kernfächern schnell als erstes geopfert.

Und noch etwas ist auffällig: Obwohl die Akteure in beiden Feldern die jeweiligen Aktivitäten in den anderen Feldern im Blick haben und als wichtig
erachten, scheint es eine Mauer bei der gemeinsamen Kommunikation und
Kooperation zu geben. Ein Austausch zwischen Schulen und abnehmenden
Bildungsinstitutionen findet kaum statt, wie man immer wieder feststellen
kann. Trotz aller positiven Entwicklungen in diesem Bereich redet man auf
allen Ebenen noch zu viel übereinander und zu wenig miteinander. Zum
einen hat dies auf der Ebene der Praktiker in Bildungseinrichtungen individuelle professionsbezogene Gründe. Zum anderen erweist sich der Födera-
lismus auf der wissenschaftlichen und politisch-administrativen Ebene offenkundig als Hemmschuh, die beiden Bereiche schulische Berufsorientierung und Übergangssystem als (eigentlich notwendige) Einheit zu betrachten.

Zusammenfassend lässt sich festhalten: Das Feld sowohl der BO als auch
des ÜM ist von einer hohen Unruhe geprägt. Es wird sehr viel angefangen
aber wenig koordiniert. Es herrscht eine große Unkenntnis über die Aktivitäten und Erkenntnisse. Zudem wird das Feld auch (zu) oft als temporäres
sozialpolitisches und arbeitsmarktpolitisches Problem gesehen und noch zu
wenig als bildungspolitische (und wirtschaftspolitische) Daueraufgabe und
Angebot an alle.

4 Ziele

Wie müsste das Zusammenspiel von Berufsorientierung, Übergangsmanagement und Übergangssystem zukünftig aussehen, damit sich ein pädagogisch orientiertes Verständnis von Unterstützung beim Übergang in die Arbeitswelt auf der Ebene der praktischen Umsetzung durchsetzen kann? Welche Visionen oder Fernziele lassen sich in diesem Themenfeld aufstellen?

Es gibt eine enge Verknüpfung von allgemeiner und beruflicher Bildung.
Die Grundlagen für Ausbildungsreife und Berufserfolg werden in der Kindheit und Jugend gelegt. Für die Moderation der Bildungsprozesse in dieser
Lebensphase ist die Schule zuständig. Die unterschiedlichen Tempi der Ent-
wicklungsschritte im Reifungsprozess der Jugendlichen als auch die Komplexität der heutigen Übergangswege und -anforderungen machen eine stärkere Kooperation zwischen den abgebenden und aufnehmenden Bildungseinrichtungen notwendig. Diese bezieht sich sowohl auf die Personalebene
als auch auf die Förderung, Anerkennung und Zertifizierung von arbeitsweltrelevanten Leistungen und Kompetenzen. Lebenslanges Lernen muss auch
institutionell und strukturell als Einheit sichtbar werden.

BO und ÜM sind von einem pädagogischen personennahen Verständnis geprägt. Dieses Verständnis, so wie es im SWA-Programm und auch im Bereich der Benachteiligtenförderung sowie der Übergangssysteme / des Übergangsmanagements (vgl. Eckert 2006) häufig vertreten wird, muss gegenüber allen relevanten Akteuren in Schule, Schulaufsicht, Wirtschaft und Politik offensiv vertreten werden. Es zeigt sich als Mangel bei der Verbreitung und Umsetzung eines erweiterten Verständnisses von Berufsorientierung, dass es keine anerkannte Autorität auf dem Gebiet gibt, die als Kommunikationszentrum, Infostelle und Think Tank wirken kann. Das Thema müsste durch eine gezielte „Informationsstrategie" dauerhaft auf die politische Agenda gesetzt werden, um zielgerichteten Handlungsdruck aufbauen zu können.

Es herrscht Einigkeit über die Bedeutung und Standards der Begriffe. Letztendlich kann es ein wirksames schulisches Leitziel von „Berufsorientierung" nur geben, wenn auch alle das Gleiche darunter verstehen. Die derzeitige Interpretationsvielfalt des Begriffes erleichtert weder eine Leitbilderstellung noch überhaupt die Diskussion über das Thema. Dabei sollte aber deutlich sein, dass die Begriffe nur ein strategisches Kommunikationsmittel und die Inhalte das eigentliche Ziel sind. Ähnliches gilt auch für das Übergangsmanagement. Auch dort ist die Reichweite und der Anspruch des Systems (s.o.) unklar bzw. wird unterschiedlich interpretiert, was Kooperation und zielgerichtetes Handeln erschwert, wenn nicht gar unmöglich macht.

Es gibt ausreichend wissenschaftliche Expertise zum Thema. Zum Themenfeld wird sowohl im Hinblick auf Grundlagenforschung als auch zur Steuerung der Angebote (Situationsanalyse, Evaluation) wissenschaftliche Expertise benötigt. Das Wissen darüber, was am Ende wirklich etwas nützt ist sehr gering. School Effectiveness Forschung macht gute Schule praktisch ausschließlich an Abschlüssen fest. Was aber ist mit der geforderten Anschlussfähigkeit. Es gibt bisher kaum Wirkungsforschung zum skizzierten Berufsorientierungsverständnis mit Ausnahme einiger Studien zur Praktikumsgestaltung. Gleichzeitig wäre die effektive Steuerung eines Lokalen „Übergangsnetzwerkes" ohne fundiertes Monitoring kaum möglich. Expertise, so zeigt die Transferforschung, könnte auch als argumentative Stütze für die Durchführbarkeit und Nützlichkeit der neuen Aktivitäten und der Schaffung und Akzeptanz von Standards eine wichtige Rolle spielen.

Es findet ein überregionaler Austausch bis zur Bundesebene statt. Im Rahmen der länderübergreifenden Veranstaltungen wird immer wieder deutlich, dass von Seiten der Praktiker sowohl auf administrativer, besonders aber auch auf schulpraktischer Ebene, der länderübergreifende Austausch als Gewinn gesehen wird. Dies gilt sowohl im Hinblick auf Motivation als auch auf frei werdende Kreativität und Innovationsfreude in fachlicher Hinsicht sowie für den Transfer von innovativen Ideen. Gleichzeitig kann ein solcher Austausch bis zur Bundesebene die öffentliche Wahrnehmung der Thematik positiv beeinflussen.

Regionale Entscheidungsinstanzen übernehmen Verantwortung. Berufsorientierung und Übergangsangebote bedürfen der Kooperation aller Akteure, die in dem Themenfeld aktiv sind. Eine solche Kooperation kann aber nur funktionieren, wenn diese Netzwerke zum Handeln legitimiert sind, eine öffentliche und politische Unterstützung erfahren sowie über Entscheidungskompetenz und Ressourcen verfügen. Dazu müssen insbesondere die (kommunal) politischen Entscheidungsträger gewonnen werden. Erfolgsorientierte Arbeit im Themenfeld BO und ÜM bedeutet deshalb auch immer politische Öffentlichkeitsarbeit auf allen politischen Ebenen (siehe vorhergehende Vision) zu betreiben.

Fördermittel werden effizient eingesetzt. Die derzeitige Förderpraxis ist von der Angebotsseite geprägt und ausgesprochen schwach koordiniert. Dadurch wird den handelnden Institutionen vielfach die Möglichkeit genommen, aktiv ihre Organisationsentwicklung, u.U. mit Unterstützung von Change-Agents, selbstständig und mit langfristiger Perspektive umzusetzen. Gleichzeitig kommt es zu einer Konkurrenz der Förderprogramme, die sowohl die öffentliche Aufmerksamkeit für die einzelnen Programme minimiert, als auch Ressourcen bei den handelnden Institutionen zersplittert.

Wenn man dies als Zielsetzung vor Augen hat, stellt sich als nächstes die Umsetzungsfrage. Was ist notwendig um diese Ziele erreichen zu können? Mir scheinen dabei folgende Schlussfolgerungen nahe liegend:

- Eine konsequente Zusammenführung der schulischen BO mit der Gesamtthematik Übergangssystem/ÜM ohne allerdings dieses nur auf den Fokus Benachteiligtenförderung zu beschränken (Einrichtung eines „Bildungsdialogzentrums").
- Eine Vernetzung der regionalen Akteure zu einem letztendlich bundesweiten Diskussions- und Abstimmungsforum zur inhaltlichen Analyse, Diskussion und Abstimmung (Einrichtung eines Fachnetzwerkes).
- Eine konsequentere Informationserfassung und Informationspolitik im Hinblick auf bereits laufende Programme sowie eine Beratungsleistung (Bedarfsanalyse) mit dem Ziel einer besseren Abstimmung der Programme (Einrichtung eines Informationszentrums).
- Die Einrichtung einer zentralen Arbeitstelle zur systematisch und strategisch ausgerichteten Beratungs- und Informationsarbeit in Richtung Öffentlichkeit und Politik (Einrichtung eines Think Tanks).

- Die Zusammenführung fachwissenschaftlicher Expertise zur Generierung eines wissenschaftlich abgesicherten Bestandes von Erkenntnissen über gute Berufsorientierung als Vorbereitung auf das Arbeitsleben (Einrichtung eines Wissenschaftszentrums).
- Eine stärkere Öffnung der Förderrichtlinien im Hinblick auf die Nachfragerinteressen (Einrichtung eines Innovationsfonds), und einer konsequenteren Ausrichtung auf wirklich innovative Entwicklungsprojekte, problemlösende Modellprojekte oder auf die Übernahme von Implementierungskosten bei strukturverändernden Maßnahmen – und keine Förderung von Aufgaben des Regelbetriebes.

Die angesprochenen Zentren sind als analytische Denkfiguren zu verstehen. Es ist nicht die Forderung nach materiellen Neugründungen damit automatisch intendiert. Die Zentren können an einem oder mehreren Orten angesiedelt sein, sie können eigenständige Einheiten, aber auch Abteilungen bestehender Einrichtungen bilden. Und die Arbeitsfelder bedürfen einer Priorisierung, da die Umsetzungschancen sehr unterschiedlich sind. Ein Vorschlag wäre: [1] Dialogzentrum, [2] Fachnetzwerk, [3] Informationszentrum, [4] Think Tank, [5] Wissenschaftszentrum, [6] Innovationsfond.

Zur Zeit scheint es eine hohe Unzufriedenheit mit den bestehenden Konturen und Strukturen der Hilfen zum Übergang zu geben. Dies wird nicht nur immer wieder in Gesprächen mit Praktikern und den Studien und Aufsätzen der Wissenschaft sowie auch in den politischen Signalen bis hin zur europäischen Ebene deutlich. Auch in allen großen und kleinen Medien ist das Thema präsent. „Bildung, Beruf, Ausbildung, Schule", kaum eine Zeitung ohne eine solche Rubrik. Es fehlt hier nur eine Stoßrichtung um diese Unzufriedenheit auch strategisch für den Aufbau neuer Strukturen nutzen zu können.

Jochen Wagner

Die Agentur für Arbeit als Bindeglied zwischen Schule und Arbeitswelt

1 Berufswahl als Prozess

Für Jugendliche ist der Übergang von der Schule in die Arbeitswelt mit einer ernsthaften und schweren Entscheidung verbunden, die einen wichtigen Lebenseinschnitt für sie bedeutet. Die Jugendlichen verlassen den Schonraum Schule und gehen in eine nach Rentabilitätsgesichtspunkten geleitete Arbeitswelt über. Schon immer war und ist die Berufswahlentscheidung mit der Erwartungshaltung verbunden, sich für einen den Eignungen, Neigungen, Wünschen und Eigenschaften entsprechenden Beruf zu entscheiden. Somit wird erwartet, dass sie eine sachadäquate Berufswahl treffen (vgl. Schäfer 1998: 9f.).

Da die Berufswahl sich aber als Prozess gestaltet, kann nicht davon gesprochen werden, dass die Berufswahl das Ergebnis eines zeitlich begrenzten, kognitiven Entscheidungsprozesses ist. Man muss vielmehr davon ausgehen, dass es sich bei der Berufswahl im besten Fall um einen langjährigen Bildungs- und Sozialisationsprozess handelt (vgl. Schütt 2005: 13ff.). Das Gelingen des Übergangs von der Schule in die Arbeitswelt stellt insofern eine große Herausforderung dar, als dass die Entscheidung für eine berufliche Tätigkeit auch gleichzeitig einen gelingenden Eintritt in das Erwachsenenleben mitbestimmt. Die Entscheidung über eine berufliche Tätigkeit trifft der Jugendliche aber nicht im Raum unendlich großer Möglichkeiten, da die Interessen und Fähigkeiten bei jedem Menschen begrenzt sind und die Angebote der Arbeitswelt nicht immer den Interessen entsprechen (vgl. Herzog 2006: 11f.). Ebenso kann nicht davon gesprochen werden, dass es sich bei der Berufswahl um eine tatsächlich reale Wahl handelt, da genau diese Wahl nur in einem sehr begrenzten Maße möglich ist (vgl. Jung 2003: 3). Zu Beginn des Berufswahlprozesses lassen sich Schüler/innen sowohl von den Vorstellungen ihrer Eltern, aber auch von Überlegungen der schulischen Sozialisation beeinflussen.

Weiterhin lässt sich der Gesamtprozess der Berufswahl auch als ein soziales Kooperationssystem beschreiben, in das Informationen aus Unterricht, Beratung und Familiengesprächen eingebracht werden und somit auch den individuellen Entscheidungsprozess mitbestimmen. Die Berufswahl verläuft in verschiedenen Phasen und wird als mehrjähriger Entwicklungs-, Lern- und Entscheidungsprozess angesehen. Der erste Schritt dieses Entscheidungsprozesses ist die Nennung eines Berufs. Voraussetzung dafür ist, dass bei den Berufswählenden schon konkrete berufliche Interessen vorhanden sind. Im zweiten Schritt müssen dann die Interessen mit den Anforderungen für einen Beruf gegenübergestellt werden. Erst wenn die Interessen mit den beruflichen Anforderungen einhergehen, kann vermutet werden, dass der Beruf weiterverfolgt wird (vgl. Beinke 1999: 61ff.). Die Jugendlichen stehen aber mit ihrer Entscheidung nicht allein. In wie fern Schüler/innen bei ihrer Berufwahl sowohl von Schule, Eltern als auch von der Bundesagentur für Arbeit Unterstützung erfahren, soll Aufgabe dieses Beitrages sein.

2 Berufsorientierung ist ein gemeinsamer Auftrag

Jugendliche, die sich vor der Wahl eines Berufs befinden, treffen zum ersten Mal in ihrem Leben eine Entscheidung, die für ihr weiteres Leben von enorm großer Bedeutung ist. Es ist also notwendig, Jugendliche in ihrer beruflichen Entscheidungsfindung zu unterstützen. Unterstützung bietet die Berufsorientierung, die ein gemeinsamer Auftrag von Schule und Berufsberatung ist. Welche weiteren wichtigen Beteiligten es bei der Berufswahl gibt, wird im Folgenden näher zu betrachten sein.

Die Berufswahl der Jugendlichen unterliegt verschiedenen sozialen Einflüssen. Besonders großen Einfluss auf die Berufswahl haben die Eltern, die für viele Jugendliche eine Vorbildfunktion innehaben. Problematisch gestaltet sich der Einfluss der Eltern, wenn diese konkrete Berufswünsche für ihre Kinder haben. Oftmals leisten Eltern und Verwandte den größten Teil der Beratungen bei der Berufswahl. Viele Jugendliche sehen Gespräche mit den Eltern als wichtigste Beratungsfunktion für die Berufswahl an. Dies bedeutet, dass sich Eltern sehr intensiv mit ihren Kindern über ihre weitere berufliche Zukunft austauschen. Eltern besitzen bei der Berufswahl eine doppelte Funktion, da sie zum einen durch ihre Ratschläge direkten Einfluss auf die Berufswahl nehmen und zum anderen aber durch ihre eigene Berufstätigkeit die Jugendlichen beeinflussen (vgl. Nissen 2003: 104).

Die Berufsberatung wird von Hauptschüler/innen in weit stärkerem Maße in Anspruch genommen als von Gymnasiasten. Gleiches zeigt sich bei der Inanspruchnahme von Maßnahmen bei der Berufswahlvorbereitung. Laut einem BLK-Modellversuch nimmt der elterliche Einfluss auf die Berufswahl jedoch ab, nachdem die Jugendlichen durch unterrichtliche und betriebspraktische Interventionen nähere Informationen erhalten haben. Deshalb kann auch festgehalten werden, dass neuere Informationen für die Jugendlichen eine höhere Bedeutung haben als traditionelle. Somit empfinden sie Einrichtungen wie das Berufsinformationszentrum wichtiger als Informationsbroschüren. Trotz allem sind der Einfluss und die Wichtigkeit der Eltern bei der Berufswahl aber beachtlich und nehmen eine deutlich höhere Stellung ein, als der Einfluss der Lehrer/innen.

Der Prozess der Berufswahl kann von den Eltern, den Maßnahmen der Schule und der Berufsberatung zwar gestützt, aber nicht in vollem Maße strukturiert werden. Langfristige Beratungen können nur in der Familie oder in der peer-group stattfinden. Allerdings hat die peer-group auf die Berufswahl von Jugendlichen nur einen sehr geringen Einfluss. Wichtig wäre es, den Beratungsprozess durch die Eltern besser zu strukturieren und in den Gesamtvorgang der Berufswahl noch stärker mit einzubeziehen (vgl. Beinke 1999: 98ff.).

Auch die Agenturen für Arbeit leisten einen wichtigen Beitrag zur Berufswahl von Jugendlichen. Der gesetzliche Auftrag derselbigen wird im Folgenden näher erläutert.

3 Gesetzlicher Auftrag der Agenturen für Arbeit

Die Berufsorientierung von Schüler/innen ist Teil des umfassenden Beratungsauftrages der Agenturen für Arbeit für Arbeitnehmer, Arbeitgeber und Arbeits- und Ausbildungssuchende. Der gesetzliche Auftrag der Agenturen für Arbeit ist im Grundgesetz der BRD verankert. Besondere Tragweite für die Aufgaben der Berufsberatung haben hier die *„freie Entfaltung der Persönlichkeit"*, die in Artikel 2 festgeschrieben ist, die *„freie Wahl des Berufes"*, die *„freie Wahl des Ausbildungsplatzes"* (Artikel 12) sowie das *„Erziehungsrecht der Eltern"* (Artikel 6).

Der Auftrag der Bundesagentur für Arbeit, sich mit Berufsorientierung zu befassen, ist im Sozialgesetzbuch III – Arbeitsförderung - geregelt. Die Arbeitsagentur hat nach § 33 des Sozialgesetzbuches III den Auftrag, *„Berufsorientierung sowohl für Jugendliche als auch für Erwachsene als Vorbereitung auf die Berufswahl sowie weiterhin zur Unterrichtung der Ausbildungssuchenden, Arbeitssuchenden, Arbeitnehmer und Arbeitgeber anzubieten. Ihre Aufgabe ist es die Beratungssuchenden über Fragen der Berufswahl, über Berufe, Anforderungen und Aussichten, über Wege und Förderung der beruflichen Bildung sowie über beruflich bedeutsame Entwicklungen in den Betrieben, Verwaltungen und auf dem Arbeitsmarkt umfassend zu informieren"*. Nach § 41 (2) des Sozialgesetzbuches III haben die Agenturen für Arbeit neben personalen und medialen Angeboten auch computergestützte Informations- und Vermittlungssysteme sowie Selbstinformationseinrichtungen in den Berufsinformationszentren der Agenturen für Arbeit anzubieten (vgl. Strijewski 2003). Im Weiteren sollen Ziele und Grundsätze der Bundesagentur für Arbeit näher beleuchtet werden.

4 Ziele und Grundsätze für die Berufsorientierung der Agenturen

Die Berufsorientierung leistet einen wichtigen Beitrag zur Entwicklung von Berufswahlkompetenz, zur beruflichen Integration junger Menschen, zur Versorgung der Betriebe mit Nachwuchskräften und somit zum Marktausgleich. Die Bundesagentur für Arbeit verfolgt durch personale Orientierungsangebote sowie durch vielfältige Medien verschiedene Ziele.

Dazu gehört, dass sich Jugendliche frühzeitig mit dem Thema Berufswahl beschäftigen und mit Hilfe der Bundesagentur für Arbeit auf eine eigenverantwortliche, sachkundige Ausbildungs-, Studien- und Berufsentscheidung vorbereitet werden. Weiterhin soll durch den präventiven Charakter der Maßnahmen eine realistische Ausbildungs-, Studien- und Berufswahl der Jugendlichen gefördert, aber auch Fehlentscheidungen verhindert werden. Ebenso sollen die Eigenaktivität sowie die Eigenverantwortlichkeit bei der Berufswahl erhöht werden. Ein weiteres Ziel ist darin zu sehen, dass sowohl Berufswähler als auch Arbeitssuchende bei der eigenständigen Ausbildungs- und Arbeitssuche sowie in ihrer Selbstvermarktungskompetenz tatkräftig unterstützt werden.Weiterhin ist die Integration der Lehrkräfte, Eltern und anderen wichtigen Kooperationspartnern in die Maßnahmen der Berufsberatung von großer Bedeutung, da sie befähigt werden sollen, die Berufswahlvorbereitung mitzugestalten. Bedeutsam ist auch, dass Arbeitgeber über gewichtige Entwicklungen sowohl auf dem Ausbildungsmarkt als auch im Hochschulbereich und über wichtige Angebote der Berufsberatung informiert werden, da sie als Kooperationspartner für die Berufswahlvorbereitung von Jugendlichen wichtig sind (vgl. Strijewski 2003). Aber nicht nur die Bundesagentur, sondern auch die Schule hat einen Auftrag bezüglich der Berufsorientierung, der im Folgenden näher zu betrachten ist.

5 Auftrag der Schule

Auch die Schule ist dazu verpflichtet, sich an der Berufsorientierung der Schüler/innen zu beteiligen und sie bestmöglich auf den Übergang von der Schule in die Arbeitswelt vorzubereiten. Der konkrete Auftrag der Schule bei der Berufsorientierung findet sich im Schulgesetz von Baden-Württemberg. Im Schulgesetz für Baden-Württemberg (SchG) in der Fassung vom 11. Oktober 2005 ist in § 1 Absatz 2 folgendes festgelegt: *„Die Schule hat den in der Landesverfassung verankerten Erziehungs- und Bildungsauftrag zu verwirklichen. Über die Vermittlung von Wissen, Fähigkeiten und Fertigkeiten hinaus ist die Schule insbesondere gehalten, die Schüler ... auf die Mannigfaltigkeit der Lebensaufgaben und auf die Anforderungen der Berufs- und Arbeitswelt mit ihren unterschiedlichen Aufgaben und Entwicklungen vorzubereiten"*.

Der Auftrag ist eindeutig: In den Sekundarstufen I und II soll die Berufs- und Studienorientierung fester Bestandteil schulischer Arbeit sein. Hierbei hat die Schule den Auftrag Schüler/innen grundlegende Kenntnisse der Wirtschafts- und Arbeitswelt zu vermitteln. Dies geschieht zum einen in unterschiedlichen Fächern, sollte aber auch fächerübergreifend möglich sein.

Weiterhin sollte die Schule den Jugendlichen durch eine Kooperation mit der regionalen Wirtschaft ermöglichen, verschiedene Praktika zu absolvieren, um dadurch einen ersten Einblick in die Arbeitswelt einzuräumen. Somit ist es auch Aufgabe der Lehrkräfte, Schüler/innen durch einen zeitgemäßen Berufswahlunterricht auf die Berufswahl vorzubereiten. Die Schule stellt somit einen Lernort dar, mit dessen Hilfe die Schüler/innen nicht nur auf die Berufswahl vorbereitet werden, sondern auch Unterstützung bei der Wahl eines Berufs erfahren (vgl. Rahmenvereinbarung über die Zusammenarbeit von Schule und Berufsberatung 2004: 4). Wie die konkrete Kooperation der Schulen mit der Berufsberatung aussehen sollte, wird nun näher zu betrachten sein.

6 Kooperation Schule - Berufsberatung

Um eine gemeinsame Kooperation von Schule und Berufsberatung zu ermöglichen, sollten im besten Fall beide Institutionen ihre Maßnahmen und Projekte aufeinander abstimmen und sich gegenseitig über bedeutsame Entwicklungen informieren.

Es ist Aufgabe der Schule, Schüler/innen zur Teilnahme an Aktivitäten der Berufsberatung anzuregen, um die Wirksamkeit der Berufsberatung zu unterstützen. Von großer Bedeutung ist dabei, der Berufsberatung die Möglichkeit zu bieten, während der Unterrichtszeit individuelle Beratungsgespräche, Eignungsuntersuchungen und Gruppenveranstaltungen durchzuführen. Dies kann allerdings auch außerhalb der Schule geschehen. Für eine gelingende Kooperation ist es bedeutsam, dass Schule und Berufsberatung gemeinsam innovative Wege zur Berufswahlvorbereitung entwickeln. Diese erfordern, dass berufsorientierende Inhalte und die Vermittlung von Arbeits- und Berufsfindungskompetenz als unterrichtliche und kooperative Zielsetzung anzustreben sind. Darüber hinaus ist die Zusammenarbeit auch bei der Entwicklung und der Nutzung berufsorientierter Medien maßgeblich. Ebenso ist es wichtig, dass Schule und Berufsberatung ihre Zusammenarbeit in Planung, Durchführung und Evaluation von gemeinsamen Fortbildungsveranstaltungen für Lehrer/innen und Berufsberater/innen verstärken.

Die gemeinsame Verantwortung der beiden Institutionen Schule und Berufsberatung bezüglich der Berufswahl der Schüler/innen ist in Vereinbarungen und Erklärungen festgelegt (vgl. Rahmenvereinbarung über die Zusammenarbeit von Schule und Berufsberatung 2004: 5).

7 Aktivitäten der Berufsberatung

Die Berufsberatung unterstützt Jugendliche im Prozess der Berufsfindung. Dies geschieht in Form von Einzel- oder Gruppenberatung. Ziel ist es, junge

Erwachsene zu einer eigenverantwortlichen und selbstständigen Berufswahl zu befähigen. Von Bedeutung ist dabei, Jugendlichen die Möglichkeit zu geben, ihre eigenen Interessen und Fähigkeiten realistisch einzuschätzen. Um dies zu erreichen, bietet die Bundesagentur für Arbeit ein vielfältiges Beratungsangebot an.

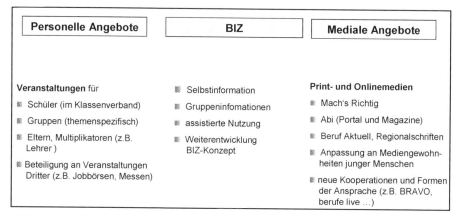

Abb. 1: **Angebote der Bundesagentur für Arbeit**

In erster Linie richten sich die personellen Angebote der Berufsberatung an den Erwartungen und Wünschen der Adressaten aus. Dies sind im Einzelnen:

- Schüler/innen, Studierende,
- Eltern,
- Lehrer/innen,
- Ausbildungsbetriebe,
- Institutionen.

Der Schwerpunkt der Arbeit der Berufsberater/innen liegt bei den personellen Angeboten. Hierzu zählen Schulbesprechungen (angebotsorientierte Veranstaltungen), die häufig in den Vorabgangsklassen der allgemein bildenden Schulen durchgeführt werden. In Baden-Württemberg sind die Schulbesprechungen in die unterschiedlichen Modelle der schulischen Berufswahlvorbereitung eingebettet:

- OiB: **O**rientierung **i**n **B**erufsfeldern (Hauptschulen),
- BORS: **B**erufs**o**rientierung an **R**eal**s**chulen (Realschulen),
- BOGY: **B**erufs**o**rientierung an **G**ymnasien (Gymnasien).

In den Vereinbarungen sind für die Beratungen in den Schulen keine zeitlichen Mindeststandards vorgegeben. Die Berufsberatung bietet bundesweit verbindlich pro Klasse oder Jahrgangsstufe eine Schulbesprechung mit einem Gesamtumfang von zwei Schulstunden an. Weiterhin besteht die Möglichkeit eine einstündige Veranstaltung im Berufsinformationszentrum (BIZ) in Anspruch zu nehmen. Da nicht davon ausgegangen werden kann, dass es sich bei Schüler/innen um eine homogene Gruppe handelt, die sich im Prozess der Berufswahl auf gleicher Stufe befinden, werden bei den Veranstaltungen in den Schulen vorrangig allgemeine Informationen vermittelt. In den schulischen Veranstaltungen informiert die Berufsberatung über die Anforderungen des Arbeitslebens, über Berufe und die Situation auf dem Arbeits- und Ausbildungsmarkt. Weiterhin erhalten Jugendliche auch Einblick in das Dienstleistungsangebot der Berufsberatung, über die Förderung der beruflichen Ausbildung sowie über berufsvorbereitende Bildungsmaßnahmen.

Da die Schulbesprechungen in den allgemeinen Berufswahlunterricht eingebettet sind, sind sie Bestandteil des Schulunterrichts und somit ist die Teilnahme obligatorisch. Bei Bedarf und im Rahmen der zur Verfügung stehenden Ressourcen der Berufsberatung werden auch Gruppenmaßnahmen angeboten. Hierbei handelt es sich um Gruppenberatungen, Seminare, Workshops oder Vortragsveranstaltungen, die sich meist mit Einzelberufen, einer Berufsgruppe oder mit Spezialthemen, wie z.B. der Bewerbung für Ausbildung oder Studium oder dem Vorgehen bei der Berufswahl, befassen.

Eine Besonderheit stellen die Maßnahmen zur vertieften Berufsorientierung für Schüler/innen allgemein bildender Schulen nach § 33 SGB III dar, die von der Arbeitsagentur gefördert werden. Diese Maßnahmen können bis zu vier Wochen dauern und sollen in der unterrichtsfreien Zeit stattfinden. Voraussetzung ist, dass sich ein Dritter, z.B. Kommunen, Behörden oder Fördervereine an der Finanzierung mit mindestens 50 % beteiligen. Hier ist inzwischen ein sehr umfangreiches Angebot entstanden.

Da Eltern nach wie vor die wichtigsten Ansprechpartner für Jugendliche in der Berufswahl sind, gehört es zum Standardangebot der Berufsberatung, im Rahmen der schulischen Elternabende, ein ähnliches, allerdings verkürztes Programm wie in den Schulbesprechungen vorzustellen. Die Resonanz der Elternabende ist allerdings sehr unterschiedlich. Sie ist abhängig von der Schulart, dem Alter der Schüler/innen, dem sozialen Umfeld, den Gewohnheiten der jeweiligen Schule und vielem mehr.

Da neben den Eltern auch Lehrkräften eine wichtige Bedeutung zukommt, sollte auch deren Kontakt zu den Berufsberatern ausgewogen sein. In der Realität zeigt sich aber auch hier, dass die Intensität des Kontaktes abhängig von der Schulart ist. In vielen Fällen sind Berater/innen auch in verschiedene Formen der Lehrerfortbildung involviert.

Der Kontakt zu den Ausbildungsbetrieben ist durch den hohen Einschaltungsgrad der Berufsberatung auf einem hohen Niveau. Bundesweit sind ca.

75 % der Stellenangebote, die zu einem Ausbildungsvertrag führen, bei der Berufsberatung gemeldet. Die Intensivierung der Arbeitgeberorientierung, die die Bundesagentur sich aktuell zum Ziel gesetzt hat, soll diese gute Kontaktbasis erhalten und ausbauen.

Die beiden anderen Standbeine der Berufsorientierung, die Medien und das Berufsinformationszentrum, gehören ebenfalls zu dem Angebot der Bundesagentur für Arbeit. Sie setzen auf die Eigenaktivität der Jugendlichen und werden ausführlich in der Berufsorientierung vorgestellt. Die Berufsinformationszentren bieten den Jugendlichen ein umfangreiches und flächendeckendes Selbstinformationsangebot.

Die Medien für die Sekundarstufe II sind seit dem Schuljahr 2007/08 neu gestaltet. Das Portal „Abi - Dein Weg in Studium und Beruf" informiert aktuell im Internet über alle Studien-, Ausbildungs- und Berufsmöglichkeiten für Schüler/innen der Sekundarstufe II. Als Printmedium steht weiterhin das „abi Magazin" zur Verfügung, das durch Themenhefte wie Ausbildung und eine Sonderausgabe für Eltern ergänzt wird. Für die Sekundarstufe I wird ab dem Schuljahr 2008/09 das Portal „MACH`S RICHTIG" neu erstellt. Auch hier stehen weitere Print- und Onlineangebote zur Verfügung. Auch die Berufsinformationszentren sind derzeit in der Überarbeitung. Angesichts der zunehmenden Informationsfülle geht es künftig stärker darum, aus der Vielfalt an berufskundlichen und berufsorientierenden Informationen, das für den Einzelnen jeweils Passende zu finden und zu strukturieren (vgl. Rahmenvereinbarung über die Zusammenarbeit von Schule und Berufsberatung 2004: 4ff.). Nachdem nun ausführlich sowohl die Kooperation der Schule als auch die Aktivitäten der Berufsberatung dargestellt wurden, wird es nun Aufgabe sein, die Bindgliedsfunktion der Arbeitsagentur zwischen Schule und Arbeitswelt aufzuzeigen.

8 Die Arbeitsagentur als Bindeglied zwischen Schule und Arbeitswelt

Nach diesen Darstellungen der Aktivitäten der Berufsberatung wird deutlich, in wie weit die Arbeitsagentur als Bindeglied zwischen Schule und Arbeitswelt fungiert. Als wesentlich muss die enge Kooperation zwischen Schule und Berufsberatung angesehen werden. Insbesondere durch die guten Kontakte im Rahmen der Ausbildungsvermittlung haben die Berufsberater einen umfassenden Überblick über den lokalen Ausbildungsmarkt. Auch zur überregionalen Situation können sie, zumindest bei nachgefragten Berufen, Auskunft geben. Sie kennen die verschiedenen Ausbildungswege und die Möglichkeiten, ausgehend von unterschiedlichen Berufsausbildungen, verschiedene Berufstätigkeiten ergreifen zu können. Hinzu kommt, dass sie die Inhalte von Berufen kennen oder zumindest in der Lage sind, Elemente der Berufsausübung, den Jugendlichen aufzeigen zu können.

Jedoch ist es unbestreitbar, dass kein Berufsberater über die Realität aller Ausbildungen oder Berufe kompetent und erschöpfend Auskunft geben kann. Insbesondere bei Berufen, die einem schnellen Wandel unterliegen – und davon gibt es immer mehr – ist es kaum mehr möglich, Aussagen über Berufsinhalte zu machen, mit denen die Jugendlichen nach ihrer Ausbildung konfrontiert werden.

Für die Berufsberater entsteht hier ein neues Aufgabengebiet: Sie werden zu Informationsvermittlern, die Jugendliche bei deren Suche nach Informationen anregen und unterstützen und ihnen bei der Bewertung dieser Informationen helfen.

Leider konnten die für gelingende Übergänge erforderlichen Kontakte der Berufsberater zu den Betrieben in den letzten Jahren nicht intensiviert werden. Sie beschränken sich in der Realität auf Betriebsbesuche, vor allem am jährlich stattfindenden Tag des Ausbildungsplatzes, auf telefonische Kontakte im Rahmen der Ausbildungsvermittlung und auf Gespräche am Rande von Messen, Börsen und ähnlichen Veranstaltungen. Der Schwerpunkt dieser Kontakte liegt bei der Akquise von Ausbildungsstellen. Um diese Situation zu verbessern, richtet die Bundesagentur Arbeitgeberteams ein, deren Aufgabe es ist, den Kontakt zu den Arbeitgebern zu halten und alle wichtigen Informationen an die Berufsberater weiterzugeben. Dennoch bildet der persönliche Kontakt zur Arbeitswelt für Berufsberater eine wichtige Grundlage der eigenen Kompetenz und Arbeit. Abschließend werden nun Folgerungen und Konsequenzen für eine Weiterentwicklung der Berufsorientierung dargelegt.

9   Folgerungen und Konsequenzen für eine Weiterentwicklung der Berufsorientierung

Nach den Erfahrungen vieler Akteure auf dem Gebiet der Berufswahl ist die Wirksamkeit einer Verbesserung der Berufsorientierung möglicherweise an einer Grenze angelangt. Allerdings kann nicht davon ausgegangen werden, dass nun bezüglich der Verbesserung der Berufswahl nichts mehr getan werden muss. Mit Sicherheit ist es wichtig, das Thema „Beruf" – oder etwas provozierend formuliert „es gibt ein Leben nach der Schule" – noch stärker in die Schule einzubinden.

Der frühere Beginn des Berufswahlunterrichts, der in Baden-Württemberg bereits in Klasse 5 verankert ist, stellt ein wichtiger Ansatz dar. Ziel ist hier nicht, Schüler/innen mit ihrer individuellen Berufswahl zu konfrontieren, sondern sie allgemein an die Berufswelt heranzuführen, um sie mit einer guten Grundlage für ihre eigene Wahl auszustatten.

In der siebten und achten Klasse tritt dann das Thema „Wie finde ich meinen Beruf?" in den Mittelpunkt. Zentrale Punkte sind hier die eigenen Bewertungsmaßstäbe der Jugendlichen und ihre Antworten auf die Fragen „Was will und kann ich?". Unterstützt wird dieser Prozess durch konkrete Erfahrungen in der Berufswelt, durch Praktika und Hospitationen in Betrieben, die immer wieder aufgearbeitet werden müssen, damit Jugendliche sie in ihren Entscheidungsprozess einbeziehen können.

Trotz den vielfachen Maßnahmen im Unterricht muss die Berufsorientierung noch intensiver als elementarer Bestandteil in den Schulen verankert werden. Insbesondere sehr vielversprechende Ansätze wie die Einführung eines Berufswahlpasses sollten einen festen Platz in den Schulen haben. Weiterhin ist es von Bedeutung, dass auch ganz neue Formen der Berufsorientierung wie Schülermentoring, Schülerfirmen, Peer Counseling und Elternpässe eingesetzt werden. Aber auch die Kooperation zwischen Schule, Eltern, Wirtschaft und Berufsberatung sollte noch weiter ausgebaut werden, da gerade diese Beratungsangebote eine Schlüsselrolle bei der Weiterentwicklung der Berufsorientierung einnehmen. Um dies zu erreichen, sollten die Beratungsangebote koordiniert und vernetzt werden. Eine Möglichkeit die Beratungsinstrumente zu vereinheitlichen, wäre die bundesweite Anerkennung des Berufswahlpass (vgl. Dessauer Erklärung zur nachhaltigen Berufsorientierung 2007).

Möglicherweise sind diese Aktivitäten, die in vielen Schulen bereits anlaufen und verstärkt werden, in erster Linie für die Jugendlichen wirksam, die auf Grund ihrer Motivation gut in ihren Berufswahlprozess eingestiegen sind. Für sie werden die Angebote aller beteiligten Akteure immer besser, sie profitieren davon. Die Jugendlichen, die über eine geringere Motivation bezüglich der Berufswahl verfügen, bleiben häufig von allen Anstrengungen unbeeindruckt und gehören dann zu der Gruppe, bei denen der Start ins Berufsleben zum Fehlstart wird und für die dann alle möglichen „Reparaturmaßnahmen" eingesetzt werden, um ihnen doch noch eine Eingliederung in unsere Gesellschaft zu ermöglichen. Für sie sind Berufsorientierungsmaßnahmen nicht ausreichend. Sie brauchen sehr viel früher als andere eine individuelle und persönliche Unterstützung.

An dieser Stelle wird deutlich, dass die Berufwahl dann für den Einzelnen gut unterstützt wird, wenn es gelingt, eine Balance zwischen allgemein wichtigen Informationen über die Berufs- und Arbeitswelt (Berufsorientierung) und individueller Unterstützung des einzelnen Jugendlichen (Berufsberatung – nicht nur durch die Agenturen für Arbeit – im Sinne einer persönlichen Unterstützung und Ermutigung) herzustellen.

Eberhard Jung

Neue Formen des Übergangs in die Berufsausbildung: Das Ausbildungs-Übergangs-Modell

1 Vorbemerkung

Dieser Beitrag folgt dem Grundsatz, dass diejenigen, die das derzeitige Übergangssystem kritisieren, auch in der Lage sein sollten, angemessene Alternativen aufzuzeigen. Thomas Giessler leistet dies (in diesem Band) in Übernahme des Modells der *zweijährigen dualen Grundbildung* von Felix Rauner (2003: 22f.). Das schulstufenübergreifende Konzept verlegt das erste Jahr in die Abschlussklasse der allgemein bildenden Schule. An zwei Tagen in der Woche beginnen die Lernenden eine praktische Berufsausbildung im Beruf ihrer Wahl, an einem sind sie in der Berufsschule und die beiden anderen finden in der allgemein bildenden Schule statt. Das zweite Grundbildungsjahr ist das erste Ausbildungsjahr, es ist in drei betriebliche und zwei Berufsschultage gegliedert. Giessler bewertet die Vorteile dieses Ansatzes aus der doppelten Perspektive: Den Lernenden werde ermöglicht, *„sich ein umfassenderes Bild von dem ausgewählten Beruf zu verschaffen"*, den Betrieben, die potentiellen Auszubildenden besser kennen zu lernen. Dadurch werde ein intensiverer und praxisorientierter Übergang ermöglicht (in diesem Band: 68).

Der nachfolgende Beitrag verfolgt ebenfalls das Ziel der Verbesserung des gegenwärtigen Übergangssystems, wobei er den Schwerpunkt auf Jugendliche mit Übergangserschwernissen legt. Er ist die schriftliche Form meines Vortrags: *Neue Wege ins Arbeitsleben,* den ich am 20. Juni 2007 an der Technischen Universität Berlin gehalten habe, und der durch den Beitrag von Thomas Giessler eine neue Aktualität erfahren hat. Das von mir verwandte Prinzip ist einfach und greift den von Johannes Krumme (vgl. in diesem Band: 55) unterbreiteten Vorschlag der Optimierung bestehender Übergangselemente auf. Während im Rauner-Modell (zweijährige duale Grundbildung) das allgemein bildende Schulwesen (Hauptschule) auf drei Fünftel eines Jahresdeputats verzichten müsste, werden im nachstehenden Entwurf die bisher getrennten Aktivitäten der am Übergangsprozess beteiligten Institutionen (Hauptschule, Berufsschule, außerschulischer Bildungsträger, Betriebe) zusammengeführt und bei Aufrechterhaltung der erbrachten Anteile und einer verstärkten Beachtung der jeweiligen Kernbereiche, übergangsspezifisch optimiert und zielgerichtet neu organisiert.

Ebenfalls basiert der Entwurf auf der Erkenntnis, dass die Betriebe angesichts der aktuellen ökonomischen Situation und verschärfter Konkurrenzverhältnisse nur schwer den Idealen der Berufsorientierung entsprechen können. Diese lassen sich mit der Bereitstellung eines ausreichenden und konzeptionell angemessenen Angebots an Praktikumsplätzen für die Abschlussklassen der allgemein bildenden Schulen, einer, an schulischen Absolventenzahlen orientierten Zahl von Ausbildungsplätzen und - im Falle der Realisierung des Raunervorschlags - von zwei- und dreitägig zu organisierenden Ausbildungsaktivitäten im Rahmen der zweijährigen dualen Grundbildung beschreiben.

Selbst wenn es gelänge das Erforderliche (von den Betrieben und Schulen gewünscht und mitgetragen) jenseits üblicher Überregulierungen zu organisieren, wären die damit verbundenen betrieblichen Aufwände nicht unerheblich und stellten - gerade für Kleinbetriebe - ein große Herausforderung dar. Angesichts bereits heute üblicher Klagen über den Verwaltungsaufwand und die mit Ausbildung einhergehenden (Über-) Regulierungen sei die Frage erlaubt, ob eine breite Realisierung des zweifelsohne interessanten Raunerkonzepts realistisch ist oder ob Wege gefunden werden müssen, die eine hohe Übergangsqualität sichern ohne die Betriebe zusätzlich zu belasten. In diesem Sinne wird nachstehend ein Übergangsmodell vorgeschlagen, dass

- die Interessen der Lernenden „beruflich orientiert zu sein" aufnimmt und in Ausbildung überleitet;
- die betrieblichen Bedürfnisse berücksichtigt, ohne die Betriebe zu überfordern;
- bestehende Elemente übergangsperspektivisch optimiert;
- den problematischen Teil des bisherigen Übergangssystems kostenneutral in einen zukunftsfähigen überleitet.

Bevor das entsprechende „Ausbildungs-Übergangs-Modell" konkretisiert wird, soll der Wandel des Übergangssystems verdeutlicht und Reflexionen über die individuellen Folgen nicht gelingender Übergänge beleuchtet werden.

2 Das Übergangssystem im Wandel

Die Bezeichnung Übergangssystem umschreibt die Summe möglicher arbeits- und berufsbezogener Übergange, wobei die Bezeichnung eher systemtheoretisch konnotiert ist, als dass dem Gemeinten eine immanente Systematik zuzugestehen ist. Im Rahmen möglicher Übergänge besitzen die „erste und zweite Schwelle" eine besondere Bedeutung, die früher als Berufswahl, heute besser als Arbeits- und Berufsfindungsprozess bezeichnet wird (vgl. Beinke 1999: 61). Dieser umschreibt eine Folge gestufter, voneinander abhängiger Entscheidungen (duale Ausbildung oder schulische Qualifizierung; betriebliche oder vollschulische Ausbildung; weiterführende berufsbildende Schulformen oder Studium; …), in deren Vollzug bestimmte Befähigungen nachzuweisen sind, die „als Eintrittskarte" (erste Schwelle) für den systematischen Erweb von beruflich verfasster Qualifikationsbündel (Berufsausbildung) gelten und die Übernahme bestimmter beruflicher Rollen oder Positionen (zweite Schwelle) ermöglichen oder auch gewisse berufliche Laufbahnen eröffnen (vgl. Schober 1997: 105). Die Bezeichnung Übergangssystem bezieht darüber hinaus alle weiteren Übergänge ein: Den gewollten und erzwungenen Arbeitsplatzwechsel, die Wiederaufnahme einer Erwerbsfähigkeit nach Beendigung von Familienphasen oder eines Sabbatjahres und die Überwindung von Arbeitslosigkeit (vgl. Bußhoff 1998: 26). Graphisch dargestellt ergab sich für die Bundesrepublik Deutschland über einen langen Zeitraum ein relativ stabiles Gebilde, mit eindeutigem Schwerpunkt auf den beiden „ersten Schwellen" und wachsenden Problemen, die sich mit der Struktur- und Wachstumskrise ab den 1970er Jahre manifestierten.

Allgemeinbildendes Schulwesen
    Abschluss Jg.-Stufe 9, 10, 13
    aber auch: Abgänger, Sonderschulabsolventen

                              „erste Schwelle"
                              Probleme: quantitativ, qualitativ
                              mangelnde Berufswahlreife
▼   Folgen: schulische
                              Qualifizierungsschleifen
                              10.Vollzeitschuljahr, BVJ, BGJ, BFS

Übergang in das Berufsausbildungssystem
    -    duales System (Erwerb der mittleren Reife)
    -    vollschulische (Teil-) Berufsausbildung
    -    außerbetriebliche Ausbildung

                              „zweite Schwelle"
                              Probleme: quantitativ, qualitativ
▼   Wandel von Beruflichkeit
                              Strukturwandel
                              Folgen: weitere Qualifizierung
                              Umschulung

Übergang in das Beschäftigungssystem
    -    Berufstätigkeit im Ausbildungsberuf   plus (permanenter)
    -    Berufstätigkeit in anderen Berufen / Tätigkeiten   Weiterbildung
    -    Umschulung
    aber auch
    -    berufsorientierte Teilzeit- / Vollzeitschule
            Aufbauschule, Fachschule, Fachoberschule (Studium)
    -    allgemein bildende Teilzeit-/Vollzeitschulen
            (Kollegs, Abendgymnasium)

Weitere Übergänge
    -    freiwilliger Berufswechsel (Veränderungsabsichten)
    -    erzwungener Berufswechsel
    -    Arbeitslosigkeit
    -    Wiederaufnahme der Erwerbsfähigkeit (nach Beendigung von Familienphasen)
    -    im Zusammenhang mit Arbeitsplatzverlust
    -    Erwerbsleben - Ruhestand

Abb. 1: **Traditionelles Spektrum arbeits- und berufsbezogener Übergänge**
      (Jung 2000: 114)

Wegen der vielfältigen Herausforderungen in den letzten beiden Dekaden und der verzweifelten Versuche konkrete Übergangshilfen zu erteilen ohne das Ausbildungsplatzangebot ordnungspolitisch zu beeinflussen, ist eine Situation eingetreten, die durchaus als Krise des Übergangssystems bezeichnet werden kann (vgl. Jung in diesem Band: 7f.). Die immer größer werdenden Übergangsfriktionen an der ersten und zweiten Schwelle sowie die hohe Massenarbeitslosigkeit ließen das Übergangssystem immer komplexer aber keinesfalls effizienter werden. Da der Normalübergang *Allgemein bildende Schule - Berufsausbildung - Arbeitsleben* nicht mehr für alle erreichbar war und auch die Abkehr von Normalarbeitsverhältnis und Beruflichkeit immer häufiger vorkam, ergaben sich vielfache Kombinationsmöglichkeiten, die eine neue übergangbezogene Unübersichtlichkeit bedingen. Der Besuch des Berufsvorbereitungsjahres, Qualifizierungsmaßnahmen und auch der nicht gewollte Besuch berufsschulischer Bildungsgänge sind zu festen Bestandteilen des Systems geworden. Dabei begrenzt sich die mögliche Systemeffizienz durch „den Flaschenhals" eines zu geringen Ausbildungsplatzangebots, was die im einleitenden Beitrag beschriebenen Krisenphänomene (Warteschleifen, Verdrängungswettbewerb, Marktbenachteiligungen usf.) hervorruft und nicht mehr zu leugnende Auswirkungen auf die intergenerative Reproduktion des gesellschaftlichen Arbeitsvermögens besitzt. Ein Blick auf die am Berufsfindungsprozess beteiligten Akteure verdeutlicht deren unterschiedliche - in guter Absicht inszenierten, aber zumeist aneinander vorbei verlaufenden - Aktivitäten und Schwerpunkte, die im Rahmen einer Neustrukturierung hinsichtlich der jeweiligen Stärken und einer synergetischen Verknüpfung auszubauen sind.

Akteure	Aktivitäten
Elternhaus	Motivation, Anleitung, Unterstützung, Hilfestellung, Frustrationsbewältigung
Allgemein bildende Schule	Berufsorientierung, Vorbereitung der Berufswahl, Vermittlung von Basiskompetenzen
Berufsbildende Schule	Berufsvorbereitungsjahr, Berufsgrundbildungsjahr, duale Ausbildung, vollschulische Ausbildung, Fachschulen
Betrieb	Praktikumsplätze, Berufsausbildung, Berufs- und Arbeitstätigkeit, Weiterbildung
Außerschulische Bildungsträger	Beratung, Orientierung, Berufsvorbereitung, Berufsausbildung (außerbetrieblich), Qualifizierungsmaßnahmen
Bundesagentur für Arbeit	Beratung, Orientierung, Vermittlung, ggf. Eignungstest, Weiterbildung

Abb. 2: **Übergangsprozess: Akteure und Aktivitäten**

Ein tieferer Blick in das derzeitige Übergangsgeschehen verdeutlicht dessen Komplexität, wobei die (nachstehende) Darstellung des Systems schon eine gewisse Komplexitätsreduktion beinhaltet und die dargestellten Übergänge (Pfeile) keinesfalls den Anspruch auf Vollständigkeit erheben. Abbildung 3 verdeutlicht das Szenario, was auch als *„teurer Reparaturbetrieb"* bezeichnet wird, dessen gesellschaftliche Gesamtkosten auf jährlich 4,34 Mrd. € beziffert werden (vgl. Schober 2006a: 2). Die Summe beeindruckt, mit ihr müsste auch ein effizienteres Übergangssystem organisierbar sein. Bevor ein wesentlicher Teil dessen konzipiert wird, sollen die Auswirkungen nicht gelingender Übergänge reflektiert werden.

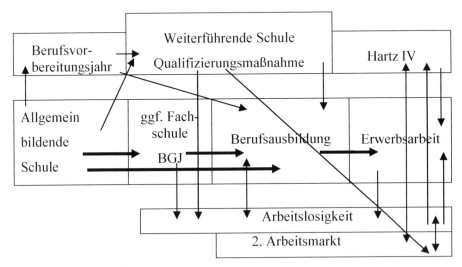

Abb. 3: **Derzeitiges Übergangssystem**

3 Übergangstheoretische Reflexionen

Während die ersten Analysen über den volkswirtschaftlichen Schaden des derzeitigen Arbeitskräftemangels (vgl. z.B. Wirtschaftswoche 47/2007: 40) diskutiert werden und sich langsam die Erkenntnis durchsetzt, dass hohe Facharbeiterkompetenzen (tatsächlich) das Ergebnis von guter Berufsausbildung sind, die qualitativ und quantitativ zu sichern ist, bleiben die psychosozialen Folgen misslungener Übergänge weitgehend unreflektiert. Anstatt den Blick auf eine zu geringe Ausbildungsbereitschaft der Unternehmen, deren Ursachen und Folgen, zu richten, wurden die vermeintlichen Defizite der Ausbildungsplatzbewerber als übergangsverhindertes Problem hochstilisiert, deren mangelnde „Ausbildungsreife" und „Vermittelbarkeit" in den Fokus der Betrachtung rückte. Dadurch geriet leicht in Vergessenheit, dass das zu geringe Angebot und der dadurch verursachte Wettbewerb auf die zu wenigen Stellen eine Marktbenachteiligung vieler Jugendlichen hervorrief. Darüber hinaus wurden die Benachteiligten der heutigen Ausbildungs- und Arbeitsmarktsituation für die durch Marktversagen entstandene Lage selbst verantwortlich gemacht. Anstatt des progressiven Gefühls eines gelingenden Übergangs in die nächste (wichtige) Lebensphase (Arbeitsleben) zu erleben - evtl. verbunden mit der Bereitschaft einiges besser zu machen als in der Schule - verinnerlicht sich das Gefühl nicht gebraucht zu werden und zu den Verlieren der Gesellschaft zu gehören. Besonders hart trifft es junge Menschen mit partiellen Leistungsschwächen und dadurch bedingten geringen Chancen auf einen direkten Übergang, für die eingegrenzte Lebenschancen resultieren. Die angerissene Problematik und deren lebensqualitätsprägende Folgen erfordern es, einen intensiveren Blick auf Übergangsprozesse und deren Bewältigung zu richten.

Hinsichtlich der implizierten Unsicherheiten umschreiben Übergänge - besonders arbeits- und berufsbezogene - immer „außergewöhnliche Belastungen", die Subjekte in Interaktion mit ihrer sozialen und physikalischen Umwelt zu bewältigen versuchen (vgl. dazu Jung 2000: 98ff.). Trotz aller Verschiedenheit sind die Verläufe generalisierbar: Ein bisher funktionierendes Personen-Umwelt-Verhältnis verliert durch eine aktuelle Herausforderung (z.B. Ende der Schulzeit, Kündigung) seinen ausbalancierten Status. Die Betroffenen sind gefordert einen angestrebten Erfahrungskreis neu einzuregeln. Dazu müssen sie über besondere Anpassungs- und Veränderungsleistungen (z.B. Erwerb von gewünschten Qualifikationen) ihr Dispositionsgefüge den veränderten Umweltbedingungen oder auch die Umwelt an die eigene Person anpassen (z.B. Suche einer Beschäftigung, auf die das bisherige Profil passt). Gelingt dies, sind sie in der Lage eine neue/geänderte Person-Umwelt-Balance zu verwirklichen, aus der eine neue Identität erwachsen kann. Gelingt dies nicht, zeichnet sich eine Identitätskrise ab, die es zu bewältigen gilt. Diese kurze Analyse verdeutlicht, dass in Übergangssituationen die menschliche Identität krisenhafte Entwicklungen durchläuft, verbunden mit Gefahren des Verlustes, aber auch mit Chancen der Neugestaltung (vgl. Bußhoff 1998: 20ff.).

Ein Übertragen dieser allgemeinen übergangstheoretischen Erkenntnisse auf den Übergang in das Ausbildungssystem verdeutlicht drei Phasen, die für alle anderen Übergänge von exemplarischer Bedeutung sind. Ausgangslage bildet immer ein (relativ) problemfreier Selbsterfahrungsprozess (im Schulleben). Selbstkonzept, Selbstwertorientierung und Selbstmotive erfüllen weitgehend ihre Funktion als Verhaltensregulatoren. Diese Balance geht z.B. durch die Erkenntnis über das nahende Ende der allgemein bildenden Schulzeit und eine ungewisse Zukunft verloren. Dabei wird das folgende Stufenschema der Übergangsbewältigung ausgelöst (ebd.: 23f.).

---

1. Phase: Auslösung der Identitätskrise
- mit interindividuell unterschiedlichem Ausmaß und Ausprägung
- Bewusstwerden des anstehenden Übergangs ggf.
  - o mangelnde Orientierung (Neigung, Eignung, Motivation),
  - o Unkenntnis über die Anforderungen der Ausbildung,
  - o Probleme des Ausbildungsplatzerwerbs
     z. B. Angebot-Nachfrage Diskrepanzen, regionale Begrenztheit usw.
     (plus) Probleme des ausgehenden Jugendalters

2. Phase: Bewältigung der Identitätskrise
Neueinregelung des Identitätsprozesses
  a) Annahme der Identitätsaufgabe
     Suche nach einer Entscheidung für eine berufliche/schulische Zieliden-
     tität
  oder
  b) Ausweichverhalten, Verdrängen / Entziehen der erforderlichen Aufgabe
     (führt in eine Sackgasse, Problem stellt sich nach Umwegen erneut)

3. Phase: Realisierung von Identitätsmerkmalen
ausbalancierter Identitätsprozess bei ausreichender Intentionsstärke (d.h. aus
Wünschbarkeit und Realisierbarkeit resultierende Tendenz zur Zielverwirkli-
chung)
- Einsetzen von Realisierungshandlungen / Erwerb von Identitätsmerkmalen
  (Bewerbungen, Prüfungen, Entscheidung, Aufnahme einer Tätigkeit
  usw.)
- Erreichen der beruflichen Zielidentität (z.B. Ausbildungsplatz)
oder auch
- fortdauernder Identitätskonflikt

Abb. 4: **Übergangsbewältigung als Identitätsbewährung** (Jung 2000: 99f.; vgl.
auch Bußhoff 1998: 23f.)

Als Erkenntnis bleibt festzuhalten, dass Übergänge hinsichtlich der implizierten Unsicherheiten immer große Herausforderungen an die Identität der
Betroffenen stellen. *Gelingende Übergänge* besitzen eine persönlichkeitsstabilisierende Wirkung, die gerade in Zeiten größerer gesellschaftlicher Unsicherheiten von prägender Wirkung sind. Sie gehen mit dem progressiven
Empfinden einher, ein gewünschtes Ziel unter erschwerten Bedingungen
erreicht zu haben. Dem gegenüber gehen *nicht gelingende Übergänge* in die
Arbeits- und Berufswelt mit einer mangelnden Sozialintegration einher, mit
Minderwertigkeitsgefühlen sowie mit Existenz- und Versagensängsten. Sie
erzeugen Gefühle der Überforderung, der Überflüssigkeit und Enttäuschun-
gen: über „das System", „die Politik", „die Schule" ggf. auch über Eltern.
Die daraus resultierende Lebensangst gipfelt im Gefühl, das eigene Leben

nicht mehr beeinflussen zu können und geht mit der Kompensation durch aggressives Verhalten einher, mit körperlichem Unwohlsein vor dem Hintergrund einer mit Ausbildungs- und Arbeitslosigkeit verbundenen Passivität (vgl. Dehler 1988: 36f.).

Gelingende Übergänge in das Arbeits- und Beschäftigungssystem sind jedoch nicht nur aus der umrissenen individuellen Perspektive bedeutsam, vielmehr definiert sich ihre Notwendigkeit im Kontext höchster gesellschaftspolitischer Zielsetzungen. Dabei verläuft ein „roter Faden" über den Art. 12.1 des Grundgesetzes (freie Wahl der Ausbildungsstätte) zu den gesellschaftspolitischen Zielsetzungen und tangiert dabei höchste Rechtsgüter wie Gerechtigkeit, Sicherheit, Freiheit und Menschenwürde. Deshalb gibt es eine große Verpflichtung, Jugendliche nachhaltig auf ihr späteres Berufs- und Arbeitsleben vorzubereiten, ihnen positive Erfahrungen in der Bewältigung von arbeits- und berufsbezogenen Übergängen zu ermöglichen und sie so für die gesellschaftliche Teilhabe zu befähigen (vgl. Jung in diesem Band: 9).

4 Der neue Weg: Ausbildungs-Übergangs-Modell

Der hier entwickelte „neue Weg" stellt eine Ergänzung zum derzeitigen Normalübergang dar. Er optimiert bestehende Übergangselemente und beabsichtigt die Übergangschancen marktbenachteiligter Jugendlicher entscheidend zu verbessern. Das implizierte Prinzip, die Jahresdeputate der Hauptschulklasse 9 und des BVJ zusammenzufügen und bei Aufrechterhaltung der schulstufenbezogenen Anteile, unter Berücksichtigung übergangsperspektivischer Aspekte neu zu bündeln, wird anhand von graphischen Darstellungen verdeutlicht. Die nachstehende *Erbringungsstruktur* belegt den Gesamtumfang von 2720 Unterrichtsstunden, als Summe von 32 Wochenstunden (mal 40 Schulwochen der Jahrgangstufe 9 Hauptschule) und der 36 Wochenstunden (mal 40 Schulwochen des BVJ). Der Modellrechnung zugrunde liegt die derzeitige Stundentafel Baden-Württembergs, wobei - um auch außerhalb des Bundeslandes verstanden zu werden - auf die in der Hauptschule bestehenden Fächerverbünde verzichtet wird.

Das Ausbildungs-Übergangs-Modell ist für alle Lernenden verpflichtend, die am Stichtag 01. August (nach der Jahrgangsstufe 8) noch keinen Ausbildungsvertrag oder -vorvertrag vorweisen können. Er ist als zweijährige schulstufenübergreifende Schulform konzipiert, wobei bei Nachweis eines Ausbildungsplatzes am Übergang 9 - 10 (nach der Hauptschulprüfung) problemlos in das Duale System gewechselt werden kann.

Als Ziele stehen im Vordergrund:

- Steigerung der Ausbildungsfähigkeit der Jugendlichen an der ersten Schwelle,
- Ermöglichung normaler Übergänge für marktbenachteiligte Jugendliche,
- Vermittlung zeitgemäßer Formen von Berufsorientierung und Berufsvorbereitung,
- synergetische Verknüpfung der beteiligten Akteure.

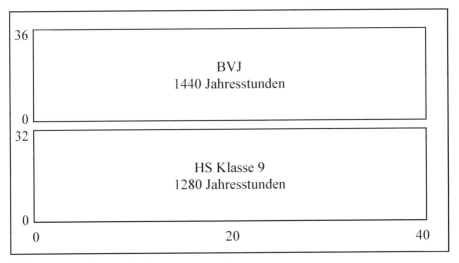

Abb. 5: **Neue Wege – Erbringungsstruktur**

Zur Erreichung der Ziele werden - vereinfacht dargestellt - fachliche BVJ-Anteile bereits in der Jahrgangsstufe 9 der Hauptschule übergangsperspektivisch gebündelt (vorgezogen) und allgemein bildende Anteile der Hauptschule - unter Berücksichtigung des didaktischen Prinzips der Berufsorientierung als Unterrichtsprinzip - ans Ende der Jahrgangsstufe 10 (bisher BVJ) gelegt, woraus die nachstehende *Erbringungs-/Verwendungsstruktur* resultiert. Bildlich dargestellt werden die beiden durch die Diagonale entstehenden Dreiecke ausgetauscht, wodurch z.B. Werkstattnutzungen bereits in der Jahrgangsstufe 9 möglich sind, die in Ergänzung der hauptschulspezifischen Berufsorientierung die Ausbildungsfähigkeit der Lernenden verstärken.

Im Weiteren werden die Gesamtstunden auf 4 Halbjahre verteilt und die Inhalte übergangsperspektivisch optimiert. Hinsichtlich der Vorgaben bestehender Stundentafeln geteilt, ergeben sich 640 Halbjahresstunden in der Jahrgangsstufe 9 und 720 Halbjahresstunden in der Jahrgangsstufe 10 - wobei es nicht auf die Stunde, sondern auf das Prinzip ankommt. Den innovativen Kern (das Besondere) der Konzeption bildet die übergangsperspektivische Optimierung, die nachstehend für die jeweiligen Halbjahre umrissen wird.

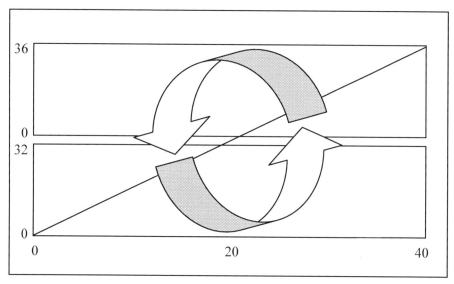

Abb. 6: **Erbringungs-/Verwendungsstruktur**

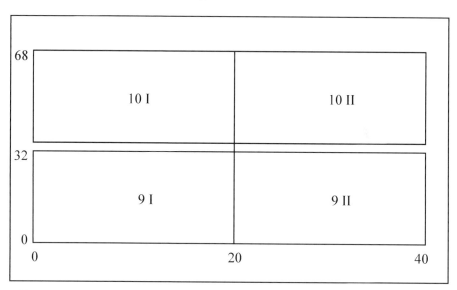

Abb. 7: **Verwendungsstruktur (vier Halbjahre)**

Die übergangsperspektivische Optimierung erfolgt im Halbjahr 9 I in der Weise, dass die Stunden des Hauptschuldeputats - bei Reduzierung allgemein bildender Inhalte - durch jeweils 40-stündige Lehr-/Lerneinheiten

- Berufsorientierung Technik, Wirtschaft, Humanberufe,
- BIZ-Nutzung und

- spezielle Übungen zur Berufsreife und -eignung in Umsetzung des Kriterienkataloges

ergänzt werden. Im Rahmen dieses „übergangsperspektivischen Schubs" sind das Projekt und die Erkundung als makromethodische Form des Erkenntnis- und Kompetenzerwerbs vorgesehen. Der didaktische Schwerpunkt liegt hier in der Ermöglichung von *Eignungs- und Neigungsvermutungen*, die schwerpunktmäßig in den entsprechenden Projekten/Erkundungen und der BIZ-Lehr-/Lernveranstaltung erworben werden. Anzumerken bleibt, dass im allgemein bildenden Unterricht gemäß des didaktischen Grundsatzes *„Berufsorientierung als Unterrichtsprinzip"* (Jung in diesem Band: 2) zu verfahren ist und das vorgesehene Wahlfachangebot (der Jahrgangsstufe 9) nicht abgebildet wird.

Std./ Woche	Klasse 9 1. Halbjahr 20 Wochen	Std./ Hj.	Kommentar
2	Übungen zur „Ausbildungsreife"	40	
2	Berufsorientierung BIZ	40	„Berufskunde"
2	Berufsorientierung Humanberufe	40	Projekt + Erkundung
2	Berufsorientierung Wirtschaft	40	Projekt + Erkundung
2	Berufsorientierung Technik	40	Projekt + Erkundung
2	Naturwissenschaften	80	
2			
2	Mathematik	80	
2			
2	Deutsch	80	
2			
2	Politik/ Wirtschaftslehre/ Geschichte	80	
2			
2	Englisch	40	
2	Religion	40	
2	Sport / Musik	40	
	gesamt	640	Std.

Abb. 8: **Erstes Halbjahr der Jahrgangsstufe 9**

Im zweiten Halbjahr (9 II) werden drei Betriebspraktika in den Berufsfeldern Technik, Wirtschaft und Humanberufe vorbereitet, durchgeführt und (anhand von Praktikumsberichten) nachbereitet. Aus der didaktischen Perspektive gilt es, die im ersten Halbjahr getroffenen *Eignungs- und Neigungsvermutungen* durch reale betriebliche Erfahrungen zu überprüfen, bisherige Annahmen abzusichern oder ggf. Korrekturen vorzunehmen. Darüber hinaus wird ein 40stündiges (zeitgemäßes) Bewerbungstraining erteilt, in dem Bewerbungsschreiben, Eignungstest, Assessment Center und Vorstellungsgespräch (in methodenvielfältiger Inszenierung) besondere Schwerpunkte bilden. Parallel dazu werden Übungen zur Ausbildungsreife und Berufseignung durchgeführt, die inhaltlich die speziellen Anforderungen des *Kriterienkataloges des Nationalen Paktes* (2006) zum Gegenstand haben.

Std./ Woche	Klasse 9 2. Halbjahr 20 Wochen	Std./ Hj.	Kommentar
2	Übungen zur „Ausbildungsreife"	40	
2	Bewerbungstraining	40	
2	Betriebspraktikum Humanberufe	40	Praktikum mit Bericht
2	Betriebspraktikum Wirtschaft	40	Praktikum mit Bericht
2	Betriebspraktikum Technik	40	Praktikum mit Bericht
2	Naturwissenschaften	80	
2			
2	Mathematik	80	
2			
2	Deutsch	80	
2			
2	Politik/ Wirtschaftslehre/ Geschichte	80	
2			
2	Englisch	40	
2	Religion	40	
2	Sport / Musik	40	
	gesamt	640	Std.

Abb. 9: **Zweites Halbjahr der Jahrgangsstufe 9**

Std./ Woche	Klasse 10 1. Halbjahr 20 Wochen	Std./ Hj.	Kommentar
2	Sport / Musik	40	
2	Religion / Ethik	40	
2	Politik / Wirtschaft	40	
2	Bewerbungstraining	80	
2			
2	Deutsch (mit BO)	40	
2	Mathematik (mit BO)	40	
2	Naturwissenschaften (mit BO)	40	
2	Projekt	200	
2	Fachtheorie / Fachpraxis II		
2			
2			
2			
2	Projekt	200	
2	Fachtheorie / Fachpraxis I		
2			
2			
2			
	gesamt	720	Std.

Abb. 10: **Erstes Halbjahr der Jahrgangsstufe 10**

Die Jahrgangsstufe 10 I beinhaltet (als übergangsperspektivische Optimierung) ein 80stündiges Bewerbungstraining, das die *Anwendung neuer Bil-
dungsmedien* (vgl. dazu Arndt in diesem Band) einbezieht. Die Großprojekte
I und II vermitteln anhand aufeinander aufbauender Schwierigkeitsgrade
vertiefte Einblicke in das Berufsfeld, wobei immer noch Unentschiedene (als
Ausnahme) Projekt I in zwei Berufsfeldern absolvieren können. Auch hier
orientiert sich der Kompetenzerwerb innerhalb der allgemein bildenden Fächer (Deutsch, Mathematik, Naturwissenschaften) am didaktischen Grundsatz der *„Berufsorientierung als Unterrichtsprinzip"*.

Std./ Woche	Klasse 10 2. Halbjahr 20 Wochen	Std./ Hj.	Kommentar
2	Naturwissenschaften	80	
2			
2	Englisch	80	
2			
2	Deutsch	80	
2			
2	Mathematik	80	
2			
2	Sport / Musik	80	
2			
2	Religion / Ethik	40	
2	Vertiefende Fachtheorie	80	
2			
2	Projekt Fachtheorie / Fachpraxis III	200	
2			
2			
2			
	gesamt	720	Std.

Abb. 11: **Zweites Halbjahr der Jahrgangsstufe 10**

Im zweiten Halbjahr der Jahrgangsstufe 10 sollte die unterrichtliche Vorbereitung des Übergangs in die Berufsausbildung weitgehend abgeschlossen
sein, so dass sich die berufsorientierenden/berufsbezogenen Inhalte auf eine
vertiefende Fachtheorie und ein Projekt begrenzen werden, aber nicht weg-
fallen können. Dies legitimiert sich dadurch, dass

- die Fachtheorie später in der Berufschule immer ein großes Hemm-
  nis für „schwächere Schüler" darstellt;
- das berufsorientierende Können und Wissen nicht ein Halbjahr lang
  in Vergessenheit geraten darf und wach zu halten ist.

Anzumerken bleibt, dass die Hauptschulprüfung nach der Jahrgangsstufe neun und zehn anzubieten ist, wobei der letzte Termin die Bedürfnisse der langsam Lernenden berücksichtigt.

5 Schlussbemerkungen

Das umrissene *Ausbildungs-Übergangs-Modell* zielt auf die Jugendlichen, denen es unter den derzeitigen Bedingungen schwer fällt direkt vom Bildungs- ins Beschäftigungssystem überzugehen und zu deren gelingendem Übergang wir uns gesellschaftlich verpflichtet fühlen. Das Modell integriert bisher getrennt verlaufende Aktivitäten der am Übergangsprozess beteiligten Institutionen und optimiert deren Bestreben aus der übergangsspezifischen Perspektive. Da die jeweiligen curricularen Anteile der Schulstufen erhalten bleiben - und von daher kein Gerangel um Deputate und Prestige zu befürchten ist - ergeben sich Änderungen in den Zielen, Inhalten und der didaktischen Leitidee. Diese vereint die allgemein bildende Berufsorientierung mit eher berufsbildenden Elementen der Berufsvorbereitung als „organisierendes curriculares Prinzip" sowie als „Unterrichtsprinzip" innerhalb aller Fächer.

Obwohl sich der organisatorische Aufwand mit der Einführung des Neuen in Grenzen hält - und auch keine Unterrichtsstunde mehr als bisher gehalten wird - gilt es die Überleitung in das neue Niveau sachgerecht und ohne Reibungsverluste zu vollziehen. Ganz praktisch gedacht gilt es

- entsprechende Fachräume in den Berufsschulen für die Aktivitäten der Jahrgangsstufen 9 I zu sichern und zwar für eine relativ große Schülerschaft. Diese verteilt sich nach dem Rotationsprinzip nacheinander auf gewerblich-technische, gewerblich-hauswirtschaftliche und kaufmännische Berufsschulen, in denen die entsprechenden Projekte/Erkundungen konzeptionell zu entwickeln, zu organisieren und durchzuführen sind;
- seitens der Betriebe eine angemessene Zahl von Betriebspraktikumsplätzen vorzuhalten, die den konzeptionellen Ansprüchen gerecht werden und auch auf eine frühe Kontaktnahme mit potentiellen Auszubildenden angelegt sind.

Als den Organisationsaufwand stark erleichternd wirkt, dass das bisherige BVJ und das BQJ auslaufen und die entsprechenden Potentiale direkt übergeleitet werden können. Ebenfalls lässt sich das große Problem der Ausbildungsabbrecher organisationstechnisch einfach einbeziehen: Ein Hauptschüler, der trotz gutem Hauptschulabschluss und bereits zugesagter Stelle diese nicht antreten kann oder nach kurzer Zeit die Ausbildung abbricht, wäre in die Jahrgangsstufe 10 des *Ausbildungs-Übergangs-Modell* einzuschulen, so dass auch hier kein erhöhter Aufwand entsteht.

Sollen die Berufsschulen dieser neuen Übergangsform aufgrund weiterer Herausforderungen und einer - durch andere Schulformen bedingte - zu tragenden Überlast nicht gerecht werden können, muss dieser Teil (ganz oder zumindest teilweise) von außerschulischen Bildungsträgern übernommen werden. Diese verfügen über die personellen, fachlichen und sachlichen Voraussetzungen das Erforderliche gut bereit zu stellen, selbstverständlich müssen Finanzierungswege gefunden werden. Darüber hinaus stellt - auf das Bundesland Baden-Württemberg bezogen - eine Verbundlösung unter den *Hauptschulen mit Werksrealschule* eine spezielle und angemessene Option dar.

Jedoch: Damit das vorgestellte *Ausbildungs-Übergangs-Modell* erfolgreich wird, muss die betriebliche Seite angemessen eingebunden werden. Ausgangspunkt der Modellentwicklung war es auch - im Vergleich zum „Raunermodell" - keine überhöhten Berufsorientierungsaktivitäten von den Betrieben zu erfordern, die hinsichtlich ihrer marktwirtschaftlichen Herausforderungen und der Regulierung von Ausbildung bereits hoch belastet sind. Gleichwohl ist ihnen - als „Abnehmer" des betroffenen Personenkreises - ein Mitgestaltungsrecht zu sichern. Dieses könnte über die jeweiligen Verbünde erfolgen, in denen Vertreter der Hauptschulen, Berufsschulen, Kammern, von Betrieben, der Bundesagentur und von außerschulischen Bildungsträgern das allgemeine Modell auf die speziellen regionalen Anforderungen adaptieren. Es gilt das Vertrauen und die Anerkennung der Unternehmen dafür zu gewinnen, dass

- das *Ausbildungs-Übergangs-Modell* die in der deutschen Schullandschaft höchste Form von Berufsorientierung und Berufsvorbereitung sichert;
- die Absolventen des *Ausbildungs-Übergangs-Modells* den in der Berufsausbildung gestellten Anforderungen gerecht werden und einen Ausbildungsplatz verdienen.

Berufsorientierung als pädagogisch-didaktische Herausforderung und Element von Schulentwicklung

Wolfgang Wiegand / Elisabeth Groß / Kerstin Gruhn / Stefan Röttele

Berufsorientierung als schulische Profilbildung

Die Ganztagesschule mit Technischer Hauptschule der Ludwig-Uhland-Schule Birkenfeld als alternativer Ansatz der Berufsorientierung

Vorwort

Die Ludwig-Uhland-Schule (LUS) ist eine Grund- und Hauptschule mit einer Realschule organisiert als Verbundschule mit einer gemeinsamen Schulleitung. Auf Grund verschiedener, nachfolgend noch zu entfaltender Aspekte wird an der LUS derzeit eine Ganztagesschule (GTS) im Grund- und Hauptschulbereich aufgebaut. Das Profil dieser GTS ist im Bereich der musisch-technischen Bildung verortet. In Anlehnung an unsere österreichische Partnerschule aus einem Comenius-Projekt symbolisiert der Namenszusatz die Profilbildung: GTS mit Technischer Hauptschule.

Diese Profilbildung basiert auf Erprobungen in den Bereichen Berufsorientierung und sozialpräventive Maßnahmen. Im Konzept der Technischen Hauptschule werden diese beiden Aspekte verbunden mit den Bereichen Persönlichkeitsbildung, Entwicklung der methodischen Kompetenzen und Berufsvorbereitung zu einem alternativen Konzept der Berufsorientierung.

1 Berufsorientierung als Schulprofil einer Haupt- und Realschule

1.1 Orientierungsrahmen für Qualitätssicherung und Qualitätsentwicklung

Der Bildungsplan 2004 und das Konzept der Qualitätssicherung und Qualitätsentwicklung an Schulen in Baden-Württemberg ermöglicht und fordert schulische Profilbildungen. Diese sind im Kontext des Bildungsplans 2004 u.a. in der Differenzierung in Kerncurriculum und Schulcurriculum angelegt. Das Schulcurriculum bietet hierbei den Schulen die individuelle Entwicklung von eigenen Profilbereichen mit schulspezifischen bedeutsamen und kommunal relevanten Inhalten und gleichzeitiger Festlegungen von Kompetenzen für diese Bereiche. Der im Kontext eines Konzeptes der Qualitätssicherung und Qualitätsentwicklung vorgelegte „Orientierungsrahmen zur Schulqualität", welcher die Grundlage für Selbst- und Fremdevaluation der Schulen darstellt, bietet die Möglichkeit, das Schulprofil direkt zu verorten. Die Berufsorientierung als Schulprofil ist den nachfolgend genannten, ausgewählten Qualitätsbereichen und deren Kriterien zuzuordnen.

Qualitätsbereich I: Unterricht

Kriterium 1: Schulinterne Umsetzung des Bildungsplans
- z.B. Einbindung der schulischen Gremien in die Weiterentwicklung des Schulcurriculums

Kriterium 2: Gestaltung der Lehr- und Lernprozesse

- z.B. Angebot von Lernsituationen zur Vermittlung und Förderung von personalen und sozialen Kompetenzen

Kriterium 3: Organisation der Lernzeiten

- z.B. GTS
- z.B. Lernangebote zusätzlicher Partner

Qualitätsbereich III: Schulführung und Schulmanagement

Kriterium 2: Verwaltung und Organisation

- z.B. Delegation von Aufgaben
- z.B. Erschließung zusätzlicher Ressourcen

Qualitätsbereich V: Inner- und Außerschulische Partnerschaften

Kriterium 1: Mitgestaltungsmöglichkeiten der Eltern

- z.B. bei Schulentwicklungsaufgaben

Kriterium 2: Zusammenarbeit mit anderen Institutionen

- z.B. Arbeit mit außerschulischen Partnern / Netzwerken

Kriterium 3: Darstellung schulischer Arbeit in der Öffentlichkeit

- z.B. aktuelle Dokumentation der schulischen Arbeit
- z.B. Infoveranstaltungen über das Konzept und das Profil der Schule

Qualitätsbereich VII: Qualitätssicherung und Qualitätsentwicklung

Kriterium 2: Strukturen der schulischen Qualitätsentwicklung

- z.B. Vereinbarungen zu Verantwortlichkeiten und Entscheidungs-strukturen
- z.B. Gesamtplanung der Maßnahmen zur Qualitätssicherung und Qualitätsentwicklung

Kriterium 3: Durchführung der Selbstevaluation

- z.B. gemeinsame und systematische Erarbeitung relevanter Fragen für die Selbstevaluation / Welcher Nutzen entsteht der Schule?
- z.B. Konzentration auf aktuell wichtige Fragen der Schule

1.2 Ganztagesschule als Chance einer erweiterten Berufsorientierung

Diese genannten Eckpunkte bilden die bildungspolitische und schulrechtli-che Grundlage eines Modells der Berufsorientierung als Teil eines Schulpro-fils. Im Zuge der von der Landesregierung in Baden-Württemberg vorgege-benen 40-Prozent-Regelung bezüglich der flächendeckenden Einrichtung von Ganztagsschulen im Bereich der allgemein bildenden Schulen wurde eine weitere, organisatorische Grundlage dafür geschaffen. Denn durch die Ausdehnung des Stundensolls von durchschnittlich 24 Unterrichtsstunden auf 38 Stunden im GS-Bereich und von 31 auf 42 Unterrichtsstunden pro

Schulwoche im HS-Bereich entsteht ein nicht unerheblicher zeitlicher Spielraum für eine schulspezifische Profilbildung. Dies wird am Beispiel der LUS, GTS mit Technischer Hauptschule, im Nachfolgenden aufgezeigt (Anhang 1 und 2). Allerdings fehlt der letzte, konsequente Schritt für eine erfolgreiche Realisierung: die schulrechtliche Aufhebung der Schulbezirksgrenzen für Grund- und Hauptschulen und die Aufhebung der de facto Beeinflussung der Schülerströme im Realschulbereich durch die Schulverwaltung.

2 Skizzierung der Region Birkenfeld und der Ldwig-Uhland-Schule

2.1 Die wirtschaftliche Ausgangslage

Birkenfeld ist eine Gemeinde mit ca. 10.500 Einwohnern und umfasst die Hauptgemeinde Birkenfeld sowie die Ortsteile Gräfenhausen und Obernhausen. Sie liegt im direkten Einzugsbereich der Stadt Pforzheim zwischen Karlsruhe und Stuttgart. Die räumliche Nähe zu Pforzheim ist so direkt, dass die Situation eigentlich als Agglomeration bezeichnet werden könnte. Ein Indikator dafür ist, dass die Industriegebiete von Birkenfeld/Ost und Pforzheim ineinander übergehen. Ebenso verschmilzt das Wohngebiet Alte Pforzheimer Straße mit dem Pforzheimer Stadtteil Arlinger.

Die wirtschaftliche Struktur Birkenfelds ist hinsichtlich der Betriebsgrößen mittelständisch orientiert. Sie umfasst neben Handel und Handwerk, Betriebe des Dienstleistungssektors, Schmuckwarenhersteller und technologisch orientierte Betriebe, wie Maschinenbau-, Werkzeugbau- und chemischtechnisch orientierte Unternehmen. Die Stärke der heimischen Wirtschaft zeigt sich u.a. darin, dass die Unternehmen in Birkenfeld und in den Teilgemeinden nahezu 5.000 Arbeitsplätze ausweisen.

Die größeren Handwerks- und Industriebetriebe sind sehr stark exportorientiert. Aufgrund der wirtschaftlichen Ausrichtung (technologisch- und exportorientierte Unternehmen) ist das Anforderungsniveau der Birkenfelder Betriebe bezogen auf potentielle Auszubildende sehr hoch. So werden auch bzw. gerade im gewerblich-technischen Bereich hohe Erwartungen bezüglich Mathematik-, Deutsch-, Fremdsprachen- und IT-Kenntnissen an die zukünftigen Auszubildenden gestellt.

2.2 Die Skizzierung der Schule

Die LUS ist eine sog. Verbundschule und umfasst die Schularten Grundschule (GS), Hauptschule (HS) und Realschule (RS). Die politische Gemeinde verfügt über drei Grundschulen - zwei im Kernort und eine im Ortsteil Gräfenhausen. Der Einzugsbereich der Hauptschule erstreckt sich auf das gesamte Gebiet der politischen Gemeinde Birkenfeld. Das Einzugsgebiet der Realschule reicht weit über die politische Gemeinde hinaus und umschließt ländlich geprägte Dörfer. Das Einzugsgebiet der Realschule entspricht damit einer weiteren Population von ca. 5.000 bis 10.000 Menschen.

Die quantitativen Aspekte der LUS Birkenfeld stellen sich wie folgt dar: 161 Grund-, 123 Haupt- und 425 Realschüler, 53 Lehrkräfte, 4 sonst. päd. Mitarbeiter, 16 Jugendbegleiter, 3 Schulleiter und 2 Verwaltungskräfte.

Das Profil und das Ausbildungsniveau im Hauptschulbereich entsprachen nur noch zu einem Teil den Anforderungen des wirtschaftlichen Einzugsgebietes. Auf Grund des gestiegenen Anforderungsniveaus seitens der Wirtschaft war und ist eine Steigerung der Arbeitsmotivation und des Leistungsverhaltens, eine eindeutige Verbesserung des Sozialverhaltens, eine gezielte Aktualisierung der Inhalte und der Qualität der schulischen Ausbildung und eine kontinuierliche Qualitätskontrolle in der Hauptschule mehr als notwendig. Letzteres erfolgte und erfolgt durch Fremdevaluationen des Landesinstitutes für Schulentwicklung und eine Evaluation der berufsvorbereitenden Maßnahmen durch die Pädagogische Hochschule Karlsruhe seit dem Jahre 2005.

3 Berufsorientierung im Bildungsplan der Hauptschule

3.1 Klassische „Orientierung in Berufsfeldern" und ihre Grenzen

Über zwanzig Jahre bildete für Hauptschulen in Baden-Württemberg die Lehrplaneinheit „Orientierung in Berufsfeldern" (OiB) in der Klassenstufe 8 eine erfolgreiche Form der Berufsorientierung. Der Erfolg dieser Unterrichtseinheit basierte m.E. weitgehend auf Elementen, welche man geradezu als überaus zeitgemäß bezeichnen könnte: fächerübergreifend, praxisorientiert, kognitiv fundierend, schülerbezogen, mit externen Experten kooperierend. Der gravierende Wandel in der Arbeitswelt, aber noch mehr die Veränderungen in der Gesellschaft und damit die Veränderungen der Einstellungen der Jugendlichen ließen dieses Konzept hinsichtlich der Effizienz an seine Grenzen kommen. Die Begrenzung der Aktivitäten auf die Klassenstufe 8 und die Vernachlässigung der personalen und sozialen Kompetenzen im Rahmen dieses Konzeptes sind hierfür die wesentlichen Ursachen.

3.2 Neuere Maßnahmen der Berufswegeplanung als Modifikation von OiB

In dem neuen Bildungsplan des Jahres 2004 wurde konsequenterweise ein verändertes Modell der Berufsvorbereitung, die *„Berufswegeplanung in der Hauptschule",* aufgenommen. Der Schwerpunkt der Maßnahmen liegt weiterhin in der Klassenstufe 8. Aber die gesamte Berufswegeplanung beginnt in der Klassenstufe 5, mit ersten Einblicken der Schüler in die Arbeits- und

Berufswelt der Eltern, verbunden mit einer entsprechenden Reflexion und schüleradäquaten Visualisierung und Dokumentation. Verstärkt werden im Kontext dieses modifizierten Konzeptes der Bereich der Praktika und das Einbeziehen externer Experten. Bemerkenswert dabei ist, dass in einem Begleitheft des Kultusministeriums, in welchem die schulischen Erprobungen zusammengefasst sind, die Autoren aus Schulverwaltung und Arbeitsverwaltung schreiben: *„Aufgrund der strukturellen Unterschiede (der Hauptschulen, d.V.) kann auf diese anspruchsvolle Aufgabe nicht mit einer landesweiten formalen Konzeption geantwortet werden. ... So können an jeder Hauptschule lokale Konzepte entwickelt werden, die der personellen und sächlichen Ausstattung der Schule, den regionalen Wirtschaftsstrukturen und den gesellschaftlichen Bedingungen gerecht werden. Die Hauptschule wird dadurch ihr Profil schärfen und durch die optimale Einbindung in ihr Umfeld ein höheres Maß an Akzeptanz erzielen.*" (Ministerium für Kultus, Jugend und Sport Baden-Württemberg 2004). Der Hinweis auf die Offenheit und die regionalen Gestaltungsmöglichkeiten ist mehr als notwendig. Denn ein bildungsplanorientiertes Abarbeiten der Inhalte und Kompetenzen muss zum Scheitern verurteilt sein, angesichts der Differenziertheit und Komplexität der regional und kommunal vorfindbaren Faktoren.

4 Vorläufige Befunde an der Ludwig-Uhland-Schule Birkenfeld und deren subjektive Interpretation

4.1 Positive Faktoren der Berufsorientierung im Kontext der Ludwig-Uhland-Schule Birkenfeld

Die Gemeinde Birkenfeld verfügt - wie bereits erörtert - über eine außerordentlich gute und expandierende Wirtschaft. Die Struktur der Birkenfelder Wirtschaft ist mittelständisch orientiert, exportorientiert, mit einer starken technischen bzw. technologischen Ausrichtung ausgestattet. Aufgrund der Relation von 10.500 Einwohnern zu 5.000 Arbeitsplätzen ist die allgemeine Arbeitslosenquote gering und die Birkenfelder Betriebe auf „Einpendler" angewiesen. Diese stabile Wirtschaftsstruktur hat ein qualitativ und quantitativ gutes und ausdifferenziertes Ausbildungsplatzangebot zur Folge. Nach Aussage der Ausbildungsleiter diverser Birkenfelder Unternehmen sind diese aber auf Bewerber von außerhalb der Kommune angewiesen, um ihren Bedarf an Auszubildenden zu decken.

Seit Jahren besteht zwischen der LUS Birkenfeld und der kommunalen Wirtschaft eine intensive Kooperation. Diese Kooperation, welche im Sinne eines Netzwerkes aufgebaut ist, beinhaltet von formalen Arbeitskreissitzungen über die verschiedensten berufsvorbereitenden Aktivitäten bis hin zu informellen Kontakten bei den Bewerbungen einzelner Schüler, die ganze Bandbreite möglicher Aktivitäten. (vgl. Wiegand u.a. 1997, 1998, 1999).

In einer ersten, auf Initiative der LUS Birkenfeld durchgeführten vergleichenden Evaluation der berufsorientierenden Maßnahmen von fünf Hauptschulen im Jahre 2005, werden den Schülern der LUS Birkenfeld gute Kenntnisse bezüglich der Berufswelt, ihres Wunschberufes und des adäquaten Bewerbungsverhaltens bestätigt. Die Ergebnisse der zweiten Evaluation aus dem Jahr 2007, welche Ende 2007 bekannt gegeben werden, weisen in eine ähnliche Entwicklungsrichtung.

4.2 Die Entwicklung des Übergangsverhaltens der Hauptschüler der Ludwig-Uhland-Schule

In einem geradezu extremen Kontrast zu diesen drei positiven Faktoren für die LUS Birkenfeld und die Region steht die Entwicklung der Übergänge in Berufsausbildungen der Hauptschüler der LUS. Quantitativ lässt sich diese Entwicklung wie folgt darstellen:

Jahrgang	2007	2006	2005	2004	2003	1996	1992	1991
Ausbildung	32 %	22 %	19 %	28 %	32 %	55 %	68 %	54 %
2-jährige Berufsfach-schule (Abschluss Mittlere Reife)	35 %	15 %	48 %	31 %	25 %	18 %	11 %	27 %
1-jährige Berufsfach-schule (mit bzw. ohne Ausbildungsvertrag)	-	-	3 %	7 %	30 %	2 %	7 %	8 %
BVJ / BEJ	24 %	63 %	27 %	34 %	5 %	12 %	7 %	8 %
Sonstiges	9 %	-	3 %	-	8 %	13 %	7 %	3 %

Abb. 1: **Übergänge in Berufsausbildungen**

Auch wenn die LUS im Längsschnitt der Vermittlung in Ausbildungsverhältnisse der letzten Jahre immer noch über dem Landesdurchschnitt (ca. 21 %) liegt, so zeigen die Daten der LUS doch die Problematik im Gemeinwesen auf. Denn in Anbetracht einer gut funktionierenden Kooperation Schule-Wirtschaft und eines guten Ausbildungsplatzangebotes im Gemeinwesen selbst, sind diese Übergangswerte in ihrer Brisanz nicht zu unterschätzen.

Diese Trends finden in Birkenfeld in der Zwischenzeit auch ihren Niederschlag in der Entwicklung der Zahlen für die jugendlichen Arbeitslosen.

Besonders dramatisch ist der Vergleich mit den Werten der Stadt Pforzheim, denn hier hat sich eine Annäherung der relativen Werte ergeben. Während im Jahre 2005 (bezogen auf die Arbeitslosen in der jeweiligen Kommune) in Birkenfeld 11,9 % der unter 25-Jährigen arbeitslos waren, waren es in der Stadt Pforzheim im Vergleichszeitraum 13,6 %. Zu berücksichtigen ist dabei, dass die Stadt Pforzheim mit diesem Wert das Schlusslicht in Baden-Württemberg darstellt.

4.3 Subjektive Interpretation der Phänomene

Das individuelle Übergangsverhalten und die Übergangschancen der Schüler der LUS Birkenfeld stehen in einer direkten Abhängigkeit vom soziokulturellen Hintergrund und der individuellen Lebensbegleitung der Jugendlichen. Sollte diese Aussage zutreffen, so müsste analog zur Entwicklung der Zahlen der Übergänge nach dem Hauptschulabschluss eine entsprechende Entwicklung bezogen auf den sozialen Kontext der Hauptschüler feststellbar sein. Auf Grund hausinterner Datenerhebungen bezüglich Sozialverhalten, Disziplinarischer Maßnahmen, Freizeitverhalten, Bewerbungsverhalten und Übergangsquoten sind folgende Zusammenhänge darstellbar:

Werte des Übergangs der Hauptschüler nach Klasse 9 im Jahr 2007	Klasse 9 a	Klasse 9 b
Ausbildung	27 %	37 %
2-jährige Berufsfachschule (Abschluss Mittlere Reife)	27 %	42 %
1-jährige Berufsfachschule (mit bzw. ohne Ausbildungsvertrag)	-	-
BVJ / BEJ	40 %	11 %
Sonstiges (2007: Freiwilliges Soziales Jahr in Kliniken)	9 %	10 %

Abb. 2: **Differenzierte Betrachtung der Übergangswerte**

Die differenzierte Betrachtung der Übergangswerte des Jahres 2007 bestätigt die seit Jahren beobachtbaren Entwicklungen und die Hypothese. In der Klasse 9 b ist der Anteil der Schüler mit Migrationshintergrund äußerst gering und Kinder aus stabilen Familien stellen gleichzeitig die Mehrheit dar. In der Klasse 9 a hingegen weist die LUS einen Migrantenanteil von ca. 56 % auf und die Elternarbeit war gekennzeichnet durch Desinteresse der Eltern und eine Verweigerung der Übernahme der Verantwortung für ihre Kinder. Die im Vergleich zu den Vorjahren trotzdem „guten" Werte für die Klasse 9 a sind in zusätzlichen pädagogischen Maßnahmen begründet: In einem gemeinsamen Projekt speziell für die Schüler der Klasse 9 a und getragen von der Agentur für Arbeit, vom Lions Club, von der Berufliche Bildung gGmbH (BBQ) und der LUS Birkenfeld, wurde die fehlende Begleitung der Schüler durch die Eltern in der Phase der Bewerbungen ersetzt durch Mitarbeiter der BBQ und Mitglieder des Lions Club. Dieses isolierte Beispiel ist integrierbar in Erkenntnisse, welche an Schulen mit vergleichbaren Strukturen ebenfalls gemacht werden. Um eine erfolgreiche Schullaufbahn mit einem gelungenen beruflichen Übergang beenden zu können, muss die fehlende Lebensbegleitung durch die Eltern ersetzt werden durch eine konzertierte Aktion von Lehrkräften und außerschulischen Experten im Sinne von Lebens- und Berufswahlbegleitung.

4.4 Die Entwicklung der soziokulturellen Situation

Diese quantitativ geringen, für die LUS Birkenfeld jedoch aussagekräftigen Daten lenken den Blick auf die Entwicklung des Gemeinwesens. War Birkenfeld bis vor ca. 10 Jahren sozial und kulturell betrachtet ein fast geschlossenes Gemeinwesen, so hat die Gemeinde im letzten Jahrzehnt eine gravierende Veränderung erlebt. (Hinweis: In dieser Ausarbeitung wird der „alte" Begriff des „Gemeinwesens" verwendet. Dies ist darin begründet, dass die Autoren dieser Schrift ihn für adäquater erachten als modernere Termini.) Begründet ist dies im Zusammenwirken von verschiedenen, von einander teilweise unabhängigen Faktoren:

- Defizitäre familiäre Erziehungsleistungen hinsichtlich der Vermittlung von Werten und Normen, des Sozialverhaltens, der emotionalen Stabilisierung, der Förderung des Lern- und Arbeitsverhaltens u.a. bedingt durch Veränderungen der familiären Strukturen.
- Doppelte Berufstätigkeit in bis zu 60 % der Familien.
- Zunahme der Relevanz der Medien und Veränderung des Medienkonsumverhaltens mit den Problemdimensionen der „künstlichen, geschaffenen Wirklichkeit" und des „Lernens durch Imitation".
- Zunahme der Bedeutung von peer-groups angesichts der zunehmenden Ausdifferenzierung der Gesellschaft in „Lebenswelten" und der Entstehung einer von Migrationsjugendlichen dominierten Jugendszene.
- Verstärkter Wertewandel verbunden mit der Zunahme der „Urbanisierung des Bewusstseins".
- Urbanisierung des ländlichen Raumes durch die direkte Nähe zu Pforzheim und der stetige Verlust von „sozialer Kontrolle" im Gemeinwesen.

Scheinbar unbemerkt hat sich in den vergangenen Jahren eine jugendliche Subwelt in Birkenfeld gebildet. Jugendliche mit Migrationshintergrund haben sich - im Gegensatz zu sozialen Erscheinungsformen vor ca. 5 Jahren - zu mehreren homogenen Gruppierungen zusammengeschlossen. Die Jugendlichen dieser Subwelt im Alter von 13-18 Jahren sind zu ca. 75 % Schüler oder ehemalige Schüler der LUS und zu über 75 % Jugendliche mit Migrationshintergrund.

Diese überwiegend männlichen Jugendlichen verbringen den größten Teil des Nachmittags und des Abends gemeinsam. In den Wintermonaten ist das Jugendzentrum ihre Anlaufstelle. Mit der schon vor Jahren beobachtbaren Konsequenz, dass die Zahl der deutschen Besucher des Jugendzentrums abnahm. In den Sommermonaten sind spezifische Plätze in Birkenfeld (Marktplatz, Evangelische Kirche) der Treffpunkt dieser Jugendlichen. Die Folge hiervon ist, dass es zu Vandalismus und Pöbeleien zwischen diesen Jugendlichen und meist deutschstämmigen Jugendlichen im Gemeinwesen kommt. Die Nähe zur Stadt Pforzheim wird immer wieder zu Besuchen und Gegenbesuchen zwischen diesen Birkenfelder Jugendlichen und Jugendlichen aus Pforzheim genutzt. Bei diesen Gelegenheiten ist eine Zunahme der Problematik delinquenten Verhaltens in Birkenfeld festzustellen.

Innerhalb dieser Subwelt bilden sich nicht nur differierende Werte aus. Es deutet einiges darauf hin, dass bei einem Teil der Jugendlichen sich eine neue, gegenüber früher veränderte, mit Nationalstolz bezogen auf das Herkunftsland angereicherte diffuse „Patchwork-Identität" ausbildet. Was dies für die Aufgabe der Integration bedeuten wird, muss weiteren Arbeiten vorbehalten bleiben.

Schulisch relevant wird dieses Phänomen in vielfältiger Hinsicht. Eine latente Gewaltbereitschaft der männlichen und der weiblichen Jugendlichen findet in Wellenbewegungen ihren Niederschlag in der Schule. Die veränderten Werte - verbunden mit einer Ablehnung klassischer Lern- und Bildungsinhalte - führen zu fehlender Leistungsmotivation, mangelhaften Schulleistungen und negativen Auswirkungen auf das eigene schulische Leistungsverhalten und das vieler Mitschüler. Bezüglich der Problematik „Verhaltensauffälligkeiten" ist auf Grund der schulinternen Datenerhebung eindeutig festzustellen, dass der Einfluss der außerschulischen Jugendszene und quantitative und qualitative Verhaltensauffälligkeiten (einschließlich delinquentes Verhalten) positiv korrelieren.

Der aufgezeigte Zusammenhang zwischen dem außerschulischen und schulischen Bereich hat auch Auswirkungen auf die Vermittlung von Hauptschülern in Ausbildungsverhältnisse. Für die LUS Birkenfeld lassen sich Ergebnis und Konsequenz eindeutig formulieren: Je geordneter die Familienverhältnisse sind und je geringer der negative außerschulische Einfluss ist, desto größer ist die Übergangsquote in Ausbildungsverhältnisse. Das Aufbrechen dieser Jugendszene von Außen ist vermutlich unmöglich. Das Reduzieren des Einflusses dieser Subwelt auf die Schule muss ein elementares Interesse der LUS und des Gemeinwesens Birkenfeld sein. Dies wiederum ist sicherlich nur mittel- bis langfristig möglich und bedarf des Einsatzes von präventiven, erziehenden Maßnahmen einerseits und von konsequent angewendeten punitiven Maßnahmen andererseits. Eine der präventiven Maßnahmen ist die Einführung der GTS mit Technischer Hauptschule in Birkenfeld.

4.5 Die Verstädterung und die Urbanisierung des Bewusstseins

Wäre Birkenfeld ein Stadtteil von Pforzheim, so wären die Hinweise auf die o.g. Entwicklungen sicherlich schon vor Jahren ernst genommen worden. So aber konnte immer darauf verwiesen werden, dass Birkenfeld ja eine eigenständige Gemeinde ist, welche keinerlei städtische Strukturen aufweist und als Bollwerk allen Angriffen der Moderne trotzt. Die genannten Phänomene werden teilweise heute noch immer ignoriert und gravierende Konsequenzen in präventiver wie auch punitiver Hinsicht werden nicht gezogen.

Ignoriert wird, dass die verkehrsgünstige Lage von Birkenfeld mit dem Zusammenlaufen verschiedener Verkehrslinien in Birkenfeld, die Mobilität gerade jener (verbandlich und/oder familiär) ungebundenen Jugendlichen erhöht, welche gemeindlich und schulisch zu einem Problem geworden sind. Dies wiederum erschließt diesen Jugendlichen andere, neue und sehr konkrete Lernfelder für deviantes Sozialverhalten (z.B. in Pforzheim). Ignoriert wird auch, dass Birkenfeld bei zwei von drei Verkehrsadern (Wohngebiet Arlinger und Industriegebiet Ost) mit Pforzheim praktisch zusammengewachsen ist. Lediglich das Ortsschild trennt die Stadt Pforzheim von der Gemeinde Birkenfeld. Die klassische Situation einer Agglomeration mit den Phänomenen und Problemen, welche auch für normale städtische Agglomerationen gelten, ist entstanden.

Es entstand und entsteht allerdings der Eindruck, als ob man dem „deutschen Ortsschild" eine geradezu mystische Bedeutung zukommen lässt. Städtisches Verhalten, städtische Lebensformen und städtisches Denken würden durch das Ortsschild „abgewehrt". Die Gemeinde Birkenfeld bleibt eine heile Welt. Dass man bereits vor Jahrzehnten angesichts der gesellschaftlichen Veränderungen in den westlichen Industriegesellschaften in Soziologie und Politikwissenschaft von einer ständig voranschreitenden Urbanisierung bzw. der „Urbanisierung des Bewusstseins" gesprochen hat, wird ebenfalls ignoriert und höchstens noch als gedankliche Spielerei von Theoretikern abgetan (vgl. z.B. Berger u.a. 1975). Und so wurden in der Vergangenheit und werden in der Gegenwart die entsprechenden Hinweise und Bemühungen übergangen und die Chancen einer umfassenden präventiven Strategie verspielt. Der Aufbau einer GTS mit Technischer Hauptschule und eine sozialpädagogische Strategie in der Kombination von verbandlicher Jugendarbeit, offenem Jugendzentrum und Streetworker-Arbeit sind die m.E. derzeit dringend notwendige Handlungsstrategien – auch im Gemeinwesen Birkenfeld.

5 Eine alternative Konzeption

5.1 Arbeitsleitende Hypothesen

Die oben beschriebenen Entwicklungen bildeten die Grundlage einer kontinuierlichen Modifizierung der berufsorientierenden Aktivitäten an der LUS Birkenfeld. Die für die Schule und das Gemeinwesen besorgniserregende Veränderung der Übergangsquoten nach Klasse 9 führte schließlich zu einer grundlegenden Modifizierung der Berufsorientierung und zur Umstrukturierung der allgemein bildenden Regelschule zu einer GTS mit Technischer Hauptschule. Die nachfolgend kurz skizzierten Arbeitsfelder basieren auf drei handlungsleitenden Hypothesen, die aus der Entwicklung des Gemeinwesens Birkenfeld und der LUS gewonnen wurden:

- Die isolierte Modifizierung der Berufswegeplanung im Sinne kognitiv orientierter Maßnahmen und die Erhöhung der Anzahl der Praktika führten nur unwesentlich zur Veränderung der Übergangsquoten.

- Nur die Steigerung der kognitiven Ausbildungsfähigkeit, durch psychosoziale, soziokulturell fundierte und pragmatisch orientierte Ausbildungsreife ergänzt, bewirkt eine Erhöhung der Übergangsquoten.

- Nur aktive Strategien der Lebensbegleitung und Aktivitäten mit dem Ziel der Einstellungsmodifikation und pragmatischer Kompetenzerweiterung von Jugendlichen führen zu einer signifikanten Veränderung des Übergangsverhaltens und einer Erhöhung der abgeschlossenen Ausbildungsverhältnisse.

5.2 Die Modifizierung der klassischen berufsorientierenden Aktivitäten

Die klassischen berufsorientierenden Maßnahmen wie sie im alten Konzept von „OiB" bereits enthalten waren und im Konzept der „Berufswegeplanung" des Bildungsplanes 2004 weiterentwickelt wurden, werden an der LUS in nachfolgend dargelegter Weise modifiziert durchgeführt. Die Forderungen seitens der kommunalen Wirtschaft, auf die sozialen und personalen Kompetenzen (auch 5.3) bezogen, sind in den hier aufgeführten berufsorientierenden Aktivitäten bereits teilweise berücksichtigt (z.B. Lebens- und Berufswahlbegleitung, Einstellungsmodifizierung durch Integration exemplarischer Lebens- und Berufsgestaltung, vermittelt durch junge Erwachsene).

a) Praktika Klassen 6-9
- Klasse 6: Tagespraktikum
- Klasse 7: einwöchiges Praktikum
- Klasse 8: zweiwöchiges Praktikum, Tagespraktikum (1. Schulhalbjahr)
- Klasse 9: Sozialpraktikum

b) Kompetenzförderung und Einstellungsmodifizierung
- Berufsinformations-Unterricht durch betriebliche Jugendvertreter des DGB (mit den Teilbereichen Berufswahl, Bewerbung, betrieblicher Alltag, Lebensplanung und einem Planspiel zur individuellen Lebensbewältigung)
- ergänzender Technik-Unterricht durch Azubis (in Vorbereitung)

c) Individuelle Lebens- und Berufswahlbegleitung
- durchgeführt vom BBQ, Lions Club und ehem. betrieblichen Entscheidungsträgern
- Modell „Individuelle Lernbegleiter" des Kultusministeriums Baden-Württemberg

d) Klassische Maßnahmen der Berufsorientierung
- Besuch im BIZ
- Elternabend mit Berufsberatung und Unternehmern
- externe Experten im Unterricht
- Sprechstunden der Berufsberatung in der Schule
- Simulation eines Bewerbungsverfahrens von der schriftlichen Bewerbung bis zum Vorstellungsgespräch

5.3 PLUS – Das Präventionsmodell der Ludwig-Uhland-Schule Birkenfeld

Eine in den vergangenen Jahren eindeutige und nahezu übereinstimmende Rückmeldung unserer Kooperationspartner aus der Wirtschaft war, dass das persönliche Auftreten und die Einstellungen der Jugendlichen nicht mehr den notwendigen Anforderungen der Ausbildungsbetriebe entsprechen. In die Terminologie der aktuellen Bildungspolitik übertragen bedeutet dies, dass die Bereiche „personale Kompetenzen" und „soziale Kompetenzen" stärker beachtet und erfolgreich entwickelt bearbeitet werden müssen. An der LUS hat dies zur Entwicklung eines eigenständigen Modells geführt, welches sozialpräventive und persönlichkeitsbildende Maßnahmen gleichermaßen beinhaltet. Eine Besonderheit dieses Modells liegt in der Struktur der Schule begründet. Da die LUS eine Verbundschule ist, werden diese Maßnahmen in den Klassen 5-7 des Sekundarbereiches in der Haupt- und der Realschule gemeinsam durchgeführt.

a) Gemeinsames Motto
   - Klasse 5: „Wir machen uns auf den Weg!"
   - Klasse 6: „Wir gehen auf große Fahrt!"

b) Gleiche Gestaltung der ersten Schulwoche
   - „Wir werden eine Klasse!", Kennen lernen, gemeinsam Sport treiben
   - Teamspiele, Erlebnispädagogik

c) Klassenlehrerteams
   - zwei Lehrkräfte führen gemeinsam eine Klasse

d) Gemeinsame pädagogische Freizeit mit allen 3 Klassen
   - zu Beginn des Schuljahres Durchführung eines Schullandheimaufenthaltes mit gemeinsamen Trainingseinheiten der Beratungsstelle

e) Gleiche Inhalte in der Projektwoche, gemeinsame Feiern und Ausflüge
   - Durchmischung der Klassen bei Projekten, z.B. Tag des Buches, Projekte in EWG/WZG, Winterfeier, Jahresabschluss, Fahrt nach Stuttgart, gemeinsamer Kinobesuch, Wandertag

f) Gemeinsame sozialpräventive Projekte
   - Kooperation mit den außerschulischen Experten von MoKi/Mobile Kinderarbeit und von der Beratungsstelle sowie mit kommunalen Institutionen, die mit Sozialarbeitern und Psychologen vor Ort Projekte durchführen
   - Klassenrat in allen Klassen
   - Übungsstunden nach dem Lions Quest Programm

g) erlebnispädagogisches Trainingsprogramm in der Klassenstufe 8

h) Tanzkurs mit Benimmtraining in der Klassenstufe 9

5.4 Die Ganztagesschule mit Technischer Hauptschule

Der letzte - schulintern zu setzende - Stein im Mosaik eines erweiterten Konzeptes der Berufsorientierung ist die GTS mit Technischer Hauptschule. Hier fließen noch einmal die sozialpräventiven, berufsorientierenden und berufsvorbereitenden Aktivitäten zusammen. Hierbei werden zwei ursprünglich unabhängig voneinander entstandene Aspekte miteinander verbunden: Das zeitliche Potential einer GTS und die Notwendigkeit einer technischen Profilbildung in einer technologisch orientierten Wirtschaftsregion. Wie schon oben erwähnt, entsteht im Kontext einer GTS durch die Erhöhung der Stundenzahl im Grundschulbereich auf 38 Unterrichtsstunden und im Hauptschulbereich auf 42 Stunden ein durchschnittliches Stundenpotential pro Klasse von 12 Unterrichtsstunden (Anhang 1 und 2). Diese Zeitpotentiale werden an der LUS Birkenfeld genutzt für musikalische und sportliche Förderung, für ein Methoden-Curriculum und sozialpräventive Maßnahmen sowie für die technische Profilbildung im GS- und HS-Bereich.

a) Technische Grundbildung Klassen 1-5
- Wecken und Fördern eines technischen Interesses und Verständnisses
- Arbeitsbereiche Holzbearbeitung, Mechanik und Statik orientiert an schulintern erarbeiteten Curricula
- Die Arbeitsinhalte orientieren sich an dem Dreischritt: freies Arbeiten zur Förderung der Feinmotorik und des Umgangs mit den Werkzeugen; Arbeiten nach Bauplänen sowie freies Konstruieren und das Erstellen von Bauplänen. Verwendung finden dabei Baukastensysteme von Baufix, Lego, Fischertechnik und Knex.

b) Technische Profilbildung Klassen 6-9
- Möglichkeit der Spezialisierung im Wahlpflichtbereich mit den Arbeitsbereichen Metalltechnik, Mechanik, E-Technik, orientiert an schulintern erarbeiteten Curricula
- Dieser Technikunterricht findet zusätzlich zum regulären Technikunterricht statt.

c) Persönlichkeitsbildende Maßnahmen mit sozialpräventiver Wirkung
- Mittagessen mit Betreuern im Klassenverband als pädagogische Maßnahme
- Musikerziehung mit gemeinschaftsstabilisierender und persönlichkeitsbildender Wirkung
- Sporterziehung mit sportpädagogischen, vereinsbezogenen und persönlichkeitsbildenden Intentionen
- Arizona-Modell als persönlichkeitsbildendes Intensivtraining (vgl. Landesinstitut für Schule und Weiterbildung 2001)

5.5 Der kommunale Arbeitskreis Schule-Wirtschaft als Teil eines Netzwerkes

Die aufgezeigten pädagogischen Aktivitäten in den Bereichen Berufsorientierung im engeren Sinne, sozialpräventive und persönlichkeitsbildende Maßnahmen und Technische Profilbildung sind nicht nur an dem Bildungsplan und bundeslandspezifischen Vorgaben der Bildungspolitik zu orientieren. Bezugsgröße muss auch die „Passung" zwischen der Schule und dem sozialen, kulturellen und wirtschaftlichen Profil der Kommune bzw. der Region sein. Die Optimierung dieser „Passung" kann eingeleitet und kontinuierlich durch regionale oder kommunale Netzwerke verbessert werden. Hierbei ist eine Schule aufgefordert, sich in den verschiedensten Bereichen solcher Netzwerke zu bedienen oder diese - sofern noch nicht vorhanden - selbst aufzubauen.

a) Die LUS Birkenfeld als Teil eines Gesamtnetzwerkes

Im Kontext begrenzter Ressourcen stehen Schulen heute mehr denn je vor der Notwendigkeit, sich in Eigeninitiative externes Fachwissen, schulexternes Humankapital und Finanzierungsmöglichkeiten zu erschließen. Damit dies nicht von Willkür und Zufälligkeiten, aber auch nicht von Einzelpersonen abhängig ist, ist das Schaffen von geordneten Strukturen notwendig. Dies kann nur über stabile und dauerhaft arbeitende Netzwerke erfolgen. Schulische Netzwerke - im Alltag meist Arbeitkreise genannt - müssen u.a. folgende Bereiche abdecken:

- Arbeitsbereich Schule-Wirtschaft / Berufsorientierung,
- Arbeitsbereich Sozialpräventive Maßnahmen,
- Arbeitsbereich pädagogisch-therapeutische Aktivitäten,
- Arbeitsbereich Elementarerziehung-Grundschule,
- Arbeitsbereich (Vereins-) Sport,
- Arbeitsbereich musisch-ästhetische Erziehung,
- Arbeitsbereich Öffentlichkeitsarbeit.

b) Die Struktur des kommunalen Arbeitskreises Schule-Wirtschaft

Eine langfristig optimal organisierte und hinsichtlich der Qualität von einzelnen Personen unabhängige Kooperation mit der Wirtschaft kann nur über den kommunalen Arbeitskreis Schule-Wirtschaft erfolgen. Dabei sollte die Projektleitung grundsätzlich in den Händen der Schule liegen. Dadurch wird sichergestellt, dass die besondere rechtliche Situation von Schule immer berücksichtigt werden kann. Mitglieder des Arbeitkreises müssen sein:

- Vertreter der Industrie, des Handels und des Handwerks,
- Vertreter der regionalen Institutionen aus dem Sozialen Bereich,
- Lehrkräfte und Schulleitung,
- Vertreter des Schulträgers,
- Eltern und Schüler.
- Es ist darauf zu achten, dass die wichtigsten Ausbildungsbetriebe vertreten sind – ohne kleinere Betriebe von der Mitarbeit auszuschließen.

c) Idealtypische Chronologie der Entstehung eines Arbeitskreises

Der Aufbau eines Arbeitskreises Schule-Wirtschaft kann idealtypisch nach Wiegand/Heyd (1998, 1999) wie folgt skizziert werden:

- Phase 1: Erste innerschulische Arbeitstreffen (Bildung eines Problembewusstseins und Entwicklung einer Strategie),
- Phase 2: Fachbezogene interne Arbeitstreffen (Aufbau der Strukturen und Festlegung der Arbeitsinhalte des AK),
- Phase 3: Vorbereitung der ersten gemeinsamen Sitzung (Kontaktaufnahme, eine Lehrkraft für ca. 3-5 Betriebe, Einladung),
- Phase 4: Erste gemeinsame Sitzung des AK Schule-Wirtschaft (Klärung der Strukturen und der möglichen Arbeitsinhalte),
- Phase 5: Weitere gemeinsame Arbeitskreissitzungen (Einladung durch Projektleitung, Beratung gemeinsamer Projekte),
- Phase 6: Phase der gemeinsamen Kooperationsprojekte (Durchführung und Evaluierung gemeinsamer Projekte).

d) Die Aufgaben des Arbeitskreises Schule-Wirtschaft

Der Arbeitskreis Schule-Wirtschaft hat im Kontext der Kooperation mit der kommunalen Wirtschaft und der Optimierung der berufsorientierenden Maßnahmen eine zentrale Bedeutung. Grundlegende Aufgaben sind u.a.:

- Allgemeiner Erfahrungsaustausch,
- Gegenseitige Information über die neueren Entwicklungen in Schule und Beruf,
- Planung und Entscheidung gemeinsamer Projekte,
- Rückmeldungen über den Leistungsstand und das innerbetriebliche Sozialverhalten der Schüler,
- Beratung der Optimierung der berufsorientierenden Maßnahmen.

6 Ausblick

Die Akzentuierung der voran stehenden Ausführungen auf die Berufsorientierung im Hauptschulbereich war begründet in der Thematik des Beitrages. Diese darf aber nicht darüber hinwegtäuschen, dass die Hauptschule im Allgemeinen und die Hauptschule im Rahmen einer Verbundschule im Besonderen in ihrem Kontext betrachtet und weiterentwickelt werden muss. Hierzu gehören beim hier erörterten Beispiel der LUS Birkenfeld einer GTS mit Technischer Hauptschule folgende, zu berücksichtigende Bereiche: Eine intensive Zusammenarbeit mit den Trägern und Institutionen der Elementarerziehung. Die Institutionalisierung einer musisch-technischen Grundbildung in der Grundschule sowie die Implementierung eines sprachlichen und naturwissenschaftlich-technischen GTS-Zuges in die verbundene Realschule.

Anhang

Stundenzahl der Regel-Klasse	98	22	24	26	26	98

GTS-Technik	8^{+8}*	2^{+2}	2^{+2}	2^{+2}	2^{+2}	8
GTS-Sport	10	3	3	2	2	10
GTS-Musik	8	2	2	2	2	8
GTS-HA-Betreuung**	12	5	3	2	2	12
GTS-SOLe**	16	4	4	4	4	16
Summe GTS-Angebote**	54^{+8}*	16	14	12	12	54

Stundenzahl der GTS-Klasse	152	38	38	38	38	152

* Teilen der Klasse wegen Technik-Arbeitsplätzen + Sicherheit
** HA-Betreuung und GTS-SOLe werden anteilig von der Klassenlehrkraft und der
Erzieherin übernommen

Anhang 1: **Kontingentstundentafel GS Regel- und GTS-Klasse**

Stundenzahl der Regel-Klasse	147	32	31	30	32	30	147+8

GTS-BK	1	1					1
GTS-Technik	24^{+10}**	2^{+2}	2^{+2} ? ?	2^{+2} ? ?	2^{+2} ?	2^{+2} ? ?	24
GTS-Sport im Klassenverband	22	3	2 ?	3 ?	3 ?	3 ?	22
GTS-Musik	7	1	?	?		?	7
GTS-SOLe	15	3	3	3	3	3	15
Summe GTS-Angebote*	69^{+10}**	10	11	12	10	12	69

Stundenzahl der GTS-Klasse	216	42	42	42	42	42	224

* Bedarf Lehrerstunden GTS im HS-Bereich = 79 WoStd.
* Zusatz-Unterricht für die GTS-Schüler/innen = 69 WoStd.
** Teilen der Klassen bei Technik-Pflichtkursen = 10 WoStd. Differenz

Anhang 2: **Kontingentstundentafel HS Regel- und GTS-Klasse**

Holger Arndt

Digitale Medien im Berufsorientierungsunterricht

1 Problemlage

Die Bedeutung des Berufs, verstanden als längerfristige Erwerbstätigkeit auf Basis eines spezifischen Bündels von Qualifikationen und eines geordneten Ausbildungsgangs, ist trotz zunehmender Brüche im beruflichen Lebenslauf aufgrund seiner vielfältigen soziologischen Funktionen (Erwerb, Sozialisation, Selektion, Allokation) und individuellen Aspekte (Einkommen, Qualifikation, Kontinuität, Erbauung, Persönlichkeitsentwicklung) nach wie vor erheblich (vgl. Beck/Brater/Daheim 1980). So resultieren Fehlentscheidungen bei der Berufswahl in negativen Konsequenzen sowohl für die unmittelbar betroffenen Individuen und Unternehmen, als auch für die Gesellschaft als Ganzes wegen der defizitären Reproduktion des gesellschaftlichen Ordnungsgefüges und der gestörten Entwicklung des Arbeitsvermögens (vgl. Huisinga/Lisop 1999). Insofern kommt dem Berufsorientierungsunterricht besondere Bedeutung zu, dessen Zielsetzungen (z.B. Unterstützung bei der Entscheidung für einen Beruf unter Berücksichtigung der Fähigkeiten; Interessen und Arbeitsmarktlage; Vorbereitung der Schüler auf den Bewerbungsprozess; Gewährung von Einblicken in Berufe und das Arbeitsleben; Förderung von Medien- und Handlungskompetenz) vielfältig und ambitioniert sind. Der Berufsorientierungsunterricht hebt sich nicht nur durch seine hohe Relevanz und seine anspruchsvollen Ziele von anderem Unterricht ab, er unterscheidet sich auch durch die Komplexität des Stoffs, die notwendige Individualisierung und seine längerfristige Orientierung. Ferner ist die persönliche und emotionale Betroffenheit im Rahmen des Berufsorientierungsunterrichts generell stärker, beispielsweise wenn Schüler aufgrund ungünstiger Zukunftsperspektiven frustriert und demotiviert sind. Diesen Spezifika scheint der typische Berufsorientierungsunterricht nur unzureichend Rechnung zu tragen, was sich sowohl in Zahlen[1] als auch in starker Kritik, beispielsweise seitens der Autoren des Berufsbildungsberichts, niederschlägt: *„Die Berufsorientierung von Jugendlichen an den Schulen ist unzureichend. Sie muss ein größeres Gewicht erhalten. Die Berufswahl ist häufig wenig fundiert und von falschen Erwartungen geprägt. Es fehlt an realistischen Eindrücken über Anforderungen und Perspektiven der Arbeitswelt und Berufspraxis"* (BMBF 2007: 28)

Neben verbesserter Kooperation der Akteure, mehr Praktika und einer zeitlichen Ausweitung des Berufsorientierungsunterrichts stellt sich die Frage nach qualitativen Verbesserungsmöglichkeiten desselben zur Linderung der Problematik. Ein vielversprechender Ansatz könnte in der verstärkten Integration der Informationstechnologie (IT) in den Berufsunterricht sein. Dies legt das im folgenden Abschnitt aufgezeigte Potenzial digitaler Medien nahe und wird anschließend anhand ausgewählter Beispiele verdeutlicht und konkretisiert.

2 Chancen und Herausforderungen beim Lernen mit digitalen Medien

Von den nach Hawkridge (1990) ausgemachten vier Begründungslinien für den Einsatz digitaler Medien im Unterricht[2] sind im Zusammenhang der Berufsorientierung die berufsbezogenen und die pädagogischen Argumente besonders bedeutsam. So wird die Fähigkeit, mit dem Computer und zumindest mit Office-Anwendungen zu arbeiten von Unternehmen zunehmend vorausgesetzt. Durch angemessene Integration digitaler Medien in den Unterricht sind Schüler entsprechend auf künftige Anforderungen vorbereitet und haben bessere Chancen, einen Ausbildungsplatz zu erhalten.

Im Hinblick auf pädagogische Ziele kann der Einsatz digitaler Medien die Unterrichtsqualität positiv beeinflussen, da hiermit zahlreiche Merkmale „guten" Unterrichts einhergehen (vgl. Helmke 2007). So lässt sich die Lernkultur in Richtung eines stärker selbstgesteuerten und teilweise kooperativen Lernens genauso unterstützen wie die Entwicklung offenerer Lehr-Lernformen. Entsprechender Unterricht ist potenziell weniger lehrerzentriert und weist höhere Grade an Schüleraktivität auf. Insbesondere aufgrund der guten Möglichkeiten des eigenständigen Arbeitens, aber auch wegen adaptierbarer und adaptiver Software lassen sich Lernprozesse durch digitale Medien besser individualisieren und differenzieren, beispielsweise durch eigene Lernwege und selbst ausgewählte Materialien (vgl. Leutner 2002; Seel/Dörr 1997). Weitere Vorteile ergeben sich durch Software, die interaktiv ist und individuelle Rückmeldungen zu Ergebnissen bzw. zum Lernstand gibt (vgl. Haack 2002; Fletcher 1990; Simpson 1994). Hinsichtlich der Darstellung von Sachverhalten ist der Computereinsatz aufgrund der Möglichkeit zur multicodalen und multimodalen Aufbereitung von Lerngegenständen vorteilhaft, da hierdurch sowohl das Behalten als auch das Verständnis förderbar ist (vgl. Engelkamp 1990; Nelson 1979; Nelson/Reed/Walling 1976; Weidenmann 1994). Ferner kann Software im Sinne eines „cognitive tools" den Lerner von Routinetätigkeiten entlasten und ihm dadurch die Möglichkeit zur vertieften Auseinandersetzung mit anspruchsvolleren Fragen ermöglichen (vgl. Jonassen 1991). Letztlich bleibt noch anzumerken, dass die Integration digitaler Medien in den Unterricht mit einer höheren Methodenvielfalt einhergeht.

Digitale Medien vermögen Lernprozesse in vielerlei Hinsicht zu unterstützen, da sie u.a. zum Dokumentieren, Präsentieren, Üben und Wiederholen, Recherchieren, Informieren und Selektieren, Kommunizieren und Kooperieren, Strukturieren, Experimentieren und Simulieren einsetzbar sind (vgl. Weidenmann 2001), wobei viele dieser Funktionen sinnvoll im Berufsorientierungsunterricht verwendet werden können (vgl. Abschnitt 3). Folglich kann das Lernen mit digitalen Medien insbesondere zu einem vertieften Verständnis von Inhalten und Zusammenhängen, zu einem höheren Wissenserwerb und zu anwendungsbezogenerem Wissen beitragen (vgl. Herzig/Graf 2007) und den Erwerb lediglich trägen Wissens reduzieren (vgl. Klieme 2003).

Angesichts der zahlreichen didaktischen Chancen überrascht die überwiegend positive Grundhaltung gegenüber dem Lernen mit Computern sowohl bei Schülern als auch bei Lehrern nicht. Dennoch ist festzuhalten, dass deutsche Schüler bei der regelmäßigen Nutzung des PC im Unterricht sehr schlecht gefördert werden, was bei internationalen Vergleichsstudien auffällt. Beispielsweise belegt Deutschland bei der regelmäßigen PC-Nutzung 15-jähriger Jugendlicher den schlechtesten Platz unter allen OECD-Ländern (vgl. OECD 2006). Auch im europäischen Vergleich zeigen sich Defizite. So geben deutsche Lehrer weit überdurchschnittlich häufig an, dass sie Computer im Unterricht nicht nutzten, weil sie entweder darin keinen Nutzen sähen, nicht über hinreichende Kenntnisse verfügten oder weil sie kein Interesse hätten (vgl. European Commission 2006).

Diese Befunde sind insofern problematisch, als die aufgeführten Vorteile des Computereinsatzes nur in geringem Umfang genutzt werden. Ferner wird IT-Literacy, der in wissensbasierenden Gesellschaften große Bedeutung zukommt, dadurch nicht systematisch im Unterricht entwickelt. Stattdessen wird sie außerschulisch durch die Beschäftigung mit Computern zuhause erworben, wobei dem Bildungsstand der Eltern eine große Rolle zukommt. Verstärkt wird die Problematik, mit der primär Schüler aus bildungsferneren Elternhäusern konfrontiert sind, durch den nur sporadischen und unsystematischen Einsatz in der Schule. Wird der Computer lediglich ausnahmsweise im Unterricht eingesetzt, profitieren hauptsächlich Schüler mit guten IT-Kenntnissen, während diesbzgl. schwächere Schüler häufig weder fachliche noch methodische Lernfortschritte erfahren. Der so entstehende Schereneffekt mag Lehrer, die Computer ohnehin nur selten und ungeschickt in ihren Unterricht integrieren, in ihrer skeptischen Haltung sogar noch bestärken. Künftige Lehrergenerationen dürften aufgrund ihrer eigenen Sozialisation zur Linderung dieses Problems beitragen. Diese optimistische Prognose ist jedoch zu relativieren, da gerade Lehramtsstudenten im Vergleich zu anderen Studierenden Defizite bei IT-Kompetenzen aufweisen und ca. 75 % sich selbst als nicht hinreichend kompetent einschätzten (vgl. Baacke/Hugger/Schweins 2000).

Als weitere Probleme bei der Integration digitaler Medien werden oft die mangelnde Verfügbarkeit von Computern, Urheberrechtsaspekte, Ablenkung der Schüler, technische Ausfälle und Zeitintensität genannt. Insbesondere bei

Recherchen im Internet bestehen ferner Herausforderungen durch didaktisch nicht immer angemessenes Material, Probleme bei der Einschätzung der Glaubwürdigkeit von Informationen und der Gefahr eines Orientierungsverlusts (Lost in Hyperspace; zu Lösungsansätzen dieser Probleme vgl. z.B. 3.1.4).

3 Darstellung ausgewählter Medien und Methoden

Die generell anzutreffende Struktur der Berufsorientierung geht insbesondere auf Supers Theorie zurück, derzufolge Berufswähler solche Berufe wählen, deren Anforderungen sich sowohl weitgehend mit ihren eigenen Fertigkeiten und Fähigkeiten decken als auch im Einklang mit ihren persönlichen Interessen stehen (vgl. Super 1957). Hieraus leiten sich die Phasen der Selbsterkundung, der Berufserkundung und der Entscheidungsunterstützung ab. Diese sind im Unterricht um pragmatische Komponenten zu ergänzen, die die Erfolgswahrscheinlichkeit von Bewerbungen erhöhen, indem Schüler gezielt auf Schritte des Bewerbungsverfahrens vorbereitet werden. Abb. 1 ordnet den daraus abgeleiteten Phasen geeignete digitale Medien bzw. Methoden, die digitale Medien verwenden, zu, die den Unterricht zu unterstützen vermögen.

Phase	Medium / Methode
1) Selbsterkundung (Orientierung über eigene Wünsche und Fähigkeiten)	- (Online-)Tests - JobLab - Mach's richtig
2) Berufserkundung	- Texte - Videos (DVDs, Online) - Planspiele - Webquests - Virtuelle Welten und Betriebserkundungen
3) Entscheidung (Wunschberuf(e) auswählen)	- Entscheidungsbewertungstabelle - JobLab
4) Suche nach ausbildenden Unternehmen	- Datenbanken im Internet (Stellenbörsen z.B. Jobpilot.de) - Webquests
5) Bewerbungstraining (Bewerbungsschreiben)	- Textverarbeitung - Virtuelle Selbstpräsentation
6) Bewerbungstraining (Training von Bewerbungsgesprächen; Erstellen von Teilen einer Selbstpräsentation)	- Interaktive IT-gestützte Gesprächssimulationen - Videokamera
7) Bewerbungstraining (Tests)	- (Online-)Tests

Abb. 1: **Phasen des Berufsorientierungsunterrichts und geeignete zugehörige Medien**

Aus Platzgründen können nachstehend nicht alle Medien ausführlich behandelt werden, wenngleich der Einsatz teilweise ohnehin nicht weiter erklärungsbedürftig ist, beispielsweise der Einsatz der Textverarbeitung zur Erstellung von Bewerbungsschreiben oder die Arbeit mit Videokameras, um simulierte Bewerbungsgespräche aufzuzeichnen und detailliert zu analysieren.

Im Folgenden sind exemplarisch solche Medien aufgezeigt, die sich durch gute Qualität und niedrige Kosten auszeichnen, weit verbreitet sind oder einen starken Innovationscharakter aufweisen. Zunächst sind dabei einzelne Angebote dargestellt, die in mehreren Phasen der Berufsorientierung verwendet werden können. Anschließend werden Medien für einzelne bedeutsame Phasen der Berufsorientierung gemäß Abb. 1 vorgestellt.

3.1 Medien für mehrere Phasen der Berufsorientierung

3.1.1 Mach's Richtig

Die von der Bundesagentur für Arbeit angebotene Medienkombination „Mach's Richtig" wird im Berufsorientierungsunterricht sehr häufig eingesetzt, da sie sowohl gut vermarktet wird als auch kostenlos und qualitativ recht ansprechend ist. Inhaltlich wird das gesamte Spektrum des Berufswahlunterrichts abgedeckt. Sie besteht aus einem Lehrerordner, kompakten Unterrichtsvorschlägen, einer informativen Website (www.machs-richtig.de), Angeboten zum Internet-Chat mit Experten, zahlreichen Schülerarbeitsheften und teilweise interaktiven CD-ROMS zur Berufswahl und zum Bewerbungstraining (vgl. Arndt 2006).

3.1.2 JOBLAB

Mit bisher ca. 300.000 Auslieferungen[3] ist die für 6,80 € erhältliche Software ebenfalls stark verbreitet. Inhaltlich behandelt sie die Bereiche Berufsdesign (hier lassen sich fiktive Berufe entsprechend der individuellen Präferenzen kreieren und mit realen Berufen kriteriengeleitet vergleichen), Selbsterkundung (zum Ermitteln eigener Interessen, Wünsche und Fähigkeiten), Information über Berufe, systematischer Berufsvergleich und Abgleich des eigenen Profils mit Berufen. Ferner findet sich noch ein Vereinbarkeitssimulator, der ein Hilfsinstrument zur Analyse der Vereinbarkeit der beruflichen Laufbahn mit der Familienplanung sein will.

Neben den Möglichkeiten zum eigenständigen Arbeiten und der Interaktivität könnte ein Herausstellungsmerkmal dieses Angebots seine Ausrichtung auf spielerisches Lernen sein. Wesentliche potenzielle Vorteile des sogenannten digital game-based learning bestehen in dessen hoher Motivationskraft, der Förderung der konzentrierten und langen Auseinandersetzung mit einem Lerngegenstand und zur Bereitschaft, Experimente durchzuführen (vgl. Prensky 2007; Pivec/Koubek/Dondi 2004). Diese Potenziale entfaltet JOBLAB nur bedingt, was u.a. in der nicht durchgängig intuitiven Softwarebedienung begründet liegt. Kritisch bleibt ferner anzumerken, dass einige inhaltliche Aussagen zu Berufen teilweise nur schwer nachvollziehbar sind (z.B. beim Vergleich der Berufe Einzelhandelskaufmann und Industriekaufmann).

3.1.3 LizzyNet

Auf der Website www.lizzynet.de findet sich ein kostenlos nutzbares Internetportal von Schulen ans Netz e.V., dessen primäre Zielsetzung in der Förderung der IT-Kompetenz weiblicher Kinder und Jugendlicher besteht. Im Bereich „Berufswelt" finden sich mehrere Angebote, die sich zur Berufsorientierung – mit nur geringen Einschränkungen auch für männliche Anwender – nutzen lassen, beispielsweise zur Vorstellung mehrerer Berufsbilder, zum Verfassen von Anschreiben, zur Gestaltung des Lebenslaufs und zum Vorstellungsgespräch. Positiv fällt die fast durchgängig gelungene Kombination von Informationsangeboten und Interaktion mit Feedback auf. Abgerundet wird das Portal durch eine Kommunikationsplattform, die dem Portal einen stärkeren „Community-Charakter" verleiht.

3.1.4 Webquests

Insbesondere bei der Erkundung von Berufen und der Suche nach Ausbildungsbetrieben ist das Internet sehr hilfreich, da benötigte Informationen dort im Allgemeinen aktuell, authentisch und gut verfügbar abgerufen werden können (vgl. Koch/Neckel 2001). Andererseits ergeben sich bei Internetrecherchen im Unterricht häufig Probleme, da beispielsweise die Materialen didaktisch nicht auf die Zielgruppe zugeschnitten und Informationen gelegentlich falsch oder einseitig sind. Ferner ist die Suche nach geeigneten Informationen zeitintensiv und begünstigt das Problem des „lost in hyperspace". Die Webquest-Methode sucht die Vorteile der Internetrecherche unter weitgehender Reduzierung der damit einhergehenden Probleme für Lernprozesse zu nutzen und strebt außerdem eine hohe Motivation und Eigenständigkeit der Lernenden an. Das weitgehend standardisierte Verfahren besteht in der Regel aus folgenden Elementen:

In der *Einführung* werden die Lernenden zur aktiven Auseinandersetzung mit der Thematik motiviert. Anschließend folgt die Schilderung der zu bearbeitenden *Aufgaben*. Ferner erhalten die Lernenden gelegentlich Informationen bzw. unterstützende Hinweise zum *Vorgehen*, um die Aufgaben zielgerichtet bewältigen zu können. Im Bereich *Material* sind insbesondere Links zu geeigneten Webseiten, aber auch andere Informationsquellen wie Bücher etc. aufgeführt. Im Allgemeinen haben Webquests auch Vorschläge bzw. Vorgaben für die Art der *Präsentation* der Ergebnisse und geben Orientierung über *Bewertung*skriterien.

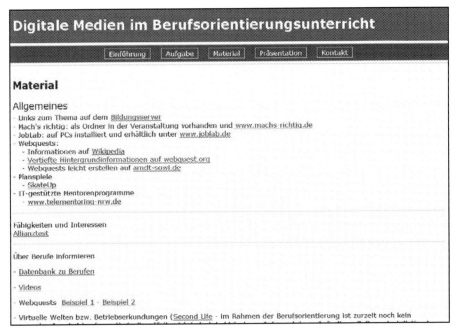

Abb. 2: **Beispiel eines Webquests**

Da die Webquest-Methode mittlerweile große Verbreitung gefunden hat, finden sich viele Webquests zu unterschiedlichsten Themen und für ein großes Altersspektrum der Lernenden im Internet. Häufig sind die Bedürfnisse einer Lerngruppe jedoch so speziell, dass sich das eigene Erstellen von Webquests durch die Lehrkraft empfiehlt. Mithilfe von Webquest-Generatoren können Webquests auch von Anwendern mit nur geringer IT-Kompetenz entwickelt und online publiziert werden. Ein kostenloser Website-Generator des Autors findet sich unter www.arndt-sowi.de/webquest.

3.2 Medien für einzelne Phasen der Berufsorientierung

3.2.1 Tests zur Selbsterkundung

Auf Basis von Hollands Theorie zu Persönlichkeitsorientierungen (vgl. Holland 1985), die sechs grundlegende Typen unterscheidet, wurden mehrere Tests zur Ermittlung individueller Interessen entwickelt. Der bekannteste Test zum Ermitteln individueller Interessen ist der Allgemeine-Interessen-Struktur-Test (vgl. Bergmann/Eder 1999), der momentan allerdings nur in

Papierform verfügbar ist. Onlinetests haben den Vorteil der automatisierten Auswertung, was schnelle und differenzierte Auswertungen bei geringem finanziellem Aufwand ermöglicht. Ebenfalls auf Hollands Theorie basiert der situative Interessentest, der online und kostenlos in ca. 10 Minuten durchführbar ist (http://arbeitsblaetter.stangl-taller.at/TEST/SIT/Test.shtml). Zwar ist das Testverfahren nur bedingt valide, gibt aber doch eine erste brauchbare Orientierung.

Zwei aufwändigere Tests von Unicum (http://www.unicum.de/beruf/jobtest/test_info.php) und von Allianz AG (http://www.allianz.de/start/perspektiven_tests/test_fuer_schueler/index.html) geben auf Basis detaillierter Abfragen fundiertere und umfangreichere Aussagen zu persönlichen Stärken und dazu passenden Berufen. Beide Tests sind kostenlos und nehmen ca. 100 respektive 45 Minuten in Anspruch.

3.2.2 Materialien zur Berufserkundung

Informationen zu Berufen werden häufig in Form von Texten, Diagrammen und Photos angeboten. Videos können diese Angebote sinnvoll ergänzen, da sie das Arbeitsumfeld und Tätigkeiten wesentlich anschaulicher darzustellen vermögen. Viele geeignete Videos finden sich unmittelbar abrufbar im Internet, beispielsweise im Rahmen des Projekts Jobs in Motion (http://www.medien.uni-goettingen.de/jim/) oder auf Videoportalen wie Youtube (http://www.youtube.com).

Zwar spricht für die Verwendung von Videos deren Anschaulichkeit, allerdings sind sie nicht interaktiv. Die Betrachter haben nur wenige Möglichkeiten der Einflussnahme auf den weiteren Verlauf und können auch nicht eigenständig aktiv werden oder die Berufstätigkeit simulieren. Solche Tätigkeiten, die eine lebensnähere und deutlich vertiefte Auseinandersetzung mit Berufen ermöglichen, sind momentan noch in der Entwicklung. In entsprechenden Projekten wird beispielsweise versucht, Betriebe in virtuellen 3D-Welten abzubilden, in denen die Schüler, repräsentiert durch einen Avatar[4] die Möglichkeit haben, sich selbstständig zu bewegen, mit anderen Personen (z.B. Kunden, anderen Mitarbeitern) zu kommunizieren oder berufsspezifische Tätigkeiten auszuführen. Prinzipiell ließe sich derlei mit geringerem technischem Aufwand auch in bereits existierenden virtuellen Welten wie beispielsweise Second Life (http://secondlife.com/) implementieren.

3.2.3 Entscheidungsunterstützung bei der Selektion von Berufen

Nachdem sich Schüler über mehrere für sie in Frage kommende Berufe informiert haben, stellt sich die Frage nach einer engeren Eingrenzung. Da Schülern systematische Entscheidungen schwer fallen, kommen häufig eher intuitive Heuristiken mit suboptimalen Ergebnissen zum Einsatz. Mit Entscheidungsbewertungstabellen können solch komplexe Entscheidungsprozesse unterstützt und systematisiert werden, was zu besseren Resultaten führen sollte. Mit Hilfe einer Tabellenkalkulation lässt sich dergleichen leicht erstellen.

Enscheidungsbewertungsmatrix (Zahlenwerte willkürlich)			Einzelhandelskaufmann			Industriekaufmann			beliebig viele Alternativen ...
Entscheidungs-kriterium	Gewich-tung (1-10)	verbale Begründung	verbale Begründung	Bewertung (1-10)	Gesamt (GxB)	verbale Begründung	Bewertung (1-10)	Gesamt (GxB)	
Meine Erfolgschancen	9	hier ist jeweils die getroffene Gewichtung zu begründen; diese kann individuell variieren!	hier ist die Bewertung einer Alternative zu begründen	8	72	Begründung der Bewertung	2	18	
Schwere der Ausbildung	5	...	...	7	35	...	2	10	
Attraktivität des Berufs	7		...	4	28	...	9	63	
beliebig viele Kriterien ...	...		...	...	...	...	...	...	
					135			91	

Abb. 3: **Entscheidungsbewertungstabelle**

Zuerst werden die relevanten Kriterien aufgelistet (1) und mit einer Gewichtung (2) versehen. Diese Gewichtung sollte für den Einzelfall begründet werden (3), darf also nicht willkürlich sein. Dann erhalten die zur Verfügung stehenden Alternativen (also die in Erwägung gezogenen Berufe) einen begründeten (4) Punktwert (5). Diese Punkte werden mit der Gewichtung multipliziert (6) und anschließend addiert (7). Die Alternativen mit den höchsten Punktwerten sind die günstigsten.

3.2.4 Bewerbung

Nach wie vor ist die schriftliche Bewerbung, bestehend aus Anschreiben, Lebenslauf und Zeugnissen, dominierend. Daneben treten zunehmend Bewerbungen per Mail bzw. durch Ausfüllen von Formularen auf Webseiten insbesondere größerer Unternehmen.

Eine innovative Alternative hierzu besteht im Konzept der virtuellen Selbstpräsentation. Dabei können Bewerber ihre Materialien (Lebenslauf und Zeugnisse, ggf. Anschreiben) online aufspielen und den Unternehmen die Zugangsdaten mitteilen. Die Zugangsdaten enthalten dabei neben einem Link ein Passwort, das nicht nur unbefugte Einsicht persönlicher Daten verhindert sondern auch die Adaption der Anschreiben an unterschiedliche Unternehmen ermöglicht. Ein kostenpflichtiges Angebot mit diesen Leistungsmerkmalen bietet das Unternehmen Kornhoff GbR ulmato an (http://www.ulmato.de). Ein System mit ähnlichen Leistungsmerkmalen und der zusätzlichen Möglichkeit zum Aufspielen von Videos wird zurzeit vom

Autor entwickelt und soll Ende 2008 kostenlos verfügbar sein (http://www.arndt-sowi.de). Virtuelle Selbstpräsentationen können eine sinnvolle Alternative zu schriftlichen Bewerbungen darstellen, da sie aufgrund der Möglichkeit der Verwendung von Videos persönlicher sind, die Medienkompetenz der Bewerber erkennen lassen und solche Bewerbungen aufgrund deren geringer Verbreitung erhöhte Aufmerksamkeit und Interesse bei Personalverantwortlichen bewirken können. Ferner kann der Berufsfindungsunterricht mit dem Ziel der Erstellung einer virtuellen Selbstpräsentation noch stärkeren Projektcharakter erhalten, da ein integriertes Gesamtergebnis angestrebt wird. Ein weiterer Vorteil kann außerdem in den geringeren Bewerbungskosten gesehen werden.

4 Ausblick

Angesichts des didaktischen Potenzials digitaler Medien ist deren geringer Einsatz im Unterricht problematisch. Dies gilt insbesondere angesichts zahlreicher verfügbarer Angebote, die qualitativ relativ ansprechend und kostengünstig sind. Die vorgestellten Medien und Methoden vermögen einen Beitrag zur Individualisierung, zur Binnendifferenzierung, zur Schüleraktivierung, zur erhöhten Anschaulichkeit und vertieften Auseinandersetzung mit dem Lerngegenstand zu leisten. Dennoch bleibt kritisch anzumerken, dass Software, die differenziertes Feedback gibt, adaptiv ist, kooperatives Lernen unterstützt, zum Simulieren und Experimentieren einlädt und über echte Interaktionsmöglichkeiten verfügt, noch rar ist. Angebote wie Lizzy.net weisen, wenn auch nur in ersten Ansätzen, jedoch bereits in eine ansprechende Richtung. Die bloße Existenz geeigneter Softwareangebote ist allerdings nicht ausreichend. Vielmehr müssten diese adäquat im Unterricht eingesetzt werden, was gerade in Deutschland nur selten der Fall ist. Deswegen wären neben der gezielten Aus- und Weiterbildung von Lehrkräften auch didaktische Gesamtkonzeptionen für den Berufsorientierungsunterricht zu entwickeln und zu evaluieren, die digitale Medien angemessen integrieren.

---

[1] So strebten ca. 73 % der Jugendlichen eine Ausbildung im Rahmen des dualen Systems an, von denen nur ca. 50 % dieses Ziel erreichten (vgl. BMBF 2007). Diese schlechte Quote kann jedoch nur zum Teil auf den Berufsorientierungsunterricht zurückgeführt werden, da viele Akteure Verantwortung hierfür tragen und zahlreiche wesentliche Faktoren nicht von Lehrkräften beeinflussbar sind.

[2] Hawkridge differenziert zwischen gesellschaftlichen, berufsbezogenen, pädagogischen und katalytischen Argumenten.

[3] Diese Zahl ist von der Website des Anbieters (http://www.joblab.de/das_planspiel_joblab.html, 16.10.2007) entnommen.

[4] Als Avatare werden im Zusammenhang mit virtuellen Welten künstliche Figuren und grafische Stellvertreter echter Menschen bezeichnet.

Helmut Meschenmoser

Berufsorientierung von Jugendlichen mit Lernproblemen – Ausgangslage und Ansätze für Kompetenzmodelle in der Praxis

1 Ausgangslage

Der radikale Abbau von Arbeitsplätzen und beruflichen Tätigkeiten, die früher auch Schüler/innen mit besonderen Lernproblemen zugänglich waren, führt für diese Jugendlichen beim Übergang von der Schule in das Erwerbsleben zu einer Konkurrenzsituation, in der sie kaum bestehen können, wenn für sie und mit ihnen nicht spezielle Maßnahmen getroffen werden. Deshalb erfordert die Verbesserung der individuellen Chancen von Schüler/innen im Übergang von der Schule in die Arbeitswelt besondere Anstrengungen von Schule und Wirtschaft, unterstützt durch Angebote der Agenturen für Arbeit. Darüber hinaus sind Schule und Wirtschaft gefordert, gemeinsam innovative Konzepte vorzulegen, die es den Schüler/innen ermöglichen, sich in der allgemein bildenden Schule noch besser auf die Anforderungen der Arbeits- und Berufswelt sowie auf eine möglichst selbstständige Lebensführung vorzubereiten.

Zur Verbesserung der individuellen Förderung müssen geeignete Lernarrangements, Methoden und Unterstützungsangebote gefunden werden, die die betroffenen Jugendlichen - mehr als bisher - zum Erwerb arbeitsrelevanter Basiskompetenzen motivieren und sie besser auf den Übergang vorbereiten (vgl. Hasemann/Meschenmoser 2001). Deshalb werden in Berlin von der Senatsverwaltung für Bildung, Wissenschaft und Forschung mit Mitteln des Europäischen Sozialfonds in Kooperation mit der Wirtschaft Projekte zur systematischen Qualitätssicherung der Berufsorientierung durchgeführt. Im Rahmen der wissenschaftlichen Begleitforschung konnten u.a. mit großflächig angelegten Erhebungen (large scale assessments) erstmals umfassende empirische Befunde zu Lernständen im Bereich der arbeitsrelevanten Basiskompetenzen von Jugendlichen mit Lernbeeinträchtigungen erhoben und diese zur schulinternen Qualitätssicherung der Berufsorientierung sowie zur Entwicklung von Kompetenzstufenmodellen genutzt werden.

2 Ziel und didaktisches Konzept

Allgemeines Ziel des 2001 begonnenen ESF-Projektes „Netzwerk Berliner Schülerfirmen" ist die systematische Förderung arbeitsrelevanter Basiskompetenzen (vgl. Duismann 2002) zur Verbesserung der Anschlussfähigkeit von Jugendlichen mit Lernbeeinträchtigungen im Übergang von der Schule in Ausbildung, Arbeit und selbstständige Lebensführung. Schwerpunkt ist die Förderung von arbeitsrelevanten Basiskompetenzen durch die Vermittlung entsprechender Erfahrungen sowie durch systematische Förderdiagnostik und Förderplanung. Arbeitsrelevante Erfahrungen werden durch Schülerfirmen als komplexe, problemorientierte Lernarrangements (vgl. Meschenmoser 2002; 2005) sowie durch aufeinander aufbauende Praxisphasen in Wirtschaftsunternehmen erwirkt. Diese Kombination soll eine möglichst hohe Motivation und Eigenverantwortung der Heranwachsenden bewirken. Individuelle Lernkontrakte auf der Basis kompetenzorientierter Diagnostik, Portfolios und gemeinsame Auswertung der Lernfortschritte sind weitere Elemente der individualisierten Förderung unter Einbeziehung der Jugendlichen (vgl. Hasemann 2003).

Eine erste Analyse zeigte Faktoren, die für diejenigen Schulabgänger bestimmend waren, denen der Wechsel in ein Ausbildungs- und/oder Arbeitsverhältnis auf dem ersten Arbeitsmarkt gelang (vgl. Hasemann/Meschenmoser 2003). Die meisten Ausbildungs- oder Arbeitsverhältnisse ergaben sich für die Zielgruppe daraus, dass sich die betreffenden Schüler/innen in den Firmen bereits als Praktikanten/innen qualifiziert hatten. Ferner ergab sich, dass Schulen mit hohen Vermittlungsquoten sich auszeichnen durch

- ein differenziertes Konzept zur Berufsorientierung mit zusätzlichen und erweiterten Betriebspraktika,
- gezielte Suche nach Praktikumsbetrieben unter zielgruppenspezifischen Gesichtspunkten,
- kontinuierliche Pflege der Kontakte zu relevanten Betrieben,
- Begleitung und Dokumentation der Praktika,
- Verzahnung von Praktika und Unterricht (insbesondere in den Schülerfirmen).

2.1 Das Konzept „Arbeitsrelevante Basiskompetenzen"

Aufbauend auf dem Begriff der „Handlungskompetenz" wird in der jüngeren Diskussion für die allgemein bildende Schule die Definition von „Basiskompetenzen" angeregt. Duismann (2002) spitzt diese Überlegungen für die Vorbereitung auf Arbeit, Beruf und selbstständige Lebensführung auf „arbeitsrelevante Basiskompetenzen" zu. Weinert (2001: 28) definiert Kompetenzen im Kontext der Leistungsmessung in der Schule als:

- *„fachliche Kompetenzen (z.B. physikalischer, fremdsprachlicher, musikalischer Art),*
- *fachübergreifende Kompetenzen (z.B. Problemlösen, Teamfähigkeit),*
- *Handlungskompetenzen, die neben kognitiven auch soziale, motivationale, volitionale und oft moralische Kompetenzen enthalten und es erlauben, erworbene Kenntnisse und Fertigkeiten in sehr unter-*

*schiedlichen Lebenssituationen erfolgreich, aber auch verantwort-
lich zu nutzen"*.

In ähnlicher Weise heben Klieme u.a. (2003) die Bedeutung von Werten und
Einstellungen in Bezug auf fachliche und überfachliche Kompetenzen hervor, während Heymann (2001: 7) für eine Verständigung auf Basiskompetenzen plädiert. Diese sind entweder *„grundlegende inhaltsbezogene Kompetenzen, auf denen alles fortgeschrittene schulische Lernen aufbaut"* oder
*„allgemeine Kompetenzen, die für alles Handeln im privaten und berufli-
chen Alltag - insbesondere also auch außerhalb der Schule - unverzichtbar
sind"*. Er schlägt eine Verbindung beider Bereiche vor. Danach sind *„Basiskompetenzen inhaltsbezogene oder allgemeine Kompetenzen, die grundle-
gend und unverzichtbar sind für schulisches Lernen und/oder das Handeln
im privaten und beruflichen Alltag"*. Diese zusammenfassende Begriffsbe-
stimmung ermöglicht eine variable Formulierung, die unterschiedliche Niveaus des Lernens - individuell, wie auf die Schulform bezogen - zulässt.
Nach Duismann (2002) sind *„Arbeitsrelevante Basiskompetenzen solche, die
die Grundlage für berufliche und außerberufliche Arbeit (Erwerbsarbeit,
Eigenarbeit und Bürgerarbeit) bilden. Auf diesen können weitere, speziali-
sierte Kompetenzen aufgebaut werden"*. Diese Definition deckt sich weitgehend mit den vom Nationalen Pakt zusammengestellten Kriterien der „Ausbildungsreife" (2006), geht jedoch noch darüber hinaus. Das Konzept der
arbeitsrelevanten Basiskompetenzen umfasst drei Kompetenzkomplexe:

- **Kulturtechniken**
  Lesen, Schreiben, Mathematik, Medienkompetenz, Problemlösen ...
- **Selbst- und Sozialkompetenzen**
  Selbstkonzept, Interessen, Lernbereitschaft, Einstellungen, Koopera-
  tion, Konfliktbewältigung...
- **Arbeitsbereichskompetenzen**
  Berufswahlreife, Berufsinteressen, Einstellungen gegenüber Tech-
  nik, Ökonomische Kompetenzen ...

Alle drei Komplexe stehen untereinander in Wechselbeziehung. Aus analyti-
schen Gründen und zur Identifizierung und Bestimmung von Niveaus zur
gezielten Förderung werden sie didaktisch differenziert. Dies erfolgt auch,
um die entwickelten Kompetenzstufenmodelle im Unterricht, in der Schülerfirmenarbeit und im Betriebspraktikum gezielt einsetzen zu können.

2.2 Schülerfirmen und Betriebspraktika

In der Schülerfirma - einer nach didaktischen Kriterien gestalteten Abbildung eines kleineren Unternehmens - können Heranwachsende Erkenntnisse
gewinnen und Handlungsabläufe erlernen, wie dies weder im Betrieb, noch

im herkömmlichen Schulunterricht möglich ist. So können von den Lernenden in der Schülerfirma betrieblich-ökonomische wie technische Handlungsabläufe mit pädagogisch und fachlich kompetenter Begleitung - so weit wie möglich eigenständig - geplant, entschieden und erprobt werden. Experimente können und dürfen durchaus auch zu Irrwegen führen, da das Lernen aus Fehlern eine wichtige Komponente des eigenaktiven Lernens darstellt. Beispielsweise erhalten die Lernenden in Schülerfirmen Möglichkeiten, Kundenkontakte zu gestalten, mit Geld umzugehen und einfache Buchhaltung zu führen. Sie gestalten und modifizieren ihre eigenen Formulare und gelangen selbstständig und gemeinsam in der Lerngruppe zu notwendigen Einsichten über Vor- und Nachteile verschiedener Konzepte (vgl. Duismann/Meschenmoser 2001; 2003a; Meschenmoser 2005).

Die genannten und darüber hinaus viele weitere Lernmöglichkeiten sind während eines Praktikums in Wirtschaftsunternehmen meist nicht gegeben. Da sie aber für den Erwerb arbeitsrelevanter Basiskompetenzen von großer Bedeutung sind, machen sie neben erweiterten Betriebspraktika das Lernarrangement Schülerfirma für die Qualitätsverbesserung der Berufsorientierung unverzichtbar.

Über Schülerfirmen hinausgehende authentische Einblicke in die berufliche Praxis ermöglichen vor allem Praxisphasen in Wirtschaftsunternehmen. Die Schüler/innen können dort Erfahrungen in und mit der Arbeitswelt sammeln und berufliche Anforderungen kennen lernen. Subjektive Vorstellungen von der Arbeitswelt werden dort bestätigt, modifiziert oder auch widerlegt.

Im Rahmen der schulinternen Profilbildung haben die Schulen im Netzwerk Berliner Schülerfirmen die Ausweitung von Praxisphasen in Betrieben sowie die Schülerfirmenarbeit mit unterschiedlichen Konzepten verfolgt:

- Beispielsweise werden Blockpraktika mit Praktikumstagen kombiniert, mit zwei-, drei- bzw. bis zu sechswöchiger Dauer. Manche Schulen praktizieren im 10. Jahrgang einen Rhythmus, der dem von Berufsschulen ähnlich ist: vier Tage Betrieb, ein Tag Schule, kombiniert mit mehrwöchigen Unterrichtsblöcken.
- Manche (zumeist größere) Schulen haben bis zu zehn Schülerfirmen für die Schüler/innen in unterschiedlichen Jahrgängen zur Auswahl. An einigen Schulstandorten werden Schülerfirmen in den 9. und 10. Klassen jahrgangsübergreifend geführt, mitunter von Klassenlehrern, unter Einbeziehung eines erheblichen Stundenkontingents.

Die Existenz einer Schülerfirma und die umfassende Erschließung von Betriebspraktika können allerdings allein noch nicht hinreichend die notwendige Qualität der sonderpädagogischen Förderung sichern. Mitarbeit in Schülerfirmen und Praxisphasen in Betrieben müssen als Beitrag zur Berufsorientierung immer im Kontext eines fächerübergreifenden - integrierenden Unterrichtes stehen, der die notwendigen Inhalte mit entsprechenden Methoden erweitert und zugleich für die Vernetzung aller Kenntnisse und Fertigkeiten sorgt. Unter diesen Gesichtspunkten bietet ein Tag in der Schülerfirma allein, isoliert neben einem unveränderten Fachunterricht an den übrigen Wochentagen, für die Jugendlichen noch keinen optimalen Kompetenzgewinn und damit für die pädagogische Qualitätsentwicklung (noch) kein ausreichend tragfähiges pädagogisches Konzept. So muss beispielsweise konkret evaluiert werden, ob sich tatsächlich die Chancen der Schulabgänger durch bis zu zehnwöchige Praktika anstele des herkömmlichen Unterrichts verbessern. Außerdem ist zu ermitteln, welche Effekte dies auf die Leistungen hat. Alle Schulen im Netzwerk Berliner Schülerfirmen wurden deshalb zur gezielten Qualitätsentwicklung der Praxisphasen angeregt, die durch interne und externe Evaluation zu sichern ist.

3 Strategien zur Qualitätssicherung

Qualitätssicherung ist in der sonderpädagogischen Förderung nicht neu. Bereits seit mehr als zehn Jahren sind prozessorientierte Förderdiagnostik und Förderplanung verbindliche Grundlage für die Feststellung von sonderpädagogischem Förderbedarf (vgl. Drave/Rumpler/Wachtel 2000). Jedoch reichen diese Ansätze allein nicht aus (vgl. Duismann/Meschenmoser 2006). Es bedarf der externen Evaluation, um diesbezüglich weiterführende Konzepte entwickeln zu können. Nach Speck (2001) muss sich schulexterne Evaluation der sonderpädagogischen Förderung durch eine zielgerichtete Stützung der schulinternen Maßnahmen legitimieren. Dementsprechend sieht die wissenschaftliche Begleitung im Kontext des „Netzwerk Berliner Schülerfirmen" eine zyklische und partizipative Evaluation vor (vgl. Meschenmoser 2006b/c). Dabei ist die externe Evaluation so konzipiert, dass sie die notwendige interne Evaluation unterstützt. Diesem hohen Anspruch verpflichtet, ergeben sich Probleme, die zwar durch verschiedene Studien bekannt sind, jedoch für die spezifischen Anforderungen der sonderpädagogischen Förderung, speziell auch zur Berufsorientierung, noch genauer untersucht werden müssen.

Für die sonderpädagogische Förderung lagen zuvor kaum aktuelle, wissenschaftlich gesicherte Befunde über die Lernstände der Schüler/innen der Jahrgänge 7 - 10 vor. Diese sind aber nötig, um einerseits zielgruppenspezifische Maßnahmen zu entwickeln und zu realisieren, andererseits daraus resultierende Effekte zu ermitteln. Zu diesem Zweck wurde von der wissenschaftlichen Begleitung in Zusammenarbeit mit der Abteilung für empirische Bildungsforschung der Humboldt-Universität (Prof. Dr. Dr. R. Lehmann, R. Nikolova, Dr. R. Peek, E. Hoffmann) 2002 eine erste Erhebung zur „Lernausgangslage arbeitsrelevanter Basiskompetenzen im Förderschwerpunkt Lernen mit Berliner Schüler/innen der Jahrgänge 8 – 10 (LABEL 8 – 10)" durchgeführt, an der rund 2.300 Schüler/innen der Schulen mit dem Förderschwerpunkt Lernen teilnahmen (Vollerhebung im Land Berlin; Lehmann u.a. 2004). Im Mai 2006 folgte eine zweite, erweiterte Erhebung „BELLA 7 – 10 + BQL", an der diesmal rund 5.300 Schüler/innen mit sonderpädagogischem Förderbedarf teilnahmen. Einbezogen wurden bei BELLA auch die Jugendlichen mit Förderbedarf, die im gemeinsamen Unterricht an allgemeinen Schulen unterrichtet werden sowie Jugendliche in berufsqualifizierenden Lehrgängen an Berufsschulen mit sonderpädagogischem Auftrag (Vollerhebung).

Für BELLA wurde auf Teile des Hamburger Schulleistungstests (HST - Leseverständnis, Informationsentnahme aus diskontinuierlichen Texten, Mathematik, Wortschatz) sowie der Kurzfassung des CFT20 zum schlussfolgernden Denken zurückgegriffen, die bereits in den LAU-Studien in Hamburg zum Tragen kamen. Darüber hinaus wurden auf die Zielgruppe ausgerichtete spezifische Instrumente zur Erhebung arbeitsrelevanter Basiskompetenzen wie „Ökonomisches und Technisches Verständnis" und „Problemlösen" sowie Fragebögen zu Einstellungen zum fachlichen Selbstkonzept, zu Medien und zur Berufsorientierung entwickelt und eingesetzt. Zudem umfasst BELLA Befragungen der Lehrer/innen, die Schülerfirmen betreuen, Mathematik oder Deutsch unterrichten. Die Schulen erhielten jeweils klassen-, schulbezogene und – für großflächige Erhebungen neuartig - personenbezogene Rückmeldungen sowie erläuternde und didaktisch zentrierte Hinweise zum Umgang mit den Daten (vgl. Duismann/Meschenmoser 2003b; Duismann/Meschenmoser/Werner 2007). Mit darauf folgenden Metaevaluationen werden die Strategien der Schulen zur Nutzung der Rückmeldungen erhoben, in Stufenmodellen strukturiert und wiederum zur Unterstützung der Schulqualitätsentwicklung rückgemeldet (vgl. Meschenmoser 2006c).

4 Empirische Befunde zur Berufsorientierung von Jugendlichen mit Lernproblemen

Auf Grund der gebotenen Kürze werden hier nur einige wenige ausgewählte Befunde aus der BELLA-Erhebung mitgeteilt (vgl. Meschenmoser 2007b). Erhoben wurden u.a. die Berufswünsche.

Die Berufswünsche von Jungen werden angeführt vom Beruf des KFZ-Mechatronikers, von Mädchen vom Beruf der Friseurin. Der hohe Anteil derjenigen, die KFZ-Mechatroniker werden wollen, lässt mit Blick auf die Zielgruppe auf eine noch relativ gering entwickelte Befähigung zur Einschätzung der eigenen Fähigkeiten in Beziehung zu den beruflichen Anfor-

derungen sowie den Chancen auf dem Ausbildungs- und Arbeitsmarkt
schließen.

	%	Jungen	%	Mädchen
1	10,3	KFZ-Mechatroniker	10,5	Friseurin
2	9,9	Koch	8,6	Erzieherin
3	4,7	Tischler	8,3	Tierpflegerin
4	4,5	Maler	4,6	Verkäuferin/Zoohandlung
5	3,8	Athlet/Sportler	4,6	Köchin
6	2,5	Polizist	3,4	Floristin
7	2,4	Verkäufer/Zoohandlung	2,8	Einzelhandelskauffrau
8	2,2	Florist	1,6	Krankenschwester
	27,6	kein Berufswunsch	26,8	kein Berufswunsch

(Table title: **Berufswünsche (n=3.444)**)

Abb. 1: **Häufige Berufswünsche von Jungen und Mädchen mit Lernbeeinträchtigungen** (Meschenmoser 2007b)

In weiteren Auswertungen gilt es, die Ursachen zu ergründen, die zu den
relativ unrealistischen Berufswünschen führen. Es ist u.a. zu klären, welche
Faktoren auf das Berufswahlverhalten Einfluss nehmen. Deshalb wurde nach
dem Einfluss verschiedener Personen gefragt.

Welche Personen beraten Sie in Bezug auf Ihre Berufspläne?	trifft nicht zu	trifft eher nicht zu	trifft eher zu	trifft voll zu	
Angaben in Prozent					N
Vater	34,2	9,6	20,2	**36,0**	*3.224*
Mutter	20,6	9,3	26,0	**44,2**	*3.299*
Freunde	**41,5**	16,9	22,5	19,0	*3.100*
Lehrer	30,5	15,2	28,5	25,8	*3.160*
Mitarbeiter des Berufsinformationszentrums / der Agentur für Arbeit	**49,7**	13,2	18,8	18,3	*3.080*
Firmenmitarbeiter im Betriebspraktikum	**50,5**	14,6	18,3	16,6	*3.061*

Abb. 2: **Einfluss verschiedener Personen auf das Berufswahlverhalten**

Abweichend von Untersuchungen bei anderen Zielgruppen (vgl. Beinke 2006) ist bei den Jugendlichen mit Lernbeeinträchtigungen der Einfluss der peer-groups deutlich schwächer. Auffällig ist außerdem der relativ geringe Einfluss der Betriebspraktika sowie der Mitarbeiter der Agentur für Arbeit. Erhärtet wird der geringe Stellenwert der Angebote der Agentur für Arbeit durch eine weitere Frage.

Welchen Stellenwert haben folgende Medien und Tätigkeiten für Ihre beruflichen Pläne?	geringen	eher geringen	eher großen	großen	
Angaben in Prozent					N
Fernsehen, Radio, Internet	33,2	17,5	22,0	27,4	3.276
Zeitungen / Zeitschriften	38,9	23,5	21,9	15,7	3.194
Materialien der Agentur für Arbeit	**40,6**	22,6	20,0	16,9	3.188
Tätigkeit in der Schülerfirma, Betriebspraktikum	**39,6**	18,1	20,3	22,0	3.204

Abb. 3: **Stellenwert von Medien und Tätigkeiten auf das Berufswahlverhalten**

Bemerkenswert ist auch der geringe Einfluss der Erfahrungen in Schülerfirmen und Betriebspraktika. In Bezug auf die Schulentwicklung, speziell zur Qualitätssicherung der Berufsorientierung, sind diese Befunde insgesamt als Indiz für Potenziale für die weitere Qualitätssicherung einzuschätzen. Diese und andere Ergebnisse der Begleitforschung tragen zur Entwicklung von indikatorengestützten Kompetenzstufenmodellen zur Förderung arbeitsrelevanter Basiskompetenzen bei.

5 Entwicklung und Einführung von gestuften Kompetenzmodellen

Anerkannte Grundlage für die Entwicklung von Bildungsstandards ist eine im Auftrag der KMK erstellte Expertise (vgl. Klieme u.a. 2003), die die Gestaltung von nach mehreren Niveaus gestuften, indikatorengestützten Kompetenzmodellen vorsieht. Solche Kompetenzmodelle können zur Differenzierung genutzt dazu beitragen, die im internationalen Vergleich auffällige Selektion im deutschen Schulwesen zu vermindern. Sie können helfen, Lernstände eindeutiger zu diagnostizieren, Lernen zieldifferenziert zu individualisieren und Lernpläne zu entwickeln, die der Heterogenität der Schülerschaft entsprechen. Sie dienen außerdem der internen und externen Evaluation zur Qualitätssicherung.

Durch Definition und Identifizierung von Kompetenzen können hinsichtlich des gleichen Lerngegenstandes Niveaus unterschieden und auf diese Weise individuelle Lernstrategien ermöglicht werden. So wurde versucht, die Aufgaben für PISA auf verschiedenen Niveaustufen zu definieren (vgl. PISA 2003). Mit der Formulierung von Kompetenzen auf unterschiedlichen Niveaustufen wird der traditionelle Weg der Akkumulation detaillierter Lernziel- und Inhaltskataloge verlassen. Gleichzeitig wird dabei auch beachtet, dass „domänenspezifisches", also fachlich spezifiziertes Wissen und entsprechende Fertigkeiten, die Grundlage für Wissensnetze und Anwendungszusammenhänge bilden (vgl. Spada/Lay 2000).

Im Bereich der Selbst- und Sozialkompetenzen konnten im „Netzwerk Berliner Schülerfirmen" Stufenmodelle für Pünktlichkeit, Ausdauer, Kontaktfähigkeit, Teamfähigkeit, Frustrationstoleranz und Misserfolgsbewältigung, Selbstständigkeit, Lernmotivation, Lernstrategien und Präsentieren entworfen werden (vgl. Duismann/Hasemann/Meschenmoser 2005; Meschenmoser 2007a). Die höchste Stufe deckt sich weitgehend mit den Anforderungen des Kriterienkatalogs zur Ausbildungsreife (Nationaler Pakt 2006). Diese indikatorengestützten fünf- bis sechsstufigen Kompetenzmodelle ermöglichen eine hinreichend valide, kontinuierliche Lernstandsdiagnostik, Lern- und Förderplanung, Zertifizierung und Evaluation. Nach Erprobung sind diese Kompetenzstufenmodelle bereits in die Rahmenlehrpläne für Berlin/Brandenburg eingegangen (Rahmenplan 2005: 151–160). Erstmals wurden daraufhin in deutschen Schulen amtliche Zeugnisformulare eingeführt, die Lernstände im Bereich der Selbst- und Sozialkompetenzen nach vergleichbaren Maßstäben und nicht mehr nach subjektiven Zensuren zertifizieren.

Der Schritt von der traditionell relativ subjektiven Notengebung hin zur Lernstandsdiagnostik und -zertifizierung auf Basis von Kompetenzstufenmodellen ist zweifellos eine große pädagogische Herausforderung. Einerseits liegen in Deutschland bislang kaum hinreichende empirische - vor allem fachdidaktisch legitimierte - Forschungsarbeiten und praktische Erfahrungen zur Entwicklung entsprechender Bildungsstandards vor. Andererseits bedeutet es für die Lehrer/innen eine grundsätzliche Umstellung auf eine differenzierte Förderpraxis im Unterricht, wie sie in anderen Ländern individualisiert sowohl für leistungsschwächere, als auch für leistungsstärkere Schüler/innen üblich ist. Die speziell zur Bewältigung der grundlegenden Anforderungen in der Arbeitswelt erforderlichen „Arbeitsbereichskompetenzen" bilden ein

Bündel von Einstellungen, Kenntnissen und Verhaltensweisen, die vorhanden sein müssen, um sich möglichst selbstständig orientieren und verhalten zu können. Sie decken vor allem die Aspekte ab, die auch im „Kriterienkatalog" des „Nationalen Pakts" (2006) angesprochen werden.

5.1 Berufswahlreife als arbeitsrelevante Basiskompetenz

Im Folgenden wird exemplarisch der Entwurf für ein Kompetenz(stufen-) modell zur „Berufswahlreife" skizziert. Der Begriff der Berufswahlreife wird im Konzept der arbeitsrelevanten Basiskompetenzen mit Verweis auf den Kriterienkatalog zur Ausbildungsreife beibehalten, da er im Rahmen des Nationalen Pakts verwendet wird. Gleichwohl sei hier auf die mit dem Begriff verbundenen problematischen Konnotationen im erziehungswissenschaftlichen Bereich hingewiesen. Der Kriterienkatalog definiert Berufswahlreife und nennt acht Indikatoren zu deren Diagnose (Nationaler Pakt 2006: 58): *„Jugendliche kennen ihre eigenen Bedürfnisse und berufsbedeutsamen Fähigkeiten, Fertigkeiten und Kenntnisse und können diese mit wesentlichen Aspekten und Anforderungen von Berufen in Beziehung setzen. Sie nutzen vorhandene Informationsmöglichkeiten, um sich über Berufe und deren Anforderungen zu informieren. Jugendliche können ihre Motive für eine Berufswahlentscheidung wahrnehmen und benennen.*

Indikatoren/Kriterien:

- *Sie/er kann eigene berufsbedeutsame Interessen, Vorlieben, Neigungen und Abneigungen benennen.*
- *Sie/er benennt eigene Werthaltungen.*
- *Sie/er benennt eigene Stärken und Schwächen.*
- *Sie/er hat sich über Berufe und ihre Anforderungen informiert.*
- *Sie/er benennt Gründe für die eigene Berufswahlentscheidung.*
- *Sie/er beschreibt Aufgabenbereiche und Arbeitsformen des Berufes /der Berufe.*
- *Sie/er benennt Anforderungen in Betrieb und Berufsschule.*
- *Sie/er kann Anforderungen mit eigenen Fähigkeiten in Beziehung setzen."*

Dem Rahmen des Nationalen Pakts entsprechend handelt es sich hier um die Formulierung von Mindeststandards, nämlich um Anforderungen, die für ein angestrebtes Ausbildungsverhältnis mindestens erwartet werden. Zur Gestaltung der erforderlichen Kompetenzstufenmodelle sind Mindeststandards eine erste, aber noch nicht hinreichende Orientierungshilfe (vgl. Klieme u.a. 2003). Die Benennung von fünf grundlegenden und weiteren drei aufbauenden Indikatoren/Kriterien der Berufswahlreife lässt jedoch erkennen, dass hier schon zwei Kompetenzniveaus unterschieden werden. Es fehlen in der

Auflistung jedoch die objektivierbaren Kriterien für die Anwendung der Kompetenzen. Diese aber sind letztlich entscheidend für die „Ausbildungsreife". So bleibt es überwiegend beim „Benennen".

5.2 Heuristisches Kompetenzmodell zur Berufswahlreife

In einem weiterführenden Kompetenzstufenmodell zur Berufswahlreife (Duismann/Meschenmoser 2007) werden als „Teildimensionen" drei Kompetenzbereiche unterschieden und anschließend als pädagogisch-fachdidaktisch orientierte Zielperspektive definiert.

Kompetenzbereiche	I Einschätzung eigener Interessen und Ressourcen	II Orientierung über den Arbeitsmarkt und den Beruf	III Organisation der Arbeits- und Berufsfindung
Definition	Schüler/innen kennen ihre arbeitsrelevanten Interessen und können sie mit ihren Leistungen und unterschiedlichen Anforderungen in der Arbeitswelt in Beziehung setzen.	Schüler/innen haben hinreichende Kenntnisse von für sie persönlich realistischen Berufs- und Arbeitsmöglichkeiten unter Berücksichtigung der strukturellen Bedingungen eines sich rasch verändernden Arbeitsmarkes.	Schüler/innen können durch schriftliches und mündliches Handeln ihre Interessen um einen Ausbildungs- / Arbeitsplatz ausdrücken. Sie können sich bewerben, Vorstellungsgespräche führen und aus den Ergebnissen Schlussfolgerungen für das weitere Vorgehen ziehen.
Indikator 1	Wahrnehmung eigener Interessen und Neigungen und für sich artikulieren.	Kenntnisse von realistischen Arbeits- und Berufsbereichen und deren Dokumentation.	Kenntnisse und Anwendung der erforderlichen Strategien
Indikator 2	Einschätzung der Schulleistungen (speziell der Kulturtechniken).	Kenntnisse der Entwicklung des Arbeits- und Ausbildungsmarktes.	Kenntnisse und Fertigkeiten der erforderlichen Verfahren und Mittel.
Indikator 3	In der Lage sein, Kenntnisse über Arbeits- / Ausbildungs- und Berufsmöglichkeiten in Bezug auf den angestrebten Schulabschluss zu setzen.	Kenntnisse der Relevanz der Arbeitsfelder und des Arbeitsmarktes für eigene Entscheidungen.	Bereitschaft zur Anwendung von Strategien und Mitteln.

Abb. 4: **Heuristisches Kompetenzmodell zur „Berufswahlreife"**

Zur Kompetenzdiagnostik werden für jeden Kompetenzbereich fünf Niveaustufen abgebildet. Erläuterungen und Begleitmaterialien dienen der weiteren Konkretisierung. Es werden jeweils das niedrigste und das höchste Niveau dargestellt. Das höchste Niveau orientiert sich an den Anforderungen des Kriterienkatalogs zur Ausbildungsreife (vgl. Nationaler Pakt 2006).

	Anforderungen auf unterschiedlichem Niveau		
Kompetenz-bereiche	**I**	**II**	**III**
	Einschätzung eigener Interessen und Ressourcen	**Orientierung über den Arbeitsmarkt und den Beruf**	**Organisation der Arbeits- und Berufsfindung**
Niveaustufe I	Die Schüler/innen können sich über ihre Interessen im Zusammenhang von Arbeit äußern. Sie wissen, dass einige bekannte Berufe auch spezielle schulische und/oder andere Leistungen voraussetzen.	Die Schüler/innen kennen einzelne Arbeitsfelder und Berufstätigkeiten aus ihrem häuslichen, familiären Erfahrungszusammenhang und können die Bedeutung von ihren persönlichen Schulleistungen für die Berufe grob abschätzen.	Die Schüler/innen haben erste Grundkenntnisse der für eine Bewerbung/ Vorstellung erforderlichen Strategien (Was muss ich tun?) und können einfach mündliche Aussagen über ihre Absichten formulieren (Wer bin ich? Was will ich? Was kann ich?) und sich im geschützten Raum (Klasse) anderen gegenüber artikulieren.
Erläuterungen		*Beim Kompetenzniveau I werden die geringsten Kenntnisse von Arbeitsfeldern und Berufstätigkeiten, meist gewonnen aus dem eigenen, persönlichen Umfeld mit typischen Tätigkeiten beschrieben. Ein Bezug zu bestimmten Schulleistungen kann in bestimmten Fällen hergestellt werden.*	*Die Schüler/innen wissen, dass sie sich um eine Arbeitsstelle oder einen Ausbildungsplatz kümmern müssen. Sie können einfache Aussagen zu ihrer Person (Name, Adresse und persönliche Wünsche) im Rahmen des Unterrichts gegenüber Mitschüler/innen sowie ihnen bekannte Lehrende äußern.*
Niveaustufe V	Die Schüler/innen haben ein bestimmtes und begründetes Interesse, das sie in einen stimmigen Zusam-	Die Schüler/innen haben umfängliche und differenzierte Kenntnisse der ihnen auf Grund der erreich-	Die Schüler/innen können die für eine aussichtsreiche persönliche und/oder eine angemessene schriftli-

	menhang mit einer potentiellen Arbeits- bzw. Berufstätigkeit bringen können und dass sich in ihren schulischen und außerschulischen Aktivitäten auf bestimmte Weise widerspiegelt und mit dem Leistungsniveau kompatibel ist.	ten Schulleistungen und Kompetenzniveaus potentiell möglichen Arbeits- und Berufsfelder und können die vorhandenen und voraussichtlichen Chancen einer Tätigkeit in einem dieser Bereiche realistisch einschätzen. Sie haben klare und realistische Vorstellungen von den beruflichen Anforderungen und ihren individuellen und potentiellen Möglichkeiten.	che Bewerbung auf der Basis der sicheren Beherrschung der üblichen Strategien in angemessener Form vorbereiten, sie realisieren und Ergebnisse auch bei Misserfolg sachlich angemessen auswerten.
Erläuterungen		*Die Jugendlichen sind in der Lage, ihre Berufswünsche in Abhängigkeit von ihren eigenen Kompetenzen (Schulleistungen) mit den Anforderungen verschiedener Arbeitsfelder und Ausbildungsberufe abzustimmen und einzuschätzen. Sie tun dies mit Kenntnissen der jeweils aktuellen Lage auf dem Arbeitsmarkt und mit Blick auf wahrscheinliche Entwicklungen.*	*Je nach Arbeitsplatz, Betrieb oder Branche sind unterschiedliche Formen von persönlicher Vorstellung und der Form einer schriftlichen Bewerbung notwendig. Die Schüler/innen können sich je nach den jeweils üblichen Gepflogenheiten orientieren und sich gezielt auf die Vorstellung/Bewerbung vorbereiten, sie in der betrieblichen Realität durchführen und das Ergebnis für sich selbstkritisch auswerten.*

Abb. 5: **Niveaustufen zum Kompetenzmodell „Berufswahlreife"**

Die praktische Nutzung des Kompetenzstufenmodells erfordert weitere Instrumentarien, um die Lernenden noch mehr als bisher in ihre Lernplanung einzubeziehen. So wurde im Rahmen des Projekts BOB („Berufliche Orientierung in Berlin") zur kontinuierlichen „Findung Beruflicher Interessen" der „FBI-Check" entworfen (vgl. Duismann 2007; www.hwk-berlin.de/bob).

6 Ausblick

Mit der Entwicklung und Implementierung von gestuften Kompetenzmodellen zur systematischen Entwicklung der beruflichen Orientierung von Jugendlichen wurde ein weiter Weg beschritten. Diese Modelle bieten für alle Schüler/innen motivierende Möglichkeiten der individuellen Förderung. Dies gilt sowohl für Schüler/innen, die bereits eine gewisse Berufswahlreife erreicht haben, als auch für Jugendliche, die vergleichsweise niedrige Lernstände aufweisen. Kompetenzstufenmodelle leisten aber auch einen wesentlichen Beitrag zur inklusiven Bildung. Sie stützen Unterrichtskonzepte, bei denen durch individualisierte Lernarrangements auf die Heterogenität didaktisch angemessen reagiert wird.

Auf dem Weg zum pädagogischen Alltag einer systematischen Kompetenzförderung muss parallel zu den unterschiedlichen – leider meist isoliert tätigen – Projekten zur Berufsorientierung die pädagogische, insbesondere die fachdidaktisch orientierte Forschung voran getrieben werden. Es bedarf dringend der Entwicklung und Evaluation von Instrumenten und Methoden für die Förderung von Jugendlichen mit und ohne besonderen Förderbedarf. Dazu ist u.a. eine bessere Absprache und Zusammenarbeit notwendig, die sich nicht nur regional, sondern der kooperativen Entwicklung, Erprobung und Evaluation solcher Verfahren zuwendet. Eine empirisch-didaktisch begründete arbeitsteilige Zusammenführung des Konzeptes der arbeitsrelevanten Basiskompetenzen mit den noch nicht hinreichend didaktisch aufgearbeiteten Kompetenzbeschreibungen des Nationalen Pakts bietet zweifellos gute Chancen für eine erhebliche Verbesserung der Berufsorientierung und -vorbereitung von Jugendlichen mit Lernproblemen.

Manfred Hübner / Gerold Windels

Schülerfirmen und Praxistage

Im Rahmen von Konzeptionen zur Berufsorientierung sind Praxistage und Schülerfirmen im Laufe der Entwicklung in den letzten Jahren wichtige didaktische Gestaltungselemente geworden. Sie scheinen in der Tat wesentliche Beiträge für die Berufsorientierung liefern zu können - sowohl jedes Element für sich als auch in der Kombination miteinander. In diesem Beitrag - so war auch die Darstellung und die Diskussion im Forum „Schülerfirma und Praxistage" - werden zunächst die beiden Elemente und im Anschluss daran die Kombination dieser beiden Elemente dargestellt.

1 Praxistage

Betriebs - und Praxistage (BPT) – manchmal auch nur Praxistage (PT) - sind Organisationsformen des Lernens, die z. B. in den Bundesländern Hessen und Hamburg, seit 2004 in Niedersachsen, seit 2005 in Rostock, in Mecklenburg-Vorpommern und in Stendal in Sachsen Anhalt, ab 2008 in Bremen sowie von einzelnen Schulen (vgl. Frings/Redecke 1990: 47ff.) mit unterschiedlichen Rahmenbedingungen und in unterschiedlichen rechtlichen Kontexten eingeführt sind oder eingeführt werden sollen. Auch in Rheinland-Pfalz ist geplant Praxistage einzuführen. Allen Formen ist gemeinsam, dass erhofft wird mit verstärkten Praxiskontakten, Lern- und Erfahrungsmöglichkeiten für Schüler/innen zu eröffnen, die die Lernqualität entscheidend verbessern können und die Entwicklung der Ausbildungsreife[1] bei den Jugendlichen zu unterstützen.

„Schule und Familie müssen darauf zielen, eine grundlegende Ausbildungsreife bei den Jugendlichen bis zum Ende ihrer Schulzeit auszuformen. Ausbildungsreife dokumentiert sich in fachlichen, sozialen, persönlichen und methodischen Kompetenzen, die gegen Ende der Schulzeit jeder Schüler aufweisen sollte. Dazu gehört, dass die Grundlagen für eine stabile Persönlichkeit, für Gemeinschaftsfähigkeit, für Lern- und Leistungsbereitschaft gelegt sind" (Initiative für Beschäftigung 2002: 4).

Es gibt für die Organisation der BPT hinsichtlich der z.T. behaupteten curricularen Einbindung, unterschiedliche Modelle. Von der curricularen Verbindung mit vielen Fächern bis hin zur curricularen Einbindung durch ein Fach. Hier stellt die curriculare Verknüpfung der BPT mit der ökonomischen Bindung die Grundannahme dar. Das bedeutet nicht, dass nicht auch andere Fächer in diesen Arbeitszusammenhang eingebunden sein können - es kann sogar ausdrücklich gewünscht sein - aber curriculare „Verantwortung" muss u.E. von der ökonomischen Bildung übernommen werden. Diese Aufgaben können nicht unvorbereitet und unqualifiziert „mal eben so" von den Schulen und den Lehrkräften übernommen werden. Es muss für diese Aufgabe

Qualifizierung ermöglicht werden, die beispielsweise folgende Aspekte umfasst (vgl. Initiative für Beschäftigung 2002: 4ff.):

- In der Lehramtsausbildung und in der Fort- und Weiterbildung von Haupt- und Realschullehrern sollte ein Schwerpunkt „Hinführung zur Arbeitswelt" enthalten sein, der auch mehrwöchige Praxisphasen in der Wirtschaft einbezieht.
- Die Hinführung zur Arbeitswelt ist in den Schulen praxisnah zu gestalten. Schulen müssen durch Schüler- und Lehrerbetriebspraktika und Betriebserkundungen ständig Kontakt zur Wirtschaft halten.
- Lehrer müssen sich über Fortbildungsmaßnahmen ein besseres Wissen über den regionalen Ausbildungsmarkt und die Anforderungen an die Berufseinsteiger aneignen, um die Berufswahlorientierung der Schüler sinnvoll zu unterstützen.
- Im Rahmen der Berufsorientierung in der Sekundarstufe I darf es nicht nur darum gehen, persönliche Berufsneigungen zu entwickeln. Lehrer müssen ihren Schülern vermitteln, dass diese ihre Neigungen in Beziehung zu den eigenen Leistungen und zu Leistungen von Wettbewerbern um Ausbildungsplätze bringen müssen. Manche Ausbildungsberufe können sich bei diesem Vergleich in ihren Chancen und Zukunftsperspektiven für einzelne Jugendliche als günstiger erweisen als die vielfach zunächst angestrebten Ausbildungsberufe mit hohem Bekanntheitsgrad.

Überall dort, wo Betriebs- oder/und Praxistage in der Hauptschule eingeführt worden sind, werden sie mit den veränderten Anforderungen der Arbeits- und Wirtschaftswelt z.B. durch die IuK-Technologie und die Globalisierung sowie dem Bildungsauftrag der Schule, Schüler/innen mit Qualifikationen auszustatten, gegenwärtige und zukünftige Lebenssituationen zu bewältigen, begründet. Zu den relevanten Lebenssituationen gehört explizit der Übergang aus dem Bildungs- in das Ausbildungssystem. So äußert die hessische Kultusministerin, dass mit den Praxistagen eine neue Kultur der Zusammenarbeit praktiziert wird, mit der die Schüler/innen einen konkreten Bezug zur Praxis und dadurch eine realistische Berufsorientierung sowie eine neue Lernmotivation erhalten (vgl. Initiative für Beschäftigung 2002). Der niedersächsische Kultusminister bezeichnet die Berufsorientierung als einen wesentlichen Baustein der Arbeit in der Hauptschule. Durch die Betriebs- oder Praxistage sollen sich die Arbeitsschwerpunkte verändern und Themen in den Vordergrund treten, die einen Bezug zu den Anforderungen in der Berufsausbildung herstellen (vgl. Der niedersächsische Kultusministers 2004). Gerade für Hauptschüler/innen gestaltet sich der Übergang aus dem Bildungssystem in das Ausbildungssystem schwierig. Die Betriebs- oder Praxistage sollen vor allem auch einen Beitrag leisten, dass die Vermittlungs-

quote des Übergangs in Ausbildung und Arbeit gesteigert wird und für die
Jugendlichen eine Situation vermieden wird, die die Grafik Jugendträume
satirisch pointiert darstellt.

Abb. 1: **Jugendträume** (Keck/Sandfuchs 1994: 45)

Die Veränderungsprozesse insgesamt und die veränderten Anforderungen in
der Arbeits- und Wirtschaftswelt äußern sich insbesondere in veränderten
Qualifikationen und Qualifikationsanforderungen. An einem einfachen Beispiel - der Veränderung oder Modernisierung der Metallberufe Anlagenme-
chaniker/in, Industriemechaniker/in, Konstruktionsmechaniker/in, Werk-
zeugmechaniker/in zum 1.8.2004 - kann dies ansatzweise gezeigt werden: In
der 3,5-jährigen Ausbildung in den genannten Berufen werden gemeinsame
Kernqualifikationen in allen 4 Berufen (21 Monate der Ausbildung) vermittelt. Dies beinhaltet die Ausrichtung der Berufsprofile an betrieblichen Ar-
beits- und Geschäftsprozessen und neuen Qualifikationsanforderungen (z.B.
eigenverantwortliche Dispositions- und Terminverantwortung, Qualitätsma-
nagement, Kundenorientierung).

Ein Ansatz zur Verringerung des Ausbildungs- und Arbeitsmarktproblems
für geringer Qualifizierte ist die Schaffung von Ausbildungsberufen mit
geringeren Anforderungen in Unterricht und Theorie. Diese Ausbildungsberufe werden gebraucht, um den bundesweit jährlich mehr als 80.000 Jugendlichen ohne Schulabschluss eine Chance zu geben. Ohne abgeschlossene

Berufsausbildung haben sie auf dem Arbeitsmarkt derzeit keine Aussichten (vgl. Sachsenmetall 2004). Vom 1. August 2004 an gibt es zum Beispiel die beiden theorieentlasteten Ausbildungsberufe Maschinenführer und Fahrradmonteur in Deutschland. Die Ausbildung dauert zwei Jahre und endet mit einem qualifizierten IHK-Abschluss.

Die Entwicklung des künftigen Qualifikationsbedarfs lässt sich folgendermaßen beschreiben (vgl. Alex 2000: 24ff.; Schnur 1999: 3; BMBF 2006):

1. Die produktionsorientierten Tätigkeiten, vor allem im verarbeitenden Gewerbe, in dem einerseits ein Beschäftigungsrückgang und andererseits ein Anwachsen der dienstleistenden Tätigkeiten zu erwarten ist, werden an Bedeutung verlieren.
2. Die primären Dienstleistungstätigkeiten (Handel-, Büro- und Verwaltungstätigkeiten) werden eher stagnieren.
3. Die sekundären Dienstleistungen (erzieherische, beratende, planende, pflegerische, technische Berufe) haben die höchste Wachstumsdynamik. Die Gründe sind in den Rationalisierungsreserven bei diesen Berufen und der infolge des engen Zusammenhangs von formaler Qualifikation und Tätigkeit zu erwartenden Höherqualifizierung zu sehen.

Insbesondere ergibt sich daraus eine Problemlage für die Hauptschulen, denn über 60 Prozent der fünfzehnjährigen Hauptschüler/innen sind vom Sitzenbleiben, von Rückstufung oder später Einschulung betroffen. Sie erbringen geringe Lernleistungen, 75 Prozent von ihnen, so die PISA-Untersuchung 2003, sind so genannte „Risikoschüler", ihr Lernstand reicht nicht für eine Berufsausübung aus. Bundesweit geht man von ca. 22 bis 23 Prozent „Risikoschülern" aus.

Diesem mangelnden Wissensstand der Hauptschüler stehen erhöhte Qualifikationsanforderungen in vielen ihnen einst selbstverständlich offenen Berufen gegenüber. Hinzu kommt das generell geringer gewordene Angebot an Ausbildungsplätzen im dualen System. So hat sich - zumindest in den Ballungsgebieten und strukturschwachen Gegenden - die Ausbildungssituation für Jugendliche mit Hauptschulabschluss dramatisch verschlechtert. Diese Schüler sind praktisch ohne Chance auf dem Ausbildungsmarkt. Hauptschullehrer schreiben ihrer Schulform ein schlechtes Lernklima und den Schülern eine beträchtliche Schulverdrossenheit zu. Die Zahl der Fehlstunden an Hauptschulen liegt höher als an anderen Schulformen (vgl. Zeit-Stiftung Ebelin/Bucerius 2006: 7).

Die Konsequenzen, die daraus für das Bildungswesen gezogen werden müssen, schlagen sich beispielsweise darin nieder, dass für die Hauptschulen ein anderes Lernen gefordert wird und mit den Betriebs- und Praxistagen soll ein solches Konzept anderen Lernens erprobt werden. Die Ziele und Funktionen der Betriebs- oder Praxistage sind ganz allgemein auf eine Verbesserung der Berufsorientierung und eine Verbesserung des Übergangs aus dem Bildungs- in das Ausbildungssystem gerichtet. Deshalb soll im Rahmen der allgemeinen Ziel- und Funktionsbestimmung der Fokus auf den Kompetenzerwerb und die Beschäftigungsfähigkeit gerichtet werden.

Entsprechend den Erlassen zum Beispiel in Niedersachsen ist ein vorrangiges Ziel der Betriebs- oder Praxistage die Verbesserung der Berufswahlreife und der Ausbildungsfähigkeit. Im Rahmen der allgemeinen Kompetenzdiskussion formuliert Jung dies als den Erwerb der Kompetenz, die es ermöglicht „*individuelle Voraussetzungen, Ansprüche und Entwicklungen der Berufs- und Arbeitswelt einzuschätzen sowie die vielfältigen Übergänge zwischen Schule - Ausbildung - Erwerbsarbeit erfolgreich zu bewältigen*" (Jung 2007: 123).

Diese Kompetenzbeschreibung lässt sich des Weiteren mit Jung in drei Dimensionen differenzieren: In die Dimension der Handlungsebenen, die Dimension der Handlungsphasen und die Dimension der Niveaustufen. Die Dimension der Handlungsebenen umfasst die persönliche Lebenssituation (entscheiden und gestalten), die Funktions- und Systemzusammenhänge (verstehen) und die gesellschaftlichen Rahmenbedingungen (bewerten und mitgestalten). Die Dimension der Handlungsphasen umfasst das Analysieren, das Reflektieren/Bewerten und das Entscheiden/Ausführen. Die Dimension der Niveaustufen umfasst die Reproduktion, die Reorganisation und die Problemlösung. Diese Dimensionen durchdringen sich gegenseitig, d.h. bezogen auf die persönliche Lebenssituation muss analysiert, reflektiert und bewertet sowie entschieden und ausgeführt werden und es soll reproduziert, reorganisiert sowie Probleme gelöst werden (vgl. Jung 2007: 123f.).

Kaminski/Brettschneider/Eggert/Hübner/Koch (2007: 39ff.) nennen Kompetenzbereiche, die mit Wissen, Erkennen und Bewerten gekennzeichnet werden. Im Rahmen der Betriebs- oder Praxistage sollen demzufolge

- (Fach)Wissen (Sach- und Analysekompetenz),
- Erkennen (Methodenkompetenz) und
- Bewerten (Urteilskompetenz)

erworben werden. Das bedeutet im Bereich der Sach- und Analysekompetenz verfügen die Schüler/innen über strukturiertes ökonomisches Wissen, das ihnen das Erkennen von wirtschaftlichen Strukturelementen, Invarianzen und Prozessregeln ermöglicht. Sie lernen:

- Wie Menschen wirtschaftliche Entscheidungen treffen.
- Wie Menschen wirtschaftlich zusammen wirken.

- Wie Menschen sich ökonomische Ordnungen schaffen.

Im Bereich der Methodenkompetenz analysieren sie wirtschaftliche Phänomene mit Hilfe fachspezifischer Methoden und Arbeitstechniken. Im Bereich der Urteilskompetenz bewerten sie ökonomische Handlungen und Sachverhalte und reflektieren Wege des Erkennens und Urteilens.

Der Kompetenzerwerb im Bereich Berufsorientierung ist sicherlich ein wesentliches und wichtiges Ziel der Betriebs- oder Praxistage und das in aller Kürze dargestellte Kompetenzmodell hilft bei der Systematisierung der Anforderungen in diesem Bereich. Die Beschränkung der mit den Betriebs- oder Praxistagen verbundenen Ziele und Bemühungen auf den Bereich Beruf bedeutet aber u.E. das Verschenken von Lernchancen. Dies kann in zweifacher Hinsicht interpretiert werden. Zum einen kann das weiter oben angesprochene Ziel des praxisorientierten Lernens in den Blick genommen werden, d.h. Inhalte und auch Arbeitstechniken/Methoden der Fächer an beruflicher und betrieblicher Praxis zu orientieren.

Für die ökonomische Bildung ist das nicht schwer zu realisieren. Egal, ob es sich um Praxistage in Betrieben, in berufsbildenden Schulen, Projekten oder dem Einsatz von Schülerfirmen handelt, lassen sich „berufliche/betriebliche" Themenstellungen identifizieren. In ähnlicher Weise trifft dies möglicherweise auf das Fach Technik zu. Dabei kann das für den Berufsbereich beschriebene Kompetenzmodell auf den Bereich Wirtschaft und Technik und die jeweiligen Themenstellungen in diesen Bereichen durchaus übertragen werden. In gleicher Weise lassen sich auch die Bereiche Präsentation, Schriftverkehr, kaufmännisches Rechnen, Planen und Organisieren u.ä. in anderen Fächern denken. Zum anderen kann eine verstärkte wirtschaftliche und technische Qualifikation in den Blick genommen werden, um den Aspekt der Berufsorientierung nicht nur auf die Berufswahl zu fokussieren, sondern darüber hinaus mit der Vermittlung von Grundqualifikationen einen Beitrag zur Employability (Beschäftigungsfähigkeit[2]) zu leisten. Employability kann hier durchaus auch um die Begriffe Ausbildungsfähigkeit und Berufswahlfähigkeit erweitert werden.

Die Betriebs- oder Praxistage können damit einen Beitrag zur Profilbildung der Hauptschule leisten, der in der heutigen Zeit und unter den heutigen Rahmenbedingungen lauten kann: An der Hauptschule können (fast alle), für den Eintritt in eine Ausbildung relevanten Bildungsabschlüsse erworben werden. Aber an der Hauptschule wird anders gelernt und so Chancen eröffnet, dies auch zu schaffen. Der Grundgedanke der Employability umfasst die Fähigkeit, fachliche, soziale und methodische Kompetenzen unter sich wandelnden Rahmenbedingungen zielgerichtet und eigenverantwortlich anzupassen und einzusetzen, um eine Beschäftigung (eine Ausbildung) zu erlangen oder zu erhalten. Wenn Schule und insbesondere die Hauptschule es ernst meint mit Verbesserung der Ausbildungsfähigkeit, müssen im Rahmen des Lernens in Betriebs- oder Praxistagen, und nicht nur dort, ausbildungsrelevante Lerninhalte zu Lerninhalten der Schule werden.

Aufgrund der Entwicklungen in der Wirtschaft und angesichts der Veränderungen in der beruflichen Tätigkeit ist es heute mehr denn je erforderlich, die Schüler/innen darauf vorzubereiten, sich ständig mit neuen Ansprüchen und Anforderungen erfolgreich auseinander zu setzen.

In diesem Kontext wird immer wieder der Ruf nach neuen Lern- und Lehrkulturen laut. Für die Schule hat sich damit die Aufgabe von der faktenorientierten Wissensvermittlung hin zu einer prozessorientierten Kompetenzvermittlung bewegt. Die Betriebs- oder Praxistage mit veränderten Lernorten und regelmäßiger Präsenz von Personen aus anderen Gebieten bieten einen Rahmen die Beschäftigungsfähigkeit der Schüler/innen zu erhöhen.

Was schließt den Kompetenzbegriff und die daraus resultierende Beschäftigungsfähigkeit ein? Der Kompetenzbegriff beinhaltet die unverwechselbaren individuellen Fähigkeiten und Eigenschaften. Kompetenz kann also als ein subjektbezogenes, in wechselnden Situationen aktivierbares Handlungssystem verstanden werden. Es lassen sich die Dimensionen Kern- und Veränderungskompetenz unterscheiden. Von der Entwicklung beider Kompetenzen hängt die Beschäftigungsfähigkeit eines Individuums ab.

Als Kernkompetenzen werden die persönlichen Ressourcen eines Individuums bezeichnet. Das sind alle Fähigkeiten und Fertigkeiten, die von einem Individuum im besonderen Maße beherrscht und angewendet werden. Diese Kernkompetenzen haben für Schüler/innen folgende Funktionen:

- Sie geben Orientierung.
- Sie stellen Kontinuität her (Die Schüler/innen wissen um ihre Fähigkeiten und Fertigkeiten und behalten diese, unabhängig davon wie der Berufswahlprozess verläuft).
- Sie begründet Fachqualifikation (Die Schüler/innen sind in der Lage, in einem bestimmten fachlichen Kontext ihre Kompetenzen einzubringen und anzuwenden).

Die Kernkompetenzen ohne Veränderungskompetenz schaffen keine Beschäftigungsfähigkeit. Erst mit der Veränderungskompetenz sind die Schüler/innen in der Lage, sich mit den ständig neuen Anforderungen und Ansprüchen erfolgreich auseinanderzusetzen sowie aus der schwierigen Phase des Übergangs von der Schule in den Beruf erfolgreich hervorzugehen. Veränderungskompetenz ist die Bereitschaft und Fähigkeit, auf die unterschiedlichen und wechselnden Anforderungen einzugehen und diese zu verarbeiten.

Veränderungskompetenz kann am besten in der konkreten Situation erworben werden, frei nach der alten Volksweisheit „Schwimmen lernt man im Wasser". Für die Schule bedeutet das, die Betriebs- oder Praxistage dazu zu nutzen, reale Situationen außerhalb der Schule in Betrieben, in berufsbildenden Schulen oder auch innerhalb der Schule im Rahmen von besonderen Projekten wie z. B. Schülerfirmen oder Lernbüros zu schaffen, die in fachlicher und räumlich-sozialer Hinsicht neu und fremd sind. Die Schüler/innen müssen so lernen, mit veränderten Anforderungen bspw. in einem Betrieb oder mit veränderten Lernformen und wechselnden situativen Anforderungen sowie mit neuen Rollen im Rahmen einer Schülerfirma zurechtzukommen. Durch solche Situationen können gezielt Veränderungskompetenzen und damit auch Beschäftigungsfähigkeit erworben werden.

Betriebs - oder Praxistage gehören neben Betriebserkundungen, Betriebspraktika und Expertenbefragung zum Methodenrepertoire der ökonomischen Bildung, wobei man einerseits von einem etablierten Repertoire (Erkundungen, Praktika, Expertenbefragung) sprechen kann und andererseits bei den Betriebs- oder Praxistagen von einem uneinheitlich realisiertem Repertoire sprechen muss. Gleichwohl Betriebs- oder Praxistage, wie auch Praktika und Erkundungen nicht auf Betriebe bzw. Unternehmen beschränkt sind, sondern sich auf viele andere außerbetriebliche Bereiche erweitern lassen (Verbände, Kammern, Gewerkschaften, Arbeitgeberverbände, Sozialversicherungen, Verbraucherzentralen, Verwaltungen, politische Institutionen), ist der Betrieb doch ein zentraler außerschulischer Lernort (aus der Aufzählung der sonstigen Erkundungs- und/oder Praktikumsmöglichkeiten wird deutlich, dass zumindest Nähe bzw. Verbindung zwischen dem Betrieb und vielen anderen außerschulischen Lernorten besteht (vgl. Krol/Schenk-Kurz 2003). Unter der Zielsetzung, Lernende „*mit solchen Kenntnissen, Fähigkeiten, Fertigkeiten und Verhaltensbereitschaften und Einstellungen auszustatten, die sie für die Bewältigung gegenwärtiger und zukünftiger Lebenssituationen befähigen, sich mit den ökonomischen Bedingungen ihrer Existenz in ihren sozialen, funktionalen, politischen, rechtlichen, technischen und humanen Dimensionen auf privater, betrieblicher und volkswirtschaftlicher Ebene auseinander zusetzen*" (Giesecke/Hasse/Kaminski 1986: 305), haben die Betriebs- oder Praxistage ihre besondere Funktion. Viele der mit diesen Zielsetzungen verbundenen Unterrichtsinhalte werden für Schüler/innen erst durchschaubar, nachvollziehbar und einsehbar, wenn sie durch sinnlich konkrete Wahrnehmungen, soziale Kontakte und praktische Erfahrungen verbunden werden können. Allerdings sind Betriebs- oder Praxistage nicht der einzige Weg dies zu erreichen, aber ein Weg der zwar ausschnitthaft aber realitätsnah dorthin führen kann.

Abschließend kann überlegt werden, ob im Hinblick auf die in der Vergangenheit häufig geführten Debatten zur mangelnden Ausbildungsreife und die Zuschreibung von Defiziten etwa an die Adresse der Schulen, die Aufmerksamkeit nicht mehr auf den Gesamtzusammenhang der individuellen Biografie und des Lernens gerichtet werden sollte. Soziale, kulturelle und emotionale Dimensionen stellen die Grundlage von Lernprozessen dar. Das bedeutet, dass eben solche Einflussfaktoren, in denen nichtschulisches Lernen stattfindet, stärker in den Blick genommen werden sollten. Diese nichtformellen und formellen Lebenszusammenhänge tragen in hohem Maße zum Bildungskapital junger Menschen bei. Nach Daten der AG Qualifikations-Entwicklungs-Management lässt sich nicht ausschließen, dass die Kompetenzen, die eher den Anforderungen des modernen Unternehmens genügen, außerhalb des Schulalltags gewonnen werden (AG QUEM 2000). Ähnliche Schlussfolgerungen lassen ebenfalls Ansätze zu, die den Betrieb als Lernort thematisieren und neue Formen des Lernens propagieren. Hier werden die Realisierung von komplexen Lehr-/Lernarrangements mit authentischen und praxisnahen Problemstellungen, eine Ermöglichung und Förderung der Selbststeuerung und Selbstorganisation des Lernens sowie die Sicherung des Transfers durch Anwendung der angeeigneten Kenntnisse in den Vordergrund gestellt (vgl. BiBB 2003). Wichtig scheint also, den individuellen Erfahrungshintergrund sowie den situativen Kontext der Schüler/innen in den Blick zu nehmen. Dieser Wandel zeigt sich u.a. in neueren didaktischen Konzepten wie dem konstruktivistischen Ansatz mit einer Orientierung an „Sinn und Situation" der Lernenden. Aufgabe einer solchen Didaktik ist es, den Erwerb von Wissen zu ermöglichen (vgl. Erpenbeck/Heyse 1999: 73). Damit ist gemeint, dass neues Wissen an die Erfahrungen der Schüler/innen anknüpft, um eine veränderte, neue Deutung der Wirklichkeit zu erlauben. So verstanden lässt sich Wissen nicht vermitteln, sondern in einer konkreten Situation aus der eigenen Erfahrung heraus aufbauen. Konstruktivistische Lerntheorien stellen somit das fall- und problembezogene Lernen in realen Situationen in den Vordergrund. Für die Betriebs- oder Praxistage bedeutet das, dass „*die gesamte pädagogische Situation ... so vielfältig und anregend sein (sollte), dass die...(Schülerinnen und Schüler) je nach der individuellen Lage wichtige und aufschlussreiche Lernerfahrungen machen können"* (Arnold/Siebert 1997: 128).

2 Schülerfirmen

Schülerfirmen[3] sind ein wichtiges Handlungsfeld für die Qualifizierung von Schüler/innen - gerade auch im Bereich der Hauptschule. Dabei muss u.E.

eine curriculare Verzahnung der Schülerfirma mit dem Wirtschaftsunterricht erfolgen, damit auch fachliche Zielsetzungen einlösbar werden. Dies ist eine Grundannahme für den vorgestellten Ansatz zur Arbeit mit Schülerfirmen. Einige weitere grundlegende Überlegungen gerade für den Einsatz von Schülerfirmen in der Hauptschule sind (vgl. Hübner 2007):

- Eine Verbindung der Schülerfirma mit dem Technikunterricht, bspw. die Schülerfirma in Verbindung mit einem Technikprojekt, in dem Produkte hergestellt werden, die die Schülerfirma verkauft, wäre für die Hauptschule ideal und realisierbar.
- Die Schülerfirma ist nachhaltig in der Schule angelegt. Die Schülermannschaft in der Schülerfirma wechselt.
- Das Schülerfirmenkonzept kann als Phasenkonzept im Schuljahr installiert werden. Beispiel: 1. Phase: Gründung, 2. Phase: Arbeit, 3. Phase: Reflexion, 4. Phase: Arbeit, 5. Phase: Auswertung. Der Lehrplan für die Jahrgänge 8 und 9 für das Fach Wirtschaft wird so gestaltet, dass Verbindungen zur Schülerfirmenarbeit hergestellt werden können.
- Die Nachhaltigkeit der Schülerfirma führt dazu, dass die Gründungsphase mit den entsprechenden Aufgabenstellungen und Entscheidungen nicht beliebig wiederholbar ist. Eine Inventur und ein Jahresabschluss mit entsprechender nachgelagerter Planung kann hier aber „Ersatz" schaffen.
- Unverzichtbar ist, dass Schülerfirmen fest in das Schulprofil einzubinden sind, um auch eine didaktische Nachhaltigkeit sicherzustellen.[4]

Das generelle Ziel der Arbeit mit Schülerfirmen beinhaltet die Erkenntnis, dass sie vor allem eine pädagogische Veranstaltung ist, um auf der Basis erworbenen ökonomischen Wissens ein besseres Verständnis der Abläufe innerhalb eines Betriebs zu erlangen. Darüber hinaus sollen Erkenntnisse über betriebswirtschaftliche und gesamtwirtschaftliche sowie ökologische und soziale Zusammenhänge erworben werden, um gegebene Rahmenbedingungen für die unternehmerische Tätigkeit erkennen zu können. Schüler/innen lernen Zusammenhänge zu erkennen, verschiedene Aspekte eines Problems gleichzeitig in Betracht zu ziehen und ganzheitliches Denken. Sie haben darüber hinaus die Möglichkeit, sich in unternehmerisches Denken einzuüben und Tätigkeiten zu erlernen, die unternehmerisches Handeln ausmachen. Darüber hinaus erwerben sie Persönlichkeitseigenschaften und Verhaltensdispositionen, die auch für Arbeitnehmer eine hohe Bedeutung haben. Mit der Schülerfirma kann auch eine neue Lernkultur des selbstständigen Arbeitens und Lernens gefördert werden. Aus fachdidaktischer Sicht ist die Schülerfirma ein handlungsorientiertes Lehr-Lernarrangement in dem

die Schüler/innen die Möglichkeit haben am Beispiel „ihres" Unternehmens
neue Erfahrungen zu machen, in neue Situationen zu kommen, sich in diesen
zu bewähren, neue Aufgaben zu übernehmen und neuen Bedingungen gegen-
überzustehen. Zur inhaltlichen Beschreibung des Schülerfirmenmodells
können die folgenden vier Dimensionen verwendet werden.

2.1 Die berufsorientierende Dimension

Schulische Berufsorientierung beinhaltet die Vorbereitung auf und die Hilfe
zur Bewältigung eines Übergangs aus dem Bildungs- in das Beschäftigungs-
und Ausbildungssystem (vgl. Hübner 2002; 2006). Dabei können als die
ersten beiden arbeits- und berufswahlbezogenen Übergänge unterschieden
werden: Zur Bewältigung dieser Übergänge - insbesondere der „ersten
Schwelle" - sind Qualifikationen unterschiedlicher Art notwendig, die im
Rahmen der schulischen Berufsorientierung vermittelt werden müssen, wobei Schülerfirmen dazu einen erheblichen Beitrag leisten können. Diese
Qualifikationen oder auch Kompetenzen sind beispielsweise (vgl. Jung
2000; Bußhoff 1998):

- übergangsrelevante Lern- und Arbeitsschritte planen, durchführen, reflektieren,
- Informationen eigenständig beschaffen, auswerten,
- vielfältige Beratungsangebote nutzen,
- rationalere Entscheidungen treffen, realisieren,
- Bereitschaft entwickeln, einen Wunschberuf anzustreben / Fehlannah-
  men zu korrigieren,
- Arbeits- und Berufsfindungsprozesse als besondere Herausforderungen
  annehmen,
- Fähigkeit entwickeln, realitätsbezogene Kompromisse zu schließen,
- Bereitschaft entwickeln, geforderte Eingangsqualifikationen zu erbringen,
- Ängste und Frustrationen bewältigen,
- Selbstbewusstsein und Gelassenheit entwickeln,
- die konkreten Bedingungen des Ausbildungs- und Beschäftigungssystems verstehen und einordnen können sowie die gesellschaftlichen Rahmenbedingungen kennen,
- sich der Einflussfaktoren der Berufswahl bewusst werden.

Diese Qualifikationen werden bezogen auf die Arbeit in den Schülerfirmen
teilweise von den Jugendlichen ebenfalls erwartet und können im Rahmen
dieser Arbeit auch erworben werden. Darüber hinaus können Anforderungen
und Erwartungen der Berufs- und Arbeitswelt in der Schülerfirma erfahren
werden. Dass dieses Erfahren und Lernen ein Erfahren und Lernen im Mo-

dell ist, ist für uns von außerordentlicher Wichtigkeit, denn hier kann - im Gegensatz zur Lern- und Erfahrungswelt „reales Unternehmen" - der Lern- und Erfahrungsprozess gestoppt und wiederholt werden, wenn dies aus didaktischen und pädagogischen Gründen sinnvoll erscheint.

2.2 Die ökonomische Dimension

Betriebliche Grundfunktionen wie Beschaffung, Produktion und Absatz werden real mit Hilfe eines Schülerunternehmens umgesetzt, unternehmerisches Handeln mit all seinen Facetten wird nicht nur gespielt (Spielcharakter), sondern real eingeübt. Es sind beispielsweise, Marketinginstrumente einzusetzen, Organisations- und Personalentscheidungen zu treffen oder Finanzierungsüberlegungen anzustellen. Darüber hinaus ist die Stellung des Unternehmens in der Volkswirtschaft und in der internationalen Wirtschaft sowie die Eingebundenheit eines Unternehmens in die Wirtschafts- und Rechtsordnung ein mit konkretem Handeln und Erfahrungen verbundener ökonomischer Inhaltsaspekt. Um die ökonomische Dimension der Schülerfirmenarbeit zu beschreiben, soll als erstes auf eine Schlüsselstelle der Schülerfirmenarbeit mit drei Punkten hingewiesen werden:

1. Schülerfirmen sind Modelle der wirtschaftlichen Realität. Sie bilden die Realität nicht 1:1 ab, sondern isolieren Faktoren, die zur Erkenntnisgewinnung wichtig sind.
2. Schülerfirmen dürfen kein Bild der wirtschaftlichen Realität vermitteln, das unzutreffende Informationen enthält und im Kopf der Jugendlichen ein unzutreffendes Bild von „Wirtschaft" entstehen lässt. Solch ein unzutreffendes Bild ist z.B. die Vorstellung Unternehmen seien einzelwirtschaftliche Inseln.
3. In der Arbeit mit dem Modell Schülerfirma muss der Zusammenhang von einzel- und gesamtwirtschaftlichen Prozessen deutlich werden. In und mit der Schülerfirmenarbeit sollen die Schüler/innen ein besseres Verständnis der Abläufe innerhalb eines Betriebs erlangen sowie Erkenntnisse über betriebswirtschaftliche und gesamtwirtschaftliche sowie ökologische und soziale Zusammenhänge erreichen und gegebene Rahmenbedingungen für die unternehmerische Tätigkeit erkennen.

Solche grundlegenden Kenntnisbereiche lassen sich mit einem Schaubild des betrieblichen Leistungsprozesses darstellen und es lässt sich leicht nachvollziehen, dass die Phasen des betrieblichen Leistungsprozesses auch in einer Schülerfirma (didaktisch reduziert) relevant sind und von den Schüler/innen bearbeitet werden müssen. Anzumerken ist hier, dass die Schülerfirma das ganze Unternehmen in den Blick nimmt, und nicht ausschließlich Teile von ihm, und dadurch den Schüler/innen ermöglicht, die Verbindung ökonomi-

scher, sozialer und ökologischer Zusammenhänge im „Unternehmen" herzustellen.

2.3 Dimension der Förderung der Selbstständigkeit

Die Auseinandersetzung mit „Selbstständigkeit" ist u.E. unverzichtbar, um
die von der Gesellschaft als Ganzes und in der Folge auch von einer Mehrzahl der Jugendlichen häufig präferierten Berufsperspektive „unselbstständi-
ge Beschäftigung", um die Perspektive „Selbstständigkeit" zu erweitern. Für
die Bundesrepublik Deutschland kann festgestellt werden, dass eine Grün-
dungs- und Selbstständigkeitskultur eher schwach entwickelt ist. Die Schülerfirmenarbeit soll die Gründungsfähigkeiten der Jugendlichen und späteren
Erwachsenen, und dabei insbesondere der Frauen, erhöhen. Damit soll unterstützt werden, die Selbstständigkeit und die Gründungsbereitschaft zu einem
integralen, allseits akzeptierten Bestandteil des persönlichen und beruflichen
Alltags zu machen und die Entwicklung von Unternehmer- und Gründergeist
zu fördern. Die Schule kann somit „Entrepreneurship", den Mut zur Verantwortung (Würth), auch als Unterstützung des politischen Ziels der
Wohlstandsmehrung der Bevölkerung betreiben und sich so selbst in einzelwirtschaftliche und gesamtwirtschaftliche Zusammenhänge von hoher gesellschaftlicher Relevanz integrieren.

2.4 Dimension der Persönlichkeitsentwicklung und der Förderung ei-
ner Lernkultur des selbstständigen Arbeitens und Lernens

Der Fokus von Schülerfirmen liegt auf der Verzahnung von theoretischen
Erkenntnissen mit praktischen Erfahrungen durch eigenes Handeln. Die
Konfrontation mit der Handlungssituation „Schülerfirma" und die Rückkop-
pelungen über erzielte Erfolge oder Misserfolge bei den zu lösenden Aufgaben bewirken ein hohes Maß an Authentizität. Die Schülerfirma ist ein
ganzheitlicher methodischer Ansatz, in dem inhaltliche, soziale und persönliche Aspekte systematisch verbunden sind. Durch die Arbeit mit dem methodischen Ansatz Schülerfirmen wird ein Beitrag zur Persönlichkeitsentwicklung der Schüler geleistet. Dies betrifft Aspekte der Selbstständigkeit,
Übernahme von Verantwortung, Disziplin und Kommunikationsfähigkeit.
Beispielsweise durch die Einbindung der Projektmethode in das Konzept der
Schülerfirmenarbeit wird die Persönlichkeitsentwicklung nachhaltig unterstützt. Damit kann sich mit der Schülerfirma auch eine neue Lernkultur entwickeln. Insgesamt können mit der Schülerfirmenarbeit Kompetenzen entwickelt werden, die als Wissen, Erkennen und Bewerten gekennzeichnet
werden. Mit der Arbeit und in der Arbeit in der Schülerfirma können
(Fach)Wissen (Sach- und Analysekompetenz), Erkennen (Methodenkompetenz) und Bewerten (Urteilskompetenz) erworben werden (s. o.).

3 Schülerfirmen und Praxistage

Denkbar für die unterrichtliche Umsetzung der Schülerfirma beispielsweise in der Verbindung mit Praxistagen wäre u.E. die inhaltliche Verbindung der Schülerfirma mit dem Technikunterricht, der Zusammenarbeit mit berufsbildenden Schulen und Unternehmen. Das Modell in der Abbildung 2 zeigt diese Elemente und stellt den Zusammenhang mit dem Wirtschaftsunterricht und mit Lehrer- und Schülerbetriebspraktika schematisch dar. Grundannahme ist hierbei, dass die Schülerfirma in einer Klasse bzw. in einer Jahrgangsstufe realisiert wird, weil nur so die konsequente Verbindung mit dem Wirtschaftsunterricht hergestellt werden kann.

Wirtschaftsunterricht in Klasse 8 und Klasse 9		
(2) In Technikprojekten werden Produkte produziert.	(1) Schülerfirmen realisieren (in Praxistagen) Geschäftsideen oder verkaufen die in den Technikprojekten produzierten Produkte.	(3) Praxistage in Betrieben (u.a. mit aus 1 + 2 entwickelten Fragestellungen), die zwischen den Schülerfirmenphasen angesiedelt sind (Bezug zu (1) und (2)). (3) Alternativ oder ergänzend: Praxistage an berufsbildenden Schulen, um Berufsausbildung kennen zu lernen.
Schülerbetriebspraktika mit Bezug zu (1), (2) und (3)		
Lehrerbetriebspraktikum mit Fragestellungen zu (1), (2) und (3) und Materialien zur eigenen Qualifizierung		

Abb. 2: **Schülerfirma im Kontext von Unterricht, Praktika und Praxistagen** (Hübner 2006: 14)

In diesem Modell hat die Schülerfirma Produkte in der Produktpalette, die in Technikprojekten gefertigt worden sind. Durch eine Produktpalette (z. B. Holzspielzeug) können mehrere Technikprojekte mit mehr als einer Schülerfirma verknüpft werden. Es ist genauso denkbar, dass mehrere Schülerfirmen mit unterschiedlichen Produkten (Holzspielzeug, Schmuck, Kunsthandwerk, Gebrauchsgegenstände) ausgestattet sind und dadurch verschiedene Technikprojekte realisiert werden können. Genauso ist auch eine Kombination der Erstellung von Sachgütern mit Dienstleistungen denkbar. Praxistage können als Phase in die Produktions- und Absatzzeit eingeschoben werden, z.B., dass immer ein Teil der Schüler Praxistage durchführt. Dieses Modell, das die Verbindung von Wirtschaft und Technik beinhaltet, ist, wie schon darauf hingewiesen, eine Möglichkeit der Gestaltung der Betriebs- und Praxistage. Alternativ können auch Praxistage an berufsbildenden Schulen durchgeführt werden, die je nachdem welche Berufsfelder dabei gewählt werden Bezüge zu (1), (2) oder (3) haben.

Von der zeitlichen Organisation her könnte eine Startphase, in der eine Geschäfts-, Produktidee mit allen Schüler/innen entwickelt wird und über die Gründungsphase, in der beispielsweise die Produktion geplant wird und anläuft, in die Arbeitsphase übergehen. In einer mehrzügigen Schule kann Produktion und Absatz über mehrere Tage kontinuierlich fortgeführt werden, wenn die Klassen der Jahrgänge 8 und 9 an unterschiedlichen Tagen ihren Praxistag haben. Auf diese Weise kann z.B. auch ein Schulkiosk über die ganze Woche hin betrieben werden. Das Fach Wirtschaft und das Fach Technik können jeweils an unterschiedlichen Fachthemenstellungen Anknüpfungspunkte zum Praxistag und damit zur Schülerfirma herstellen. Eine Verbindung des Faches Wirtschaft mit Schülerfirmen kann an ausgewählten Themenstellungen folgendermaßen skizziert werden.

Themenstellung	Anknüpfungen/Bezüge zur Schülerfirma
Verbraucher/innen im Wirtschaftsgeschehen	Die Schülerfirma und „ihre" Konsumenten, Bedürfnisse, Kaufkraft der Konsumenten, Werbung, Beeinflussung der Konsumenten;
Entscheiden für einen Startberuf	Welche Qualifikationen und Persönlichkeitsmerkmale werden für die Tätigkeit in der Schülerfirma benötigt? Einflussfaktoren der Berufswahl, Bewerbung, Vorstellung, Neigungen, Interessen, Fähigkeiten;
Der Betrieb im Wirtschaftsgeschehen	Unterscheidung von Betrieben, betriebliche Grundfunktionen, Beschaffung, Produktion, Absatz, betriebliche Zielsetzungen (ökonomische, soziale, ökologische), betriebliche Organisation und Entwicklung der Organisation, Einkommen, Arbeitsbewertung, Betriebsverfassung, Rechtsformen, Mitbestimmung, Tarifverträge, Betrieb und regionaler Wirtschaftsraum, betriebliches Rechnungswesen, Verträge, Betrieb und technischer Wandel, Betrieb Wirtschaft und Umwelt, der Betrieb als Teil der Volkswirtschaft und der internationalen Wirtschaft;
Soziale Marktwirtschaft	Was bedeutet die Wirtschaftsordnung für ein Unternehmen? Wie wirken sich die Ordnungsformen und -elemente auf das betriebliche Geschehen und Handeln aus? Eigentumsverfassung, Planungs- und Lenkungssystem, Koordination und Preisbildung, betriebliche Ergebnisrechnung, der Staat im Wirtschaftsprozess, Problemfelder der Wirtschaftsordnung, das Unternehmen in der Gesamtwirtschaft, das Unternehmen im Wirtschaftskreislauf;

Abb. 3: **Curriculare Einbindung der Schülerfirma in das Fach Wirtschaft** (vgl. Niedersächsisches Kultusministerium 1997; Hübner 2006: 15)

Als Beispiel sind hier die Rahmenrichtlinien Niedersachsens genommen worden, die u.E. durchaus vergleichbar sind, weil hier alle wesentlichen Akteure wie private Haushalte, Unternehmen, Staat, und Ausland, sowie die Berufswahl enthalten sind.

Trotz der sehr groben Zuordnung von Anknüpfungen und Berührungen der Schülerfirma mit Themenstellungen des Wirtschaftsunterrichts an dieser Stelle ist u.E. deutlich geworden, dass eine curriculare Einbindung der Schülerfirma in das Fach Wirtschaft ohne Weiteres möglich ist, die Schülerfirma keine „Insel" im Curriculum der Schule und im Curriculum des Faches Wirtschaft darstellt und die angedeuteten Lern- und Erkenntnismöglichkeiten der Schüler/innen mit diesem handlungsorientierten methodischem Ansatz vielfältig sind.

Ohne den Ansatz Schülerfirma mit Erwartungen zu überfrachten, kann davon ausgegangen werden, dass sich neben den Aufgaben des Faches Wirtschaft, wie z.B. Buchhaltung, Preiskalkulation und –verhandlungen, Ein- und Verkauf oder des Faches Technik mit den Aufgaben, wie z.B. Wartung, Reparatur und Installation der Computer, Bauvorhaben, technische Zeichnungen, Produktion, sich auch für andere Fächer identifizierbare Lern- und Erkenntnismöglichkeiten eröffnen lassen. So z.B. im Fach Mathematik (diverse Berechnungen zu Mengen und Kalkulationen), im Fach Deutsch (Schreiben an Firmen, Bewerbungsschreiben, Mahnschreiben, Beschwerdebriefe etc.), im Fach Englisch (Übersetzungen englischsprachiger, eingehender und ausgehender Post/E-Mails) oder im Fach Kunst (Produktgestaltung, Gestaltung von Werbung).

Es soll aber darauf hingewiesen werden, dass bei der Behandlung dieser Themenstellungen in anderen Fächern, auch Sachverstand über diese Inhalte vorhanden sein muss. Der häufig zu hörende Vorschlag und die eben so häufig geübte Praxis, Bewerbungen im Fach Deutsch zu machen, weil bei einer Bewerbung geschrieben werden muss, kann u.E. nur durchgeführt werden, wenn die Lehrkraft auch inhaltlich zum Thema Bewerbung kompetent ist.

Am Beispiel einer dreizügigen Hauptschule in einer ländlichen Region, in der nicht genügend Unternehmen zur Verfügung stehen, um den Praxistag im Betrieb durchführen zu können, wird die Realisierung der Schülerfirmen vorgestellt, wobei folgende Voraussetzungen vorhanden sind:

- Die Arbeit in den Schülerfirmen wird an einem festen Tag in der Woche durchgeführt.
- In den ersten beiden Stunden des Betriebs- und Praxistages findet Unterricht im Klassenverband, im Ankerfach Wirtschaft statt.
- Für die Schülerfirmen stehen die Stunden 3 – 6 bzw. zusätzlich 7 und 8 zur Verfügung.

In der dreizügigen Hauptschule werden fünf Schülerfirmen gegründet. Die Betreuung erfolgt durch fünf Lehrkräfte. Folgende fünf Schülerfirmen wurden von dem Vorbereitungsteam geplant:

- Second Hand: An- und Verkauf gebrauchter Kleidungsstücke, Produktion von Taschen, textilen Buchhüllen usw.,
- Schulkiosk: Verkauf von Heften, Mappen, Bleistiften usw. (keine Lebensmittel),
- Produktion: Verkauf von selbst hergestelltem Spielzeug oder Ähnlichem aus Holz, Kunststoff usw.,
- Dienstleistungen: Angebote rund ums Fahrrad, Fahrradpflege, einfache Reparaturen (Licht und Luft) usw.,
- Dienstleistungen: Produktion und Verkauf von Getränken.

Diese fünf Schülerfirmen werden Schüler/innen im Laufe des 7. Schuljahres vorgestellt. Gegen Ende des Schuljahres entscheiden sich die Schüler/innen für eine Schülerfirma bzw. geben eine Ersatzwahl an. Die Wahlen sollten so früh wie möglich erfolgen, damit genügend Zeit für Korrekturen bleibt. Die Schülerfirmen beginnen ihre Arbeit im 8. Jahrgang als Schülerprojekte. Die Firmengründung erfolgt erst zum Ende des ersten Halbjahres oder zu Beginn des zweiten Halbjahres. Durch die Arbeit im Projekt wird sukzessive eine Firmenstruktur entwickelt, die mit der Firmengründung abgeschlossen wird. Die Notwendigkeit einer Ablauforganisation erkennen die Schüler/innen bei ihrer Arbeit in der Schülerfirma. Diese Ablauforganisation erfordert die Einrichtung von Abteilungen, deren Tätigkeiten wiederum beschrieben werden müssen.

Die Schüler/innen sammeln so Erfahrungen, die sie befähigen sich anschließend gezielt auf eine der „ausgeschriebenen" Stellen bewerben zu können. Sie haben so die Möglichkeit, sich zunächst in der Schülerfirma zu orientieren, sie als Ganzes kennen zu lernen und sich nicht sofort für einen bestimmten Arbeitsplatz entscheiden zu müssen. In den ersten beiden Stunden des Praxistages erhalten die Schüler/innen Unterricht im Klassenverband im Fach Wirtschaft durch drei der fünf betreuenden Lehrkräfte. Im Fach Wirtschaft müssen die Grundlagen zum Rahmenthema 6 „Der Betrieb im Wirtschaftsgeschehen" vermittelt werden:

- die Aufgabe von Betrieben,
- betriebliche Grundfunktionen,
- betriebliche Zielsetzungen,
- der Betrieb als Organisation,
- Aufbau- und Ablauforganisation.

Um den Ernstcharakter der Schülerfirmen zu unterstreichen, fand die Gründungsveranstaltung in einem angemessenen Rahmen als Elternabend in der Aula statt. Eine mögliche Form soll hier vorgestellt werden. Am Gründungstag unterzeichneten die Schüler/innen vormittags in den Schülerfirmen ihren Arbeitsvertrag und eine vorher gemeinsam erarbeitete Satzung. Die Satzung entspricht in wesentlichen Teilen dem GmbH-Recht, weicht aber dort wo es für pädagogisch sinnvoll gehalten wird davon ab. Am Abend fand dann ein Elternabend aller beteiligten Klassen statt. Zu der Gründungsveranstaltung waren neben den Eltern auch Partnerbetriebe, die Presse, das Kollegium und insbesondere die Wirtschafts- und Klassenlehrer/innen der zukünftigen 8. Klassen eingeladen. Der Einstieg in den Elternabend war eine Fotodokumentation mit Bildern vom Start des Schülerprojektes zu Beginn des Schuljahres. Die Bilder zeigten die Mitglieder der Schülerfirmen und die Arbeitstitel der Firmen. Die Gäste erhielten so einen schnellen Überblick über die Schülerfirmen und deren personeller Zusammensetzung.

Die Schülerfirmen erhielten einen Zeitrahmen von ca. 10 - 15 Minuten, um sich vorzustellen. Dabei wurden folgende Punkte angesprochen:

- Vorstellung der Geschäftsidee und deren Weiterentwicklung,
- Namensgebung der Schülerfirma,
- Vorstellung der Aufbauorganisation,
- Vorstellung der bisherigen Arbeit,
- Vorstellung von Produkten,
- Darstellung von Werbeaktionen,
- Auskunft über die finanzielle Situation der Firma,
- Ausblick auf die zukünftige Arbeit der Schülerfirma.

Im Anschluss an die Vorstellung erfolgte die „feierliche" Unterzeichnung einer Gründungsurkunde. Die Gründungsurkunde wird von jeder/jedem Schüler/in und dem Schulleiter unterschrieben.

Schülerfirmen verändern nachhaltig die Lehr- und Lernkultur der Schule. Diese Veränderung äußert sich für viele Lehrkräfte der Schule durch die zeitgleiche Einführung und Gründung von fünf Schülerfirmen.

Die Arbeit mit Schülerfirmen als Elemente der Betriebs- oder Praxistage und als neuem Lehr- und Lernarrangement gelingt nur, wenn sie von einer breiten Mehrheit innerhalb des Kollegiums und der Eltern- und Schülerschaft getragen werden. Deshalb sollte, je nach Diskussions- und Erkenntnisstand im Kollegium, mit einer Vorlaufzeit von einem Schulhalbjahr ausgegangen werden. Besonders wichtig ist neben dem Genehmigungsverfahren durch die Konferenzen der Schule, die frühzeitige Beteiligung der Eltern. Hier bieten sich auch neue Chancen für die Zusammenarbeit mit den Eltern. Die Eltern

der beteiligten Klassen werden beispielsweise im Rahmen eines Eltern-
abends über das neue Vorhaben informiert.

---

[1] Der Begriff der Ausbildungsreife/Ausbildungsfähigkeit wird hier nicht weiter
untersucht (vgl. dazu Nationaler Pakt für Ausbildung und Fachkräftenachwuchs in
Deutschland 2006). Im Rahmen des Ausbildungspaktes haben die Bundesregierung
und die Wirtschaft das Ziel formuliert, dass die Ausbildungsreife und Berufsorientierung in den allgemein bildenden Schulen verbessert werden sollen (vgl. Schröder
2007; Kaminski/Lipinski 2006).
[2] Der Einzelne muss durch (lebenslange) Qualifizierung und die Vermittlung von
Fähigkeiten zum Self management und Self marketing so gestärkt werden, dass er
sich auf flexibilisierten Arbeitsmärkten (relativ) frei bewegen und dadurch seine
Existenz sichern kann. Vom Betrieb wird umgekehrt die umfassende Qualifizierung
nicht nur der Kern- sondern auch der flexiblen Randbelegschaften gefordert sowie
die Bereitschaft und Fähigkeit zum flexiblen Einsatz der Arbeitskräfte. Auf der
Ebene der industriellen Beziehungen ist damit auch die Flexibilisierung der Lohn-
und Arbeitszeitmodelle notwendig. Der Wandel der Erwerbsformen verlangt außerdem die Reorganisation herkömmlicher Qualifizierungsstrategien (Abkehr vom
Konzept der Beruflichkeit, Modularisierung der Qualifikationen, lebenslanges Lernen). Von staatlicher Seite müssen diese Prozesse schließlich durch die Reform der
wohlfahrtsstaatlichen Institutionen (insbesondere Entkopplung von Erwerbsarbeit
und Erwerbseinkommen einerseits, Renten- und Sozialversicherung andererseits
unterstützt werden (vgl. Blancke u.a. 2000).
[3] Praktisch verwendbare Information über die Gründung, das Betreiben von Schülerfirmen, über Rechts- und Versicherungsfragen finden sich z.B. in De
Haan/Ruf/Eyrer 2005; Krause 2002; Holtel 2004; Geyer 2001.
[4] Die Einbindung in das Schulprofil ist u.E. unerlässlich, weil damit die Bedeutung
der Schülerfirma für Lernen und Ausbildung sowie für Schüler und Eltern hervorgehoben wird.

Aline Oesterle

Coaching als Instrument der schulischen Berufsorientierung

1 Ausgangslage

Obwohl Schule auf das Leben vorbereiten soll, haben Jugendliche zumeist wenige oder keine Erfahrungen mit einer selbstständigen, gezielten oder reflektierten Lebensgestaltung. Die daraus resultierenden Schwierigkeiten können durch eine prekäre Situation auf dem Ausbildungs- und Arbeitsplatzmarkt verstärkt werden, die es vielen Jugendlichen als illusionär erscheinen lässt, überhaupt einen Ausbildungs- oder Arbeitsplatz zu finden. Folglich – so die Schlussfolgerung – sei es auch nicht nötig Aktivitäten in Richtung einer beruflichen Entwicklung zu entfalten. Man müsse darauf warten, „was überhaupt so angeboten" wird. Bei einigen Jugendlichen ist es durch Fremdzuschreibungen und missliche Erfahrungen in der eigenen Umwelt so weit gekommen, dass das eigene Tun und Handeln auf entwerteten Grundvorstellungen entwickelt und ausgerichtet wurde (vgl. Schwalbe 2005: 6). Diese Vorstellungen lassen es als sinnlos erscheinen, größere Pläne zu entwickeln, da die Pläne sowieso nicht umsetzbar seien.

Die Fähigkeit zur Lebensplanung stellt eine wichtige Kompetenz dar, wenn es darum geht, den Übergang in Ausbildung und Beruf aktiv zu gestalten und nicht nur passiv zu erleiden. Verschiedene Studien belegen, dass Jugendliche insbesondere von Seiten der Schule zu wenig Unterstützung und Hilfestellung bei der Entwicklung dieser Fähigkeit erhalten (vgl. Haubrich/Preiß 2005, Raab/Rademacker 2006).

Schule soll nicht nur Kenntnisse über Berufe, den Bewerbungsprozess und das Ausbildungs- und Beschäftigungssystem als Ganzes vermitteln, sondern auch Schüler dazu befähigen, ihr (Berufs-)Leben selbst – entsprechend den institutionellen Vorgaben und anderen Kontextbedingungen – zu gestalten (vgl. Oechsle/Arndt 2002: 1).

Hier knüpft das Coaching als Instrument der schulischen Berufsorientierung an. Die Aufmerksamkeit gilt dem Aufdecken und Überwinden von Handlungsvollzügen, die Schüler systematisch behindern Aktivitäten in Richtung einer beruflichen Entwicklung zu entfalten. Auf dieser Basis kann ein Verständnis der persönlichen Geschichte und der individuellen Zukunft konstruiert werden. Auf Grundlage dieses Verständnisses können schließlich Handlungspläne für die eigene Person entworfen werden. Mit Coaching kann die Sinnhaftigkeit des Lernens entdeckt oder wiederentdeckt werden. (vgl. Schwalbe 2005: 6).

Der Schlüssel zum Erfolg ist dabei nicht, das Wissen des Lehrers um Handlungsanweisungen „von außen" an den Schüler heranzutragen. Entscheidend ist vielmehr, dass der Schüler mit Hilfe des Lehrers Kompetenzen entdeckt, freisetzt und entwickelt, unter deren Einsatz er sein Leben selbst gestalten kann.

Durch Coaching erhöhen sich die Chancen der Schüler, einen für sie „richtigen" Weg in Ausbildung und Beschäftigung zu gehen. Coaching in der schulischen Berufsorientierung trägt dazu bei, dass Schüler sich ihrer Aktivitäts- und Handlungskompetenzen bewusst werden, die daraus resultierende Möglichkeiten selbst erkennen und schließlich in der Lage sind, eine erfolgreiche Lebens- und Berufswegeplanung anzugehen (ebd.: 6).

Damit stellt sich für Lehrer eine neuartige Aufgabe: Coaching erfordert von Lehrern ein anderes Rollenverständnis und damit ein anderes Verständnis der Lehraufgabe. Demgemäß soll im Folgenden geklärt werden, was Coaching ist, wie ein Coach handelt und was einen „guten" Coach kennzeichnet.

2 Intentionen und Ziele des Coaching

Der „Coach" oder „Coachman" ist eigentlich ein Kutscher, dessen Aufgabe das Lenken und Betreuen der Pferde ist. In diesem Sinne wurde der Begriff „Coach" oder „Coaching" in andere Bereiche eingeführt. Zunächst war die Profession der Coachs im Sport zu finden. Dort sorgt der Coach mit seinem Wissen und Können für die körperliche, seelische und mentale Fitness der Athleten. Coachs verstehen sich als Garanten für die Höchstleistungen ihrer Schützlinge (vgl. Rauen 2002: 15). Später wurde das Coaching auf das Wirtschaftsleben übertragen. In beiden Bereichen geht es um Leistung, Leistungssteigerung, Motivation und Identifikation mit einer Aufgabe. In diesem Sinne lässt sich Coaching als ein personenzentrierter Beratungs- und Betreuungsprozess charakterisieren.

Eine der vielen Definitionen von Coaching, die für die Abgrenzung dieser Ausarbeitung zu anderen Coachingbereichen nützlich erscheint, lautet wie folgt: *„Coaching ist ein zeitlich begrenzter, ziel- und ressourcenorientierter Beratungsprozess zur individuellen Unterstützung von Menschen im beruflichen Kontext. Er beruht auf Freiwilligkeit, gegenseitiger Akzeptanz und bedient sich des persönlichen Kontaktes und der Unabhängigkeit des Coaches. Dabei setzt der Coach unterschiedliche Interventionstechniken ein"* (Jäger 2002: 11).

Ausgehend von dieser Definition sind unter Coaching als Instrument der schulischen Berufsorientierung individuelle Beratungsgespräche zwischen Lehrer und Schüler zu verstehen.

Ziel ist es, eine von Seiten des Schülers gewünschte Verbesserung des Handelns zu ermöglichen. Somit tragen Coachingprozesse dazu bei, dass Schüler ihre Rolle im Arbeits- und Berufsfindungsprozess klären und ihre fachliche, soziale, personale und methodische Kompetenz steigern können. Dabei konzentrieren sich die Gesprächspartner auf Möglichkeiten der Zukunft, nicht auf Fehler der Vergangenheit. *„Nicht selten ist der Coach (Trainer) im Sport auch Partner seines Leistungsträgers in einer persönlichen, sehr besonderen Beziehung, eine Mischung aus Vertrautem, Zuhörer, Beichtvater und Gesprächspartner für Persönliches, Pädagoge, Elternfigur und manchmal auch Vorbild"* (Looss 1997: 36).

In dieser Beschreibung ist angelegt, was für die schulische Berufsorientierung anzustreben ist: Der Aufbau und die Entwicklung einer ganz besonderen Beziehungsqualität zwischen Lehrer und Schüler, um den Schüler im Hinblick auf seine berufliche und persönliche Entwicklung zu coachen.

3 Anlässe für Coachingprozesse

Sollen Coachingprozesse im Rahmen von Berufsorientierung entwickelt werden, bedarf es besonderer Anlässe. Folgende Situationen können Anlässe für Coachingprozesse im Kontext schulischer Berufsorientierung sein:

- Das Bewältigen konkreter Probleme im Rahmen von Berufsorientierungsprojekten.
- Das Ermitteln einer individuellen Lernstrategie, um den Prozess der Arbeits- und Berufsfindung zu optimieren.
- Das Überprüfen des eigenen Verhaltens im Spannungsfeld vielfältiger Interessen, um ein höheres Maß an Handlungskompetenz und -sicherheit zu gewinnen.
- Das mentale Vorbereiten auf Präsentationen und Prüfungen, um sicher in solchen Situationen zu handeln.
- Die Unterstützung in bewerbungstypischen Situationen, wie z.B. Erstellen der Bewerbungsmappe, Vorbereitung auf Einstellungstest oder Assessment Center, um die Erfolgsfaktoren der Bewerbung zu erhöhen, aber auch den Umgang mit schwierigen Situationen, wie das Erhalten von Absagen, meistern zu können.
- Das Klären von beruflichen Zielen, um sich zwischen unterschiedlichen Möglichkeiten für die Zeit nach der Schule entscheiden zu können.
- Das eigene Hinterfragen von Denk- und Verhaltensweisen in Verbindung mit dem Vorhaben, die Schule abzubrechen.

Die Beratung setzt an der spezifischen Situation des Schülers an und berücksichtigt dessen persönliche Voraussetzungen sowie die aktuellen schulischen Rahmenbedingungen. Angestrebte Veränderungen werden mit dem Schüler definiert. Der Coachingprozess wird vom Lehrer strukturiert (vgl. Buckert/Kluge 2006: 48).

4 Grundannahme des Coaching

Jeder Unterrichtsform liegen spezielle Annahmen über das Menschenbild zugrunde. Eine wesentliche Grundannahme des Coaching ist es, dass die für die Veränderung erforderliche Kraft im Ratsuchenden selbst liegt, die es freizusetzen gilt. Das heißt, dass jeder Schüler, der ein Problem hat, über die Ressourcen verfügt, es zu lösen. Nach Auffassung von Buckert/Kluge (2006: 66) sind mindestens 50 Prozent der Energie zur Problemlösung vom Schüler aufzubringen. Der Lehrer als Coach unterstützt diesen Prozess, indem er durch das gezielte Stellen von Fragen den Zugang zu den eigenen Antworten freilegt. Der Schüler entscheidet, was für ihn am besten ist. Im Rahmen der Beratung hat der Lehrer eine „Hebammen-Funktion": Er trägt die Lösung nicht selbst aus, sondern fördert sie zu Tage (vgl. Buckert/Kluge 2006: 19).

5 Merkmale von Coachingprozessen

Ausgehend von der unter Kapitel 2 eingeführten Definition lassen sich einige Merkmale von Coachingprozessen im Kontext schulischer Berufsorientierung ableiten (vgl. Jäger 2002: 11f.):

- Coaching bedeutet, an sich zu arbeiten, ohne es unbedingt zu müssen. Coaching ist freiwillig und vertraulich. Somit ist ein Zwangs-Coaching kontraproduktiv.
- Coaching ist eine ergebnis- und zielorientierte Dienstleistung von Seiten des Lehrers. Dabei definieren die Beteiligten ein Ziel, das der Schüler in einer begrenzten Zeit erreichen kann.
- Beim Coaching stehen die Rolle und Persönlichkeit des Schülers im Mittelpunkt des Prozesses. Auch private Themen können zur Sprache kommen, sofern sie die Berufsorientierung beeinflussen. In manchen Fällen sind die Grenzen zwischen schulischem und „Lebens"-Berater fließend.
- Das Handeln des Lehrers als Coach ist kongruent, das heißt, Worte und Verhalten bilden eine Einheit. Wenn beispielsweise der Lehrer seinem Schüler zugesichert hat, Zeit für ihn zu haben und während des Gespräches immer wieder auf die Uhr schaut, handelt der Lehrer disgruent.
- Die Vorgehensweise des Lehrers als Coach ist für den Schüler transparent und berechenbar. Mit anderen Worten: Zu Beginn einer Beratung wird zwischen den Beteiligten vereinbart, was passieren soll. Zum Beispiel tragen die Fragen „Was ist dein Anliegen?" und „Was wäre ein gutes Ergebnis für dich?" zur Klärung bei. Auf dieser Grundlage erfolgt das Coaching (vgl. Buckert/Kluge 2006: 20).

Ziel aller Interventionen ist die „Hilfe zur Selbsthilfe", so dass der Schüler den Lehrer als Coach am Ende des gemeinsamen Weges nicht mehr benötigt. Trotz der sicher wünschenswerten Sympathie im Umgang miteinander steht im Zentrum des Geschehens keine „Friede-Freude-Eierkuchen-Mentalität". Im Gegenteil: Im Coachingprozess geht es um gegenseitige Akzeptanz. Es wäre eine ungünstige Ausgangsbasis für einen Coach, diese Tätigkeit mit der heimlichen Hoffnung zu verknüpfen, dadurch Zuneigung zu erhaschen. Er würde zwangsläufig Situationen vermeiden, in denen das Mittel „Konfrontation" angemessen wäre, weil er bewusst oder unbewusst Angst vor der ablehnenden Haltung des Schülers hätte (vgl. Gührs/Nowak 1998: 133).

6 Selbstverständnis als Coach

Im Weiteren geht es darum, die Rolle des Coachs von der Lehrerrolle abzugrenzen. Lehrer sind selbst fachlich und didaktisch kompetent. Ein Coach aber braucht mehr. Sinnbildlich formuliert: Der Nationaltrainer der Deutschen Fußballmannschaft Joachim Löw muss selbst keine Tore schießen. Er muss dafür sorgen, dass sie geschossen werden. Dies setzt allerdings ein bestimmtes Selbstverständnis voraus, mit dem Lehrer einem Schüler im Beratungsgespräch begegnen.

6.1 Wissen zurückhalten

Ein „guter" Coach hält sein Wissen zurück, wenn es darum geht, seine Schüler zum eigenen Denken und Handeln zu motivieren, ihre Eigenständigkeit zu verbessern. Beeindruckend wird diese Grundhaltung von Virgina Satir, einer der Gründerinnen der systemischen Familientherapie, beschrieben: *„Zu wenig Hilfe ist Diebstahl. Zu viel Hilfe ist Mord. "* (2002: 98). Konsequenterweise gibt der Lehrer als Coach nur dort Anstöße, wo seitens des Schülers Kompetenz, Erfahrung, Wissen und Können fehlen. Ein Coach definiert sich als Methodenspezialist, nicht als inhaltlicher Experte. Er ist verantwortlich für die Prozessgestaltung, nicht für das inhaltliche Ergebnis. Gute Coachs zeichnen sich durch ihre Fragen, nicht durch ihre Antworten aus (vgl. Buckert/Kluge 2006: 20ff.).

6.2 Verantwortlichkeit fördern

Ein „guter" Coach ermöglicht dem Schüler sich selbstständig Ziele zu setzen und sie auch zu erreichen. Der Coach bleibt dabei im Hintergrund. Da er um die Individualität des Schülers weiß, lautet sein Leitsatz: *„Alle Schüler sind gleich zu behandeln, und zwar individuell verschieden"* (Whitmore 1998: 43) Deshalb erteilt er auch keine Ratschläge, wie der Schüler in welchen Situationen agieren soll. Vielmehr erkennt der Schüler durch die Fragen des Coachs, was zu tun ist. Dadurch fühlt der Schüler, dass er den Prozess aktiv gestalten kann und die Verantwortung für sein Handeln trägt. *„Jeder Mensch* *hat das Recht, die Folgen des eigenen Verhaltens selbst herauszufinden und zu erleben, was das für ihn bedeutet. Manchmal ist das auch bei erwachsenen Personen ein unausweichlicher Schritt"* schreiben die Autoren Gührs/Nowak (1998: 123). Erwachsen zu werden ist gelegentlich ein schmerzvoller Abschied von der Jugend. Die Vorstellung, dass der Schüler an den Folgen seines eigenen Verhaltens scheitern könnte, ist eine Annahme, die eintreten kann, aber nicht eintreten muss. Man erinnere sich an die Fabel von dem Frosch der in einen Milchtopf gefallen ist. Er strampelt so lange, bis die Milch zu Butter wird, er aus dem Topf klettern und sich somit vor dem Ertrinken retten kann (urspr. von Aesop). Übertragen auf Berufsorientierung sprechen gute Gründe dafür, dass der Schüler sich ebenfalls freischwimmt: Zum einen bekommt der Schüler Raum, sich in den Prozess aktiv einzubringen. Zum anderen ergibt sich für ihn vielleicht zum ersten Mal die Notwendigkeit, aktiv zu handeln. Bislang kam er ja auch – trotz seiner Passivität – ganz gut zurecht. Warum sollte er seine Erfolgsstrategie aufgeben? Wenn am Ende eines Coachingprozesses der Schüler seine eigenen Lösungen zu hundert Prozent umsetzt, anstatt die brillanten Ansätze des Beraters nur zu fünfzig Prozent, ist viel gewonnen. Ein weiterer Vorteil: Selbst entwickelte Lösungen werden widerspruchslos angenommen (vgl. Looss 1997: 46).

6.3 Problemlösungsprozess moderieren

Ein „guter" Coach moderiert den Problemlösungsprozess. Er gibt Impulse, fördert das Reflektieren und korrigiert, ohne Lösungen vorzugeben. Er ist eine Art „Geburtshelfer". Im annehmenden Umgang mit Gefühlen und durch das Klären sozialer Beziehungen wird Energie frei für das Lösen von Problemen. *„In jedem Problem steckt die Chance, durch das aktive Auseinandersetzen mit einer Situation ein Stück zu wachsen. Probleme sind für den Menschen"* schreiben die Autoren Buckert/Kluge (2006: 76). Darum heißt es auch in einem Wortspiel: „Pro- blem statt Anti- blem." In einigen therapeutischen Verfahren (vgl. dazu Schreyögg 1998: 248ff., Schmidbauer 1997: 154ff.) wird sogar davon ausgegangen, dass ein Problem immer zur richtigen Zeit kommt. Das heißt: Mit dem Auftreten des Problems verfügt der Ratsuchende über die latente Fähigkeit, das Problem zu lösen. Die Botschaft des Problems lautet: Es ist an der Zeit, ein Stück zu wachsen (vgl. Satir 2002: 109).

Zu „therapeutischen Verfahren" ist anzumerken: Innerhalb von Coachingprozessen gibt es Konzepte, die von therapeutischen Methoden inspiriert worden sind. Während jedoch im Rahmen der Psychotherapie das „Pathologische" ins „Gesunde" überführt werden soll, unterstützt das Coaching

Menschen dabei, ihre (fachliche) Persönlichkeit weiterzuentwickeln und persönliche Bestleistungen zu erreichen (vgl. Schreyögg 1998: 248ff.).

6.4 Dinge aus der Vogelperspektive wahrnehmen

Ein „guter" Coach nimmt Dinge aus der Vogelperspektive wahr, für die der Schüler selbst blind ist. Die folgende Situation beschreibt in bemerkenswerter Weise die Vogelperspektive: Wer schon einmal in einem ausverkauften Fußballstadion war, hat erlebt, dass nicht nur 60.000 Zuschauer anwesend waren, sondern mindestens auch 55.000 „Fußballtrainer", die alle gesehen haben, wie die Fußballer hätten besser spielen können. Das ist der große Vorteil der Vogelperspektive: Ein Außenstehender erfasst in der Regel viel schneller die Dinge, für die der Betreffende wegen seiner fehlenden Distanz selbst noch blind ist. Ein Coach trägt dazu bei, dass der Ratsuchende seinen Blick erweitern kann. Er macht Mut, neue Wege zu beschreiten und sichert gemeinsam mit seinem Schüler die Nachhaltigkeit des Erfolges. Ein guter Coach ist jemand, der das Beste in seinem Schüler zur Entfaltung bringen will. Er führt keine Schwächen-Diskussionen. Denn wem nur geholfen wird Schwächen abzubauen, ist hinterher nur weniger schwach.

7 Aller Anfang ist schwer

Nachdem geklärt wurde, was einen „guten" Coach kennzeichnet, soll nachstehend aufgezeigt werden, dass noch kein Meister vom Himmel gefallen ist. Im Weiteren wird auf übliche Fehler hingewiesen, die während eines Coachingprozesses von einem Lehrer gemacht werden können.

7.1 Kein (klarer) Vertrag

Das Grundprinzip einer professionellen Beratung ist die Arbeit mit Verträgen. Verträge im Sinne des Coaching sind in der Regel mündliche Abmachungen. Sie werden zu Beginn einer Beratung getroffen, um eine tragfähige Basis für das gemeinsame Vorgehen zu finden. Keine oder unklare Verträge erzeugen beim Coach mit zunehmender Dauer des Coachingprozesses immer stärker werdendes Unwohlsein, weil ihm nicht klar ist, worin sein Auftrag besteht. Diese Unklarheit kommt in unpräzisen Vereinbarungen zum Ausdruck. Auf der Seite des Ratsuchenden entwickelt sich peu a peu ein Gefühl der Frustration, weil er intuitiv spürt, nicht das zu bekommen, was er sich durch die Gespräche erhofft hat (vgl. Gührs/Nowak 1998: 112).

7.2 Mythos Motivation

Ein Kardinalfehler im Umgang mit Motivation besteht in der Annahme, dass der andere nicht motiviert sei. Und weil viele Lehrer an die unbeschränkte

Machbarkeit des Motivierens glauben, sind der Kreativität – was das Entwickeln von „Motivationsraketen" betrifft – keine Grenzen gesetzt. Der Schüler hat aber keine Zündschnur, die sich so einfach entzünden lässt. Die Wahrheit über Motivation ist, dass Lehrer ihre Schüler nicht motivieren können (vgl. Sprenger 1992: 53). Allerdings können Lehrer Rahmenbedingungen schaffen, die es dem Schüler ermöglichen, seine mitgebrachte Motivation auszuleben (ebd.: 54f.). Kluge/Buckert (2006: 85) beschreiben das pointiert satirisch folgendermaßen: *„Ohne Mampf kein Kampf – brüllt der Spieß bei der Bundeswehr, während er die mit Erbseneintopf gefüllte Suppenkelle durch die Luft wirbelt und millimeterscharf in das frisch geputzte, oliv getarnte Kochgeschirr platziert".* Ähnlich verhält es sich bei Lernprozessen. Salopp formuliert: Ohne (Lern-) Power keine (Lern-) Aktion. Mit anderen Worten: Motivation ist Voraussetzung für Lernerfolg. Auf eine kurze Formel gebracht heißt Motivation: „Ich will!" Dieses Verständnis von Motivation beinhaltet auf der Handlungsebene die Selbstverantwortung nach dem Motto: „Ich tue es!" Dieses Wollen und Tun kann der Coach mit dem Yin-Yang-Prinzip unterstützen: *„Schmerz vermeiden plus Freude gewinnen"* (Buckert/Kluge 2006: 75). Das sind die zwei Hauptantriebsfelder, die motivieren bzw. zum Handeln bewegen. Menschen verfolgen selbst gesetzte Ziele besonders diszipliniert, wenn sie einerseits das Erreichen der Ziele mit positiven Gefühlen verbinden und es andererseits sehr schmerzhaft für sie wäre, die Ziele nicht zu erreichen.

7.3 Falsche Problemdefinition

Eine vorschnelle Problemdefinition zieht vorschnelle Lösungsstrategien nach sich. Ziel ist es aber, statt schnelle Lösungen passende Lösungen zu entwickeln. Eine genaue Definition des Problems lässt vielfach schon Lösungsansätze erkennen, wenn es gelingt, die anfängliche Konfusion zu beseitigen. Kommt ein Schüler mit dem Anliegen zu seinem Lehrer, noch keinen Praktikumsplatz gefunden zu haben, und der Lehrer nennt ihm ungefragt drei Betriebe, bei denen sich der Schüler bewerben könne, ist das eine vorschnelle Lösungsstrategie. Denn das eigentliche Problem des Schülers ist möglicherweise nicht das Finden von Betrieben, sondern er hat lediglich Probleme damit, dort anzurufen und zu erfragen, ob der Betrieb Praktikumsplätze anbietet.

7.4 Missachtung der 50-50-Regel

Die im Zusammenhang mit Coaching oft verwandte 50-50-Regel besagt, dass mindestens 50 Prozent der Energie zur Problemlösung beim Schüler liegen. Das Einhalten dieser Regel gewährleistet eine ausgewogene Balance in der Beratungsarbeit. Wenn allerdings ein Schüler mit seinem (Lern-)

Problem zum Lehrer kommt, erleichtert von dannen schreitet und der Lehrer sich anschließend schlaflos im Bett wälzt, hat sich der Lehrer mit Sicherheit mehr als 50 Prozent der Verantwortung aufhalsen lassen. Deshalb sollten Berater aufpassen, nicht in eine kompensatorische Funktion gedrängt zu werden.

7.5 Rezeptur anstatt maßgeschneiderter Lösung

Coaching ist keine „Ich-stelle-dir-ein-Rezept-aus-Veranstaltung". Dennoch besteht die Gefahr, in das berühmt-berüchtigte „Kaffeeklatsch-Pillen-Empfehlungs-Marketing" abzudriften. Nach der Devise: „Sie haben ein Problem? Probieren Sie mal diese Tablette, die hat bei mir fantastisch gewirkt." Ein Coach ist aber kein Lösungs-Automat, bei dem auf Knopfdruck für drei Euro Patentrezepte zu ziehen sind. Sinnbildlich formuliert: Ein Coach verteilt keine Fische, sondern lehrt das Angeln. Vorausgesetzt, dass der Ratsuchende das „Angeln" als Ziel definiert hat.

7.6 Geschlossene statt offene Fragen

Geschlossene Fragen laden zum beliebten „Ja-Nein-Vielleicht-Spiel" ein. Offene Fragen oder auch W-Fragen generieren dagegen beschreibende Antworten und fördern dadurch das Entwickeln eigener Lösungen. Der Schüler kann nicht einfach mit „Ja-Nein-Vielleicht." antworten, sondern muss über seine Antworten nachdenken und kommt durch die Antworten eigenen Lösungen Frage um Frage näher (vgl. Huber 1998: 106ff.).

7.7 Reden statt Handeln

Ein letzter, aber nicht zu unterschätzender Fehler, besteht darin, dass die Beteiligten am Ende des Gespräches keine Bilanzierung vornehmen, was dazu führt, dass der Prozess auf der kommunikativen Ebene stecken bleibt. Ironisch formuliert heißt es dann: „Schön, dass wir mal darüber geredet haben." Daher ist es wichtig, abschließend die nächsten konkreten Schritte und die Verantwortung für das Umsetzen festzulegen.

8 Coaching in der Institution Schule

Die Aufgaben der Beratung, der Unterstützung im Finden des eigenen Weges, der Anleitung zum Reflektieren und zum Auffinden der eigenen Ressourcen gehören zu den Grundaufgaben der Pädagogik (vgl. Wustinger 2003: 2). Allerdings sind die Haltungen unterschiedlich, aus denen heraus Lehrer gewohnt sind zu agieren, und aus denen Coachs agieren. Lehrer haben oft digitale Reaktionen (richtig - falsch; gut - schlecht). Sie müssen Lösungen bewerten, verwerfen, korrigieren und Lehrer müssen auf Fragen sehr oft Antworten wissen. Coachs dagegen unterscheiden zwischen zielführend - nicht zielführend. Ein Coach muss jeden Coachee individuell verschieden behandeln. Was für den einen stimmt, muss für den anderen nicht stimmen, er muss Fragen stellen, die den Coachee zu seinen Antworten führen. Die Grundhaltung kommt aus der Überzeugung, dass jeder Mensch ein viel zu komplexes Wesen ist, als dass er wissen könnte, was gut für ihn ist. Dieser Rollenkonflikt ist nicht einfach zu lösen, er ist nur „auszuhalten" - und transparent zu machen. Je klarer die Entscheidung fällt, in welcher Rolle der Lehrer für welche Situation am hilfreichsten sein kann, und je klarer er definiert, aus welcher Haltung heraus er gerade handelt, desto weniger Verwirrung entsteht für beide Seiten, und desto größer wird das Vertrauen zwischen den beiden Gesprächspartnern sein.

Coaching als System wird sich augrund der vorherrschenden Rahmenbedingungen (45-Minuten-Takt, Notengebung, Lehrerdeputat ...) vielleicht nicht so problemlos in jede Regelschule übertragen lassen. Coaching als Haltung sollte immer Bestandteil jeder pädagogischen Arbeit sein. Es geht um den Respekt vor der Einzigartigkeit und der Komplexität der Menschen, mit denen man als Lehrer zu tun hat, und um die Überzeugung, dass auch Lösungen nur für die Menschen taugen, für die sie eben taugen. Der Lehrer als Coach kann nur Angebote machen. Er kann nur ein Angebot sein. Ein Angebot für junge Menschen, neue Möglichkeiten im Umgang mit sich selbst, mit ihrer Umwelt und mit ihrer Lebens- und Berufswegeplanung zu entwickeln. Diese neuen Möglichkeiten sind alternative Wege zu bisherigen Einstellungen und Haltungen, die das eigene Leben und die eigenen Perspektiven betrafen.

„Jede Neuerung ist mit unbehaglichen Übergangserscheinungen verbunden", sagte einst der Physiker Max Planck. Dies trifft auch auf den Einsatz des Coaching als Instrument der schulischen Berufsorientierung zu und ist in der Regel der einzige Grund, der einen Verzicht erklärt. Bei allen anderen Gründen handelt es sich vielfach um Vorwände, die sich durch ein bekennendes Ja zum Coaching in den meisten Fällen lösen lassen. Leider tun sich einige Lehrer immer wieder schwer mit innovativen Ansätzen in der Berufsorientierung und halten an dem fest, was sie gewohnt sind (vgl. Haubrich/Preiß 2005, Raab/Rademacker 2006). Die Angst zu scheitern, empfinden sie als zu groß. Was also könnte diese Lehrer veranlassen, punktuell gegen ihre Gewohnheiten zu handeln? Nichts! Es sei denn, dass sie es als ihre ureigene Verantwortung ansehen, junge Menschen nach bestem Wissen und Gewissen voranzubringen, indem sie deren Potential wecken und zur Entfaltung kommen lassen. „Sie tun's, weil sie's tun wollen." Aus Liebe zum Beruf und aus dem Bedürfnis heraus, diese Leidenschaft in anderen zu entfachen. Sie wissen, dass nur Vorbilder überzeugen und sich die Zukunft nur bedingt mit

Konzepten aus der Vergangenheit meistern lässt. Sie akzeptieren Rückschläge und Irrtümer als Teil menschlichen Handelns. Aus dieser Mentalität schöpfen sie den Mut, sich auf Coachingprozesse einzulassen und diese konstruktiv mitzugestalten. Lehrer, die sich über die mangelnde Leistungs- und Veränderungsbereitschaft ihrer Schüler beklagen und selbst Veränderungen verschlossen gegenüber stehen, verlieren an Glaubwürdigkeit. Wer so handelt, projiziert seine Widerstände gegenüber Veränderungen auf seine Schüler, in der Hoffnung, sie dort bekämpfen zu können. Ein Prozess, dessen Scheitern vorhersehbar ist. Denn welcher Schüler ist dazu bereit, sich von einem Lehrer mangelnde Veränderungsbereitschaft attestieren zu lassen, der sich so flexibel verhält wie der Mann, der nachts seinen Schlüssel verloren hat und ihn in der Nähe einer Laterne sucht. Ein Passant bietet sich an, bei der Suche zu helfen und fragt: „Wo ist der Schlüssel denn hingefallen?" „Da drüben", antwortet der Mann, „aber da gibt es kein Licht." Lehrer, die sich für das Coaching entscheiden, wissen: Nicht Worte, sondern Taten überzeugen. Und sie wissen, dass die Kombination „Spitzentechnologie in der Arbeitswelt" und „Steinzeit-Pädagogik in der Berufsorientierung" auf Dauer nicht gut gehen kann. Coaching als Instrument der schulischen Berufsorientierung bietet die Chance, im schulischen Alltagstrott „Farbtupfer" zu setzen und der kindlichen Neugierde Platz einzuräumen, indem der Lehrer wieder zum „Entdecker" wird. Wohl wissend, dass Schule kein Wohlfahrtsverband ist, beinhaltet Coaching die Gelegenheit, punktuell gegen den Nützlichkeitszwang zu handeln, um sich gemeinsam mit dem Schüler zu entwickeln. Eine reizvolle Aufgabe: Sie macht das Leben reicher. Zugegeben, es braucht einigen Idealismus, aber am Ende stehen ein Mehr an (Lebens-) Qualität, erweiterte Potenziale und neue Perspektiven.

9 Ein Fallbeispiel

Da der Beitrag sowohl Anspruch an Theorie als auch Praxis erhebt, wird abschließend ein Anlass für einen Coachingprozess und dessen Verlauf aufgezeigt.

Berufsorientierung braucht das Lernen in der Arbeitswelt. Schüler benötigen ausreichend Gelegenheit, Einblicke in die Berufswelt zu erhalten und erste Arbeitswelterfahrungen zu sammeln, um damit ihre spätere Berufswahl zu erleichtern (vgl. Bildungsstandards für den Fächerverbund Wirtschaft – Arbeit – Gesundheit 2004). Deshalb bietet die Mustermann-Hauptschule im Rahmen des Konzepts der „Berufswegeplanung" des Bildungsplanes 2004 den Schülern der Klassenstufe 8 die Möglichkeit, ein zehntägiges Betriebspraktikum zu machen. Dieses Praktikum wird mit großem Interesse seitens der Schüler angenommen. Die Schüler sind aufgefordert, den schulfernen Einsatz selbstständig zu organisieren und sich gegenseitig zu unterstützen.

Die Vorbereitung auf das Praktikum erfolgt im Rahmen von Informationsge-
sprächen, an denen sowohl Schüler als auch Lehrer teilnehmen. Hier werden
die Schüler, die ihr Praktikum noch vor sich haben, von den „Heimkehrern"
über die Möglichkeiten der Praktikumswochen informiert. Das Fördern der
Eigenständigkeit und der Teamgedanke stehen dabei im Mittelpunkt. In diesem Jahr haben bereits alle Schüler der 8 a, außer einem, ihre Einsatzpla-
nung abgeschlossen und dies der Klassenlehrerin mitgeteilt. Nur von Kai
Schulz weiß die Klassenlehrerin noch nicht, wo sein Praktikum erfolgen
wird. Kai fällt den Lehrern durch sein engagiertes Auftreten auf. Er möchte
am liebsten auf allen Hochzeiten tanzen. Durch sein vielfältiges Engagement
kommt es schon mal vor, dass er Termine und Hausaufgaben verschwitzt. In
den Situationen, in denen das bisher der Fall war, stieß er in der Regel auf
Verständnis. Mittlerweile sind einige Wochen vergangen, bis zum Betriebspraktikum sind es nur noch 14 Tage. Auf Nachfragen der Lehrerin gesteht
Kai, dass er es noch immer nicht geschafft hat, sich einen Praktikumsplatz
zu organisieren. Er betont jedoch, dass er auf jeden Fall ein Praktikum machen möchte. Deshalb bietet die Lehrerin Kai an, sich mit ihm darüber zu
unterhalten und vereinbart mit ihm einen Gesprächstermin für den nächsten
Tag. Da sie sicher gehen möchte, bei dem Gespräch nicht gestört zu werden,
vereinbart sie mit Kai einen Termin für 17.00 Uhr. Zu dieser Uhrzeit ist in
der Schule wenig los, die nötige Ruhe wird gewährleistet. Bei dem ersten
Gespräch kommt es zu folgendem Gesprächsverlauf.

Lehrerin: *Kai, wie kommt es denn dazu, dass wir heute hier gemeinsam
sitzen? Kannst du mir dein Anliegen mal versuchen zu schildern?*

Kai: *Ja also, wir haben ja in zwei Wochen eigentlich das Betriebspraktikum
und ich hab immer noch keinen Praktikumsplatz gefunden.*

Lehrerin: *Erzähle mir doch bitte mal, was du schon unternommen hast, um
einen Praktikumsplatz zu bekommen?*

Kai: *Also ich hab im Internet nach Betrieben gesucht.*

Lehrerin: *Hmmm, interessant, erzähl weiter…*

Kai: *Ja, ich hab auch schon ein paar gefunden, die mich interessieren würden.*

Lehrerin: *Welche Betriebe haben denn dein Interesse besonders geweckt?*

Kai: *Speziell interessieren mich Schreinereien, denn ich könnte mir gut vorstellen, später ne Ausbildung als Schreiner zu machen.*

Lehrerin: *Was interessiert dich denn so an dem Beruf des Schreiners?*

Kai: *Ich find den Geruch von Holz echt spitze und anfühlen tut es sich auch gut.*

Lehrerin: *Wo hast du denn die ganzen Erfahrungen mit Holz gesammelt?*

Kai: *Mein Opa hat ne kleine Werkstatt im Keller und mit ihm zusammen bastle ich da oft an Holz rum. Wir haben z.B. zusammen mein Bett gebaut. Das macht mir halt viel Spaß und umgehen kann ich auch ganz gut damit.*

Lehrerin: *Da ist ja toll, dass du schon so konkret weißt, was deine Interessen sind und dass du dich dafür auch eignest. Und wie sieht es denn mit Schreinern hier in der Umgebung aus?*

Kai: *Ja, hier gibt es einige Schreinereien, aber ich weiß nicht, ob die Praktikumsplätze anbieten.*

Lehrerin: *Welche Möglichkeiten gibt es denn da, genau das herauszufinden?*

Kai: *Na ja, das Einfachste wäre ja, dass ich dort anrufe.*

Lehrerin: *Ja, genau. Das könnte der richtige Weg sein. Und was genau willst du den Schreiner am Telefon fragen?*

Kai: *Na, das ist es ja. Ich weiß nicht was ich da genau fragen soll und ehrlich gesagt hab ich auch ein bisschen Schiss dort anzurufen.*

Lehrerin: *Wie kommt es denn dazu, dass du Schiss hast, dort anzurufen? Telefonierst du grundsätzlich nicht gerne?*

Kai: *Ja aber hallo, mit meinen Freunden telefonier ich richtig gerne, da hab ich überhaupt keine Probleme.*

Lehrerin: *Na, siehst du, dann hast du doch eigentlich kein Problem, dich am Telefon zu unterhalten. Hast du vielleicht schon mal schlechte Erfahrungen am Telefon mit Fremden gemacht?*

Kai: *Na ja, schon irgendwie. Ich sollte mal nen Termin bei meinem Kieferorthopäden vereinbaren. Und irgendwie ist das dann ganz schön in die Hose gegangen.*

Lehrerin: *Was ist denn da genau in die Hose gegangen?*

Kai: *Ach, ich hab die Arzthelferin nicht richtig verstanden, und dann bin ich an nem falschen Tag hingegangen und hab dann halt noch Ärger mit meiner Mutter bekommen.*

Lehrerin: *Weißt du inzwischen, was du bei dem damaligen Anruf anders hättest machen können?*

Kai: *Na, ich hätte einfach nur sagen müssen, dass ich die Frau nicht richtig verstanden hab und sie bitten, den Termin noch mal zu wiederholen, und außerdem hätte ich mir auch gleich nen Zettel zum Mitschreiben hinlegen sollen....*

Lehrerin: *Hast du denn vielleicht inzwischen eine Idee, was dir helfen könnte, in der Schreinerei anzurufen?*

Kai: *Ich glaube ich sollte mir vorher genau aufschreiben, was ich fragen und sagen will.*

Lehrerin: *Das klingt gut. Dann lass uns doch jetzt besprechen, was wir als Nächstes tun. Also Kai, fang mal an.*

Kai: *Na ja, als erstes sollte ich mir mal überlegen, was genau ich den Schreiner alles fragen und was ich ihm sagen möchte..*

Lehrerin: *Ja, dann schreib dir doch mal bis zu unserem nächsten Gespräch auf, was du den Schreiner alles fragen und was du ihm sagen möchtest. Gemeinsam können wir dann mit Hilfe deiner Fragen und Aussagen einen Gesprächsleitfaden erstellen, so dass du dich bei dem Anruf sicherer fühlst.*

Kai: *Oh ja, dann schaff ich es vielleicht doch noch rechtzeitig einen Praktikumsplatz zu finden. Wann sollen wir uns denn das nächste Mal zusammensetzen?*

Lehrerin: *Hast du übermorgen Zeit? Dann könnten wir uns um die gleiche Uhrzeit wieder hier treffen.*

Kai: *Ja, das passt bei mir. Dann bis übermorgen.*

Soweit der Gesprächsverlauf des ersten gemeinsamen Gesprächs zwischen Kai und seiner Lehrerin. Während des Gesprächs hat sich herausgestellt, dass Kais eigentliches Problem nicht das Finden von möglichen Betrieben ist, sondern er lediglich Angst vor dem Telefonanruf dort hat. Bei dem nächsten Gespräch erarbeiten Kai und seine Lehrerin, auf der Basis von Kais erstellten Fragen und Aussagen, einen ausführlichen Gesprächleitfaden. Anschließend üben sie gemeinsam den bevorstehenden Telefonanruf. Kai weiß jetzt wie er sich am Telefon verhalten soll und gewinnt dadurch ein gewisses Maß an Sicherheit. Kai fühlt sich auf den Telefonanruf gut vorbereitet und kann seiner Lehrerin in einem dritten Gespräch mitteilen, dass er einen Praktikumsplatz gefunden hat.

Was ist eine zeitgemäße Berufsorientierung?
Stellungnahmen verantwortlicher Akteure

Matthias Bürgstein / Eberhard Jung

Einleitung

In den voran stehenden Kapiteln des Sammelbandes wurden aktuelle Herausforderungen an eine zeitgemäße Berufsorientierung, die dazu erforderlichen Konzepte und Strategien zur Stärkung der Ausbildungs- und Arbeitsfähigkeit von Jugendlichen sowie pädagogisch-didaktische Herausforderungen und Elemente von Schulentwicklung aus Perspektive der beteiligten Akteure behandelt. Dabei wurde die Komplexität von Berufsorientierungsprozessen deutlich, wobei der Schwerpunkt der Erkenntnisfindung auf Heranwachsenden lag. Wie die unterschiedlichen Beiträge belegen, verlaufen Prozesse der Berufsorientierung und der Arbeits- und Berufsfindung (Berufswahl) nur selten reibungslos. Denn schließlich geht es um umfangreiche identitätsbildende Lern-, Entwicklungs- und Sozialisationsprozesse, die auf Integration in das Erwerbsleben in einer sich immer schneller wandelnden Arbeits-, Berufs- und Lebenswelt zielen. Auch können diese Prozesse nicht als einmalige und abgeschlossene Aktivitäten von Arbeits- und Berufssuchenden verstanden werden. Vielmehr handelt es sich hierbei um lebenslange und häufig von größeren Brüchen begleitete Entwicklungsvorgänge, die eine Vielzahl von einzeln zu treffenden Entscheidungen enthalten und mehr denn je allokativen Beschränkungen unterliegen.

Für einen Sammelband, der den Anspruch erhebt zeitgemäße Aspekte der Berufsorientierung zu thematisieren und die Aktivitäten verantwortlicher Akteure besser zu vernetzen, ist es unerlässlich, deren Erfahrungen, Wissen und Können in die Erkenntnisfindung und Strategieentwicklung einzubeziehen, um sie so für die Theorie und Didaktik der Berufsorientierung erschließen zu können. Was ist eine zeitgemäße Berufsorientierung? lautete die Leitfrage, die es von allen beteiligten Akteuren zu beantworten galt. Die Leitfrage erwies sich nur auf den ersten Blick als einfach, weshalb sie nicht „ohne weiteres" zu beantworten war und (wie gewünscht) in den entsprechenden Erfahrungshintergrund eingebunden wurde. Es war einfacher aufzulisten, was nicht mehr als zeitgemäß (als überholt) galt, als klare Merkmale und Kennzeichen einer ausgeprägten Zukunftsorientiertheit von Berufsorientierung zu umreißen. Allerdings sollte genau diese Zukunftsorientiertheit angesichts aktueller Herausforderungen als Zielsetzung angestrebt werden, die nur durch zeitgemäße Konzepte und eine bessere Vernetzung relevanter Akteure erreicht werden kann. Für diese gilt es, auf der Grundlage jeweiliger Ansprüche und Bedürfnisse, gemeinsame zielgruppen- und bedarfsgerechte Lösungsstrategien zu entwerfen und zu realisieren.

Der in diesem Zusammenhang notwendige Klärungsbedarf diente als Hintergrund für die abschließende Podiumsdiskussion der Fachtagung „Zwischen Qualifikationswandel und Marktenge: Konzepte und Strategien einer zeitgemäßen Berufsorientierung". Daran beteiligt waren Akteure aus Industrie, Handwerk und Gewerkschaft, der Schule und der Agentur für Arbeit wie auch einer außerschulischen Bildungseinrichtung, die Stellung zur Frage bezogen, was eine moderne Berufsorientierung beinhalte, wie diese konkret auszugestalten sei und welche Veränderungen (nicht nur) im allgemein bildenden Schulwesen einzuleiten seien. So konnten im Diskurs mögliche Antworten entwickelt werden, welche die berufsfindungsbezogene Qualifizierung von Heranwachsenden erfolgreich werden lassen sollte.

Über eine reine Bilanzierung des „aktuellen Standes" der Berufsorientierung hinaus erfolgte eine überaus kritische, gleichzeitig aber auch sachlich-konstruktive Auseinandersetzung mit den einzelnen Standpunkten der Diskussionsteilnehmer, die in ihrer Gesamt- und Bedeutsamkeit (leider) nicht dokumentierbar ist. Auch konnten - wie beabsichtigt - die Konturen einer Berufsorientierung - welche die aktuellen gesellschaftlichen und wirtschaftlichen Herausforderungen zeitgemäß und zukunftsorientiert aufnimmt (auch bei den Zuhörern) merklich geschärft werden. Weiterhin zeigte sich, dass zwischen den Akteuren größere Übereinstimmung bestand als zunächst zu vermuten war. Nicht nur Berührungspunkte wurden deutlich, darüber hinaus ergaben sich große Schnittmengen, welche es als „gemeinsame Nenner" im Rahmen einer innovativen, auf neue Formen ausgelegte Berufsorientierung zu nutzen gilt. Besonderes Nachdenken verursachte dabei die vom Vertreter des Handwerks aufgeworfene Frage, ob das dreigliedrige Schulwesen Baden-Württembergs (Deutschlands) noch den Ansprüchen einer modernen Arbeits- und Berufswelt gerecht werde?

Nachstehend werden die Stellungnahmen der Podiumsteilnehmer dokumentiert. Sie verdichten den Informationsgehalt der Aussagen auf die Leitfrage. Ziel war es, Merkmale und Kennzeichen einer zeitgemäßen Berufsorientierung herauszustellen, um Heranwachsenden einen erfolgreichen Übergang von der Schule in die Arbeitswelt ermöglichen zu können.

Gerhard Feldmann - Kreishandwerkerschaft Karlsruhe

1 Ausgangssituation

Berufsorientierung muss zeitgemäß sein, um Jugendliche und junge Erwachsene erfolgreich ins Arbeits- und Berufsleben - und damit auch in die Gesellschaft - integrieren zu können. Daraus resultieren seitens des Handwerks und hier insbesondere aus Sicht der technischen Berufe die folgenden Forderungen bezüglich einer den aktuellen Gegebenheiten angepassten schulischen Berufsvorbereitung.

2 An eine zeitgemäße Berufsorientierung gestellte Forderungen

2.1 Frühzeitige Kontakte zur Arbeits- und Berufswelt anbahnen

Es geht mit Blick auf die Schüler/innen im Wesentlichen darum, dass diese so früh wie möglich an die Arbeits- und Berufswelt herangeführt werden. Diese Forderung kann bereits spielerisch im Kindergarten oder mit Beginn der Schulzeit in der ersten Klasse eingelöst werden. Spätestens mit zehn Jahren muss Schüler/innen ein engerer Kontakt zu Berufen - nicht nur des Handwerks - ermöglicht werden. Unter anderem können Schüler/innen so bereits von Kindesbeinen an nachhaltig mit Technik vertraut gemacht werden und diese als unverzichtbaren Bestandteil nicht nur von Arbeit und Beruf, sondern des ganzen Lebens begreifen.

2.2 Zusammenarbeit zwischen Handwerk und Schule zielstrebig ausbauen

Um diese Forderungen so weit wie möglich einzulösen, ist eine enge Partnerschaft mit den Schulen notwendig. Daraus ergibt sich eine weitere Grundbedingung einer zeitgemäßen Berufsvorbereitung: Die Kooperation zwischen Handwerk und Schule muss nachhaltig ausgebaut werden. Das Handwerk ist dazu bereit, intensive Partnerschaften mit Schulen aufzubauen und eine enge Verzahnung anzustreben. Allerdings ist es hierbei unabdingbar, dass die Schulen auf einzelne Betriebe zugehen und diese als gleichberechtigt akzeptieren. Nur wenn externe Fachleute aus Betrieben und Berufsverbänden den Unterricht bereichern, kann den Schüler/innen authentisch und wirklichkeitsnah gezeigt werden, was einzelne Berufe und Tätigkeitsfelder ausmacht. Das bedeutet für jede Schule: Es muss ein möglichst großer Pool an Betrieben aufgebaut werden, auf den bei entsprechenden Anlässen - wie zum Beispiel bei Praktika oder Erkundungen - zurückgegriffen werden kann. Und auch wenn bereits eine nicht unerhebliche Zahl an Partnerschaften besteht, so ist es doch überaus sinnvoll, diesen Kreis stetig zu erweitern. So ist es nicht notwendig, immer bei den gleichen Betrieben anzufragen, wodurch sich für diese eine Entlastung einstellt, da zeitliche und personelle Kapazitäten nicht überbeansprucht werden.

2.3 Auch Schüler/innen in die Pflicht nehmen

Auch die Schüler/innen müssen sich aktiv einbringen. Besonders ein Mehr an Anstrengungs- und Leistungsbereitschaft gilt es von den Schulabgänger/innen einzufordern. Die klassischen Arbeitstugenden wie Ausdauer und Fleiß, Sorgfalt und Genauigkeit, aber auch pünktliches Erscheinen und angemessene soziale Umgangsformen sind aktueller denn je. Jedoch können diese keineswegs mehr als selbstverständlich vorausgesetzt werden, denn das Engagement vieler Schulabgänger/innen bzw. Auszubildenden lässt oft zu wünschen übrig. Auch hier muss eine zeitgemäße Berufsorientierung ansetzen.

2.4 Stärkung der Fächer Deutsch und Mathematik sowie von Fächerverbünden mit Berufswahlbezug

Ferner bedarf es einer Stärkung der Fächer Deutsch und Mathematik. Diesbezüglich zeichnen sich seit geraumer Zeit erste positive Entwicklungen ab, die es konsequent voranzutreiben gilt. Nur Schüler/innen, die hier zumindest befriedigende Leistungen erbringen, haben gerade in einem technischen Beruf überhaupt Aussichten auf einen Ausbildungsplatz. Gleiches gilt für die allgemein bildenden Fächer Wirtschaftslehre und Gemeinschaftskunde bzw. für die neuen Fächerverbünde, in denen die beiden genannten Fächer seit dem 2004 eingeführten Bildungsplan in Baden-Württemberg aufgegangen sind.

2.5 Auch schwache Schüler/innen brauchen realistische Chancen am Ausbildungs- und Arbeitsmarkt

Obwohl derzeit viel von Leistung gesprochen wird, dürfen auch schwache Schüler/innen, die zwar wollen, aber einfach nicht können, keinesfalls übergangen werden. Auch diese Schüler/innen haben eine Chance verdient, selbst wenn der Facharbeiterbrief nicht auf Anhieb erreicht werden kann. Es sind deshalb Handwerksberufe mit zweijähriger Ausbildung als Einstiegsmöglichkeit dringend notwendig, da nach dem Ende der Ausbildung noch der Facharbeiterbrief nachgeholt werden kann. Der Umstand, dass erhebliche Verdrängungsmechanismen in den letzten Jahren im Zusammenhang mit Ausbildungswegen eingetreten sind - immer mehr Abiturienten/innen beanspruchen Ausbildungswege, die ursprünglich für Realschüler/innen gedacht waren, während Realschüler/innen wiederum in Berufe drängen, in denen früher vorwiegend ehemalige Hauptschüler/innen eine Anstellung fanden - macht den Blick auf diese Schülergruppe um so wichtiger.

2.6 Ein Mehr an Realbegegnungen für Lehramtsstudierende und Lehrkräfte

Zu fordern ist auch eine veränderte Lehrerausbildung und -fortbildung. Studienordnungen, die verstärkt Betriebspraktika in die einzelnen Studiengänge bzw. Studienfächer integrieren sind hier von Nöten. Praktika sind aber auch für Lehrer/innen sinnvoll, die bereits an einer Schule unterrichten, da nur so die Wirklichkeit einer sich immer schneller wandelnden Arbeits- und Berufswelt Schüler/innen näher gebracht werden kann.

2.7 Abschaffung des dreigliedrigen Schulsystems

Die letzte aber wichtigste Forderung des Handwerks lautet: Weg mit dem dreigliedrigen Schulsystem zugunsten einer Trennung der Schüler/innen erst nach dem neunten Schuljahr! Erst wenn diese letzte Forderung erfüllt wird, kann Berufsorientierung die größte Effektivität entfalten.

Thomas Giessler - Deutscher Gewerkschaftsbund Baden-Württemberg, Stuttgart

1 Ausgangslage

Zuerst einige Worte zur momentanen Situation der Berufsorientierung: Die heute für Heranwachsende vorhandenen Maßnahmen und Programme zur ergebnis- und zielorientierten Unterstützung von Berufswahlprozessen sind zahlreich.

In der Hauptschule ist es die Unterrichtseinheit Orientierung in Berufsfeldern, mit deren Hilfe eine berufswahlbezogene Qualifizierung der Schüler/innen erreicht werden soll. Seit bald 25 Jahren wird zur Erlangung persönlicher Berufswahlkompetenz das regelmäßig und zuletzt mit dem Bildungsplan 2004 aktualisierte BORS-Programm an den Realschulen durchgeführt. Das Gymnasium versucht im Rahmen von BOGY das Berufswahlverhalten von Schüler/innen vorteilhaft zu fördern. Hier geht es auch um eine Studienorientierung.

Die derzeitigen Aktivitäten sind umfangreich und auch wirksam. Es finden unter anderem Praktika und Betriebserkundungen, Trainingsmodule zum Vorstellungsgespräch und zum Schreiben von Bewerbungen sowie intensive Gespräche mit Berufsberatern statt. Vor allem wenn Schüler/innen die gewohnte Umgebung des Klassenzimmers verlassen und sich in Betriebe oder größere Unternehmen begeben, entstehen vor Ort - in der Arbeitspraxis - wichtige Primärerfahrungen, die in der Folge auf das Berufswahlverhalten positiv einwirken können.

Trotz allem sind auch einige Defizite deutlich erkennbar, welche zur Frage führen, wann Berufsorientierung als zeitgemäß gelten kann. Hier lassen sich die folgenden Merkmale ausmachen, an deren Verwirklichung sich eine Berufsorientierung, welche den Bedürfnissen und Ansprüchen der heutigen Arbeits- und Berufswelt gerecht werden will, ausdrücklich orientieren muss.

2 Merkmale einer zeitgemäßen Berufsorientierung

2.1 Vorhandene Möglichkeiten besser nutzen

Sowohl inner- als auch außerschulisch existiert bereits eine Fülle an Möglichkeiten zur Förderung der Berufsorientierung von Heranwachsenden. Diese Möglichkeiten gilt es noch nachhaltiger als bisher zu nutzen, damit alle – also auch leistungsschwache Schüler/innen bzw. Jugendliche mit einem besonderen Förderbedarf – sinnvoll in das Arbeits- und Wirtschaftsleben integriert werden können. Wie dies verwirklicht werden kann, z.B. durch den verstärkten Aufbau von Netzwerken, muss individuell von den jeweils vor Ort anzutreffenden Akteuren unter Einbeziehung der Sozialpartner entschieden werden.

2.2 Berufsorientierung muss früh im Kindesalter einsetzen

Bereits im Kindergarten, spätestens jedoch in der Grundschule, gilt es eine an den kognitiven, sozialen und motorischen Entwicklungsstand angepasste Berufsorientierung umzusetzen. Da sowohl im Kindergarten als auch in der Schule bisher nur rudimentär berufsorientierend gearbeitet wird, bestehen in beiden Einrichtungen noch erhebliche Potentiale, die es auszuschöpfen gilt. Neue Konzepte müssen aber hier erst noch größtenteils erarbeitet werden.

2.3 Mehr Techniklehrer/innen in die Grundschule

Ein weiteres wichtiges Merkmal einer zeitgemäßen Berufsorientierung ist: Es müssen mehr Techniklehrer/innen in der Grundschule arbeiten. Mit ihrer Hilfe soll das kindliche Verständnis für einfache technische Zusammenhänge gestärkt werden. Hier sind zwar einige Grundschulen mit schulinternen Curricula bereits auf einem guten Weg, aber allgemein muss festgestellt werden, dass noch ein beträchtlicher Nachholbedarf besteht.

2.4 Genderperspektive stärker als bisher mit einbeziehen

Betriebe und Unternehmen verlangen immer mehr weibliche Mitarbeiter - auch in technischen Berufen sind Frauen bereits heute sehr gefragt. Die Erhöhung des Frauenanteils begründet sich unter anderem in der demographischen Entwicklung der nächsten Jahrzehnte. Deshalb gilt es Konzepte zur Berufsorientierung auszuarbeiten, welche verstärkt die Genderperspektive berücksichtigen. Das heißt beispielsweise: Die Trennung der Fächer Technik und Hauswirtschaft hat in der Hauptschule dazu geführt, dass Mädchen sich in erster Linie auf hauswirtschaftliches Arbeiten fokussiert haben. Daraus ergibt sich in vielen Fällen ein verengtes Berufswahlverhalten. Dies hat dazu beigetragen, dass sich derzeit etwa die Hälfte aller Schulabgänger/innen auf ungefähr 10 Berufe verteilt. Neue Konzeptionen zur Berufsorientierung müssen derartiges vermeiden, um beiden Geschlechtern gerecht zu werden.

3 Fazit

Alle Ansätze einer verbesserten Berufsorientierung laufen allerdings ins Leere, wenn nicht genügend Ausbildungsplätze zur Verfügung gestellt werden. Wenn auch wie in diesem Jahr (Stichtag: 30.09.2007) von 83.000 Jugendlichen, die sich bei den Arbeitsagenturen gemeldet haben, nur 37.000 in Ausbildung vermittelt werden können, dann hilft die beste Berufsorientierung nicht das Problem zu lösen (vgl. Bundesagentur für Arbeit, Regionaldirektion BW 2007).

Auch der Weg von zweijährigen Ausbildungsgängen ist keine Lösung. Denn statt weniger braucht die Gruppe der Jugendlichen mit erhöhtem Förderbedarf ggf. mehr Zeit für eine qualifizierte Ausbildung. Dass den Jugendlichen, bei erfolgreicher Absolvierung einer zweijährigen Ausbildung, der Rechtsanspruch verwehrt wird, die Ausbildung im gleichen Betrieb in drei bzw. dreieinhalb Jahren zu beenden, zeigt, wie scheinheilig die Argumente der Befürworter/innen aus der Wirtschaft sind. Das ist ein Indiz dafür, dass diese Befürworter/innen die zweijährige Ausbildung als Selektionsmittel oder Kosteneinsparungsinstrument sehen.

Stephan Kammerer – Industrie- und Handelskammer Karlsruhe

1 Ausgangssituation

Die Wirtschaft braucht qualifizierte Fach- und Führungskräfte, um die wachsenden Anforderungen der Arbeitswelt zu meistern. Der Bedarf an gut ausgebildeten Fachkräften wird in den kommenden Jahren deutlich steigen. Bedingt durch den demographischen Wandel wird die Suche immer schwieriger. Die Jugend muss daher bestmöglich auf die Berufs- und Arbeitswelt vorbereitet sein.

Für die Unternehmen ist die Verbesserung der Ausbildungsreife ein entscheidender Faktor. Erstens steigen die Anforderungen in den einzelnen Ausbildungsberufen, zweitens werden höhere Ansprüche an das Leistungsniveau der Ausbildungsplatzbewerber gestellt. Der zukünftige Auszubildende sollte die allgemeinen Merkmale der Bildungs- und Arbeitsfähigkeit erfüllen und die Mindestvoraussetzungen für den Einstieg in die berufliche Arbeitswelt mitbringen.

Die eigentliche Kernfrage lautet nun: „Wie können wir die Ausbildungsreife verbessern, wie können wir unsere Schulabgänger/innen auf die Berufswahl vorbereiten, dass sie die Voraussetzungen für die Aufnahme in die Berufsausbildung erfüllen?"

2 Strategie

Schulische Berufsorientierung muss zeitnah und prozessorientiert ab der 5., spätestens ab der 7. Schulklasse ansetzen. Ab diesem Zeitpunkt muss eine Kooperation von Schule und Betrieb angestrebt werden. Diese Kooperationen müssen einen Bezug zu Unternehmen und Schulen der Region wie auch zu Unternehmen, die überregional tätig sind herstellen. Bei diesen Unternehmen, „Global Playern", soll besonders der Gedanke der Globalisierung und Internationalisierung hervorgehoben werden. In diesem Zusammenhang sind die folgenden drei Voraussetzungen zu erfüllen:

2.1 Professionalität der Lehrkräfte für das Lernen in der berufsorientierten Phase stärken

Berufsorientierung muss in jedem Schulprogramm verankert sein. Sie ist Kern- und Querschnittsaufgabe für alle Lehrkräfte und muss fachübergreifend wahrgenommen werden. Die Schule trägt Verantwortung dafür, dass am Ende der Schulzeit grundlegende Kompetenzen beherrscht werden. Im Alter zwischen 10 und 16 Jahren werden Kenntnisse und Fähigkeiten erworben, die eine kritische und konstruktive Auseinandersetzung mit den Gesetzmäßigkeiten von Natur und Gesellschaft ermöglichen. Die Jugendlichen grenzen sich ab und suchen eine eigene Identität. Dabei wird vieles in Frage gestellt, auch der Sinn und die Lebensrelevanz dessen, was man in der Schule lernt. Deshalb sind professionell ausgebildete Lehrkräfte in diesem Entwicklungsabschnitt besonders wichtig. Sie müssen den Umgang mit den psychischen und physischen Besonderheiten in diesem Alter gelernt haben. Ihre Erziehungskompetenz ist genauso gefragt wie die Fähigkeit, Unterricht anschaulich, realitätsnah und anwendungsorientiert zu gestalten. Hohe Priorität muss bis zum Ende der 10. Klasse ein konsequent angewendetes Klassenlehrerprinzip haben. Den Schüler/innen müssen die vertrauten Bezugspersonen über einen möglichst langen Zeitraum erhalten bleiben.

Eine fundierte Berufsorientierung muss über mehrere Schuljahre kontinuierlich aufgebaut werden. Ab der 5., spätestens ab der 7. Klasse müssen die Schüler/innen stetig an die Arbeitswelt herangeführt und mit verschiedenen Berufen vertraut gemacht werden. Wichtig ist die Fähigkeit zur Selbsteinschätzung, die das Bewusstsein über die eigenen Stärken und Schwächen einschließt. Insofern leistet Berufsorientierung einen wesentlichen Beitrag zur Ausbildungsreife. Neben einer soliden Basis von fachlicher, sozialer und methodischer Kompetenz bedeutet Ausbildungsreife auch, Ausbildung und Beruf als Teil des Lebens zu begreifen, der gestaltbar ist und für den Jugendlichen selbst Verantwortung zu übernehmen. Regelmäßige Kontakte zur Arbeitswelt, z.B. in Form von Praktika können dazu einen wesentlichen Beitrag leisten. Im Rahmen des Ausbildungspaktes wurde ein Leitfaden erstellt, wie Kooperationen zwischen Schulen und Unternehmen gestaltet werden können (vgl. DIHK 2007: 5).

Die IHK Karlsruhe unterstützt z.B. die Pädagogische Hochschule Karlsruhe durch die Beteiligung an Ringvorlesungen, um Studierende für die positive Bewältigung von Übergangsproblemen ihrer zukünftigen Lernenden zu qualifizieren.

2.2 Schulen brauchen eine ausreichende Finanzierung durch die Länder

Ausgaben für Bildung sind Investitionen in die Zukunft. Deshalb müssen die finanziellen Spielräume, die durch den demographisch bedingten Rückgang der Schülerzahlen entstehen, für Qualitätsverbesserungen genutzt werden. Die Mittel sollten für eine Qualitätsverbesserung des Lernens und Lehrens und für eine gute bauliche wie sachliche und personelle Ausstattung der Schulen und Kindergärten verwendet werden. Ein effizienter Einsatz der knappen Ressourcen versteht sich dabei von selbst. Die Länder müssen ihre durch die Föderalismusreform gewonnene Verantwortung im Interesse der gesamten Gesellschaft ernst nehmen und ihre Ressourcen in der Bildung konzentrieren (vgl. DIHK 2007: 2).

2.3 Bildung von Lernpartnerschaften

Unter Lernpartnerschaft verstehen wir Intensivbeziehungen zwischen Schulen und Nachbarunternehmen. Diese Beziehung ist geprägt durch reale Begegnungen, einen langfristig angelegten Dialog und die gemeinsame Auseinandersetzung mit wirtschaftlichen und arbeitsweltbezogenen Fragestellungen unter dem Gesichtspunkt, was man voneinander und miteinander lernen kann. Lernpartnerschaften bringen neue Themen, praxisorientierte Wirtschaftsinhalte und innovative methodische Zugänge in die Schule und ermöglichen den Schüler/innen authentische Einblicke in Unternehmen. Damit zeigen sich direkte Anknüpfungspunkte an die aktuelle Debatte um Schulentwicklung, Schulprogramme und Schulprofile.

Lernpartnerschaften sind dann für alle Beteiligten erfolgreich, wenn sie als „win-win-Situation" ausgelegt sind und nicht als einseitige Patenschaften verstanden werden: Beide Seiten begegnen sich auf „Augenhöhe" bei der Entwicklung und Gestaltung gemeinsamer Aktivitäten. Betriebliche und arbeitweltbezogene Themen werden gemeinsam bearbeitet und lassen sich im Fachunterricht oder in fächerübergreifenden Projekten durch das konkrete Partnerunternehmen anschaulich und authentisch verdeutlichen. Der Aufbau einer Lernpartnerschaft entwickelt sich über mehrere Schritte – von einem ersten Abgleich der Interessen und Erwartungen bis hin zur Verabschiedung einer Kooperationsvereinbarung (vgl. KURS 21 2006). Beide Seiten haben davon Vorteile.

Das Unternehmen profitiert von:

- der verbesserten Qualität der Bewerbungen um Ausbildungsplätze im Unternehmen,
- hoch motivierten Auszubildenden,
- einem positiven Image als Unternehmen, das seine Verantwortung für die Region wahrnimmt,
- der stärkeren Identifizierung von Mitarbeitern und Anwohnern mit dem Unternehmen.

Die Schule profitiert von:

- einem stärkeren an der Praxis orientiertem Unterricht und motivierten Schülerinnen und Schülern,
- der besseren Vorbereitung der Schülerinnen und Schülern auf das Berufsleben,
- der Aufwertung des Schulprofils durch die systematische Zusammenarbeit mit den Unternehmen.

Peter Seibel - Christliches Jugendwerk Deutschlands e.V., Maximiliansau

1 Zu den bestehenden Förder- und Unterstützungsmaßnahmen

Es besteht seit den 1980er Jahren eine kontinuierlich aufgebaute Förder- und Unterstützungsstruktur für Jugendliche, denen der direkte Weg in eine berufliche Ausbildung nicht ohne Unterstützung gelingt. Es hat sich - in der Regel über die Arbeitsverwaltung gefördert - ein Instrumentarium entwickelt, das basierend auf 25 Jahren Entwicklungszeit sozialpädagogisch intendierte Unterstützungsleistungen für Jugendliche mit besonderem Förderbedarf organisiert, wie ausbildungsbegleitende Hilfen oder Berufausbildung in außerschulischen Einrichtungen. Diese „Maßnahmen" sind wirksam. Es ist hier eine Professionalität entstanden, eine ganze Reihe Begrifflichkeiten wurde praktisch unterlegt wie z.B. Kompetenz- statt Defizitansatz, zielorientierte individuelle Förderplanung, Übergangsbegleitung, Praxisphasen im Betrieb, enge Zusammenarbeit mit Betrieben etc., die auch in der aktuellen Diskussion eine Rolle spielen. Nutzen wir diese Erfahrungen.

2 Förder- und Unterstützungsmaßnahmen im Zusammenhang mit einer zeitgemäßen Berufsorientierung

Wäre es dann nicht ein Einfaches, diese Erfahrungen und Konzepte auf eine zeitgemäße Berufsorientierung zu übertragen, wenn für diesen Bereich so erheblicher Handlungsbedarf formuliert wird? Die Antwort lautet: „Jein!". Diese Angebote werden als nachschulische Reparaturinstrumente eingesetzt für alle diejenigen, die über das reguläre System Schule nicht den Zugang zu Ausbildung und Beruf erreicht haben. So passen sie ins Setting und können ihre Wirkung entfalten (sie wirken curativ). Da aber nach wie vor vielen Schüler/innen ein erfolgreicher Übergang ins Berufsleben gelingt, würde eine 1:1 Übertragung den Kundenkreis sozialpädagogischer Berater/innen aufblähen.

3 SoGehts!-Konzept als Präventionsmaßnahme

Zur Bewältigung der „Krise" im Regelbereich sind präventive Methoden und Verfahren erforderlich. Forschungen zeigen, dass Einzelmaßnahmen zur Berufsorientierung nicht wirklich nachhaltig wirken. Erfolgreiche Programme orientieren sich gezielt an den Bedürfnissen der Jugendlichen und ihrer tatsächlichen Lebenswelt. Fehlende Informationen und Ressourcen, Zeitmangel und auf Freiwilligkeit basierende Angebote in der Berufsorientierung auf der einen Seite und die Ausbildungs- und Arbeitssituation auf der anderen Seite fordern ein Mehr an Engagement und Einsatz bei Lehrkräften, Eltern, Jugendlichen und Ausbildungsbetrieben.

Im Rahmen der Entwicklungspartnerschaft „START – Netzwerk für neue Formen des Berufsstarts in der Region Südpfalz und Karlsruhe" wurde von dem Teilprojekt Equal START Karlsruhe das SoGehts!-Konzept entwickelt. SoGehts! fordert nicht, sondern entlastet Lehrkräfte, unterstützt Jugendliche, bindet Eltern mit ein und schafft Kontakte zu den Schnittstellen in der Berufsorientierung, zu Unternehmen und Betrieben. SoGehts! ist ein präventives und frühzeitig einsetzendes Konzept, das in 6 Bausteinen über das ganze Schuljahr aufbaut und damit die Schüler/innen motiviert ihren Ausbildungsweg zu gehen. SoGeht's! ist nicht als Methode neu, sondern es setzt so an, dass Schule bzw. Lehrer/innen wieder erfolgreich arbeiten können. Das ist neu.

4 Notwendigkeit der Zusammenarbeit aller in einer Region

Der Übergang Schule Beruf ist gekennzeichnet durch Zuständigkeitssegmente. Schule regelt nur Schule, die Ausbildung findet losgelöst davon statt, jeder Bereich versucht die Probleme für sich zu lösen etc. Es fehlen vernetzte Lösungen und eine Abstimmung der Strategien. Die vermeintliche Vielfalt und unterschiedliche Zuständigkeiten verunsichern alle Beteiligten. Es bedarf daher einer besseren Zusammenarbeit aller in einer Region. Diese kann wie folgt gestaltet sein:

4.1 Netzwerkarbeit

Alle Akteure haben sich in einem Netzwerk zusammengefunden und arbeiten nachhaltig zusammen. Hauptaufgabe des Netzwerkes ist die Formulierung und Abstimmung einer regionalen Strategie. Dies führt zu mehr Transparenz, ordnet die verschiedenen Ansätze und stellt die Basis für ein wirkungsvolles Agieren dar.

4.2 Regionales Rahmenfachkonzept zur Berufsorientierung

Schulaufsicht und Schulträger haben gemeinsam mit Partnern aus dem Netzwerk und Lehrer/innen ein regionales Rahmenfachkonzept zur Berufsorientierung (Schule) erstellt. Es dient den Schulen, Lehrkräften und Kooperationspartnern als Orientierungsrahmen. In den einzelnen Schulen haben Beauftragte für Berufsorientierung / Berufswahlkoordination die Aufgabe der schulinternen Koordination und der Abstimmung mit allen externen Partnern übernommen und bilden die Schnitt- und Kontaktstelle Schule – Region.

4.3 Standardinstrumente

Die Region hat sich auf Standardinstrumente geeinigt, die alle Akteure kennen und mit denen sie arbeiten können. Beispiele für solche Standardinstrumente sind: Berufswahlpass für Schüler/innen, eine gemeinsame Infoplattform (Wer macht was? Wo finde ich? Was bedeutet?), Rahmenkonzeptionen für Schulen, für Partner, für Träger, für Betriebe oder individuelle Förderpläne.

4.4 Fachkonzept „Erfolgreiche Übergänge"

Es besteht Konsens darüber, dass die Chancen für erfolgreiche Übergänge gemeinsam und abgestimmt gestaltet werden müssen. Dazu wird gemeinsam mit allgemein bildenden Schulen, Berufschulen, Trägern der Jugendberufshilfe und Betrieben ein passgenauer regionaler Angebotskatalog von ergänzenden (überbrückenden) Maßnahmen gestaltet. Die Angebote werden unter Nutzung der vorhandenen Ressourcen bedarfsgerecht umgesetzt und ergeben ein aufeinander aufbauendes, abgestimmtes Übergangssystem. Ziele sind die Förderung der Ausbildungsreife, die kontinuierliche Erweiterung von Beschäftigungsfähigkeit, der Erwerb von Teilqualifikationen (Kompetenzen) und der Anschlussbezug.

4.5 Ausbildungsfähigkeit der Betriebe stützen

Es werden gezielt Maßnahmen umgesetzt, die auch die Ausbildungsfähigkeit der Betriebe stützen und entsprechende Rahmenbedingungen (duales System) schaffen. Die Partner verfolgen das Primat der betrieblichen Praxis im dualen Ausbildungssystem. Andere Ausbildungsformen (überbetrieblich oder schulisch) werden bei Bedarf eingerichtet. Kooperative Ausbildungsformen, Ausbildungsverbünde und Ausbildungsnetzwerke werden gefördert. Eine finanzielle Ausbildungsplatzförderung wird mit Bedingungen verbunden. Es gibt eine gemeinsame Strategie, wie potentielle Ausbildungsbetriebe angesprochen und für die duale Ausbildung gewonnen werden. Dabei werden auch Schüler/innen als Botschafter/innen für Ausbildung eingesetzt.

4.6 Übergang Beruf/Beschäftigung

Zur Vermeidung von Arbeitslosigkeit nach der Ausbildung werden präventiv Aktivitäten gestartet: Information und Beratung über Berufsperspektiven, Instrument Arbeitsplatz-Börse (gleiches Verfahren wie bei Ausbildungsplatzbörse), gezielte Vermittlung „Auf die Walz" zur Gewinnung von ergänzender Berufspraxis durch einen Beschäftigungseinstieg in andere Branchen, überregional oder im Ausland, Fort- und Weiterbildung und gezielte Förderung von Selbstständigkeit.

4.7 Individuelle Begleitung und Coaching

Berufsorientierung und der Einstieg in den Beruf sind ein individueller Prozess, in dem allgemeine Lebensfragen tangiert sind. Die individuelle Begleitung ist daher eine Aufgabe, die von speziell geschulten Mitarbeiter/innen durchgeführt werden muss. Die Akteure der Region müssen diese Ansicht teilen. Dabei werden Rahmenbedingungen geschaffen, die es ermöglichen, dass Jugendliche und insbesondere Jugendliche mit Förderbedarf durchgängig, angebots- und maßnahmeübergreifend einen/eine Ansprechpartner/in finden können. Das Angebot wird wie folgt gestaltet: individuell und fallbezogen, anschlussorientiert, flexibel (nicht jeder benötigt die gleiche Unterstützung), Förderung von Empowerment, modularer Aufbau, aktive Suche nach Alternativen (bürgerschaftliches Engagement, Projekte, Austausch, Auslandserfahrungen, Selbstständigkeit).

Jochen Wagner - Agentur für Arbeit Karlsruhe

1 Allgemeine Zielsetzungen von berufsorientierenden Maßnahmen

Eine zeitgemäße Berufsorientierung ist unverzichtbar für die Weiterentwicklung der Bildungswirtschaft. Grundsätzlich verläuft dabei der Prozess der Berufwahl erst einmal ganz einfach, da eigentlich nur zwei Fragen zu beantworten sind. Die erste Frage lautet: „Was will und kann ich?" Und die zweite heißt: „Was gibt es?" Berufsorientierung gibt im Wesentlichen Antwort auf letzteres. Berufsorientierung soll hierbei:

- Ein breit angelegtes Spektrum von Informationsmöglichkeiten (Veranstaltungen, mediale Angebote aller Art u.a.) bieten,
- auf aktuellen Informationen aufbauen und absehbare Entwicklungen berücksichtigen,
- sowohl theoretische – das Reden über – wie auch praxisorientierte – das selber Tun – Ansätze verfolgen und
- ein Kooperationsprodukt aller (Schule, Wirtschaft, Politik, BA, usw.) sein.

Dann ist Berufsorientierung eine gute Grundlage für die individuelle Entscheidung des/ der Berufswählers/Berufswählerin.

2 Berufsorientierung als Problemfall

Aber wir sollten dabei bedenken: Seit mindestens vierzig Jahren wird die Unterstützung der Berufswahl intensiv weiterentwickelt. Das Ergebnis scheint eine größere Verunsicherung der Jugendlichen als je zuvor zu sein. Viele Schüler/innen wissen weniger denn je, wie sie sich entscheiden sollen. Wir sollten uns also mit Paul Watzlawick fragen: „Machen wir immer mehr von demselben?"

Vor diesem Hintergrund drängt sich der Eindruck auf, dass vor allem diejenigen Schüler/innen von Berufsorientierung profitieren, die am wenigsten darauf angewiesen sind.

3 Kennzeichen einer zeitgemäßen Berufsorientierung

Vielleicht sollten wir uns die Frage stellen, was eine zeitgemäße Vorbereitung der Berufswahl ist, also den Blickwinkel über den Begriff „Berufsorientierung" hinaus erweitern. Berufsorientierung muss nämlich weniger in Richtung einer reinen Orientierung weiterentwickelt werden, vielmehr gilt es die folgenden Grundsätze nachhaltig einzubeziehen:

- Zeitgemäß ist die Stärkung des einzelnen Jugendlichen, damit er oder sie die Aufgabe Berufswahl für sich optimal bewältigen kann.

- Zeitgemäß ist es, den Jugendlichen klar zu machen, dass sie die Verantwortung für das eigene Leben übernehmen (müssen), ob sie wollen oder nicht.
- Zeitgemäß ist es, das Elternhaus als wichtigsten und unmittelbarsten Bezugspunkt für die Entwicklung der Jugendlichen mit einzubeziehen und zu stärken.

Das alles ist zwar sehr personalaufwändig, da es sich immer um eine individuelle Arbeit handelt, aber von einer zeitgemäßen Berufsorientierung ist die Integration des Einzelnen in die Gesellschaft abhängig. Und immer wieder: An der Verbesserung und Optimierung des jeweils eigenen Anteils an und Beitrags zur Berufsorientierung muss gearbeitet werden. Das Motto lautet dabei: „Wir dürfen keinen verlieren!" Wenn das gelingt, dann leistet die Berufsorientierung ihren unverzichtbaren Beitrag für die Weiterentwicklung unserer Gesellschaft.

Wolfgang Wiegand – Ludwig-Uhland-Schule Birkenfeld

1 Zeitgemäße Berufsorientierung erfordert eine individuell orientierte Konzeption

Aus Sicht der Schule hat zeitgemäße Berufsorientierung (BO) mehrere Bedingungen zu erfüllen, welche sich an der einzelnen Schule selbst, am bildungspolitischen Kontext und an den regionalen, wirtschaftlichen Strukturen orientieren. Aufgrund der strukturellen Unterschiede zwischen den einzelnen Hauptschulen ist eine jede Schule gefordert, eine eigene Konzeption der BO zu erstellen.

- Zeitgemäße BO kann nur noch eine individuell orientierte BO sein - individuell bezogen auf den/die Schüler/in und individuell, im Sinne der Passung zwischen der einzelnen Schule und ihrer Region.
- Dies bedeutet, dass jede Schule eine Bedarfsanalyse erstellen sollte. Wo liegen die Probleme? Was brauchen die Schüler/innen? Was braucht die Schule? Welche Anforderungen haben die regionalen Ausbildungsbetriebe?
- Damit verbunden ist die Notwendigkeit, dass jede Hauptschule eine Beteiligtenanalyse erstellt. Welche Personen und Institutionen können in das Konzept der BO integriert werden? Wer (Person, Betrieb oder Institution aus dem Umfeld der Schule) kann welchen Beitrag leisten?
- Die jeweilige Schule sollte eine schriftlich fixierte Konzeption der BO erstellen.

2 Die Intentionen und Inhalte einer individuell und regional orientierten Konzeption

Die Konzeption einer zeitgemäßen BO muss mehrere Aspekte umfassen: Praktika, berufsorientierenden Unterricht, sozialpräventive Maßnahmen, persönlichkeitsbildende und einstellungsmodifizierende Aktivitäten, praktisch bzw. technisch orientierten Unterricht und individuelle Lebensbegleitung. Diese sind orientiert an den Intentionen der schulspezifischen BO.

- Die Vielfalt der Aktivitäten muss die stringente Umsetzung der Intentionen der schulspezifischen Konzeption der BO sein.
- Im Bereich des Kerncurriculums muss der Intention der erweiterten Kompetenzentwicklung in den Bereichen Deutsch, Mathematik, Englisch und Informatik größere Bedeutung zugewiesen werden.
- Die Intention der Förderung der sozialen und personalen Kompetenzen durch sozialpräventive und persönlichkeitsbildende Aktivitäten muss einen gleichwertigen Part innerhalb der Konzeption der BO darstellen.

- Die Intentionen des Erlebens der Berufswelt sind spätestens ab der Klassenstufe 5/6 durch gezielt ausgewählte, über die verschiedenen Schuljahre systematisch organisierte und schulintern reflektierte Praktika zu realisieren.
- Die Intention einer praktischen bzw. technisch orientierten Bildung ist durch die Einführung von Technikunterricht in der Grundschule und zusätzlichen Technikunterricht in den Klassenstufen 5-9 umzusetzen.
- Die Intention der individuellen Berufswahlbegleitung und Lebensbegleitung muss durch eine verstärkte Elternarbeit oder durch ausgewählte externe Experten erreicht werden.

3 Zeitgemäße Berufsorientierung nutzt die vielfältigen Chancen einer Ganztagesschule

Im Kontext des derzeitigen Booms beim Aufbau von Ganztagesschulen ist die Differenzierung zwischen der Ganztagesschule als „Offener Ganztagesschule", als „Tagesheimschule" und dem älteren Modell der „Ganztagesschule als Unterrichtsschule" zu beachten (vgl. Ladenthin/Rekus 2005).

- Eine Ganztagesschule als Unterrichtsschule bietet die zeitlichen und organisatorischen Möglichkeiten, verstärkt berufsorientierende Maßnahmen in den Unterricht zu integrieren.
- Die Organisation als ganztägige Unterrichtsschule stellt ein zusätzliches, verpflichtendes und inhaltlich neu zu besetzendes Zeitkontingent zwischen 10 und 14 Wochenstunden je nach Klassenstufe dar.
- Die verpflichtende ganztägige Unterrichtsschule bietet die zeitlichen Möglichkeiten und die inhaltlichen Freiräume für „erziehenden Unterricht".

4 Zeitgemäße Berufsorientierung nutzt die Chancen von Netzwerken

In den bildungspolitischen Vorgaben und im schulischen Alltag stellen Arbeitskreise und „Runde Tische" eine meist ad hoc geschaffene, kurzfristige Form der Problemlösung dar. Konsequent ausgebaut könnten diese Gesprächs- und Arbeitsforen aber zu einem Geflecht von Netzwerken rund um eine Schule weiterentwickelt werden. Dabei sind mehrere Aspekte zu beachten.

- Eine effektiv arbeitende Schule nutzt die Chancen von gut funktionierenden Netzwerken in mehreren Bereichen.
- Der kommunale Arbeitskreis Schule-Wirtschaft ist ein integrierter Teil der Netzwerke der eigenständig und eigenverantwortlich arbeitenden Schule.

- • Eine individuelle, regional orientierte und arbeitende Schule plant, organisiert und reflektiert die Aktivitäten einer zeitgemäßen BO im Kontext eines kommunalen Arbeitskreises Schule-Wirtschaft.

Dieter Wolf - Siemens AG, Karlsruhe

1 Ausgangssituation

In den vergangenen Jahren sind dank des Engagements aller im Bildungssystem Beteiligten vielfältige Initiativen, Kooperationen und Projekte zur Berufsorientierung initiiert worden. Dennoch mangelt es den Bewerber/innen um einen Ausbildungsplatz nach Aussage der Unternehmen in vielen Fällen an Ausbildungsreife, realistischen Berufsvorstellungen und ausreichenden Kenntnissen der Berufs- und Arbeitswelt. Das hat auch damit zu tun, dass bei steigender Komplexität der Arbeitswelt von Schulabgänger/innen ein hohes Qualifikationsniveau in den Bereichen:

- schulische Basiskenntnisse: z.B. (Recht-) Schreiben, Lesen, mathematische Grundkenntnisse,
- psychologische Leistungsmerkmale: z.B. rechnerisches Denken, logisches Denkvermögen,
- Schlüsselqualifikationen und Sozialkompetenzen: z.B. Selbstorganisation, Teamfähigkeit,
- Berufswahlreife: z.B. Selbsteinschätzungs- und Informationsfähigkeit,
- Identifikation mit dem Ausbildungsunternehmen

schon beim Einstieg in die berufliche Erstausbildung gefordert wird.

2 Komplexität und Qualifikationsanspruch erfordern nachhaltige Kooperationen

An Ideen und Pilotprojekten für eine zeitgemäße Berufsorientierung mangelt es nicht. Es gibt vielfältige Beispielsammlungen, Beschreibungen und Leitfäden zur Vorbereitung und Durchführung von Maßnahmen einer zeitgemäßen Berufsorientierung. Wir haben eher das Problem einer großen Anzahl von Schüler/innen, Eltern und Lehrkräften ein vorhandenes vielfältiges Angebot transparent und damit zielgerichtet nutzbar zu machen. Bekannte Unternehmen stehen vor dem Problem die Vielzahl von Anfragen nach Maßnahmen der Berufsorientierung mit unterschiedlichsten Organisationsformen, organisatorisch bewältigen zu können. Erfolgreiche Kooperation erfordert deshalb:

- Kommunikation der Zielsetzungen und Rahmenbedingungen,
- nachhaltige Strukturen und Verantwortlichkeiten,
- Absprachen zur Durchführung im Vorfeld der Maßnahmen,
- Aktivierung der Schüler/innen durch Vorbereitung, Aufgabenstellung und Nachbereitung,
- Maßnahmen zur Qualitätssicherung und Qualitätsentwicklung,
- langfristige Partnerschaften.

3 Angebot und Aufgabe der Unternehmen

Eine gute Berufsorientierung und Berufswahlvorbereitung lässt sich nur im Zusammenhang mit praktischer Anschauung realisieren. Dafür sind Erfahrungen in Unternehmen unerlässlich. Diese dienen den Schüler/innen zur Reflexion des eigenen Berufswunsches und der eigenen Fähigkeiten und Neigungen und damit der Verbesserung der Ausbildungsreife.

Zur Erhöhung der Beratungskompetenz im Prozess der Berufsorientierung sind auch Lehrerbetriebspraktika unerlässlich. Durch die eigene Mitarbeit im Betrieb können sich Lehrer/innen mit aktuellen Entwicklungen in der Wirtschaft vertraut machen. Dazu machen wir für Schüler/innen und Lehrer/innen eine Reihe von Angeboten, z.B.:

- Schülerbetriebspraktika im Rahmen der Programme OIB, BORS, BOGY,
- Projekttage,
- Berufswahlseminare/Bewerbertraining,
- Betriebsbesichtigungen,
- Förderprojekte in Kooperation mit öffentlichen Trägern,
- Schüler Ingenieur Akademie (SIA),
- persönliche Beratung von Schüler/innen und Eltern,
- Ferienarbeit,
- Lehrerbetriebspraktika,
- Beiträge im Rahmen schulinterner Maßnahmen und Veranstaltungen.

4 Netzwerke zur Verbesserung der Kommunikation

Die Möglichkeit neue Ideen, Angebote und Hilfsmittel zur zeitgemäßen Berufsorientierung einem großen Kreis von Beteiligten im Bereich der Berufsorientierung über das Internet transparent zu machen, müssen Hand in Hand mit den vielen bereits vorhandenen persönlichen Kontakten der Beteiligten gehen. Ziel sollte es deshalb sein, bestehende Verbindungen zwischen Schulen und Unternehmen in den Regionen durch Netzwerkbildung nachhaltig zu intensivieren und das zielorientierte Knüpfen neuer Kontakte zu fördern. Eine professionelle Betreuung der Netzwerke mit Unterstützung durch Ministerien, Kommunen, Verbänden und Unternehmen erleichtert es, den Beteiligten die Berufsorientierung als Bindeglied zwischen Bildungs- und Beschäftigungssystem zeitgemäß zu gestalten.

Literatur: zeitgemäße Publikationen zum Innovationsfeld Berufsorientierung

ALEX, Laszlo (2000): Qualifikation und Erwerbstätigkeit. In: BMBF (Hrsg.): Qualifikationsstrukturbericht 2000, Bonn und Berlin

ALEXANDER, Peter-Jörg (1994): Strukturen und Ziele des japanischen Bildungswesens –ein Modell für Deutschland? In: ESSER, Martin/KOBAYASHI, Kaoru (Hrsg.), Kaishain: Personalmanagement in Japan – Sinn und Werte statt Systeme, Göttingen, Stuttgart, S. 60-89

ALEXANDER, Peter-Jörg (2002): Berufsschulen und Pisa –was können wir von Japan lernen? In: Wirtschaft und Erziehung, 54. Jg., H. 6, S. 213-217

ALEXANDER, Peter-Jörg/PILZ, Matthias (2004): Die Frage der Gleichwertigkeit von allgemeiner und beruflicher Bildung in Japan und Deutschland im Vergleich. In: Zeitschrift für Pädagogik

ALLEN, Robert C. (1983): Collective Invention. In: Journal of Economic Behaviour an Organization 4/No1, S. 1-24

ALLERBECK, Klaus R./HOAG, Wendy J. (1985): Jugend ohne Zukunft? Einstellungen, Umwelt, Lebensperspektiven, München

ALLMENDINGER, Jutta/EBNER, Christian (2005): Jugendliche vor dem Hürdenlauf. In: IAB Forum 2/2005, S. 14-18

ARNDT, Holger (2006): Berufsfindungsprojekte für Schüler mit schlechten Ausgangsbedingungen am Ausbildungsmarkt. In: Wirtschaft und Erziehung 10/2006, S. 313-319

ARNDT, Silke/OECHSLE, Mechthild (2006): Lebensplanung – Ein Unterrichtsmodul zur Vermittlung von Schlüsselqualifikationen für den Übergang von der Schule in die Arbeitswelt, Bielefeld

ARNOLD, Rolf (2001): Berufsbildung. In: ARNOLD, Rolf/NOLDA, Sigrid/NUISSL, Ekkehard (Hrsg.): Wörterbuch Erwachsenenpädagogik, Bad Heilbrunn, S.42-45

BA/KMK (2004): Rahmenvereinbarung über die Zusammenarbeit von Schule und Berufsberatung zwischen Kultusministerkonferenz und der Bundesagentur für Arbeit vom 15.10.2004

BAACKE, Dieter/HUGGER, Kai-Uwe/SCHWEINS, Wolfgang (2000): Die Bedeutung der neuen Medien bei Lehramtsstudierenden an sieben deutschen Hochschulen, Bielefeld

BAETHGE, Martin (2004): Entwicklungstendenzen der Beruflichkeit – neue Befunde aus der industriesoziologischen Forschung. In: Zeitschrift für Berufs- und Wirtschaftspädagogik. 100. Bd., S. 337-347

BAETHGE, Martin/SOLGA, Heike/WIECK, Markus (2007): Berufsbildung im Umbruch - Signale eines überfälligen Aufbruchs, Studie im Auftrag der Friedrich-Ebert-Stiftung, Berlin

BASTIAN, Johannes/GROEBEN von, Annemarie (2004): Die Zukunft in die Schule holen. Berufs- und Lebensorientierung. In: Pädagogik, H.4 (Themenheft ‚Berufsorientierung und Lebensplanung'), S.6-9

BAUERDICK, Johannes/EICHNER, Volker/WEGGE, Martina (1997): Qualifizierungspolitik. Verbünde auf regionaler Ebene. In: In: BULLINGER, Udo/HEINZE, Rolf G. (Hrsg.): Regionale Modernisierungspolitik. Nationale und internationale Perspektiven, Opladen, S. 193-218

BAUMERT, Jürgen u.a. (2003): PISA 2000 – Ein differenzierter Blick auf die Länder der Bundesrepublik Deutschland, Opladen

BECK, Ulrich (1986): Risikogesellschaft. Auf dem Weg in eine andere Moderne, Frankfurt am Main

BECK, Ulrich/BRATER, Michael/DAHEIM, Hansjürgen (1980) Soziologie der Arbeit und der Berufe, Reinbek

BECK, Ulrich/BRATER, Michael/WEGENER, Bernd (1979): Berufswahl und Berufszuweisung, Frankfurt am Main und New York

BEHRENS, Frank (1974): Das Projekt „Arbeit" in der Grundschule, München

BEHRENS, Martina (2003): Understanding the Interplay: A comparison of personal agency and social structures in New Deal and JUMP. In: ACHTENHAGEN, Frank/JOHN, Ernst G. (Hrsg.), Meilensteine der beruflichen Bildung, Bd. 2, Bielefeld, S. 177-191

BEICHT, Ursula/FRIEDRICH, Michael/ULRICH, Joachim Gerd (2007): Deutlich längere Dauer bis zum Ausbildungseinstieg. In: BiBB-Report. Forschungs- und Arbeitsergebnisse aus dem Bundesinstitut für Berufsbildung. H. 2/2007. S. 1-11

BEINKE, Lothar (2006): Berufswahl und ihre Rahmenbedingungen. Entscheidungen im Netzwerk der Interessen, Frankfurt, Berlin, Bern, Brüssel

BEINKE, Lothar (2004): Berufsberatung in der Schule (2. Teil). In: Unterricht Wirtschaft Heft 19 (3/2004), S.43-46

BEINKE, Lothar (2004): Berufsorientierung und peer-groups und die berufswahlspezifischen Formen der Lehrerrolle, Bad Honnef

BEINKE, Lothar (2000): Elterneinfluss und Berufswahl, Bad Honnef

BEINKE, Lothar (1999): Berufswahl - Der Weg zur Berufsfähigkeit, Bad Honnef

BEINKE, Lothar/FRERICHS, Cornelia/SZEWCZYK, Michael (2007): Von der Handelsschule zum IT-Kompetenz-Zentrum, Frankfurt am Main

BEINKE, Lothar/RICHTER, Heike/SCHULD, Elisabeth (1996): Bedeutsamkeit der Betriebspraktika für die Berufsentscheidung, Bad Honnef

BERGER, Peter u.a. (1995): Das Unbehagen in der Modernität, Frankfurt und New York

BERGMANN, Christian/EDER, Ferdinand (1999): Allgemeiner-Interessen-Struktur-Test, Weinheim

BERGMANN, Klaus (1990): Arbeit. In: Geschichte lernen, 3 (1990), H. 13, S. 16-23

BERGMANN, Klaus (1985): Arbeit – ein blinder Fleck in der Geschichtsdidaktik. In: Geschichtsdidaktik, 10 (1985) , H. 4, S. 337-340

BERTRAM, Hans (1979): Soziale Struktur und individuelle Entwicklung, Heidelberg

BIBB (2006): LänderAKTIV: Aktivitäten der Länder im Übergang Schule-Arbeitswelt. Dokumentation des Fachgesprächs am 26.09.2006 im Bundesinstitut für Berufsbildung, Bonn und Berlin

BIBB (2006): Berufsorientierung und Berufsberatung. Hauptausschuss des Bundesinstituts für Berufsbildung beschließt Empfehlungen. Pressemitteilung vom 28.02.2006

BiBB (2004): Die neuen industriellen Metallberufe 2004 – Lernen und Arbeiten im Geschäftsprozess. Vortrag auf der Fachtagung: 8./9.06.2004 in Bad Godesberg. http://www.bibb.de/dokumente/pdf/metalltagung_gruss_ kath.pdf - Portal: www.bibb.de

BLANCKE, Susanne/ROTH, Christian/SCHMID, Josef (2000): Employability („Beschäftigungsfähigkeit") als Herausforderung für den Arbeitsmarkt - Auf dem Weg zur flexiblen Erwerbsgesellschaft - Eine Konzept- und Literaturstudie, Nr. 157 / Mai 2000, Stuttgart

BLATT, Helge-Lothar (1997): Regionale und lokale Entwicklungsgesellschaften als Public-Private Partnerships: Kooperative Regime subnationaler Politiksteuerung. In: BULLINGER, Udo/HEINZE, Rolf G. (Hrsg.): Regionale Modernisierungspolitik. Nationale und internationale Perspektiven, Opladen, S. 165-192

BLOSSFELD, Hans-Peter (2008): Globalisierung, wachsende Unsicherheit und der Wandel der Arbeitsmarktsituation von Berufsanfängern in modernen Gesellschaften. In: SCHLEMMER, Elisabeth/GERSTBERGER, Herbert (Hrsg.): Ausbildungsfähigkeit im Spannungsfeld zwischen Wissenschaft, Politik und Praxis, Wiesbaden, S. 35-54

BLOSSFELD, Hans-Peter (1988): Sensible Phasen im Bildungsverlauf. Eine Längsschnittanalyse über die Prägung von Bildungskarrieren durch gesellschaftlichen Wandel. In: Zeitschrift für Pädagogik 84, H.1, S.45-63

BLOSSFELD, Hans-Peter (1985): Berufseintritt und Berufsverlauf. Eine Kohortenanalyse über die Bedeutung des ersten Berufs in der Erwerbsbiografie. In: Mitteilungen aus der Arbeitsmarkt- und Berufsforschung 18, H. 2, S.177-197

BMBF (2007): Berufsbildungsbericht 2007. Bonn und Berlin

BMBF (2006): Innovationskreis berufliche Bildung. http://www.bmwf.de/de /6190.php

BMBF (2006): Verbesserung der beruflichen Integrationschancen von benachteiligten Jugendlichen und jungen Erwachsenen durch Netzwerkbildung. Ergebnisse der Entwicklungsplattform 4 „Netzwerkbildung". Band II der Schriftenreihe zum Programm „Kompetenzen fördern – Berufliche Qualifizierung für Zielgruppen mit besonderem Förderbedarf (BQF-Programm)", Bonn und Berlin

BMBF (2006): Berufsbildungsbericht 2006, Bonn und Berlin

BMBF (2005): Berufsbildungsbericht, Bonn und Berlin

BMBF (2004): Berufsbildungsbericht, Bonn und Berlin

BMBF (2003): Zur Entwicklung nationaler Bildungsstandards – Eine Expertise, Berlin

BÖHNISCH, Lothar/SCHEFOLD, Werner (1985): Lebensbewältigung. Soziale und pädagogische Verständigungen an den Grenzen der Wohlfahrtsgesellschaft, Weinheim und München

BÖHNISCH, Lothar/SCHRÖER, Wolfgang (2002): Entgrenzung von Jugendlichen. Das Modellprojekt „Netzwerk Jugendliche an der zweiten Schwelle". In: QUEM- Bulletin H. 6, S. 1-4, S. 2

BROWN, Duane/Brooks, Linda (1994): Karriere-Entwicklung, Stuttgart

BUCKERT, Andreas/KLUGE, Michael (2006): Der Ausbilder als Coach. Motivierte Auszubildende am Arbeitsplatz. 3. Auflage, Köln

BULLINGER, Udo/HEINZE, Rolf G. (Hrsg.) (1997): Regionale Modernisierungspolitik. Nationale und internationale Perspektiven, Opladen

BUMERTS-GANGL, Gisela (2005): Netzwerke in der beruflichen Qualifizierung von jungen Menschen mit schlechten Startchancen. In: Friedrich-Ebert-Stiftung 2005, S. 47-52

BÜNNING, Frank/HORTSCH, Hanno/NOVY, Katrin (2000): Das britische Modell der National Vocational Qualifications (NVQs) – Ausgangspunkt für eine Modularisierung in Deutschland? Studien zur Erwachsenenbildung, Bd. 8, Hamburg

BÜRGSTEIN, Matthias (2003): Berufsfindung an Hauptschulen - Möglichkeiten und Grenzen des Lernens in Projekten an Hauptschulen im Raum Karlsruhe, nicht veröffentlichte Diplomarbeit, Pädagogische Hochschule Karlsruhe, ausgezeichnet mit dem Wissenschaftspreis Hauptschule/Wirtschaft der Arbeitgeberverbände Baden-Württemberg 2004

BUSSHOFF, Ludger (1998): Berufsberatung als Unterstützung von Übergängen in der beruflichen Bildung. In: ZIHLMANN, René: Berufswahl in Theorie und Praxis, Zürich

CARLE, Ursula (2000): Was bewegt die Schule? Internationale Bilanz – praktische Erfahrungen – neue systemische Möglichkeiten für Schulreform, Lehrerbildung, Schulentwicklung und Qualitätssteigerung. (Grundlagen der Schulpädagogik Bd. 34), Baltmannsweiler

CORTINA, Kai S./BAUMERT, Jürgen/LESCHINSKY, Achim/MAYER, Karl Ulrich/TROMMER, Luitgard (Hrsg.) (2003): Das Bildungswesen in der Bundesrepublik Deutschland. Strukturen und Entwicklungen im Überblick, Reinbek bei Hamburg

DAHEIM, Hansjürgen/SCHÖNBAUER, Günther (1993): Soziologie der Arbeitsgesellschaft, Weinheim und München

DEDERING, Heinz (1994): Einführung in das Lernfeld Arbeitslehre, München und Wien

DEHLER, Josef (1981): Schulsozialarbeit an Berufsschulen. In: RAAB, Erich/RADEMACKER, Hermann (Hrsg.): Schulsozialarbeit. Beiträge und Berichte von einer Expertentagung, DJI, München, S. 36-41

DEHNBOSTEL, Peter: Informelles Lernen (2003): Arbeitserfahrungen und Kompetenzerwerb aus berufspädagogischer Sicht. Überarb. Vortrag anlässlich der 4. Fachtagung des Programms „Schule-Wirtschaft/ Arbeitsleben" am 18./19. September 2003, http://www.swa-programm/tagungen/ (03.01.2006)

DENSO Training Center Corporation (o. Jg.): Information, Toyota City

DER NIEDERSÄCHSISCHE KULTUSMINISTER (2004): Berufsorientierung an allgemein bildenden Schulen, RdErl. d. MK vom 4.8.2004 – 32 – 81431 VORIS 22410

DER NIEDERSÄCHSISCHE KULTUSMINISTER (2004): Die Arbeit in der Hauptschule, Erlass des MK vom 3.2.2004 – 301.5 – 81022/3 - VORIS 224 10

DESCY, Pascaline/TESSARING, Manfred (2001): Kompetent für die Zukunft – Ausbildung und Lernen in Europa . In: CEDEFOP (Hrsg.): 2. Bericht zur Berufsbildungsforschung in Europa: Zusammenfassung, Luxemburg

DESSAUER ERKLÄRUNG ZUR NACHHALTIGEN BERUFSORIENTIERUNG (2007), http://www.agora-des-lernens.de/ dessauer-erklaerung/ (01.12.07)

DEUTSCHER AUSSCHUSS FÜR DAS ERZIEHUNGS- UND BILDUNGSWESEN (1965): Empfehlungen zum Aufbau der Hauptschule, Bonn

DEUTSCHER BILDUNGSRAT (Hrsg.) (1974): Empfehlungen der Bildungskommission. Zur Neuordnung der Sekundarstufe II. Verabschiedet auf der 38. Sitzung der Bildungskommission am 13./14. Februar 1974 in Bonn

DIBBERN, Harald/KAISER, Franz-Josef/KELL, Adolf (1974): Berufswahlunterricht in der vorberuflichen Bildung, Bad Heilbrunn

DIE WELT (2006): Lehrstellen auf dem tiefsten Stand seit der Wiedervereinigung, 26. April 2006, S. 2

DIESSINGER, Thomas (1998): Beruflichkeit als „organisierendes Prinzip" der deutschen Berufsbildung, Wirtschaftspädagogisches Forum, Bd. 4, Markt Schwaben

DIESSINGER Thomas (1995): Das Konzept der „Qualifizierungsstile" als kategoriale Basis idealtypischer Ordnungsschemata zur Charakterisierung und Unterscheidung von „Berufsbildungssystemen". In: Zeitschrift für Berufs- und Wirtschaftspädagogik, 91. Bd., H. 4, S. 367 387

DIHK (Hrsg.) (2007): Zukunft heute gestalten - Hausaufgaben für die Kultusminister, Berlin

DJI (2006): Übergangspanel, München

DOBISCHAT, Rolf (Hrsg.) (2007): Schlussbericht zum Projekt: Berufswahl und Transfer – Evaluation innovativer Maßnahmen zur Verbesserung des Übergangs benachteiligter Jugendlicher/Migranten in Ausbildung und Beschäftigung. FKZ 01 NL 401, Duisburg

DOBISCHAT, Rolf (2006): Regionalisierung und Weiterbildung als Forschungs- und Politikfeld. In: MEISEL, Klaus/SCHIERSMANN, Christiane (Hrsg.): Zukunftsfeld Weiterbildung, Bielefeld, S. 89-97

DOBISCHAT, Rolf (2006a): Wie tragen regionale Netzwerke zur Innovationsfähigkeit der Berufsbildung bei? Referat zur Tagung „Innovative Berufsbildung durch regionale Netzwerke" des Hessischen Ministeriums für Wirtschaft, Verkehr und Landesentwicklung in Kooperation mit dem Bildungswerk der Hessischen Wirtschaft am 07.07.2006 in Frankfurt am Main

DOBISCHAT, Rolf (1993): Analysen und Perspektiven regionalisierter Weiterbildungsforschung. In: Akademie für Raumforschung und Landesplanung (Hrsg.): Berufliche Weiterbildung als Faktor der Regionalentwicklung, Hannover, S. 8-31

DOMBOIS, Rainer (1999): Der schwierige Abschied vom Normalarbeitsverhältnis. In: Aus Politik und Zeitgeschichte. Beilage zur Wochenzeitung Das Parlament. Beilage 37, S. 13-20

DONNERT, Rudolf (1998): Coaching – die neue Form der Mitarbeiterführung, Würzburg

DORN, Barbara (2005): Netzwerke in der beruflichen Qualifizierung von jungen Menschen mit schlechteren Startchancen. In: Friedrich-Ebert-Stiftung 2005, S. 53-56

DOSTAL, Werner (2007): Phänomen Beruf: Neue Perspektiven. In: OBERLIESEN, Rolf/SCHULZ. Heinz-Dieter (Hrsg.): Kompetenzen für eine zukunftsfähige arbeitsorientierte Allgemeinbildung, Hohengehren. S. 45-70

DOSTAL, Werner (2002): Der Berufsbegriff in der Berufsforschung des IAB. In: KLEINHENZ, Gerhard (Hrsg.): IAB-Kompendium Arbeitsmarkt- und Berufsforschung. Beiträge zur Arbeitsmarkt- und Berufsforschung. BeitrAB 250, Nürnberg, S. 463-474

DOSTAL, Werner/STOOSS, Friedemann/TROLL, Lothar (1998): Beruf. Auflösungstendenzen und erneute Konsolidierung. In: MitAB, 31. Jg., H 3, S. 438-460

DRAVE, Wolfgang/RUMPLER, Franz/WACHTEL, Peter (Hrsg.) (2000): Empfehlungen zur sonderpädagogischen Förderung. Allgemeine Grundlagen und Förderschwerpunkte der KMK mit Kommentaren, Würzburg

DUISMANN, Gerhard H. (2007): FBI-Check deckt auf. Stärken und berufliche Interessen entdecken. In: Unterricht - Arbeit und Technik 9 (2007) 35, S. 18-21

DUISMANN, Gerhard. H. (2002): Arbeitsorientierte Basiskompetenzen. Ein neues Konzept zur Qualitätssicherung. In: Unterricht - Arbeit und Technik 4 (2002) 15, S. 50-52

DUISMANN, Gerhard H./HASERMANN, Klaus/MESCHENMOSER, Helmut (2005): Förderung von Selbst- und Sozialkompetenzen. Kompetenzmodelle und praktische Beispiele. Hrsg. von der Senatsverwaltung für Bildung, Jugend und Sport als Werkstattbericht 5 des Netzwerkes Berliner Schülerfirmen, Berlin, http://www.wir-in-berlin.de/nbs/ (07.10.07)

DUISMANN, Gerhard H./MESCHENMOSER, Helmut (2007): Berufsorientierung systematisch begleiten. Ein Kompetenzstufenmodell für die Unterrichtspraxis. In: Unterricht - Arbeit und Technik 9 (2007) 35, S. 22-47

DUISMANN, Gerhard H./MESCHENMOSER, Helmut (2006): Förderplanung. Bericht zur Evaluation der Förderpläne aus 8. Jahrgängen aller Berliner Schulen mit dem Förderschwerpunkt Lernen, Berlin

DUISMANN, Gerhard H./MESCHENMOSER, Helmut (2003a): Mit Schülerfirmen Eigeninitiative und Verantwortung fördern. Neue Konzepte zur Schulqualitätsentwicklung durch Vernetzung technischer und ökonomischer Kompetenzen. In: Unterricht – Arbeit und Technik 5 (2003) 19, S. 53-56

DUISMANN, Gerhard H./MESCHENMOSER, Helmut (2003b): Zum Umgang mit LABEL. Hrsg. von der Senatsverwaltung für Bildung, Jugend und Sport als Werkstattbericht 3 des Netzwerkes Berliner Schülerfirmen, Berlin, http://www.wir-in-berlin.de/nbs/ (07.10.07)

DUISMANN, Gerhard H./MESCHENMOSER, Helmut (2001): Schülerfirmen - ein Modell zur Förderung von benachteiligten Jugendlichen. In: Aktuelle Schulkonzepte (Reihe: Basiswissen Pädagogik) Baltmannsweiler, S. 56-72

DUISMANN, Gerhard H./MESCHENMOSER, Helmut/WERNER, Birgit (2007): Hinweise zur Nutzung von BELLA-Rückmeldungen. Hrsg. von der Senatsverwaltung für Bildung, Wissenschaft und Forschung als Werkstattbericht 8 des Netzwerkes Berliner Schülerfirmen, Berlin http://www.wir-in-berlin.de/nbs/ (07.10.07)

EBERHARD, Verena/ULRICH, Joachim Gerd (2006): Schulische Vorbildung und Ausbildungsreife. In: EBERHARD, Verena u.a. (Hrsg.): Mangelware Lehrstelle. Zur aktuellen Lage der Lehrstellenbewerber in Deutschland, Bielefeld

EBISS (2005): SWA-Projekt „Erweiterte Berufsorientierung im System Schule", Kiel, http://ebiss.lernnetz.de (03.01.2006)

ECKERT, Manfred (2006): Kooperation und Übergangsmanagement im Rahmen der Berufsvorbereitung und Benachteiligtenförderung (Vortrag im

Rahmen der 4. Flensburger Fachgespräche Benachteiligtenförderung am 02. März 2006 in Süderbrarup), http://www.biat.uni-flensburg.de/biat. www/projekte/Prokop/Übergangs-managementFlensburg.ppt (14.10.07)

EGGER, Rudolf (1995): Biographie und Bildungsrelevanz. Eine empirische Studie über Prozessstrukturen moderner Bildungsbiographien, München, Wien

ELDER, Glen H. (1974): Children of the Great Depression, Chicago

ELDER, Glen H./ CASPI, Avsholm (1990): Persönliche Entwicklung und sozialer Wandel. Die Entstehung der Lebenslaufforschung. In: MAYER, Karl Ulrich (Hrsg.): Lebensverläufe und sozialer Wandel (Sonderheft 31 der Kölner Zeitschrift für Soziologie und Sozialpsychologie), Opladen, S.22-57

ELISA (2004): Erfolgreich Lernen in Schule und Arbeitswelt, http://www.herausforderunghauptschule.de/herausforderung/downloads/pdf/herausforderung_hauptschule_elisa_2004.pdf (01.10.2007)

ENGELKAMP, Johannes (1990): Das menschliche Gedächtnis. Das Erinnern von Sprache, Bildern und Handlungen, Göttingen

ERTL, Hubert (2003): Standardsetzung und Zertifizierung beruflicher Qualifikationen im Rahmen des Systems der „National Vocational Qualifications". In: Zeitschrift für Berufs- und Wirtschaftspädagogik, 99. Bd., H. 3, S. 368-389

ESWEIN, Mikiko (2005): Meritokratie in Japan und Deutschland – Analyse der gesellschaftlichen Eliten. In: Tertium Comparationis, Vol. 11, Nr. 1, S. 15-46

ESWEIN, Mikiko (2003): Beruflichkeit in Japan. In: ARNOLD, Rolf (Hrsg.): Berufsbildung ohne Beruf? –Berufspädagogische, bildungspolitische und internationale Perspektive, Hohengehren, S. 190-203

EULER, Dieter (2004): Lernortkooperation im Spiegel der Forschung. In: EULER, Dieter (Hrsg.): Handbuch der Lernortkooperation. Band 1: Theoretische Fundierungen, Bielefeld, S.25-40

EUROPÄISCHE KOMMISSION (2000): Memorandum über lebenslanges Lernen. Arbeitspapier der Kommissionsdienststellen. SEK (2000) 1832 vom 30.10. 2000, Brüssel

EUROPEAN COMMISSION (2006): Use of Computers and the Internet in Schools in Europe 2006. Country Brief: Germany, http://ec.europa.eu/information_society/eeurope/i2010/docs/studies/learnind_countrybriefs_pdf.zip

EURYDICE Unit Scotland (2003): Scotland 2004. In: Europäisches Bildungsinformationsnetz - Eurydice (Hrsg.): Strukturen der allgemeinen und beruflichen Bildung in der europäischen Union, Brüssel, Luxemburg

EXPERTENKOMMISSION (2002): Expertenkommission Finanzierung lebenslangen Lernens (Hrsg.): Auf dem Weg zur Finanzierung lebenslangen Lernens. Zwischenbericht, Bielefeld

FAMULLA, Gerd - E. (2007): Berufs- und Arbeitsorientierung an allgemein bildenden Schulen. In: KAUNE, Peter/RÜTZEL, Josef/SPÖTTL, Georg (Hrsg.): Berufliche Bildung – Innovation - soziale Integration, 14. Hochschultage Berufliche Bildung 2006, Bielefeld, S. 231-251

FAMULLA, Gerd-E. (2004): „Berufsorientierung als Bildungsstandard?" Vortrag auf der 5. Fachtagung des SWA-Programms am 29./30.09.2004 in Potsdam. Bielefeld, Flensburg, http://www.swa-programm.de/tagungen (03.01.2006)

FAMULLA, Gerd-E. (2001): Berufsorientierung als Bildungsaufgabe im Strukturwandel von Ausbildung, Arbeit und Beruf - Das Programm „Schule-Wirtschaft/ Arbeitsleben" aus Sicht der wissenschaftlichen Begleitung. www.sowi-online.de/reader/berufsorientierung/reader1.htm (12.02.2007)

FAMULLA, Gerd-E./BUTZ, Bert (2005): Berufsorientierung. Stichwort im Glossar. Bielefeld, Flensburg, http://www.swa-programm.de/texte_material/ glossar (15.12.2005)

FLETCHER, Jeff (1990): Effectiveness and cost of interactive videodisk instruction in defense training and education. Washington

FOCUS (2007): Expertenumfrage: Fachkräftemangel bremst Wirtschaft. Focus online am 29.05. 2007 (mit Bezug auf die Expertenbefragung der FINANCIAL TIMES DEUTSCHLAND)

FOREIGN Press Center (2001): Education in Japan (About Japan Series No. 8), Tokyo

FORUM BILDUNG: Arbeitsstab Forum Bildung (2002): Empfehlungen und Einzelergebnisse des Forum Bildung II, Bonn

FRIEDRICH-EBERT-STIFTUNG (2005): Gesprächskreis Arbeit und Soziales/BMBF (Hrsg.): Kompetenzen fördern – Chancen eröffnen. Neue Wege der beruflichen Qualifizierung für Jugendliche mit besonderem Förderbedarf. Herausgegeben vom Wirtschafts- und sozialpolitischen Forschungs- und Beratungszentrum der Friedrich-Ebert-Stiftung, Abteilung Sozialpolitik, Bonn im Juli

FÜRSTENBERG, Friedrich/RUTTKOWSKY, Renate (1997): Bildung und Beschäftigung in Japan: Steuerungs- und Abstimmungsaspekte, Opladen

GANGL, Markus (2003): Bildung und Übergangsrisiken beim Einstieg in den Beruf. Ein europäischer Vergleich zum Arbeitsmarktwert von Bildungsabschlüssen. In: Zeitschrift für Erziehungswissenschaft 6, H.1, S.72-89

GARTZ, Michaele/ HÜCHTERNMANN, Marion/ MRYTZ, Barbara (1999): Schulabgänger. Was sie können und was sie können müssten. Köln

GEORG, Walter (1992): Zwischen Markt und Bürokratie: Berufsbildungsmuster in Japan und Deutschland. In: GEORG, Walter/SATTEL, Ulrike (Hrsg.): Von Japan lernen? Aspekte von Bildung und Beschäftigung in Japan, Weinheim, S. 42-69

GEORG, Walter (1989): Marktmodell Japan - Thesen zur Verbetrieblichung beruflicher Qualifizierung. In: ARNOLD, Rolf/LIPSMEIER, Antonius (Hrsg.): Betriebspädagogik in nationaler und internationaler Perspektive, Baden-Baden, S. 391-408

GEORG, Walter/DEMES, Helmut (1996), Japan. In: LAUTERBACH, Uwe/HUCK, Wolfgang/MITTER, Wolfgang (Hrsg.): Internationales Handbuch der Berufsbildung, Baden-Baden

GLÄSER, Eva (2002): Arbeitslosigkeit aus der Perspektive von Kindern. Eine Studie zur didaktischen Relevanz ihrer Alltagstheorien, Bad Heilbrunn

GLUMPLER, Edith (1992): Abiturientinnen 1990. In: GLUMPLER, Edith (Hrsg.): Mädchenbildung – Frauenbildung. Bad Heilbrunn , S. 234-257

GORDON, Thomas/BURCH, Noel (2002): Die neue Beziehungskonferenz. Effektive Konfliktbewältigung in Familie und Beruf, München

GREULING, Oliver (1996): Berufsvorbereitung und Berufswahl von britischen und deutschen Jugendlichen (Europäische Hochschulschriften, Reihe XI, Bd. 684), Frankfurt/Main u.a.

GRÜBER, Gabriele/KOCH, Barbara (1978): Die Integration von historisch-gesellschaftlichen Lernzielen in den naturwissenschaftlich-technischen Sachunterricht. In: Die Deutsche Schule, 30 (1978), H. 1, S. 17-186

GRZEMBKE, Gisela/HAMMER, Gerlinde (2000): Die schulische Berufsorientierung aus Sicht ihrer jugendlichen Adressaten. Eine qualitative Untersuchung bei Schülerinnen und Schülern im Lande Bremen, Bremen

GÜHRS, Manfred/NOWAK, Claus (1998): Das konstruktive Gespräch. Ein Leitfaden für Beratung, Unterricht und Mitarbeiterführung mit Konzepten der Transaktionsanalyse. 4. Auflage, Meezen

HAACK, Johannes (2002): Interaktivität als Kennzeichen von Multimedia und Hypermedia. S. 127-138 In: ISSING, Ludwig/KLIMSA, Paul (Hrsg.): Information und Lernen mit Multimedia und Internet. 3. Auflage, Weinheim

HAINMÜLLER, Bernd (2001): Was tun mit Schülern, die im Regelschulsystem scheitern? Zum Umgang mit den möglichen Verlieren der Modernisierung am Beispiel der Kooperationsklassen Hauptschule - Berufsschule in Baden-Württemberg. In: Neue Sammlung 41, H.2, S. 299-324

HANDELSBLATT (2007): Verpasste Chancen. 10. Oktober von Dorit Heß

HANNAN, Damian/SMYTH, Emer/MCCOY, Selina/RAFFE, David (1999): A Comparative Analysis of Transitions from Education to Work in Europe (CATEWE). A Conceptual Framework. ESRI Working Paper No.118, Dublin

HASEMANN, Klaus (2003): Differenzierte Beurteilung von Schülerleistungen durch repräsentative Dokumentation von Kompetenzen. In: WACHTEL, Peter (hrsg. für den VDS, Verband Deutscher Sonderpädagogen): Fit für's Leben. (Dokumentation der gleichnamigen Tagung in Berlin), S. 144-150

HASEMANN, Klaus/MESCHENMOSER, Helmut (2003): Faktoren der Anschlussfähigkeit. Unveröffentlichtes Manuskript, Berlin

HASEMANN, Klaus/MESCHENMOSER, Helmut (Hrsg.) (2001): Auf dem Weg zum Beruf. Innovative Konzepte für die berufliche Eingliederung behinderter und benachteiligter Jugendlicher im europäischen Vergleich, Baltmannsweiler

HAUBRICH, Karin/PREISS, Christine (2005): Auf der Suche nach beruflicher Identität – Junge Frauen im Berufsfindungsprozess, Bielefeld

HAUSER, Eberhard (1993): Coaching von Mitarbeitern. In: ROSENSTIEL, Lutz von: Führung von Mitarbeitern. Handbuch für erfolgreiches Personalmanagement, Stuttgart

HÄUSSLER, Uwe (1998): Konkurrenz oder sinnvolle Ergänzung? In: Bildung und Wissenschaft 52, H.11, S. 16f.

HAWKRIDGE, David (1990): Who needs computers in schools, and why? In: Computers and Education, 15 (1-3), S. 1-6

HECKER, Ursula (2000): Ausbildungsabbruch als Problemlösung? Überlegungen zu vorzeitigem Ausstieg aus der Ausbildung. In: BIBB (Hrsg.): Jugendliche in Ausbildung und Beruf. Ergebnisse, Veröffentlichungen und Materialien aus dem BIBB, Bonn und Berlin, S. 55-65

HEIDEGGER, Gerald (1988): Gestaltung von Arbeit und Technik am Arbeitsplatz. Perspektiven beruflicher Bildung. In: HEIDEGGER, Gerald (Hrsg.): Gestaltung von Arbeit und Technik – ein Ziel beruflicher Bildung, Frankfurt/ New York, S. 75-103

HEIDENHEIMER, Arnold J. (1997): Disparate Ladders –Why School and University Policies Differ in Germany, Japan and Switzerland, New Brunswick, London

HEINZ, Walter (1999): Introduction: Transition to Employment in a Cross-National Perspective. In: HEINZ, Walter (Hrsg.): From Education to Work: Cross-National Perspectives, Cambridge, New York, Melbourne

HELMKE, Andreas (2007): Unterrichtsqualität - erfassen, bewerten, verbessern, Seelze

HEMPEL, Marlies (1996): Lebensentwürfe und Identität - Überlegungen zur Kindheitsforschung. In: HEMPEL, Marlies (Hrsg.): Grundschulreform und Koedukation. Beiträge zum Zusammenhang von Grundschulforschung, Frauenforschung und Geschlechtersozialisation, Weinheim und München, S. 141-153

HERRMANN, Gernot/ILLERHAUSEN, Klaus (2000): Zur Entwicklung der Lernfeldstruktur der Rahmenlehrpläne der Kultusministerkonferenz für den Unterricht in der Berufsschule. In: Zeitschrift für Berufs- und Wirtschaftspädagogik, Beiheft 15, Stuttgart, S. 101-108

HERZIG, Bardo/GRAF, Silke (2007): Digitale Medien in der Schule: Standortbestimmung und Handlungsempfehlungen für die Zukunft; Studie zur

Nutzung digitaler Medien in allgemein bildenden Schulen in Deutschland, Bonn

HERZOG, Walter/NEUENSCHWANDER, Markus/WANNACK, Evelyn (2006): Berufswahlprozesse, Bern, Stuttgart und Wien

HEYMANN, Werner (2001): Basiskompetenzen - gibt es die? In: Pädagogik 6/2001, S. 6-9

HILLER, Gotthilf/RICHERT, Benjamin (2000): Zur Ausbildungsreife führen – Aufgabe und Ziel der Hauptschulen? Vortrag im Rahmen des Symposiums ,1900–2000 Jahrhundert des Kindes' des Lehrerinnen- und Lehrerseminars Nürtingen am 29.Juli 2000

HOLLAND, John (1985): Making vocational choices. A Theory of Vocational Personalities and Work Environments. Englewood Cliffs, NJ

HUBER, Thomas von (1998): Coaching in der Personalentwicklung, Bern

HÜBNER, Manfred (2007): Betriebs- oder Praxistage, Baustein M10, hrsg. vom Institut für Ökonomische Bildung Oldenburg (in Vorbereitung)

HÜBNER, Manfred (2006): Schülerfirmen und Praxistage. In: Unterricht Wirtschaft, Heft 28 (4. Quartal 2006), S. 10-15

HÜBNER, Manfred/KAMINSKI, Hans/REUTER-KAMINSKI, Ortrud/ WINDELS, Gerold (2006): Betriebs- und Praxistage: Lehrerband, Braunschweig

HUISINGA, Richard/LISOP, Ingrid (1999): Wirtschaftspädagogik, München

HUSTEDT, Henning (1998): Veränderungen in den kognitiven Leistungsvoraussetzungen der Schulabgänger. In: DOSTAL, Werner (Hrsg.): Mangelnde Schulleistungen oder überzogene Anforderungen? Zur Problematik unbesetzter/ unbesetzbarer Ausbildungsplätze. Dokumentation eines Workshops in der Bundesanstalt für Arbeit am 16.10.1997 in Nürnberg. BeitrAB 216. Nürnberg, S. 161ff.

INBAS Info-Dienst (2006): Übergangsmanagement in berufsvorbereitenden Bildungsmaßnahmen (Heft Nr. 4/2006), http://www.inbas.com/download/ 2430_pub_id_4_2006.pdf (24.09.07)

INDUSTRIE- UND HANDELSKAMMERN in Nordrhein-Westfahlen (bb_001): Was erwartet die Wirtschaft von den Schulabgängern? http://www.aachen.ihk.de/de/ausbildung/download/bb_001.pdf

INITIATIVE FÜR BESCHÄFTIGUNG (2002): Über kontinuierliche Praxistage in die Arbeitswelt, Leitfaden zum Aufbau von Partnerschaften zwischen (Haupt-)Schulen und Unternehmen, Bensheim

ISHIDA, Hiroshi (1998): Educational Credentials and Labour-Market Entry Outcomes in Japan. In: MÜLLER, Walter/SHAVIT, Yossi (Hrsg.): From School to Work: A Comparative Study of Educational Qualifications and Occupational Destinations, Oxford, S. 287-309

JÄGER, Roland (2002): Praxisbuch Coaching - Erfolg durch Business-Coaching, Offenbach

JAIDE, Walter (1966): Die Berurfswahl. 2. Aufl., München

JONASSEN, David (1991): What are cognitive Tools? In: KOMMERS, Piet/JONASSEN, David/MAYES, J. Terry (Hrsg.): Cognitive Tools for learning, Berlin

JUGENDWERK DER DEUTSCHEN SHELL (Hrsg.) (2006): Jugend 2006, Frankfurt am Main

JUGENDWERK DER DEUTSCHEN SHELL (Hrsg.) (2002): Jugend 2002, Frankfurt am Main

JUGENDWERK DER DEUTSCHEN SHELL (Hrsg.) (2000): Jugend 2000, 2. Bd, Opladen

JUGENDWERK DER DEUTSCHEN SHELL (Hrsg.) (1997): Jugend 97, Opladen

JUNG, Eberhard (2008): Reife, Fähigkeit oder Kompetenz? Über die pädagogisch-didaktische Bedeutung von Leitbegriffen im Arbeits- und Berufsfindungsprozess. In: SCHLEMMER, Elisabeth/GERSTBERGER, Herbert (Hrsg.): Ausbildungsfähigkeit im Spannungsfeld zwischen Wissenschaft, Politik und Praxis, Wiesbaden, S. 131-149

JUNG, Eberhard (2007): Von der Kompetenzfacette zum Kompetenzmodell - eine kritische Rezeption der aktuellen Diskussion. In: OBERLIESEN, Rolf/ZÖLLNER, Hermann (Hrsg.): Kompetenzen für eine zukunftsfähige arbeits- und berufsbezogene Allgemeinbildung, Baltmannsweiler, S. 113-137

JUNG, Eberhard (2006): Möglichkeiten der Überprüfung von Kompetenzmodellen in der Ökonomischen Bildung. In: WEITZ, Bernd O. (Hrsg.): Kompetenzentwicklung, -förderung und -prüfung in der ökonomischen Bildung, Bergisch Gladbach, S. 33-60

JUNG, Eberhard (2005): Was ist Arbeits- und Berufsfindungskompetenz? http://www.equal-start.de/deutsch/media/Dokumente/ph/arbeits_und_berufs findungskompetenz.pdf (22.12.2007)

JUNG, Eberhard (2005a): Die Bedeutung des berufspädagogischen Kompetenzmodells für die aktuelle Kompetenzdiskussion und die Gestaltung von Curricula zur arbeitsorientierten Bildung. In: Unterricht – Arbeit und Technik 26, S.53-56

JUNG, Eberhard (2003): Arbeits- und Berufsfindungskompetenz als pädagogische Arbeit. In: Unterricht Wirtschaft, Heft 4

JUNG, Eberhard (2003a): Arbeits- und Berufsfindungskompetenz als pädagogische Aufgabe. In: Unterricht Wirtschaft, Heft 4/2003a, S. 3-7

JUNG, Eberhard (2003b): Berufsorientierung als pädagogisch-didaktische Gesamtaufgabe. In: Unterricht Wirtschaft, Heft 4/2003b, S. 47-52

JUNG, Eberhard (2000): Arbeits- und Berufsfindungskompetenz. In: SCHLÖSSER, Hans Jürgen, Deutsche Gesellschaft für ökonomische Bildung (Hrsg.): Berufsorientierung und Arbeitsmarkt, Bergisch-Gladbach, S. 93–126

JUNG, Eberhard (1998): Aktuelle Herausforderungen an das Lernfeld Arbeitslehre. In: Didaktik der Berufs- und Arbeitswelt (DBA) H. 2/3, S. 2-12

K.u.U. (2007): Verwaltungsvorschrift vom 28. Juli 2007 zu Praktika zur Berufs- und Studienorientierung an allgemein bildenden Schulen in Baden-Württemberg, Az.: 33-6536.0/33

KAISER, Astrid (2002): Berufsorientierung in der Grundschule. In: SCHUDY, Jörg (Hrsg.): Berufsorientierung in der Schule. Grundlagen und Praxisbeispiele, Bad Heilbrunn, S. 157-174

KAISER, Astrid (1999): Praxisbuch handelnder Sachunterricht. Band 2, Baltmannsweiler

KAISER, Astrid (1997): Arbeit: Inhalt und Prinzip des Sachunterrichts. In: arbeiten + lernen / Technik, 7 (1997), H. 25 der Gesamtfolge, S. 36-39

KAISER, Astrid (1996): Arbeitswelt im Sachunterricht. In: DEDERING, Heinz (Hrsg.): Handbuch zur arbeitsorientierten Bildung, München und Wien, S. 233-253

KAISER, Astrid (1986): „Arbeiten" - ein Thema für Jungen und Mädchen im Grundschulalter? In: Zeitschrift für Berufs- und Wirtschaftspädagogik, 82 (1986), H. 2, S. 132-147

KAMINSKI, Hans/BRETTSCHNEIDER, Volker/EGGERT, Katrin/HÜBNER, Manfred/KOCH, Michael (2007): Mehr Wirtschaft in die Schule, Oldenburg

KAMINSKI, Hans/LIPINSKY, Julia (2007): Berufsorientierung SEK I, Baustein D 09 des Programms Ökonomische Bildung Online, hrsg. vom Institut für Ökonomische Bildung Oldenburg

KARIYA, Takehiko (1999): Transition From School to Work and Career Formation of Japanese High School Students. In: STERN, David/WAGNER, Daniel A. (Hrsg.): International Perspectives on the School-to-Work-Transition, New Jersey, S. 273-309

KARIYA, Takehiko (1998): From School and College to Work in Japan: Meritocracy through Institutional and Semi-Institutional Linkages. In: MÜLLER, Walter/SHAVIT, Yossi (Hrsg.): From School to Work: A Comparative Study of Educational Qualifications and Occupational Destinations, Oxford, S. 311-335

KECUBHTW (2006): Kerncurriculum Lernbereich Beruf-Haushalt-Technik-Wirtschaft/Arbeitslehre, Sekundarstufe I, www.habifo.de/cms/tut/extdocs/KecuBHTW08%202006-Publikationsfassung.pdf (05.12.2007)

KELLER, Berndt/SEIFERT, Hartmut (2007): Atypische Beschäftigung – Flexibilisierung und soziale Risiken, Berlin

KLEFFNER, Annette/LAPPE, Lothar/RAAB, Erich/SCHOBER, Karen (1996): Fit für den Berufsstart? Berufswahl und Berufsberatung aus Schülersicht., Nürnberg

KLEVENOW, Gert-Holger (1995): Geschlechtsspezifische Interessensschwerpunkte und berufliche Orientierungen in der Phase der Berufswahlvorbereitung. In: SCHOBER, Karen/GAWOREK, Maria: Berufswahl: Sozialisations- und Selektionsprozesse an der ersten Schwelle, Nürnberg

KLIEME, Eckhard (2004): Der Beitrag von Bildungsstandards zur Qualitätssicherung und Qualitätsentwicklung in Schulen. Implementation, Weiterentwicklung und Nutzung von Standards. Vortrag anlässlich der KMK-Fachtagung „Implementation der Bildungsstandards" am 02.04.2004 in Berlin, http://www.dipf.de/publikationen/volltexte/klieme_kmk_042004.pdf (10.07.2004)

KLIEME, Eckhard u.a. (2003): Zur Entwicklung nationaler Bildungsstandards. Eine Expertise, Bonn und Berlin

KLUGE, Michael (2003): Der Ausbilder als Beziehungsmanager. Was tun mit „schwierigen Azubis"? Köln

KMK (1999). Handreichungen für die Erarbeitung von Rahmenlehrplänen der Kultusministerkonferenz (KMK) für den berufsbezogenen Unterricht in der Berufsschule und ihre Abstimmung mit den Ausbildungsordnungen des Bundes für anerkannte Ausbildungsberufe, Bonn

KMK (1987): Ständige Konferenz der Kultusminister der Länder, Lernfeld Arbeitslehre im Sekundarbereich I, Beschluss vom 08. und 09.10.1987

KMK (1969): Ständige Konferenz der Kultusminister der Länder, Empfehlungen zur Hauptschule, 131. Sitzung vom 03. und 04.07.1969

KNAPP, Werner/PFAFF, Harald/WERNER, Sybille (2008): Kompetenzen im Lesen und Schreiben von Hauptschülerinnen und Hauptschülern für die Ausbildung – eine Befragung von Handwerksmeistern. In: SCHLEMMER, Elisabeth/GERSTBERGER, Herbert (Hrsg.): Ausbildungsfähigkeit im Spannungsfeld zwischen Wissenschaft, Politik und Praxis, Wiesbaden, S. 191-206

KNAUF, Helen/OECHSLE, Mechthild (2007): Berufsfindungsprozesse von Abiturientinnen und Abiturienten im Kontext schulischer Angebote zur Berufsorientierung. In: KAHLERT, Heike/MANSEL, Jürgen (Hrsg.): Bildung und Berufsorientierung. Der Einfluss von Schule und informellen Kontexten auf die berufliche Identitätsentwicklung, Weinheim und München, S. 143-162

KOCH, Hartmut/NECKEL, Hartmut (2001): Unterrichten mit Internet und Co, Berlin

KRACKE, Bärbel/SCHMIDT-RODERMUND, Eva (2001): Erforschung der Berufskarrieren Erwachsener. In: NUMI, Jari-Erich (Hrsg.): Wegweiser durch die Adoleszenzphase, New York und London

KRAMER, Manfred (2006): Allen Jugendlichen innerhalb von drei Jahren nach der Schule einen Ausbildungsabschluss ermöglichen! In: BWP, Heft 3, S. 3-4

KROL, Gerd-Jan/SCHENK-KURZ, Irmgard (2003): Kooperation Schule-Unternehmen, Modul 65. In: IÖB Oldenburg, Bertelsmann Stiftung (Hrsg.): Ökonomische Bildung Online, Oldenburg

KÜHNLEIN, Gertrud (2006): Zur Bedeutung des regionalen Übergangsmanagements – einige Anmerkungen (Einführungsvortrag auf der Auftakt-Veranstaltung des Themennetzwerkes „Neue Übergänge" des Programms „Lernende Regionen" in der VHS Osnabrück am 12.12.2006), www.lernende-regionen.info/dlr/download/Regionales_uebergangsmanagem ent.pdf (26.09.07)

KUTSCHA, Günter (1991): Übergangsforschung –Zu einem neuen Forschungsbereich. In: BECK, Klaus/KELL, Adolf (Hrsg.): Bilanz der Bildungsforschung: Stand und Zukunftsperspektiven, Weinheim, S. 113-155

LADENTHIN, Volker/REKUS, Jürgen (2005): Die Ganztagsschule, Weinheim

LANDESINSTITUT FÜR SCHULE UND WEITERBILDUNG (Hrsg.) (2001): Die Stärkung der Eigenverantwortlichkeit von Schülerinnen und Schülern. Eine Handlungsanleitung für Einführung, Durchführung und Implementierung des Programms in Schulen, Soest

LEHMANN, Rainer/PEEK, Rainer/NIKOLOVA, Rouminiana (2004): Lernausgangslagen arbeitsrelevanter Basiskompetenzen im Förderschwerpunkt Lernen in den Jahrgängen 8 - 10. (LABEL 8 - 10) Berlin (Wissenschaftlicher Abschlussbericht), http://www.wir-in-Berlin.de/nbs/

LENZ, Karl/WOLTER, Andrä (2001): Abitur als Statuspassage: Ein Beitrag zum Funktionswandel des Gymnasiums. In: MELZER, Wolfgang/SANDFUCHS, Uwe (Hrsg.): Was Schule leistet, Weinheim und München, S. 175-202

LEUTNER, Detlef (2002): Adaptivität und Adaptierbarkeit multimedialer Lehr- und Informationssysteme. In: ISSING, Ludwig/KLIMSA, Paul (Hrsg.): Information und Lernen mit Multimedia und Internet. 3. Auflage, Weinheim, S. 115-126

LINTEN, Markus/PRÜSTEL, Sabine (2007): Auswahlbiographie „Übergänge": Jugendliche an der ersten und zweiten Schwelle, Bonn und Berlin

LOHRE, Wilfried/KOBER, Ulrich (2004): „Gemeinsame Verantwortung für die Bildungschancen von Kindern und Jugendlichen". Regionale Bildungslandschaften. Hrsg. von der Projektleitung „Selbstständige Schule", Troisdorf, S. 22-34

LOOSS, Wolfgang (1997): Unter vier Augen. Coaching für Manager. 4. Auflage, Landsberg am Lech

MACK, Wolfgang (1999): Bildung und Bewältigung, Vorarbeiten zu einer Pädagogik der Jugendschule, Weinheim

MANSFIELD, Bob (1999): United Kingdom. In: LAUR-ERNST, Ute/KUNZMANN, Margret/HOENE, Bernd (Hrsg.): Qualifications and Training Methods- Manual: Development of Standards in Vocational Education and Training –Specification, Experience, Examples (Vol. 2, European Training Foundation), Torino, S. 73-81

MAYNATZ, Renate (1992): Modernisierung und die Logik von interorganisatorischen Netzwerken. In: Journal für Sozialforschung 32. Jg., H. 1, S. 19-32

MECSST (Ministry of Education, Culture, Sports, Science and Education, Japan) (2003): Statistical Abstract – 2003 edition, Tokyo

MEIXNER, Jürgen (1996): Traumberuf oder Alptraum Beruf? Von den kindlichen Identifikationsmustern zur Berufswahl Jugendlicher und junger Erwachsener. In: SCHOBER, Karen/GAWOREK, Maria (Hrsg.): Berufswahl: Sozialisations- und Selektionsprozesse an der ersten Schwelle, Nürnberg, S. 37-46

MESCHENMOSER, Helmut (2007): „Einen Tag schaffe ich es, mitzumachen" – Ausdauer entwickeln mit dem Kompetenzstufenmodell. In: Praxis Förderschule 3/2007, S. 38-40

MESCHENMOSER, Helmut (2006a): „Es kommt drauf an, was man draus macht!" - Problemlösefähigkeit als technische Basiskompetenz. In: Unterricht - Arbeit und Technik 8 (2006) 29, S. 54-61

MESCHENMOSER, Helmut (2006b): Lernausgangslagen arbeitsrelevanter Basiskompetenzen von Berliner Schülerinnen und Schülern mit dem Förderschwerpunkt Lernen in den Jahrgängen 8-10 (LABEL 8-10). In: HOFMANN, Christiane/STECHOW, Elisabeth von (Hrsg.): Der kritischkonstruktive Beitrag der Sonderpädagogik zu den Ergebnissen der PISA-Studie, Heilbronn, S 327-342

MESCHENMOSER, Helmut (2006c): Nutzung externer Evaluation für die Qualitätssicherung in der sonderpädagogischen Förderung. In: ALBRECHT, Friedrich/STÖRMER, Norbert (Hrsg.): Bildung, Lernen und Entwicklung, Heilbronn

MESCHENMOSER, Helmut (2005): Schülerfirmen: Ein Lernarrangement zur Förderung arbeitsrelevanter Basiskompetenzen benachteiligter Jugendlicher. In: FELKENDORF, Kai/LISCHER, Emil (Hrsg.): Barrierefreie Übergänge? Jugendliche mit Behinderungen und Lernschwierigkeiten zwischen Schule und Berufsleben, Zürich, S. 40-51

MESCHENMOSER, Helmut (2002): Netzwerk Berliner Schülerfirmen. In: Unterricht - Arbeit und Technik 4 (2002) 15, S. 58-60

MINISTERIUM FÜR KULTUS JUGEND UND SPORT (Hrsg.) (2004): Neukonzeption der Berufswegplanung in der Hauptschule, Impulse Hauptschule, Stuttgart

MÜLLER-KOHLENBERG,   Lothar/SCHOBER,   Karen/SCHULZE-MIDDIG, Mathilde (2005): Ausbildungsreife – Numerus Clausus für Azubis? Ein Diskussionsbeitrag zur Klärung von Begriffen und Sachverhalten. In: Berufsbildung in Wissenschaft und Praxis, Heft 3/ 2005, S. 19-23

MUMMENDEY, Hans D. (2006): Psychologie des „Selbst". Theorien, Methoden und Ergebnisse der Selbstkonzeptforschung, Göttingen

NATIONALER   PAKT   FÜR   AUSBILDUNG   UND FACHKRÄFTENACHWUCHS (2006): Kriterienkatalog zur Ausbildungsreife, Nürnberg, www.pakt-fuer-ausbildung.de

NATORI, Kazuyoshi (2003): The Present State of Technical and Vocational Education in Japan (Präsentationspapier des National Institute for Educational Policy Research of Japan), Tokyo

NELSON, Douglas L. (1979): Remembering pictures and words: Appearance, significance and name. In: CERMAK, Laird/CRAIK, Fergus. (Hrsg.): Level of processing in human memory, Hillsdale

NELSON, Douglas L./REED, Valerie S./WALLING, John R. (1976): Pictorial superiority effect. In: Journal of Experimental Psychology: Human Learning and Memory. Vol. 2, S. 523-528

NESS, Harry (2007): Generation abgeschoben: Warteschleifen und Endlosschleifen zwischen Bildung und Beschäftigung. Daten und Argumente zum Übergangssystem, Bielefeld

NISSEN, Ursula/KEDDI, Barbara/ PFEIL, Patricia (2003): Berufsfindungsprozesse von Mädchen und jungen Frauen, Opladen

NYSSEN, Elke (1996): Berufsorientierung von Mädchen- Möglichkeiten und Grenzen von Schule. In: NYSSEN, Elke: Mädchenförderung in der Schule, Weinheim/München

OBERLIESEN, Rolf (1987): Sachunterricht und Arbeit und Produktion: Historisch-Genetisches Lernen in der Grundschule. In: Die Grundschulzeitschrift, 1 (1987), H. 5, S. 6-9

OBERLIESEN, Rolf/ZÖLLNER, Hermann (2007): Kerncurriculum „Beruf-Haushalt-Technik-Wirtschaft / Arbeitslehre", ein interdisziplinäres curriculares Reformprojekt – Leitideen, Entwicklung, Konzeption. In: OBERLIESEN, Rolf; SCHULZ, Heinz-Dieter (Hrsg.): Kompetenzen für eine zukunftsfähige arbeitsorientierte Allgemeinbildung, Hohengehren, S. 168-204

OECD (2007): Education at a glance, http://www.oecd.org/dataoecd /22/28/39317467.pdf (23.09.2007)

OECD (2006): Are Students ready for a technology-rich world? What PISA studies tell us. OECD Briefing Notes für Deutschland, http://www.oecd.org/dataoecd/48/59/36002483.pdf (17.05.2006)

OECD (2003): Career Guidance and Public Policy: Bridging the Gap. Draft Final Report, http://careersdraft.careers.govt.nz/PDF/OECD%20 draft%20final%20report.pdf (14.05.2004)

OECD (2000): From Initial Education to Working Life –Making Transitions Work, Paris

OERTER, Rolf (1985): Lebensbewältigung im Jugendalter, Weinheim

OSCHMIANSKY, Heidi/SCHMID, Günter (2000): Wandel der Erwerbsformen – Berlin und die Bundesrepublik im Vergleich. In: WZB – Mitteilungen, Heft 88/ 2000, S. 3-5

PARITÄTISCHER WOHLFARTSVERBAND (Hrsg.) (2006): Individuelles Übergangsmanagement. Neue Herausforderungen an die Jugendsozialarbeit beim Übergang von der Schule zum Beruf, http://www.jugendsozialarbeit-paritaet.de/data/uebergangsmanagement_web_2007.pdf (24.09.07)

PÄTZOLD, Günter (2004): Übergang Schule – Berufsausbildung. In: HELSPER Werner/BÖHME, Jeanette (Hrsg.): Handbuch der Schulforschung, Wiesbaden, S. 567-584

PICHT, Georg (1965): Die deutsche Bildungskatastrophe, München

PILZ, Matthias (2005a): Modularisierung in der beruflichen Bildung - Ansätze, Erfahrungen und Konsequenzen im europäischen Kontext. In: Schweizerische Zeitschrift für Bildungswissenschaften, 27. Jg., H. 2, S. 207-230

PILZ, Matthias (2005b): Kompetenzerwerb im Kontext der schottischen Modulkonzeption. In: ERTL, Hubert/SLOANE, Peter (Hrsg.): Kompetenzerwerb und Kompetenzbegriff in der Berufsbildung in internationaler Perspektive (Wirtschaftspädagogisches Forum, Bd. 30), Paderborn, S. 102-125

PILZ, Matthias (2003): Wege zur Erreichung der Gleichwertigkeit von allgemeiner und beruflicher Bildung - Deutsche Ansatzpunkte und schottische Erfahrungsbeispiele. In: Zeitschrift für Berufs- und Wirtschaftspädagogik, 99. Bd., H. 3, S. 390-416

PILZ, Matthias (1999a): Modulare Strukturen in der beruflichen Bildung - eine Alternative für Deutschland? – Eine explorative Studie am Beispiel des schottischen Modulsystems (Wirtschaftspädagogisches Forum, Bd. 9), Markt Schwaben

PILZ, Matthias (1999b): Schottland (Länderstudie). In: LAUTERBACH, Uwe/HUCK, Wolfgang/MITTER, Wolfgang (Hrsg.): Internationales Handbuch der Berufsbildung (Deutsches Institut für Internationale Pädagogische Forschung/Carl Duisberg Gesellschaft e.V.), Baden-Baden

PILZ, Matthias (1998): Die Verbesserung der Verständigung zwischen Japan und Deutschland durch (berufliche) Bildungspolitik. In: Die Wirtschaftsschule (Verband der Lehrer an Wirtschaftsschulen in Sachsen e.V.), H. 1, S. 6-12

PILZ, Matthias/DEISSINGER, Thomas (2001): Systemvarianten beruflicher Qualifizierung: Eine schottisch-englische Vergleichsskizze im Zeichen der Modularisierungsdebatte. In: Bildung und Erziehung, 54. Jg., H. 4, S. 439-458

PILZ, Matthias/JUOJAN, Helen/THIEL, Julia (2007): Country Study Great Britain. In: TERADA, Moriki (Hrsg.): Interim Report of Comprehensive Research on International Comparison of Curriculum Transition from Vocational and Professional Education to In-company Training (University of Nagoya, Japan), Nagoya, S. 25-50

PIVEC, Maja/KOUBEK, Anni/DONDI, Claudio (Hrsg.) (2004): Guidelines for Game-Based Learning, Lengerich

POHL, Michael/BRAUN, Michael (2004): Vom Zeichen zum System. Coaching und Wissensmanagement in modernen Bildungsprozessen. Waltrop

POLE, Christopher (2000): Case, Culture, Curriculum and Educational Change: Reflections on Cross-Cultural Case Study in England and Japan. In: POLE, Christopher/BURGESS, Robert: Cross-Cultural Case Study, Amsterdam u.a., S. 95-111

PRAGER, Jens K./WIELAND, Clemens (2005): Zwischen Wunsch und Wirklichkeit. Beschäftigungsfähigkeit und berufliche Orientierung. Jugendliche im Spiegel empirischer Untersuchungen. In: PRAGER, Jens K./WIELAND, Clemens (Hrsg.): Von der Schule in die Arbeitswelt. Bildungspfade im europäischen Vergleich, Gütersloh, S. 15-29

PRANDINI, Markus (2002): Persönlichkeitsbildung von Jugendlichen als Aufgabe und Ziel der Pädagogik. In: Zeitschrift für Berufs- und Wirtschaftspädagogik, Heft 3/2002, S. 354-372

PRENSKY, Marc (2007): Digital Game-Based Learning, St. Paul

RAAB, Erich/RADEMACKER, Hermann (2006): Verlängerte Suche und Berufswahl mit Vorbehalt. Neue Handlungsstrategien Jugendlicher beim Berufseinstieg, Nürnberg

RADERMACHER, Herrmann (2007): Berufsorientierung als schulischer Auftrag. In: OBERLIESEN, Rolf/ZÖLLNER, Hermann (Hrsg.): Kompetenzen für eine zukunftsfähige arbeits- und berufsbezogene Allgemeinbildung, Baltmannsweiler, S. 90-112

RAFFE, David (2003): 'Simplicity Itself': the creation of the Scottish Credit and Qualifications Framework. In: Journal of Education and Work, Vol. 16, No. 3, S. 239-257

RAHMENVEREINBAHRUNG ÜBER DIE ZUSAMMENARBEIT VON SCHULE UND BERUFSBERATUNG ZWISCHEN DER KMK UND DER BA (2004), http://www.arbeitsagentur.de/zentraler-Content/A03-Berufsbera

tung/A031-Berufseinsteiger/Publikation/pdf/Rahmenbedingungen-Schule-Berufsberatung.pdf (01.12.07)

RATTNER, Josef (1999): Anleitung zum Umgang mit schwierigen Menschen, Augsburg

RAUEN, Christopher (2002): Handbuch Coaching. 2. Auflage, Göttingen

RAUNER, Felix (2003): Expertise: „Schaffung neuer Arbeitsplätze", im Auftrag der IG Metall Baden-Württemberg, ITB Bremen

RAUSCHENBACHER, Thomas u.a. (2004): Konzeptionelle Grundlagen für einen Nationalen Bildungsbericht – Non-formale und informelle Bildung im Kindes- und Jugendalter, Berlin 2004, S. 21

ROSENBAUM, James (1999): Institutional Networks and Informal Strategies for Improving Work Entry for Youths. In: HEINZ, Walter (Hrsg.): From Education to Work: Cross-National Perspectives, Cambridge, New York, Melbourne, S. 235-259

ROTHERMUND, Klaus/BRANDSTÄDTER, Jochen (1997): Entwicklung und Bewältigung: Festhalten und Preisgeben von Zielen als Formen der Bewältigung von Entwicklungsproblemen. In: TESCH-RÖMER, Clemens/SALEWSKI, Christel/SCHWARZ, Gudrun (1997): Psychologie der Bewältigung, Weinheim, S.120-133

ROTTMANN, Joachim (2005): Lernortkooperation und berufliche Kompetenzentwicklung im Dualen System. Studien zum Entwicklungsprojekt „LOReNet - Lernortkooperation und Ressourcen-Sharing im Netz", Duisburg

RYAN, Paul (2001): The School-to-Work Transition: A Cross-National Perspective. In: Journal of Economic Literature, Vol. 39, S. 34-92

SACKMANN, Reinhold/WINGENS, Matthias (Hrsg.) (2001): Strukturen des Lebenslaufs. Übergang – Sequenz – Verlauf, Weinheim und München

SATIR, Virginia (2002): Selbstwert und Kommunikation. Familientherapie für Berater und zur Selbsthilfe, Stuttgart

SATIR, Virginia (1999): Kommunikation, Selbstwert, Kongruenz. Konzepte und Perspektiven familientherapeutischer Praxis. 6. Auflage, Paderborn

SCHÄFER, Hans-Peter/SROKA, Wendelin (1998): Übergangsprobleme von der Schule in die Arbeitswelt, Berlin

SCHECKER, Horst (2002): Berufsorientierung im fächerübergreifenden naturwissenschaftlichen Unterricht der gymnasialen Oberstufe. Förderung von Schlüsselqualifikationen. In: SCHUDY, Jörg (Hrsg.): Berufsorientierung in der Schule. Grundlagen und Praxisbeispiele, Bad Heilbrunn, S. 281-295

SCHLEMMER, Elisabeth (2008): Was ist Ausbildungsfähigkeit? Versuch einer bildungstheoretischen Einordnung. In: SCHLEMMER, Elisabeth/GERSTBERGER, Herbert (Hrsg.): Ausbildungsfähigkeit im Spannungsfeld zwischen Wissenschaft, Politik und Praxis, Wiesbaden, S. 13-34

SCHLEMMER, Elisabeth (2007): Begleitung von Hauptschülerinnen und Hauptschülern beim Betriebspraktikum. Prestudie. Unveröffentlichtes Manuskript PH Weingarten

SCHLEMMER, Elisabeth/GERSTBERGER, Herbert (Hrsg.) (2008): Ausbildungsfähigkeit im Spannungsfeld zwischen Wissenschaft, Politik und Praxis, Wiesbaden

SCHMIDBAUER, Wolfgang (1997): Hilflose Helfer. Über die seelische Problematik der helfenden Berufe, Hamburg

SCHNUR, Peter (1999): Arbeitslandschaft 2010-Teil 1, Dienstleistungsgesellschaft auf industriellem Nährboden. In: IAB Kurzberichte, Nr. 9/1999

SCHOBER, Karen (2006a): Ausbildungsreife, Ausbildungseignung und Vermittelbarkeit: Definition und Konzepte, Vortrag 6. swa-Fachtagung, Hamburg 15.05.2006

SCHOBER, Karen (2006b): Ausbildungsreife und Berufseignung - psychologische und pädagogische Konzepte, Anforderungen der Praxis, Vortrag auf der IG-Metall Fachkonferenz „Ausbildung für morgen" 30. und 31.05.2006, Magdeburg

SCHOBER, Karen (2004): „Ausbildungsreife". Zur Diskussion um ein schwieriges Konstrukt – Erfahrungen der Bundesagentur für Arbeit (Foliensatz zu einem Vortrag auf dem Expertenworkshop der Arbeitsgemeinschaft Berufsbildungsforschungsnetz am 2. Juli 2004 in Bonn), www.bibb.de/dokumente/pdf/agbfn_ausbildungsreife_schober.pdf (04.01. 2005)

SCHOBER, Karen (2001): Berufsorientierung im Wandel – Vorbereitung auf eine veränderte Arbeitswelt. Vortrag auf der 2. Fachtagung des SWA-Programms am 30.05.-31.05.2001 in Bielefeld. Bielefeld, Flensburg, http://www.swa-programm.de/tagungen (04.01.2006)

SCHOBER, Karen (1997): Berufswahlverhalten. In: KAHSNITZ, Dietmar/ROPOHL, Günter/SCHMID, Alfons (Hrsg.): Handbuch zur Arbeitslehre, München und Wien, S. 103-122

SCHÖNBOHM-WILKE, Wiebke (2005): Der soll ruhig noch ein Jahr zur Schule gehen! Einfluss der Eltern auf die Berufdswahl. In: HENSLER, Kurt./ SCHÖNBOHM-WILKE, Wiebke: Und nach der Schule? Bremen

SCHÖNE, Claudia/DICKHÄUSER, Oliver/SPINATH, Birgit/ STIENSMEIER-PELSTER, Joachim (2003): Das Fähigkeitskonzept und sein Erfassung. In: STIENSMEIER-PELSTER, Joachim/RHEIONBERG, Falko (Hrsg.): Diagnostik von Motivation und Selbstkonzept, Göttingen, S. 3-15

SCHREYÖGG, Astrid (1998): Coaching – Eine Einführung für die Praxis und Ausbildung, Frankfurt am Main

SCHRÖDER, Rudolf (2007): Schülerfirmen zur Unterstützung der ökonomischen Bildung und beruflichen Orientierung, Baustein M 09, hrsg. vom Institut für Ökonomische Bildung Oldenburg

SCHÜTT, Sabine/SCHÜTZLER, Christoph/WENSIERSKI, von Hans-Jürgen (2005): Berufsorientierende Jugendbildung, Weinheim/München

SCHWALBE, Stephan (2005): Eine Biographie hat jeder – Biographisches Coaching und sozialpädagogische Begleitung auf dem Weg in Ausbildung und Beruf, Zwickau

SCHWARK, Wolfgang (2001): Zur Lage der Hauptschule. Anmerkungen aus schulpädagogischer Sicht, Teil 2. In: bildung&wissenschaft, H.3, S.8-12

SEEL, Norbert/DÖRR, Günter. (1997). Die didaktische Gestaltung multimedialer Lernumgebungen. In: SEEL, Norbert (Hrsg.): Multimediale Lernumgebungen in der betrieblichen Weiterbildung, Neuwied, S. 73-163

SEIFERT, Karl-Heinz (Hrsg.) (1977): Handbuch der Berufspsychologie, Göttingen

SIMPSON, Marc S. (1994): Neurophysiological considerations related to interactive multimedia. In: Educational Technology Research and Development, 42 (1), S. 75-81

SOLGA, Heike (2003): Jugendliche ohne Schulabschluss und ihre Wege in den Arbeitsmarkt. In: CORTINA, Kai S. u.a. (2003): Das Bildungswesen in der Bundesrepublik Deutschland. Strukturen und Entwicklungen im Überblick, Reinbek bei Hamburg, S.710-745

SOLTENBERG, Ute (1998): Ein zukunftsfähiger Begriff von Arbeit als Orientierung für grundlegende Bildung im Sachunterricht. In: MARQUARD-MAU, Brunhilde/SCHREIER, Helmut (Hrsg.): Grundlegende Bildung im Sachunterricht, Bad Heilbrunn, S. 198-210

SPIEGEL ONLINE (2007): Uno-Bildungsbericht sorgt für Wirbel, 21. März

SPRENGER, Reinhard K. (2002): Vertrauen führt. Worauf es im Unternehmen wirklich ankommt, Frankfurt am Main

SPRENGER, Reinhard K. (1992): Mythos Motivation. Wege aus einer Sackgasse. 3. Auflage, Frankfurt am Main und New York

SQA (2007a): Annual Statistical Report 2006, Glasgow, Dalkeith

SQA (2007b): SVQ Update March 2007, Glasgow, Dalkeith

SQA (2002): SVQs –A User's Guide, Glasgow, Dalkeith

STABER, Udo (2006): Netzwerke. In: Handelsblatt Wirtschaftslexikon, Bd. 8, Stuttgart, S. 4057-4064

STEFFENS, Heiko (1975): Berufswahl und Berufswahlvorbereitung, Ravensberg

STERN, David/WAGNER, Daniel A. (1999): Introduction: School-to-Work Policies in Industrialized Countries as responses to Push and Pull. In: STERN, David/WAGNER, Daniel A. (Hrsg.): International Perspectives on the School-to-Work-Transition, New Jersey, S. 1-22

STERN, Hans-Uwe (2005): Netzwerke in der beruflichen Qualifizierung von jungen Menschen mit schlechteren Startchancen. In: Friedrich- Ebert-Stiftung, S. 57-58

STIEBLER, Sabine. u.a. (2003): Perspektive Berufsausbildung. Münster

STIPRIAAN, Frauke van/LAUTERBACH, Uwe (1995): Vereinigtes König-reich Großbritannien und Nordirland - England und Wales (Länderstudie). In: LAUTERBACH, Uwe/HUCK, Wolfgang/MITTER, Wolfgang (Hrsg.): Internationales Handbuch der Berufsbildung, Baden-Baden

STRIJEWSKI, Christian (2003): Berufsorientierung – Der Beitrag der Ar-beitsämter, http://www.sowi-online.de/reader/berufsorientierung/akteure-ba.htm (29.11.07)

STRUCK, Peter/WÜRTEL, Ingo (2001): Vom Pauker zum Coach. Die Leh-rer der Zukunft, München und Wien

SUPER, Donald (1957): Psychology and careers, New York

TENBERG, Ralf (2006): Modell einer Didaktik lernfeldstrukturierten beruf-lichen Unterrichts. In: TENBERG, Ralf: Didaktik lernfeldstrukturierten Un-terrichts. Theorie und Praxis beruflichen Lernens und Lehrens, Hamburg, Bad Heilbrunn, S. 63-123

TENORTH, Heinz-Elmar (Hrsg.) (1997): Kindheit, Jugend und Bildungsar-beit im Wandel: Ergebnisse der Transformationsforschung, Weinheim

TESCH-RÖMER, Clemens/SALEWSKI, Christel/SCHWARZ, Gudrun (1997): Psychologie der Bewältigung, Weinheim

TROLTSCH, Klaus/ALEX, Lázló/BARDELEBEN, Richard von/ULRICH, Joachim (2000): Jugendliche ohne Berufsausbildung. Eine BIBB/EMNID-Untersuchung, http://www.bibb.de/dokumente/pdf/a21_Jugendliche-ohne-Berufsausbildung.pdf (07.12.2007)

ULRICH, Joachim (2006): Null Bock, Null Ahnung oder null Chance? – Warum tut sich die heutige Jugend beim Übergang Schule-Beruf so schwer? In: BIBB (Hrsg.): LänderAKTIV: Aktivitäten der Länder im Übergang Schule-Arbeitswelt. Dokumentation des Fachgesprächs am 26.10.2006, Bonn

ULRICH, Joachim (2005): Probleme bei der Bestimmung von Ausbildungs-platznachfrage und Ausbildungsplatzangebot. In: BIBB (Hrsg.): Der Ausbil-dungsmarkt und seine Einflussfaktoren. Ergebnisse des Expertenworkshops vom 1. und 2. Juli 2004 in Bonn, http://www.bibb.de/dokumen-te/pdf/a12voe_ausbildungsmarkt-einflussfaktoren.pdf (14.04.2005)

VOSS, Günter (2007): Entgrenzung, Selbstorganisation und Subjektivierung von Arbeit. In: HILDEBRANDT, Eckart (Hrsg.): Arbeitspolitik im Wandel, Berlin, S. 77-84

WALTERMANN, Rainer (2003): „Ausbildungsreife" – Ergebnisse der neu-eren empirischen Bildungsforschung (Foliensatz zu einem Vortrag auf der Fachtagung „Zukunft der Berufsausbildung in Deutschland" des BIBB am 4. und 5. November 2003 in Bonn), http://www.bibb.de/dokumente/pdf/a21_ft-zukunft-berufsausbildung_watermann.pdf (04.01.2005).

WATZLAWICK, Paul u.a. (1985): Menschliche Kommunikation. Formen, Störungen, Paradoxien. 7. Auflage. Bern, Stuttgart und Wien

WEIDENMANN, Bernd (2001): Lernen mit Medien. In: KRAPP, Andreas/WEIDENMANN, Bernd (Hrsg.): Pädagogische Psychologie, Weinheim, S. 415-465

WEIDENMANN, Bernd (1994): Lernen mit Bildmedien: psychologische und didaktische Grundlagen, Weinheim

WEINGARDT, Martin (2006): Was leisten Hauptschulen – was fordern Ausbildungsbetriebe? Empirische Ergebnisse und eine Lernmodul-Konzeption zum Übergang Schule-Beruf. Referat am 4. Juli 2006 an der PH Weingarten

WEINGARDT, Martin (2006a): Projekt Schule und Betrieb. (Projektbericht). 2. Tranche 2004/05 Lernmodule zur Förderung von ausbildungsrelevanten Teilkompetenzen im Bereich Deutsch und Mathematik bei Hauptschülern und Hauptschülerinnen. Entwicklung – Erprobung – Evaluation

WEINGARDT, Martin (Hrsg.) (2006b): Übergang Schule - Beruf. Individuelle Lernprofile fördern. Ordner 1: Lernmodule Deutsch, Baltmannsweiler

WEINGARDT, Martin (Hrsg.) (2006c): Übergang Schule - Beruf. Individuelle Lernprofile fördern. Ordner 2: Lernmodule Mathematik, Baltmannsweiler

WENSIERSKY, Hans-Jürgen/SCHÜTZLER, Christoph/SCHÜTT, Sabine (2005): Einleitung. In: WENSIERSKY, Hans-Jürgen/SCHÜTZLER, Christoph/SCHÜTT, Sabine:Berufsorientierende Jugendbildung. Grundlagen, empirische Befunde, Konzepte, Weinheim und München, S. 9-11

WHITMORE, John (1998): Coaching für die Praxis. 3.Auflage, München und New York

WIEGAND, Wolfgang (2004): Ganztagsschule mit Technischer Hauptschule. Pädagogische Konzeption einer Ganztagsschule im GS- und HS-Bereich mit sozialpädagogischer Förderung und technischer und musisch-sportlicher Profilbildung. Unveröffentlichtes Manuskript

WIEGAND, Wolfgang u.a. (1997): Der Arbeitskreis Schule–Wirtschaft als Teil eines Schulprofils. In: Schulintern 4/1997

WIEGAND, Wolfgang/HEYD, Marie-Luise (1999): Der Arbeitskreis Schule – Wirtschaft. Ein Modell für die Kooperation von Schule und Industrie, Handel und Handwerk. In: Landesinstitut für Erziehung und Unterricht, Sonderheft Blaue Reihe, Frühjahr 1999

WIEGAND, Wolfgang/HEYD, Marie-Luise (1998): Projekt „Kooperation Schule – Wirtschaft". Regionale Zusammenarbeit zwischen Schule, Industrie, Handel und Handwerk. In: PMP-AWT I/1998

WIEGAND, Wolfgang/MEIER, Sebastian/HAIBER, Andreas/IRONGSELLER, Monika (2001): Ludwig-Uhland-Schule Birkenfeld: Eine

„Technische" Hauptschule mit Ganztagessangebot. In: PMP – SchuleLeben 1/2007

WILBERS, Karl (2004): Soziale Netzwerke an Berufsbildenden Schulen. Analyse, Potenziale, Gestaltungsansätze, Paderborn

WIRTSCHAFTSMINISTERIUM BADEN-WÜRTTEMBERG (Hrsg.) (2007): Berufsbildungsbericht 2007, Stuttgart

WIRTSCHAFTSWOCHE (2007): Personalmangel bremst Wachstum, H. 47, S. 40

WISSENSCHAFTLICHE BEGLEITUNG des Programms „Schule-Wirtschaft/Arbeitsleben" (Hrsg.) (2007): Innovative Wege in Arbeit und Beruf. Beiträge von Berufsorientierungsprojekten, Hohengehren

WISSENSCHAFTLICHE BEGLEITUNG des Programms „Schule-Wirtschaft/Arbeitsleben" (Hrsg.) (2003): „Vom Konzept zur Kompetenz in der Berufsorientierung". Zwischenergebnisse des Programms „Schule-Wirtschaft/ Arbeitsleben", Bielefeld, Flensburg. http://www.swa-programm.de/texte_Material/swa_texte (03.01.2006)

WOLF, Rainer (2007): Modellrechnung zur künftigen Nachfrage nach Aus-bildungsplätzen. In: Statistisches Monatheft Baden-Württemberg 3/2007, S. 17-21

WUSTINGER, Renate (2003): Coaching - Als System und als Rolle, Innsbruck

YONEYAMA, Shoko (1999): The Japanese High School -Silence and Re-sistance, London, New York

YUKI, Makoto (1997): Die rechtliche Struktur der Bildungsverwaltung in Japan. In: KODRON, Christoph u.a.: Vergleichende Erziehungswissen-schaft: Herausforderung-Vermittlung-Praxis (Festschrift für Wolfgang Mit-ter), Bd. 2, Köln, S. 572-580

ZEIT-STIFTUNG EBLIN und GERD BUCERIUS (2006): Zum Lernen motivieren – D a s B u c e r i u s L e r N - W e r K, Hamburg

ZIEHFUSS, Horst (2001): Forschung im Bereich des Lernfeldes Arbeit-Wirtschaft-Technik (Arbeitslehre). In: BAYRHUBER, Horst/ FINKENBEINER, Claudia/SPINNER, Kaspar H./ZWERGEL, Herbert A. (Hrsg.): Lehr- und Lernforschung in den Fachdidaktiken, Innsbruck, S. 357-373

ZÖPEL, Christoph (1991): Staatliche Verantwortung und Zukunftsgestal-tung durch Netzwerke. In: BURMEISTER, Klaus (Hrsg.): Netzwerke: Ver-netzung und Zukunftsgestaltung. Dokumentation des Symposiums am 09.12. 1989 in Berlin

Autorinnen und Autoren

Arndt, Holger (Prof. Dr., Dipl.-Hdl.): Pädagogische Hochschule Karlsruhe, Institut für Bildungswissenschaft, Fachbereich Schulpädagogik und Elementarerziehung/Allgemeine Didaktik; u.a. Leiter des Projekts „Unterstützung des Berufsorientierungsprozesses benachteiligter Schüler/innen durch Studierende".

Beinke, Lothar (Prof. em. Dr.): Justus-Liebig-Universität Gießen, Institut für Erziehungswissenschaften, Fachbereich Berufspädagogik/Didaktik der Arbeitslehre; Forschungsschwerpunkte: Berufswahl, Übergang Schule Ausbildung.

Bürgstein, Matthias (Dipl.-Päd., Lehrer GHS): Pädagogische Hochschule Karlsruhe; wissenschaftlicher Mitarbeiter des Teilprojekts TRANSFER-STELLE „Arbeits- und Berufsfindungskompetenz" des EP „EQUAL - START - Netzwerks: Neue Formen des Berufsstarts in der Region Südpfalz und Karlsruhe" (www.equal-start.de); Lehrer an einer Grundschule.

Butz, Bert (Dipl.-Pol.): Universität Flensburg; Mitarbeiter der wissenschaftlichen Begleitung des vom Bundesministerium für Bildung und Forschung initiierten Programms „Schule–Wirtschaft/Arbeitsleben" (www.swa-programm.de).

Düsseldorff, Karl (PD Dr., M.A.): Universität Duisburg-Essen, Institut für Berufs- und Weiterbildung, Fachbereich Wirtschaftspädagogik/Berufliche Aus- und Weiterbildung; u.a. Evaluator des EP „EQUAL - START - Netzwerks: Neue Formen des Berufsstarts in der Region Südpfalz und Karlsruhe" (www.equal-start.de).

Famulla, Gerd-E. (Prof. Dr.): Universität Flensburg, Institut für Politik und Wirtschaft und ihre Didaktik, Fachbereich Wirtschaftswissenschaften und Berufsorientierung; Leiter der wissenschaftlichen Begleitung des vom Bundesministerium für Bildung und Forschung initiierten Programms „Schule–Wirtschaft/Arbeitsleben" (www.swa-programm.de).

Feldmann, Gerhard (Maschinenbaumeister): Kreishandwerkerschaft Karlsruhe; stellvertretender Kreishandwerksmeister; stellvertretender Landesinnungsmeister und Vorstandsmitglied des Handwerksverbandes Metallbau und Feinwerktechnik Baden-Württemberg; Vorsitzender des Berufsbildungsausschusses; Geschäftsführer der Erich Feldmann KG Maschinenbau.

Giessler, Thomas (Brauer und Mälzer): Deutscher Gewerkschaftsbund (DGB) Baden-Württemberg, Stuttgart; Leiter des Fachbereichs Berufliche Bildung, Bildungspolitik und Handwerk.

Groß, Elisabeth (Ltd. SchAD): Landratsamt Karlsruhe - Amt für Schulen und Kultur; Arbeitsschwerpunkte: Personalentwicklung, Schulentwicklung u.a. in den Bereichen Berufsorientierung und Unterrichtsentwicklung.

Gruhn, Kerstin (Lehrerin GHS): Ludwig-Uhland-Schule Birkenfeld; Assistentin der Schulleitung, Fachbereichsleiterin Sozialpräventive Maßnahmen.

Hübner, Manfred (Prof. Dr.): Carl von Ossietzky Universität Oldenburg, Institut für ökonomische Bildung und technische Bildung (IÖTB), Fachbereich Ökonomische Bildung; Dirktor des IÖTB; Arbeitsschwerpunkte u.a.: Fachdidaktische Entwicklungsforschung, Entwicklung von Lehr- und Lernmaterialien, Curriculumentwicklung.

Jung, Eberhard (Prof. Dr., M.A., Dipl.-Ing., StD. a.D.): Pädagogische Hochschule Karlsruhe, Institut für Sozialwissenschaften, Fachbereich Ökonomie; Leiter des Teilprojekts TRANSFERSTELLE „Arbeits- und Berufsfindungskompetenz" des EP „EQUAL - START - Netzwerks: Neue Formen des Berufsstarts in der Region Südpfalz und Karlsruhe" (www.equal-start.de).

Kammerer, Stephan (Dipl.-Päd., Dipl.-Betrw. BA): Industrie- und Handelskammer (IHK) Karlsruhe; Referent des Fachbereichs Aus- und Weiterbildung.

Krumme, Johannes (Dipl.-Päd.): Südwestmetall - Verband der Metall- und Elektroindustrie Baden-Württemberg e.V., Stuttgart; Leiter des Referats Berufliche Bildung; Geschäftsführer der Landesarbeitsgemeinschaft *SCHULE*WIRTSCHAFT in Baden Württemberg.

Meschenmoser, Helmut (PD Dr., Dipl.-Päd., Sonderpädagoge): Senatsverwaltung für Bildung, Wissenschaft und Forschung Berlin; wissenschaftlicher Begleiter des ESF-Projekts „BOB – Berufliche Orientierung in Berlin", durchgeführt von der Handwerkskammer Berlin; Herausgeber der Zeitschrift „Unterricht – Arbeit und Technik" im Friedrich Verlag.

Oesterle, Aline (Dipl.-Päd., Lehrerin GHS): Pädagogische Hochschule Karlsruhe; wissenschaftliche Mitarbeiterin des Teilprojekts TRANSFERSTELLE „Arbeits- und Berufsfindungskompetenz" des EP „EQUAL - START - Netzwerks: Neue Formen des Berufsstarts in der Region Südpfalz und Karlsruhe" (www.equal-start.de); Geschäftsführerin der zusage König & Oesterle GbR.

Pilz, Matthias (Prof. Dr., Dipl.-Hdl., StR. a.D.): Pädagogische Hochschule Freiburg, Institut für Sozialwissenschaften, Fachbereich Wirtschaftslehre und ihre Didaktik; Forschungsschwerpunkte: u.a. Übergangsforschung zwischen Bildungs- und Beschäftigungssystem, International-Vergleichende (Berufs)Bildungsforschung.

Röttele, Stefan (Lehrer GHS): Ludwig-Uhland-Schule Birkenfeld; Mitglied im Schulleitungsteam; Fachbereichsleiter Musik.

Rottmann, Joachim (Prof. Dr., Dipl.-Päd.): Pädagogische Hochschule Weingarten, Fachgebiet Erziehungswissenschaft/Berufliche Kompetenzentwicklung; Forschungsschwerpunkte u.a.: Berufliche Kompetenzentwicklung, Bildungssystem-/berufliche Organisationsentwicklung.

Schlemmer, Elisabeth (Prof. Dr., M.A., Lehrerin RS): Pädagogische Hochschule Weingarten, Fachgebiet Erziehungswissenschaft/Allgemeine Pädagogik; Direktorin des Zentrums für Sekundarbildung und Ausbildungsfähigkeit; Forschungsschwerpunkte: Bildungsforschung, Biografieforschung, Forschung zu Familie und Schule, Generation und Bildung.

Schudy, Jörg (Dr., Dipl.-Päd., Lehrer HRS): Studienseminar für Grund-, Haupt-, Real- und Förderschulen (GHRF) Gießen; Rektor als Ausbildungsleiter; Lehrer an einer integrierten Gesamtschule;

Seibel, Peter (Sozialpädagoge): Christliches Jugenddorfwerk Deutschlands e.V. (CJD), Maximiliansau; Angebotsentwickler und Projektsteuerer; Mitglied im Fachausschuss Berufliche Bildung des CJD; nationaler Koordinator des EP „EQUAL - START - Netzwerks: Neue Formen des Berufsstarts in der Region Südpfalz und Karlsruhe" (www.equal-start.de).

Wagner, Jochen (Dipl.-Math.): Agentur für Arbeit Karlsruhe; Leiter des Teams Berufsberatung/U25; derzeit abgeordnet an die Zentrale der Bundesagentur in Nürnberg, Team Beratung/Orientierung/Information/U25.

Weckenmann, Ruth (Dipl.-Verw. Wiss.): Bundesagentur für Arbeit, Regionaldirektion Baden-Württemberg, Stuttgart; Leiterin der Stabstelle Chancengleichheit am Arbeitsmarkt.

Weingardt, Martin (Prof. Dr., Dipl.-Päd., Lehrer GHS): Pädagogische Hochschule Ludwigsburg, Institut für Erziehungswissenschaften, Fachbereich Schulpädagogik; Leiter des Projekts „Schule und Betrieb" (SchuB).

Wiegand, Wolfgang (Dr., M.A., Sozialpädagoge, Religionspädagoge, Lehrer GHS): Ludwig-Uhland-Schule Birkenfeld; stellvertretender Schulleiter; Lehrbeauftragter an der Pädagogischen Hochschule Karlsruhe; Arbeitsschwerpunkte: u.a. Ganztagsschule, sozialpräventive Modelle, Konzepte der Berufsorientierung.

Windels, Gerold (Lehrer GHRS): Kooperative Gesamtschule Rastede; Leiter des Hauptschulzweiges; mitwirkender Lehrer am Institut für Ökonomische Bildung an der Carl von Ossietzky Universität Oldenburg.

Wolf, Dieter (Dipl.-Ing. FH), Siemens AG, Karlsruhe; Ausbildungsleiter; Sprecher des Berufeteams „Mechatronik" im Bereich der Siemens Deutschland Ausbildung.